KiWi 254

Über das Buch
Max Ernst zählt zu den großen Künstlern dieses Jahrhunderts. Von seinen surrealistischen Bildern gingen entscheidende Impulse für die Malerei der Moderne aus. Sein Sohn, Jimmy Ernst, entwirft in seinen Erinnerungen ein sehr eigenwilliges, subjektives Porträt seines Vaters. Er war der bürgerliche Grund für die Heirat zweier sehr unbürgerlicher Menschen wie Max Ernst und Lou Straus gefordert von der streng katholischen Familie Ernst und dem jüdisch-orthodoxen Elternhaus Straus. Die Verbindung zerbrach nach wenigen Jahren; Max Ernst ging mit seiner Geliebten Gala Éluard, der späteren Gefährtin Salvador Dalis, und deren Mann Paul Éluard nach Paris.
Jimmy blieb bei seiner Mutter in Köln, Max Ernst kehrte in Abständen immer wieder zu ihnen zurück. Auch der Sohn besuchte seinen Vater oft in Paris. Aus der Perspektive des Kindes schildert Jimmy Ernst die Beziehung zu seinem fremden und faszinierenden Vater. Er beschreibt vor allem dessen künstlerische Welt mit allen darin agierenden Personen: Hans Arp, Paul Klee, Lyonel Feininger, Tristan Tzara, André Breton, Peggy Guggenheim.

Der Autor
Jimmy Ernst, geboren 1920 in Köln, ging 1938 nach Amerika und schlug sich dort zunächst als Gelegenheitsarbeiter durch. Anfang der 40er Jahre begann er zu malen, löste sich aus dem Bannkreis seines berühmten Vaters Max Ernst und ging seinen eigenen Weg als Künstler. Ausstellungen in Amerika und auch in Europa brachten ihm Anerkennung und schufen ihm einen Platz in der modernen Kunstszene. Jimmy Ernst starb 1984, kurz nach Erscheinen seiner Erinnerungen, in New York.

Jimmy Ernst

Nicht gerade ein Stilleben

Erinnerungen an meinen Vater
Max Ernst

Aus dem Amerikanischen
von Barbara Bortfeldt

Kiepenheuer & Witsch

Titel der Originalausgabe
A Not-So-Still Life
© 1984 by Jimmy Ernst
Aus dem Amerikanischen von Barbara Bortfeldt
© 1985, 1988, 1991 by Verlag Kiepenheuer & Witsch, Köln
Alle Rechte vorbehalten. Kein Teil des Werkes darf
in irgendeiner Form (durch Fotographie, Mikrofilm oder ein
anderes Verfahren) ohne schriftliche Genehmigung
des Verlages reproduziert oder unter Verwendung elektronischer
Systeme verarbeitet, vervielfältigt oder verbreitet werden.
Umschlag Manfred Schulz, Köln
Gesamtherstellung Clausen & Bosse, Leck
ISBN 3 462 02154 0

JIMMY ERNST erinnert sich

Für DALLAS, AMY LOUISE und ERIC MAX —
was ich ihnen schulde, sprengt die Seiten eines Buches.

Inhalt

Echo, in den Rauch geätzt 9

Käfig der Alpträume 15

Dunkelheit über alles 117

Amerika 207

Der Luxus des Trauerns 281

Verzweifelte Tänze 349

Gestern ist eine ferne Küste 423

Postskriptum: Zelle Nummer 12
− Mai 1944 − Lou Ernst 435

Namenregister 437

Echo, in den Rauch geätzt

Ein abweisendes Schweigen hing an diesem zweiten Apriltag des Jahres 1976 über den Gräberstraßen des Pariser Friedhofs Père Lachaise. Es schien steingrau zwischen den kaum knospenden Bäumen, die mit ihren Kronen den Verkehrslärm des Boulevard de Ménilmontant dämpfen, und mit ihren Wurzeln liebkosen, was von Colette und Daumier geblieben ist. Balzac und Oscar Wilde ruhen hier für immer, auch Rossini, Molière, Delacroix, Chopin, Proust, Modigliani, Apollinaire, Gertrude Stein, Seurat, Bizet, Corot, La Fontaine und Paul Eluard, der beste Freund Max Ernsts. Hier wurden im Morgengrauen des 28. Mai 1871 von einem Erschießungskommando 147 Kommunarden an der Mur des Fédérés hingerichtet.
Wäre da nicht der triste graue Himmel über dem kopfsteingepflasterten Hof des Krematoriums gewesen, ich hätte mitten in einem frühen Bild Giorgio de Chiricos stehen können, etwa in seinem *Rätsel des Schicksals* aus dem Jahre 1914. Ein hoher Schornstein ragte auf als Einlaß zu einer unsichtbaren Straße, die in die Unendlichkeit des Horizonts lief. Dieser einsame Zeigefinger, unerbittlich in die Ewigkeit weisend, war der Wächter der Bogengänge, die, auseinanderstrebend, den Raum vor der Kapelle umschlossen. Unter den Arkaden führten vergitterte Gänge, einer nach dem anderen, an kleinen, aber undurchsichtigen Fenstern vor den Urnennischen im Gewölbe vorbei. Das waren keine Fenster zum Hindurchsehen – weder hinaus noch hinein. Es war ein Gewahrsam aus aufgeschichteten Zellen, jede groß wie ein Briefkasten für Sendungen, die ihren letzten Bestimmungsort erreicht haben und keine Adresse mehr brauchen.
Nur acht von uns hatten kommen dürfen. Die Trübseligkeit der Kapelle mit ihrer Konservenmusik hatte uns hinausgetrieben, und da standen wir verloren herum, ein paar einsame Gestalten in dieser befremdlichen Umgebung. Paris kann gnadenlos sein in seiner Schönheit, kann dir Tränen abnötigen für jeden Stein, der an seiner *grandeur* mitgebaut hat. Jeder Atemzug erschließt eine Tür des Erinnerns an Tragisches oder Heiteres. Sehr bald schon

würden die Bäume Blüten tragen, würden auf dem Teich im Jardin du Luxembourg wieder Kinder ihre Schiffchen fahren lassen, beobachtet und beneidet von denen, die wie ich noch wußten, wie wenig man manchmal braucht, um glücklich zu sein.
Ich stand auf eines Messers Schneide. Die Überreste von fünfundfünfzig Jahren und mehr lagen in bestürzendem Durcheinander über das Kopfsteinpflaster verstreut. Den Schritt in die Geborgenheit eines Lebens mit neuen Geistern zu tun, ohne die Gespenster der Vergangenheit mitzunehmen, war offenbar unmöglich. Nirgends sah ich eine sichere Brücke von hier nach dort, in den fremden Wassern des Morgen waren keine Schrittsteine zu erkennen. Ich wartete, wie die anderen einsamen Gestalten, daß sich die Uhr wieder in Bewegung setzte.
Es begann als ein Rumpeln unter meinen Füßen. Nur Feuer konnte ein solches Geräusch machen. Unter mir war der Verbrennungsofen. Der Ton entfernte sich von mir. Ich glaubte einen knirschenden Seufzer in dem hohen Schornstein zu hören und sah, wie er eine dichte Rauchwolke gegen die tiefhängenden Wolken spie. Ungestört stand sie in diesem windstillen Augenblick als schwarze Säule aufrecht im Himmel über Paris wie ein gewaltiges Ausrufezeichen. Mein Vater, Max Ernst, war zu Asche geworden. Fast greifbar hatte ich plötzlich eine Vision. Es war ein Bild, das ich nie wirklich gesehen hatte. Vor mehr als dreißig Jahren und vielen Tagen im Viehwagen von hier gen Osten war auch meine Mutter in Rauch aufgegangen, namenlos in den Dunst der vielen anderen brennenden Nummern eingegangen. Ich weiß nicht einmal, ob die Sonne schien, als Lou Straus-Ernst in der Statistik der »Endlösung« Hitlers verschwand.
Im Jahre 1965 hatten mein Vater und ich uns im französischen Fernsehen das Staatsbegräbnis für den Architekten Le Corbusier angesehen, eine lange Prozession trauernder Würdenträger und der berittenen *Garde Républicain*. Damals hatte Max die Befürchtung geäußert, weil er die Ehrenlegion angenommen habe, könnte sein eigener Tod ein ähnliches Spektakel auslösen. Er hinterließ die strikte Anweisung, seine Bestattung solle ohne jedes Aufsehen vor sich gehen. Von der Familie sollten nur Dorothea Tanning-Ernst, seine letzte Frau, eine ihrer Nichten und eine Nichte von Max,

meine Frau Dallas und ich sowie sein Rechtsanwalt und dessen Frau anwesend sein, außerdem noch der Kunsthistoriker Werner Spies, der sich das uneingeschränkte Vertrauen meines Vaters erworben hatte. Spies war es auch, der mein Einverständnis erbeten hatte, an meiner Stelle als offizieller Zeuge der eigentlichen Einäscherung in der Krypta zu fungieren. Er versicherte Dorothea, daß er mit eigenen Augen gesehen habe, wie der Sarg in den Verbrennungsofen geschoben worden sei. Es könne keinen Zweifel daran geben, wessen Asche da beigesetzt würde. Ich muß gestehen, daß ich nicht sehr begierig gewesen war, in die Gruft hinunterzusteigen, um mir den Verbrennungsakt anzusehen.

Die melancholische Atmosphäre eines Pariser Spätnachmittags war fühlbar, als eine Prozession von vier Männern aus dem Krematorium trat und ein mit violettem Tuch bedecktes, an Eisenstangen hängendes Gefäß mit der noch heißen Asche brachte. Dorothea und ich standen im Erdgeschoß der Urnengruft, als die namenlose Blechbüchse, aus der noch Rauchwölkchen stiegen, behutsam in die Nische gesetzt wurde. Ein Maurer verschloß die Öffnung mit Ziegeln und Mörtel. Dann kam ein Bediensteter und fragte uns nach unseren Wünschen für eine angemessene Inschrift, ohne zu versäumen, die Preise der verschiedenen Möglichkeiten zu erwähnen. Der Vorschlag von Spies, die Signatur des Meisters als Relief zu nehmen, schien unangebracht. Stattdessen sollte es eine Tafel aus schwarzem Marmor sein mit der goldgravierten Inschrift: MAX ERNST – 1891-1976...
und wieder war da das Suchen nach einem anderen Bild, einem anderen Ort: Wo ist die Asche meiner Mutter?

Max Ernst ist am 1. April 1976, nur wenige Stunden vor seinem fünfundachtzigsten Geburtstag, in der Rue de Lille gestorben, in der Wohnung, wo er ein Jahr gelegen hatte, bewegungsunfähig durch einen Schlaganfall. Zwei Tage später füllten Besucher in kleinen Trauben die Wohnräume im Erdgeschoß – manche nicht völlig sicher, wie willkommen sie wären, andere noch immer schockiert, daß vom Privatheitsgebot für die Beisetzung selbst keine Ausnahmen gemacht worden waren, nicht einmal für alte Freunde, die quer durch Frankreich angereist waren und sich dann am Père Lachaise ausgesperrt sahen.

Es war nicht bloß das Verstreichen der Zeit oder der Tod, was mich vergeblich nach vertrauten Gesichtern Ausschau halten ließ an jenem Pariser Spätnachmittag. Während seiner letzten Jahre hatte sich um Max unvermeidlich ein innerer Kreis gebildet, der ihn von vielen seiner treuen Freunde und Bewunderer einfach isolierte. Ich hatte ein seltsames Gefühl von Faszination und Distanz zugleich, als ich beobachtete, wie sich in ersten Regungen eine neue Hackordnung zu bilden begann, jetzt, da der König der Vögel tot war. Ein Grüppchen hatte sich an einen Tisch zurückgezogen und beriet über Teile einer geplanten Mappe mit Gedichten und Lithografien zu Ehren von Max Ernst, die Louis Aragon angeregt hatte. Schon lagen Urteile über die jeweilige Bedeutung der Mitwirkenden und ihre richtige Rangordnung für das Werk in der Luft. Mir erschien die Szene etwas unpassend für den Anlaß, kreisten doch meine eigenen Gedanken um die Frage, ob die Laken noch oben auf dem Sterbebett lägen oder vielleicht zusammen mit dem Toten zu Asche geworden wären. Niemals in den fünfundfünfzig Jahren meines Daseins hatte ich einen Sinn für die Art von Intellektualismus gehabt, dessen Spiel ich hier wieder erlebte, jetzt aber spürte ich mit Erleichterung, daß eben dieser mangelnde Sinn mich davor bewahrt hatte, Eingang in jenes besondere Weltgebäude meines Vaters zu suchen. Es gab mir einen schmerzlichen Stich, als ich aus all dem Gemurmel eine Frage heraushörte, die an mich gerichtet war: ». . . all die schönen Sachen hier an den Wänden . . . viele davon werden Ihnen gehören. Was machen Sie damit?« Ich fürchtete, mich zu betrinken, wenn ich hierbliebe. Später dann liefen meine Frau Dallas und ich durch die Straßen von Paris. Inzwischen war es dunkel, und frostiger Dunst verschleierte die Lichter.

Der schwarze Qualm, die violettbehängte Urne, die Hände und die Kelle des Maurers und das Gerumpel der Feuerung unter der Erde hatte sich zu den anderen immateriellen Bildern in meinem Käfig der Alpträume gesellt. Dort mischten sie sich unter ihre Vorgänger, die sich im Laufe eines ganzen Lebens angesammelt hatten, um je nach Belieben bei Tag oder Nacht aus ihrem amorphen Gefängnis hervorzutreten, das mich, ungeachtet von Zeit und Raum, überallhin verfolgt hatte. Nicht alle sind sie

Angstgespenster geblieben, da sie sich hinter meinen Augenlidern aus einer sichtversperrenden Flora und Fauna in eine riesengroße Glasscheibe verwandeln; ich starre hindurch und betrachte die Vergangenheit jenseits und hinter mir, während mein Gesicht der Gegenwart sich auf der Oberfläche spiegelt.

Nun hatte der Phantomkäfig drei Tage lang im Ein und Aus seiner Insassen pulsiert. Selbst der Alkoholnebel in meinem Kopf, der dem Telegramm mit der Todesnachricht folgte, hatte die Deutlichkeit und die Details der wetteifernden Geisterwelt nicht getrübt. Jeder Chronologie spottend drang die Vergangenheit auf mich ein, scharfkantige Partikel eines Sandsturms, und erhob ein lautloses Geschrei nach alten Fragen, die den Dunst der Jahre überdauert hatten. Und nun waren da auch noch die Neuen, angesiedelt rings um das Auge des Zyklons. Ein Nichts. Eine Leere, hervorgerufen durch das endgültige Verwehen einer Rauchwolke über dem Père Lachaise, machte mich unfähig zu erkennen, ob ich um einen toten Vater trauerte oder um das Dahinscheiden eines großen Künstlers, dessen Zauber die Grenzen der Wahrnehmung von Augen und Herzen auf Generationen hinaus gesprengt hat.

Die ersten Todesanzeigen und Nachrufe in Presse und Fernsehen widmeten meist seinem Privatleben ebenso viel Raum wie dem künstlerischen Werk. Seine Malerei, Skulptur und Collage sind heute vertrauter Bestandteil jedes Museums. Selbst in der reichbesetzten Galerie der schöpferischen Geister des zwanzigsten Jahrhunderts war er einzigartig, er entzog sich in jeder Hinsicht der Klassifizierung, sowohl als Künstler wie als Mensch. Dieses Leben wird wohl weitgehend rätselhaft bleiben – nicht bloß für die Welt draußen, sondern auch für Menschen, die ihm nahegestanden haben.

An jenem Morgen hatte ich, ehe sie ihn wegtrugen, allein an seinem Sterbebett gestanden. Wie es wohl jedem im Angesicht eines Toten geht, war ich durchaus darauf gefaßt, daß seine Lider zu flattern begännen und sich öffneten, daß sein Blick ohne Überraschung auf die Chimären fiele, die er auf seinen Bildern und Collagen geschaffen hatte und die nun den Raum zu füllen begannen. Unter ihnen waren seine immer wiederkehrenden Themen: Räuberische Nachtigallen in Denkmalpose; lebendige Wälder, die mit versteinerten Armen nach dem Monde greifen; ein flüchtiges Geschöpf Loplop, das erotische Angebote macht; eine fleischfressende Blüte, die Nymphe Echo, auf Beute lauernd; Napoleon, in der Wildnis verwesend; vampirflügelige Courbet-Nackte mit Pferdefüßen; Riesenbrüste, margaritenbewarzt, die nonchalant auf behosten Beinen stehen; geierköpfige Dandies, die sich mit Toten im Leichentuch davonmachen; furchtsame Reiher, die in einer Bosch'schen Landschaft Nattern verschlingen.

Ich stellte mir vor, daß eine Flutwelle vom Meere eben dieses Bett verschlänge. Aber das Zimmer blieb sehr still und silbergrau, so wie die nun durchsichtige Haut, die sich straff über das Gerüst seines Gesichtes spannte, endlich frei von erwartungsvoller Neugier oder Begierde. In diesem Augenblick gehörten die Erscheinungen mir allein, er aber hatte sie früher als jeder andere gesehen, und ich mußte damit rechnen, daß ihre Gegenwart von nun an mehr sein würde als eine Halluzination.

Käfig der Alpträume

Max Ernst muß die Unbeweglichkeit seiner letzten Lebensjahre, die erzwungene Untätigkeit seines Körpers dadurch bekämpft haben, daß er seine außergewöhnlichen Geschöpfe, denen noch ein Hauch von Lächeln blieb, wenn sie in fremdartigen Elementen kreischten oder zischten oder brüllten, in den grenzenlosen Weiten seines Geistes sich paaren oder streiten ließ. Ich hatte das eigenartige Gefühl, daß dieser ironische Verspotter populärer Glaubensbekenntnisse genau wußte, wohin er nach alledem wollte. Er hatte in jener anderen Welt mehr Freunde als in dieser, und keiner davon war eine Zufallsbekanntschaft. Sein anderes Ich, seine beharrliche Vorstellung von Loplop, dem König der Vögel, war seit dem 2. April 1891 zu jener illusionistischen Bildwelt herangewachsen. Wer weiß? Vielleicht ist er hier auf Abenteuer ausgegangen, weil er argwöhnte, daß Loplop ihm nicht alles gesagt hätte. Einmal dachte er, ein lebenslanger Häretiker, vor seinem vertrauten Freund, dem Historiker Werner Spies, laut über eine mysteriöse Familie von Fischen nach, die Laternenfische, die in den schwärzesten Tiefen des Ozeans leben und mit lichtstrahlenden Fühlern versehen sind; es klang, als wollte er mit einer gewissen Ehrfurcht die mögliche Existenz eines kosmischen Surrealisten einräumen.

Wie es schien, wollte er diese letzte Etappe seiner Reise ausschließlich in Begleitung der seltsamen Kreaturen und Kräfte verbringen, die den Obsessionen eines ganzen Lebens entsprungen waren. Es würde nicht mehr nötig sein, vertraulich-menschliche Ablenkungen zu dulden; wie verständnislos doch oft die Leute reagierten, wenn sie merkten, daß sich das Neue der Beziehung etwas abgenutzt hatte und sie für ihn nicht mehr so einzigartig waren. Die menschlichen Wesen, häufig Opfer in Max Ernsts *Laterna Magica*, hatten niemals richtig begriffen, daß sie alle eigentlich nur Einzelansichten in einer magischen Bilderschau waren, dazu bestimmt, im lichtesten Augenblick beiseite gelegt zu werden. Es waren die Chimären und Gorgonen, die als Freunde und Geliebte sein Leben beherrschten. Er schien stets zu befürchten, Gefühls-

Der achtzehnjährige Max Ernst im Brühler Schloßpark, 1909.

bindungen müßten letztlich zum verhaßten Gefängnis werden. »Warum soll ich nicht den Nachtisch zuerst essen? Vielleicht habe ich danach keinen Hunger mehr«, sagte er einmal am Anfang ihrer Ehe zu Lou.

Um diesen Mann, meinen Vater Max Ernst, war ein beinahe vernunftwidriger Zauber von körperlicher Schönheit und intellektueller Brillanz, eine Anziehungskraft, gegen die es keine Abwehr zu geben schien. Dennoch habe ich als sein Sohn einiges von der Angst gespürt, die andere, ganz besonders Frauen empfunden haben müssen, wenn sie ohne Erklärung plötzlich an eine undurchdringliche Mauer stießen, an der jeder Versuch, sich dem inneren Menschen zu nähern, gefror.

Als ich größer wurde, lernte ich viele Gefährten meines Vaters kennen, denen diese schmerzliche Zurückweisung widerfahren war, die aber nicht imstande waren, irgend jemandem, auch nicht sich selber, die Ursachen der Wandlung rational zu erklären. Selten jedoch bemerkte ich bittere Gefühle bei den außergewöhnlichen Frauen, die sich in seine verwirrende, irritierende Welt hineingezogen fanden. Unreif, wie ich damals war, konnte ich nicht anders, ich empfand für die meisten echtes Mitleid.

Sein in sich gekehrtes Wesen und auch seine frühe Trennung von meiner Mutter hatte vor einer möglichen Beziehung zwischen uns immer neue Hindernisse aufgebaut. Ich war noch viel zu jung, um zu wissen, wieviel wertvolle Zeit ich damit vergeudete, für meinen Vater persönliche Verhaltensregeln aufzustellen, gegen die zu verstoßen rings um mich her ganz normal war. Natürlich begreift man heute im Rückblick Europa viel eher, insbesondere das Paris der Jahrzehnte nach dem Ersten Weltkrieg.

Die Intellektuellen, Künstler und Poeten jener Zeit waren Beteiligte einer Revolution, die auf irgendeine »Normalität« in den persönlichen Beziehungen keinerlei Rücksicht nahm. Anders als in unserer eigenen Zeit, die den Begriff »Revolution« als einen vielgebrauchten Werbeslogan kennt, waren diese kleinen Gruppen von Individuen allseits von massiver Feindseligkeit umgeben. Selbstlose Förderer oder wohlwollende Beschützer gab es praktisch überhaupt nicht. Kleine, miteinander verknüpfte Knäuel von Dichtern, Künstlern und Komponisten lagen im Streit mit anderen

Gruppen, deren ästhetische und politische Ziele es mit Vehemenz und Vitriol zu bekämpfen galt. Die ununterbrochenen Kämpfe jener Zeit, dazu das ständig drohende Gespenst des Hungers und des persönlichen wirtschaftlichen Ruins, diktierten eine zu Zeiten vollständige Mißachtung all dessen, was wohlmeinende Gemüter als »Anstand« oder »menschliche Werte« zu bezeichnen pflegen. Ich käme sehr in Verlegenheit, wenn man mich auffordern würde, aus jener Generation rückblickend den einen oder anderen auszusondern, der nicht in der einen oder anderen Weise ein »Ungeheuer« genannt werden könnte.

Die ersten siebzehn Jahre meines Lebens verbrachte ich, indem ich lauthals erklärte, nichts mit Kunst zu tun haben zu wollen. Ich beobachtete alles in meinem Blickfeld mit großer Neugier, aber es gelang mir immer, so zu tun, als fände ich es vollkommen unerheblich für mein Alltagsleben. Malerei konnte tatsächlich faszinierend sein, besonders wenn sie Einblicke in die Mysterien der Erotik bot. Aber sie war eine Überspanntheit, ein Bruch der Privatsphäre und, bestenfalls, ein luxuriöser Zeitvertreib. Ich konnte leben mit denen, die sie bewunderten, aber die völlige Hingabe an sie lehnte ich ab. Lou Straus-Ernst ließ so manchen pubertären Wutausbruch ihres Sohnes zu diesem Thema über sich ergehen, sie wußte recht gut, daß er nur seinem Groll und seinem Gefühlsaufruhr gegen einen abwesenden Vater Luft machte. Sie nahm diese Tiraden mit duldsamem Schweigen auf, vielleicht mit einem geduldigen Lächeln und gelegentlich mit ein paar Worten: »Vielleicht siehst du das anders, wenn du erwachsen bist.«

Jetzt bin ich Maler, aber mein letzter Widerstand gegen das, was heute mein Daseinszweck ist, hat nicht vor Anbruch der Reife kapituliert. Seitdem habe ich eine Fülle von Dingen entdeckt, die anstelle von Abneigung nicht bloß Respekt, sondern rückhaltlose Liebe verdienen. Ich kann sogar den Schrecken und Eruptionen, die für die windmühlenstürmende, rastlose Unruhe meiner jungen Jahre sorgten, etwas Positives abgewinnen. Wären sie geruhsamer verlaufen, könnte es wohl sein, daß ich mich im Luxus eines »ordentlich möblierten Gemüts« eingerichtet hätte.

Es gibt viele Fragmente meiner persönlichen Geschichte, die ich immer wieder in Dokumenten, Fotografien, Kritiken und anderen

Schriften über Personen und Ideen bestätigt finde, die etwa gleichzeitig mit mir das Licht der Welt erblickt haben. Einiges davon ist im Laufe der Jahrzehnte romantisiert, gesäubert, aber auch skandalisiert worden. Ich kann nicht leugnen, daß es mir ein diebisches Vergnügen bereitet, Spekulationen über die Beweggründe für solches Verbiegen der Wahrheit anzustellen. Allerdings lassen so manche dieser Darstellungen mir sehr wenig Raum für Assoziationen zur eigenen Erinnerung. Es kann einen schon in Verwirrung stürzen, wenn man wichtige Ereignisse des eigenen Lebens so wieder entdeckt, aber es dient auch der Beseitigung von Zweifeln, ob es sie überhaupt gegeben hat.

Daß meine Erinnerung an den ersten bewußten Eindruck meines Lebens authentisch ist, hat meine Mutter mir in ihrer unveröffentlichten Autobiographie bestätigt. Das kostbare Dokument gelangte 1948 über die Schweiz in meinen Besitz, ich erhielt es von Ella Picard, einer alten Freundin, der Lou es 1941 oder 1942 für eine mögliche Veröffentlichung geschickt haben muß. Das Manuskript blieb unveröffentlicht. Der Autor gibt im folgenden einige Passagen daraus wieder. Es gab aber noch andere Zeugen: Der amerikanische Biograph und Sozialhistoriker Matthew Josephson entsann sich des Vorfalls, Paul Eluard sprach 1937 mit mir über dieselbe Szene und ebenso mein Vater, bevor er starb. Ich erinnere mich daran hauptsächlich als an ein mögliches Omen für ein lebenslanges Dilemma.

Eine Anzahl dadaistischer Dichter und Künstler verbrachte, wie schon im Jahr zuvor, den Sommer 1922 in ein paar heruntergekommenen Bauernhäusern bei Tarrenz in den österreichischen Alpen. Max und Louise Ernst, ich selbst, ein Zweijähriger, und mein mich abgöttisch liebendes Kindermädchen Maja Aretz trafen dort mit den französischen Dichtern Paul Eluard, Tristan Tzara und dem Schweizer Bildhauer Hans Arp zusammen. Nach und nach kamen weitere Besucher an, darunter auch Matthew Josephson und seine Frau. Eluard war in Begleitung seiner Frau Gala, die später Salvador Dali heiratete.

An einem bestimmten Tag gegen Ende August fuhr die gesamte Kolonie zu einem *Frühstück im Grünen* an einen nahegelegenen Bergsee. Jeder ging an diesem warmen Nachmittag nackt ins

Lou, Paul und Gala Eluard, Max mit Jimmy auf den Schultern und die Tochter der Eluards in Tirol, 1922.

Wasser. Meine Mutter trug mich auf dem Arm hinein, bis das köstliche Naß meine Beine bedeckte. Plötzlich wurde die spiegelglatte Wasserfläche vor mir durchbrochen. Ein Kopf stieg empor und dann ein Oberkörper. Max lachte, als ihm das Wasser über das Gesicht lief. Er hob die Arme zu mir herauf, und Lou streckte mich ihnen entgegen. Ich sah, daß unzählige langbeinige, auf dem Wasser laufende Insekten Max' Körper auf der Oberfläche umschwirrten, und ich begann zu schreien und mich gegen meine Auslieferung zu wehren. Meines Vaters Gesicht wurde dunkel und wütend; er drehte sich um und schwamm davon.

Auf dem Rückweg zum Bauernhof ritt ich Huckepack auf Arps Schultern durch den dunklen Kiefernwald. Max und Lou gingen für sich allen anderen voraus. Diese Unterhaltung und die Ereignisse jenes Tages und deren Vorgeschichte hat Lou in ihrem Manuskript festgehalten.

»Eines Tages gingen wir im See schwimmen. Jimmy bekam Angst vor den Wasserläufern oder vielleicht auch vor Max. Er wollte sich nicht von Max im Wasser auf den Arm nehmen lassen. Ich weiß nicht, warum. Er war noch zu klein, um etwas von unseren Problemen zu wissen. Auf jeden Fall ist dies eine von Jimmys frühesten Erinnerungen.

Als wir durch den Wald nach Hause gingen, muß die Traurigkeit in meinem Gesicht wohl so etwas wie Eindruck auf Max gemacht haben. Es war ein feststehender Beschluß, daß er mit Gala nach Paris fahren würde. ›Für eine Weile‹, hatte er gesagt. Seit Wochen hatte er nicht nur die Zimmer jenseits der Diele mit den Eluards geteilt, sondern auch Gala mit Paul.

Max schien bestürzt über meine Niedergeschlagenheit. ›Weißt du‹, sagte er, ›du brauchst eigentlich gar keinen Mann mehr. Du bist achtundzwanzig. Du weißt alles über die Liebe. Du hast einen Sohn ... Was willst du mehr? Dein Leben mit dem Kind wird sehr glücklich sein.‹

Es war ein merkwürdiger Versuch, mich aufzuheitern, denn ich konnte mir nicht vorstellen, wie ich von nun an leben würde, und obwohl ich mich bemühte, verständnisvoll zu sein, verletzten mich seine grausamen Worte.

›Weißt du eigentlich, was du da redest?‹ fragte ich ihn entgeistert.

Hans Arp, Tristan Tzara und Max Ernst in Tirol, um 1921 *(Foto: Roger Segalat)*.

›Ich bin doch noch jung! Ich bin achtundzwanzig und will leben.‹ Er schien mich nicht zu verstehen, und es muß für ihn ein wirklich unbequemer Gedanke gewesen sein.
Am Vorabend seiner Abreise schauten wir zusammen nach Jimmy, der unschuldig in seinem Bettchen schlief. Wir weinten beide.«
Lou erzählte Max nicht, daß sie wieder schwanger war, und ich erfuhr davon auch erst vierzig Jahre später. Sie fuhr nach Innsbruck, um abzutreiben, und machte, als sie sich erholt hatte, mit mir die lange Reise zurück nach Köln, zurück in dieselbe Wohnung am Kaiser-Wilhelm-Ring, in der sie mit Max gelebt hatte und in der ich 1920 geboren wurde.
Sie kehrte zurück ohne Mann und ohne jegliche Aussicht auf irgendeinen Broterwerb. Kunsthistoriker waren nicht gefragt in jener frühen Weimarer Zeit, als diejenigen, die Arbeit hatten, ihre Gehälter in großen Tüten voll wertloser Scheine heimtrugen. Karge Hilfe kam, wenn überhaupt, von ihrem Vater, der es seine Tochter lehren wollte, nicht nur einen Nichtjuden zu heiraten, sondern obendrein auch noch einen Tunichtgut von Künstler. Die streng katholische Familie von Max verhielt sich ebenso distanziert, weil ihr Sohn die Tochter eines jüdischen Hutfabrikanten geheiratet hatte. Nur Maxens Schwester Emmi und sein Bruder Karl hatten der standesamtlichen Trauung beigewohnt.
Lou hatte Max Anfang 1913 an der Bonner Universität kennengelernt. Ihr Studienfach war Kunstgeschichte, während er etwas weiter gespannte Interessen hatte und dem Gebiet der Psychologie zuneigte. Sie hatten sich etwa ein Jahr lang gelegentlich getroffen, als Lous Professor darauf bestand, daß alle seine Studenten auch vom Handwerklichen und Technischen ihres Gebietes etwas wissen müßten. Als Teilnehmer eines wöchentlichen Pflichtkurses im Modellzeichnen pflegte Max sich neben sie zu setzen und, da sie fürs Zeichnen völlig unbegabt war, verstohlen ihr Blatt zu nehmen und in wenigen Minuten ihren Entwurf zu vervollkommnen. Dafür fühlte Lou sich verpflichtet, diesem hübschen, blauäugigen Freund zu gestatten, sie nach diesen wöchentlichen Stunden bis an die Tür ihres Studentenheims zu begleiten. Sonntägliche Spaziergänge den majestätischen Rhein entlang folgten. Oft saßen sie

Lou Straus, Tochter eines Kölner Kaufmanns, 1916.

Lou Straus als Kunststudentin, 1918.

schweigend am Ufer beisammen, während er zeichnete. Er übte an ihr auch seinen persönlichen Charme. Sie entdeckte, daß seine Absichten über studentische Kollegialität hinausgingen, als er einmal zu ihr sagte: »Kommen Sie, Fräulein Straus, ich zeige Ihnen eine Stelle, wo dieser Fluß wahrhaftig stromaufwärts fließt.« Es war ein langer Weg zu dem stillen Plätzchen jenseits der Bonner Stadtgrenzen; dort bildete sich an einer langen Mole aus Steinen ein gewaltiger Wasserwirbel, und tatsächlich, das Wasser floß stromaufwärts. Ihre Beziehung wurde enger, aber sie blieb durchaus gesittet, bis Max einen seiner engsten Freunde um Hilfe bat. Lou schildert es so:
»›Klammere dich doch nicht so krampfhaft an dein Jungfernkränzchen‹, flüsterte mir Hans Arp in seinem sanften, singenden Ton ins Ohr, als er, Max und ich zusammen in den Binsen des Rheinufers saßen. Zu dritt hatten wir uns das Abendbrot aus Ölsardinen, Wurst, Brot und Wein geteilt. Ich lag, in die Arme von Max gekuschelt, unter einem klaren, vollmondhellen Nachthimmel. Es war so hell, daß ich auf meiner Armbanduhr hätte ablesen können, wie spät es war, aber ich versuchte es nicht einmal ... Hans Arp sagte mir ein paar Jahre später, daß er sich an diesem Abend, als er Max und mich in zärtlicher Umarmung sah und sich ein bißchen verloren fühlte, für kurze Zeit in mich verliebt habe.
›Klammere dich nicht so krampfhaft an dein Jungfernkränzchen.‹ Ja, wirklich, ich hatte mich sehr fest daran geklammert. Jahre später ging mir auf, daß Max mich wirklich sehr geliebt haben muß, um sich ein dreiviertel Jahr lang damit zufriedenzugeben, mein ständiger Begleiter zu sein und sonst nichts. Er hatte mir, als er meine ängstliche Zurückhaltung zum erstenmal spürte, versichert, daß er nicht den Versuch machen werde, mich im Sturm zu nehmen. Ich hatte versprochen, daß ich eines Tages von mir aus kommen werde.
Aber wollte ich das denn wirklich? Noch lebte ich in der Vorstellung, daß der Mann, dem ich dies geben würde, nur mein Ehemann sein könnte. Ein derart unkonventionelles Individuum wie Max zu heiraten kam nicht in Frage.«
Lou Straus wie auch ihre Familie hielten es für ausgemacht, daß sie

Lou mit Otto Keller in Köln, 1923.

Otto Keller, den Sproß einer wohlhabenden und in der jüdischen Gemeinde Kölns angesehenen Familie, heiraten würde.
»Daß ich Max für immer liebte, das dämmerte mir jetzt mit Macht, aber natürlich würde ich Otto heiraten. Er wußte es, meine Mutter hoffte es, und ich bezweifelte nicht, daß ich mit ihm sehr glücklich und sicher sein würde.
Heirat... das war schließlich eine sehr bürgerliche, eine konventionelle Formalität, die etwas so Unkompliziertes wie die totale Liebe nicht beeinträchtigen dürfte. Ich bemühte mich, Max von meinem Standpunkt zu überzeugen, aber er lehnte ihn ab. Er sagte, ich sei viel zu intelligent und vital, um mich in der Mittelmäßigkeit eines solchen Lebens begraben zu lassen. Kein Geld und keine Sicherheit der Welt, sagte er, könne die Liebe ersetzen. Und wenn ich meinte, ich könnte einen Kompromiß schließen und den einen Mann heiraten, während ich weiter einen anderen liebte, dann werde er, Max, das nicht mitmachen.

Ich weiß nicht, ob ich jemals wirklich an diese Kombination gedacht habe, aber meine Überlegungen wären wohl auf ein solches Arrangement hinausgelaufen. (Es ergab sich, typische Ironie des Schicksals, daß fast genau acht Jahre später eben diese Situation entstand, nur umgekehrt.) In diesem Augenblick mußte ich zugeben, daß Maxens Standpunkt der einzig saubere und moralische war. Ich gab jeden Gedanken an eine komfortable Lösung mit Otto auf und bereitete mich darauf vor, alles, was ein Leben mit Max in der Zukunft bringen würde, mit dem nötigen Mut auf mich zu nehmen.«

Lous Entschluß kam um nichts zu früh. Der Erste Weltkrieg begann, und Max wurde zur Artillerie des Kaisers eingezogen. Vier Jahre lang gab es fast täglich einen Brief von der Westfront und ab und zu einen kurzen Heimaturlaub in Köln. 1916, ein paar Monate nach einem solchen Besuch, löste Lou daheim eine größere Krise aus, denn sie hatte ihrer Familie mitzuteilen, daß ihre Regel schon mehrmals ausgeblieben war. In all dem Hin und Her von Geschrei und Beschuldigungen versicherte sie unerschütterlich, Max würde Sonderurlaub einreichen und sich der Familie wie der Situation stellen. Ihre Mutter blieb dabei: »Du wirst schon sehen, er kommt nicht. Du wirst ihn nie, nie wiedersehen. Und wir werden uns in Köln nicht mehr sehen lassen können . . . Diese Schande . . .« Eines Tages, als sie auf den Postboten wartete, der vielleicht einen Brief von der Front brachte, tauchte aus dem kleinen Park gegenüber Max auf — in voller Ausgehuniform mit dem Helm, den Offiziere traditionell zu einer Hochzeitszeremonie zu tragen pflegten. Nun war er also doch gekommen. Die Schwangerschaftskrise war falscher Alarm gewesen, und sie beschlossen, das Ende des Krieges abzuwarten.

Was sie auch immer von der Ehe als Institution gehalten haben mochten, sie setzten sich damit nicht durch. Die Erbitterung der beiden Familien war so groß, daß Max und Lou sich mit der bürgerlichen Formalität nach der Heimkehr von Max einverstanden erklärten. Er hatte noch vor dem Waffenstillstand die Soldaten seiner Kompanie von der Front quer durch Frankreich und Belgien bis zur anderen Rheinseite geführt, wo er sie entließ und ihnen sagte, sie sollten nach Hause gehen. Er lehnte es ab, das

Max Ernst in seiner Uniform aus dem Ersten Weltkrieg, gemalt von seinem Vater Philipp, 1915. Max übermalte während seines Heimaturlaubs das Eiserne Kreuz.

Eiserne Kreuz Erster Klasse anzunehmen, das ihm für seine zwei Verwundungen verliehen werden sollte. Ein erbeutetes belgisches Pferd hatte ihn getreten, während seine Männer versuchten, es zu beschlagen, und ein andermal war er bei der Inspizierung einer angeblich nicht geladenen Artilleriekanone vom Rückstoß getroffen worden mit der Folge, daß immer, wenn er sich schneuzte, sein Gesicht zu einem gigantischen Ballon anschwoll. Aber offenbar hatten diese Kriegserfahrungen noch andere Narben hinterlassen, die sich nach der Hochzeit bemerkbar zu machen begannen. Immer wieder wechselten seine Stimmungen zwischen sprühender Lebhaftigkeit und in sich gekehrter Zurückgezogenheit. Es gab heftige Vorwürfe, wenn seine Pantoffeln nicht am gewohnten Platz standen, oder als eine bestimmte Teetasse, aus der nur er trank, von einer Freundin Lous benutzt und zerbrochen worden war.

Seltsamerweise drang der Geist der Rebellion gegen die Normen der verhaßten Bourgeoisie nicht sehr tief in das Privatleben der Nonkonformisten wie Max Ernst und seiner Mit-Dadaisten ein. Die männlichen Privilegien des Familienlebens einschließlich eines für Männer und Frauen unterschiedlichen Moralkodexes blieben zum größten Teil sehr wohl gültig. Und bei all ihren verbalen Attacken auf die Heuchelei der Sexualkonvention zogen diese Revolutionäre doch stillschweigend eine Grenze bei der Homosexualität – eine Haltung, an der sich auch dann wenig änderte, als der Dadaismus sich zum Surrealismus entwickelt hatte.

Abgesehen von solchen Widersprüchlichkeiten jedoch zielten die provozierenden Gesten und Aktionen jenes lockeren internationalen Bündnisses namens Dada darauf ab, auf die weltweite seelische Auszehrung aufmerksam zu machen, deren Sinnbild das entsetzliche Schlachtfeld von Verdun war, wo – welch perverser Zufall – Paul Eluard und sein künftig engster Freund Max Ernst aufeinander geschossen hatten.

Dada schrumpfte, als es sich selbst zur Bewegung erklärte, und starb, als einige seiner Schöpfer und seine Opfer es als Kunst akzeptierten. Aber als es lebte, war es ein Fieber, das an weit verstreuten Orten der Welt gleichzeitig ausbrach, ohne daß man sofort von Kontakten untereinander profitiert hätte. Die hohe

Temperatur war Symptom einer grassierenden Seuche; der Erste Weltkrieg war nur eins ihrer deutlicher erkennbaren Geschwüre. Degenerierte Königshäuser verfügten geradezu spielerisch über Millionen ihrer Untertanen. Eine Managerschicht, Vaterlandsliebe posaunend, teilte über angeblich feindliche Grenzen hinweg Profitbereiche unter sich auf. Hochschulen machten es sich unter dem Mantel der Respektabilität zur Aufgabe, jeden keimenden neuen Gedanken abzutreiben.

Die Dadaisten malten das wahre Gesicht ihrer Zeit, indem sie den Schwanz eines Esels in einen Farbeimer tauchten und das Ergebnis an der Wand des Stalles als »Kunst« ehrten. Sie führten die zunehmende Sprachverderbnis zu ihrem logischen Schluß und schrieben und rezitierten vollkommen unbegreifliche Poesie. Unrat aus der Gosse wurde zum gültigen Bestandteil aller Arten von Bildwerk. Das Unaussprechliche wurde zu Hohngeheul. Leonardos *Mona Lisa* wuchs ein Schnurrbart, und wer wollte behaupten, daß ein Urinal, signiert von R. Mutt, nicht die Bezeichnung Skulptur verdiente? Glaubensschändung war die einzig wirksame Antwort auf Scheinheiligkeit.

Dada Köln schaffte es, die Lautstärke des literarischen Kabaretts von Dada Zürich und auch die der zahlreicheren Pariser Gruppe unter der häufig gespaltenen Führung von André Breton und Tristan Tzara zu erreichen, wenn nicht gar zu übertreffen. Anders als die Berliner Aktivisten, zu denen George Grosz, Otto Dix und Raoul Hausmann gehörten, wurden die Kölner Dadaisten weitgehend mit der politischen Linken identifiziert. (Der »Bourgeois« Kurt Schwitters lebte mit seiner *Merz*-Welt allein in Hannover.) Unter den nicht immer wohlwollenden Blicken des Kölner Oberbürgermeisters Konrad Adenauer und der britischen Besatzungsmacht des Ersten Weltkriegs veranstalteten Max Ernst und sein enger Freund Johannes Theodor Baargeld unter periodischer Mitwirkung der Künstler Heinrich Davringhausen, Franz Seiwert, Anton Räderscheidt, Heinrich Hoerle und Otto Freundlich schreckliche Anti-Kunstausstellungen und veröffentlichten Staat, Kirche und Kultur verhöhnende Traktate. Die Aktivitäten dieser Genossenschaft, die nie besonders liebenswert war, wurden unterbrochen durch unaufhörliche Konterrevolutionen in ihrer Mitte.

Es war die Weimarer Republik *en miniature* und kam, wie Max später einmal sagte, der Beobachtung der Zellteilung unter dem Mikroskop gleich.
Ketzerei war in Köln nichts Neues. Seit seiner frühesten Zeit als römischer Vorposten Colonia Agrippinensis hat es eine seltsame Mischung aus teutonischem Mystizismus und gallischer Sophisterei beherbergt. Albertus Magnus, mehr Forscher und Magier als demutsvoller Mönch, soll in einem Winkel seiner Zelle einen sprechenden und beweglichen künstlichen Menschen gebaut haben, den ein verängstigter Funktionär der Hierarchie dann als Teufelswerk in Stücke hieb. Die Apsiden der St. Ursula-Kirche widerstrahlen von den goldblonden Porträts der angeblich elftausend Jungfrauen, die von den Hunnen zu Tode gemartert wurden, weil sie deren heidnische Gottheiten nicht anbeten wollten. Das Altarschiff von St. Gereon, wo ich bei der Hochzeit von Maxens Schwester Loni die Schleppe trug, zierten die vergoldeten Schädel und andere Relikte der Thebaner-Legionäre, die sich gegen den Kaiser Maximian Herculius erhoben hatten. Die Stadt hat in ihrer Geschichte seit je politischen und religiösen Nonkonformisten aller Spielarten Zuflucht geboten. Die Bürger Kölns hat es immer verdrossen, daß das Rheinland dem fremdartigen Staat Preußen einverleibt wurde. Nach 1918 schlossen sich viele, auch Max Ernst, einer militanten Bewegung an, die für die Abtrennung vom Deutschen Reich und für einen unabhängigen Staat unter französischer Hegemonie kämpfte. Die alljährlichen drei Karnevalstage waren stets ein staunenswertes Schauspiel ungezähmter Lebensfreude, die der steifbeinigen Prüderie des deutschen Spießbürgers die Zunge herausstreckte.
Max und Lou Ernst lebten in der obersten Etage eines vierstöckigen Stadthauses am Kaiser-Wilhelm-Ring, das im übrigen vom Eigentümer bewohnt war, einem wohlhabenden Zahnarzt mit zerhacktem Gesicht, den Schmissen aus seiner Studentenzeit. Er ärgerte sich über das Bohème-Gesocks, das da seine Treppen hinauflief und das die ganze Nacht über aufblieb, wahrscheinlich, um den nächsten Schritt zur Auslieferung des Vaterlandes an die Roten auszuhecken. Das Wohnzimmer und das angrenzende kleinere Studio wurden zum Dreh- und Angelpunkt für Dada Köln

Eluard, Max und Gala in Köln, 1921.

und für anreisende Künstler, Schriftsteller, Kritiker und Dichter, manchmal zwar von etwas ferneren Ufern des Bekenntnisses, aber doch befreundet genug, um willkommen zu sein. Der Kaiser-Wilhelm-Ring wurde zum Appendix des Bahnhofs beim Dom. An jedem beliebigen Morgen konnten schlafende Gestalten überall in der Wohnung liegen, wo Platz zum Zusammenrollen war. Die häufigsten Besucher waren Hans Arp und Sophie Tauber, Paul Klee, Jankel Adler, Lyonel Feininger, Tristan Tzara und – für längere Aufenthalte – Paul Eluard mit seiner Frau Gala. Gelegentlich pflegten gewitzte Kunsthändler wie Karl und Joseph Nierendorf, Andreas Becker oder der Berliner Alfred Flechtheim zu kommen, um sich umzusehen, hilfreich aber waren sie nicht. Im Gegensatz zu ihnen hatte die legendäre Mutter Ey aus Düsseldorf all ihre mütterlichen Gefühle von ihrem betrunkenen Braumeister und zwölf Kindern auf die kämpfenden Avantgarde-Künstler übertragen, wo immer sie zu finden waren. Sie war von enormem Umfang, und wenn sie ging, bebte alles, auch sie selber. Ich entsinne mich des freundlichen Augenzwinkerns hinter der Stahlbrille, und viele Künstler jener Zeit erinnerten sich an die fürstlichen Inflationsmark-Beträge, die sie für ihre Werke zahlte und die wenigstens wieder eine Tüte Lebensmittel bedeuteten oder sogar die Miete. Keiner konnte begreifen, wie sie so gut genährt sein konnte bei einem Kunstgeschäft, das darin bestand, die Werke vergleichsweise unbekannter Künstler wie Klee, Adler, Dix, Barlach, Nolde, Rohlfs, Kandinsky, Kokoschka, Jawlensky und Ernst zu kaufen, sie aber kaum je verkaufen zu können.
Ich entsinne mich auch noch aus jenen Tagen, daß irgend etwas an Gala Eluard war, das ich nicht mochte. Ich wollte mich von der Dame mit dem eindringlichen Blick nicht anfassen lassen. Paul Eluard hingegen hätte Rumpelstilzchen in Ruhestellung sein können. Er war der gutherzige Kobold und bewegte sich in der lässigeleganten Art eines Athleten, der seinen Körper sehr gut kennt. Er trug den Kopf hoch, als hielte er in der Dämmerung Ausschau nach dem Polarstern.
Lou fiel die Rolle zu, für Gastlichkeit und Wohlbehagen zu sorgen, und sie mußte ihren Frieden mit der völligen Versenkung ihres Mannes in die Angelegenheiten von Dada machen. Gelegent-

Max, Gala und Paul Eluard in Tirol, 1923 *(Foto: Roger Segalat).*

lich gelang es ihr, eine Schreibarbeit zu finden oder im Kaufhaus Tietz, dessen Besitzer ein Förderer der Künste war, Strümpfe zu verkaufen. Es ist durchaus möglich, daß es Tage gegeben hat, an denen ich der einzige im Haus war, der etwas zu essen bekam. Hätte ich nämlich nichts bekommen, dann wäre Maja, ein Kindermädchen für alles, das kaum je ein Gehalt gesehen hat, auf Max und Lou losgegangen mit einer Wut, die sie fürchten gelernt hatten.

Immerhin, Lou brachte es fertig, an Dada mitzuwirken, indem sie hin und wieder Collagen schuf, für die sie den Dada-Namen »Armanda Geduldgedalzen« benutzte. Max verlieh ihr den Titel »Rosa Bonheur von Dada«.

Einige ihrer Collagen waren in der ersten Kölner Dada-Ausstellung dabei, die Ernst, Baargeld und Arp in einem glasüberdachten Hof hinter einem Brauhausrestaurant organisiert hatten. Die Aus-

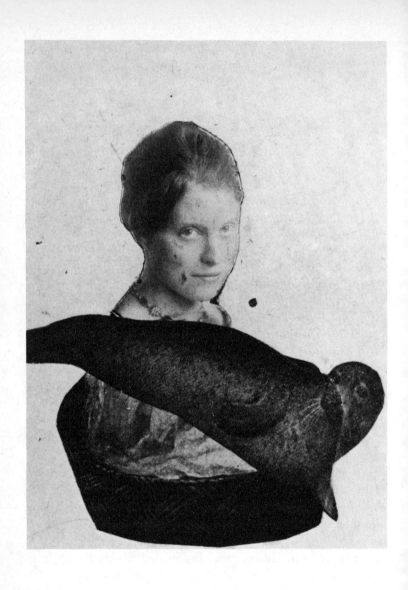

Lou Straus-Ernst als »Rosa Bonheur of Dada« [*Collage von Max Ernst, 1922*].

stellung war einzig durch die Männertoilette zugänglich. Sie präsentierte neben provozierenden Collagen, Zeichnungen und Gemälden ein junges Mädchen im weißen Kommunionkleidchen, das obszöne Gedichte vortrug, und eine Holzskulptur, an der ein Beil hing als Aufforderung an die Besucher, sie zu zerstören. Prompt wurde die Schau von der Polizei geschlossen, dann aber triumphal wieder eröffnet, als sich kein Gesetzesparagraph finden ließ, der das Verbot gerechtfertigt hätte. Sie rief auch heftige familiäre Reaktionen hervor. Max hatte beim Drucker eine hebräische Type entdeckt und verwendete die Schrift in der Bekanntmachung, was bei Großvater Jacob Straus einen Wutanfall hervorrief. Großvater Philipp Ernst kochte wegen des Sakrilegs seines Sohnes, das Mädchen im Kommunionkleid auftreten zu lassen. Das alles gab dem Groll, den beide Patriarchen gegen Max und Lou und gegeneinander hegten, neue Nahrung. Diese totale Feindschaft von beiden Seiten machte mir zu schaffen, bis ich etwa dreizehn war, und schwächte sich nur geringfügig ab, als ich mit achtzehn Jahren Deutschland verließ. In jenem Frühjahr 1920 waren die beiden Patriarchen erst Großväter in spe. Ich besuchte die rebellische Ausstellung in der Kölner Schildergasse als Gast meiner Mutter im siebten Schwangerschaftsmonat. Sie behauptete, ich hätte an diesem Abend in ihr so um mich getreten, wie wenn sie und Max in den Zirkus gegangen wären und die Kapelle für die Prunkpferde aufgespielt hätte.
Lou Straus beschrieb ihre Ehe in diesem besonderen Stadium als eine allumfassende Anstrengung, das eigene Leben vollkommen nach den Bedürfnissen von Max zu gestalten. Sie begriff rasch, daß Max es haßte, beim Malen beobachtet zu werden. Fragen nach den Fortschritten der Arbeit durften nicht gestellt werden. Sie ließ Freunde fallen, die Max nicht leiden konnte, sie hörte mit ihrem Geigenspiel auf, las nur Bücher, die er gut fand und versuchte, alles in allem, eine Erweiterung seines Lebens zu werden. Sie spürte allerdings sehr bald, daß
».. . das größte Geheimnis von zwei Menschen, die zusammen leben, eine gewisse Distanz und Diskretion ist . . . daß man trotz aller Gemeinsamkeit am Ende eigentlich doch einzig und allein bleibt. Aber ich war nicht bereit, mir selber das einzugestehen.«

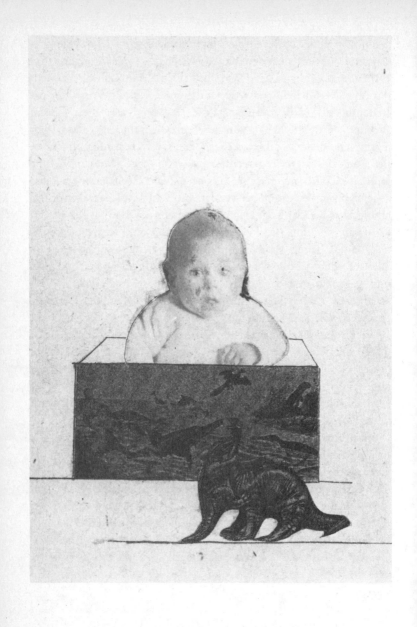

»Jimmy Ernst, Dadafax minimus« [*Collage von Max Ernst, 1920*].

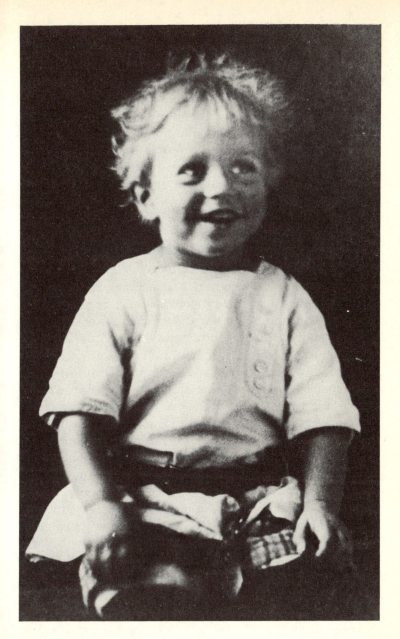
Jimmy in Köln, 1922.

Im Juni dieses schwierigen Jahres wurde ich geboren, und meine Ankunft löste offenbar keines dieser ungreifbaren Probleme.
»Das Kind jedoch, das in einer konventionellen oder bürgerlichen Ehe sicherlich zu einer bindenden Kraft geworden wäre, vergrößerte stattdessen die Kluft zwischen uns. Wir liebten es beide, und wir hatten es gewollt, aber auf mysteriöse Art, die ich nie ganz verstanden habe, mißlang es ihm, den erhofften neuen Zusammenhalt zwischen uns beiden zu schaffen. Vielleicht ist die Zweiereinheit, die wir beide herzustellen versuchten, von diesem dritten Wesen gespalten worden, und das hat uns in eine neue Richtung gezwungen.
Manchmal denke ich, daß die Verantwortung, die mit diesem Sohn in unser Leben getreten ist, Max störte und erschreckte. Er liebte seine persönliche Freiheit über alles, wie er in seinem Leben beweisen sollte, später, immer wieder.«
Tapfer bemühten sich die beiden, zusammenzuhalten, was sie in ihren jeweiligen Kämpfen gegen ihre Familien und gegen die steife Sittenstrenge der deutschen Bürgergesellschaft gewonnen hatten. Nach allem, was man hört, freuten sie sich an ihrem Sohn und ließen ihn teilnehmen an allem, was in diesem lebendigen Haus geschah. Ich wurde verwöhnt und durfte mich frei unter Gästen und Freunden bewegen, durfte auf jedem verfügbaren Schoß sitzen, gleichgültig, wie ernsthaft oder hitzig die Unterhaltung war. Manifeste, Proteste und Theorien wurden formuliert, während irgend jemand am Tisch mir die Flasche gab. Meine Mutter erhielt eine verspätete Lektion im Babywickeln von Paul Klee, der das Verfahren auf dem Eßzimmertisch an mir demonstrierte. Max taufte mich »Jimmy, *Dadafax minimus, le plus grand Anti-Philosophe du Monde*«. Alle, so scheint es, waren sich einig, daß mein richtiger Name, »Hans-Ulrich«, viel zu teutonisch sei. Max befreite mich im Angesicht der Nixen und Meeresgötter des nahegelegenen Hildebrand-Brunnens von diesem Namen. Als eine Schar »Jimmies« — so lautete der Spitzname für die beliebten britischen Soldaten, die damals das Rheinland besetzt hielten — den Spaziergänger umringte und viel Schmeichelhaftes für den strahlenden Vater hatte, wurde der Name zu »Jimmy«. Gut zwanzig Jahre später hat mich ein amerikanischer Bundesrichter,

der gegen den Gebrauch von Koseformen bei Namen etwas hatte, in die Staatsbürgerschaft der Vereinigten Staaten als »James U.« eingeschworen.

Die drohende Gewitterwolke zog in der ungewissen Atmosphäre der Ehe früh auf, beim ersten Besuch von Paul und Gala Eluard. Was Ernst und Baargeld machten, hatte in Paris zunehmendes Interesse geweckt, und der französische Dichter Eluard entdeckte eine Geistesverwandtschaft mit dem Künstler des Magischen. Bei Gala wuchs ein Interesse anderer Art. Lou Straus-Ernst nannte sie »dieses Russenweib, ... dieses glatte, glitzernde Geschöpf mit dunkel herabfallendem Haar, mit orientalisch-verschleierten, leuchtend-schwarzen Augen, mit zarten, zerbrechlichen Gliedern – es erinnert an einen Panther. Als es dieser fast stummen, gierigen Frau nicht gelang, ihren Mann zu einer Affäre mit mir zu verführen, um Max zu bekommen, hat sie schließlich beschlossen, beide Männer zu behalten, mit Eluards liebendem Einverständnis.«

Doch Lou entschied, daß es viel zu einfach wäre, die Schuld einfach auf »diese dritte Person« zu schieben. Sie hoffte weiter, daß allein schon die Vertracktheit der Situation Max zur Vernunft bringen müßte. Aber die Gegenwart der Eluards durchdrang alles. Und während ihrer letzten Ferienreise nach Tirol erkannte Lou dann, wie tief sie schon verstrickt waren.

»An einem Regentag saßen wir alle zusammen im Wohnzimmer. Max arbeitete mit Gala an der Übersetzung eines seiner Bücher, und im Streit um eine sprachliche Nuance wurde er sehr scharf und beleidigend. Ich wollte sie ein bißchen hänseln und warf ein: ›Warum läßt du dir gefallen, daß er dich derartig anschreit? Sowas hat er bei mir nie gewagt.‹ Max blickte kurz auf und erwiderte: ›Ja, dich habe ich auch nie so leidenschaftlich geliebt.‹«

Eluards einverständliche Lösung des Problems war: »... Du mußt verstehen, ich liebe Max Ernst viel mehr als Gala ... Du weißt nicht, wie es ist, mit einer Russin verheiratet zu sein.« Für Tristan Tzara war das Ganze nur eine weitere Komplikation in seinem Ästhetikstreit mit André Breton; er sagte zu Matthew Josephson: »Uns ist natürlich ganz egal, was sie tun oder wer mit wem schläft. Aber warum muß diese Gala Eluard so ein Dosto-

Gala Eluard mit Max Ernsts Eisernem Kreuz, Max, Jimmy, Lou, Paul Eluard und Johannes Theodor Baargeld in Maxens Kölner Atelier, 1921.

jewski'sches Drama daraus machen? Das ist lästig, das ist unerträglich, unerhört!« Lou war also nicht unvorbereitet für den Schlußakt auf dem Heimweg vom Picknick am See. Nicht allzu lange zuvor hatte Max versucht, behutsam zu erklären: »Ich wäre ja sehr gerne einfach glücklich mit dir verheiratet. Aber es geht eben nicht.«
Die Affäre mit Gala war nur der Auslöser für die unausweichliche Wendung, die Max Ernst nehmen mußte. Freie Geister überall auf der Welt suchten nach frischer, nicht von provinziellen Konventionen vergifteter Luft zum Atmen. Für Max Ernst gab es im Deutschland von 1922 eigentlich keinen Ort, der nicht nur der Rebellion ein Forum bot, sondern auch das Klima, in dem Ideen zur Blüte gelangen. Antwort und Ziel war Paris, ein höchst kraftvoller Magnet der Zivilisation und die einzige Stadt, die sich zu Recht international nennen durfte.
Fremdenhaß war damals in Frankreich ein ebenso verbreiteter nationaler Charakterzug wie in anderen europäischen Nationen, und doch rühmte sich Paris seiner Bereitschaft, die Dissidenten der Welt aufzunehmen. Man erwartete von ihnen, daß sie keine Schwierigkeiten machten, etwa straffällig würden oder zur Arbeiterbewegung gingen. Man betrachtete sie mit einer gewissen Herablassung und ein wenig Mitgefühl, während die einzelnen Gruppen brav unter sich blieben, eifrig ihr Emigrantenblättchen lasen, das jedes kleinste Gerücht aus der Heimat über einen unmittelbar bevorstehenden Wechsel oder Umsturz begierig aufgriff, was sie trieb, ihre symbolisch stets gepackten Koffer unter den Betten der tristen Hotelzimmer hervorzuziehen, um heimzukehren in die Vergangenheit. Ernüchtert von der Farce des Ersten Weltkriegs machte sich eine Welle von Intellektuellen aus allen Teilen der Erde zu dieser kulturellen Weltmetropole auf den Weg. Im Unterschied zu anderen Flüchtlingsgruppen fanden diese bei ihresgleichen in Frankreich bereitwillige Aufnahme. Paris schien wenig Angst vor schöngeistigen Ideologien zu haben, auch wenn sie mal ins Politische überschwappen mochten oder gelegentlich einen öffentlichen Skandal verursachten. Das republikanische Frankreich war reifer und toleranter als Länder, die noch mit jüngst verjagten Monarchien rangen in einem politischen und kulturellen

Morast, der bereits fruchtbarer Nährboden neuer Tyranneien war. Das Frankreich von 1922 schloß allerdings in seine Toleranz nicht die Deutschen ein, besonders nicht solche, die es, wie Max, vor kurzem noch in den Schützengräben an der Marne und vor Verdun bekämpft hatten. Ohne einen Pfennig kam Max illegal nach Paris. Er wohnte im Hause der Eluards in Eaumont bei Paris, er arbeitete, ebenfalls illegal, in einer Fabrik, die Tinneff für Touristen herstellte. In dieser Umgebung schuf er einige der bedeutenden frühen Gemälde, die heute die Geburt des Surrealismus in der Malerei kennzeichnen. Zu ihnen gehört das imaginäre Gruppenporträt aller Freunde. (*Das Rendez-vouz der Freunde*, Au Rendez-Vous des Amis), das eine einzige Frau zeigt: Gala.

Der Sturm des Dadaismus war in eine Sackgasse geraten, als man ihn als Kunstrichtung zu verstehen begann. War Dada ein reinigendes Gewitter, so erhellte der Surrealismus den Himmel wie ein Feuerwerk der Seele. Er sollte, genährt von der Substanz seines kurzlebigen Vorläufers, das Wunderbare und das Zauberische enthüllen, das in den Winkeln des menschlichen Bewußtseins verborgen liegt, indem er diese unvollkommene Kraft mit ihrem Widerpart, dem Traum, dem Unbewußten konfrontierte. Das Ergebnis dieses weitblickenden Vorhabens war eine Lawine der Gedanken und Bilder, so machtvoll und so befreiend, daß ihre Erschütterungen auch heute noch stark genug sind, um neue Beben in der menschlichen Vorstellungskraft auszulösen.

Jacob Straus, reicher Hutfabrikant und Säule seines Tempels am Rathenauplatz, gab sich keine Mühe, seine Freude darüber zu verbergen, daß seine schlimmsten Erwartungen sich bewahrheitet hatten. Dieser Goi, der vorgab, ein Künstler zu sein, hatte sich als verheerender Ehemann erwiesen. Obendrein war da nun ein Kind, das nur aus medizinischen Gründen beschnitten worden und deshalb nicht einmal als Jude zu betrachten war. Jacobs Haus stand Lou und mir an bestimmten heiligen Tagen offen, aber Hilfe konnte es für seine Tochter in ihrer verzweifelten finanziellen Lage erst geben, wenn wenigstens die rituellen Formalitäten der Beschneidung nachgeholt würden. Das war eine der Bedingungen Leah Straus', der ehemaligen Krankenschwester, die meiner Großmutter auf dem Sterbebett beigestanden und die Jacob zwei

Gala Eluard mit ihrer Tochter und Max in Eaumont bei Paris, wo sie in einem Dreiecksverhältnis mit Paul Eluard lebten, 1924.

Wochen nach der Beisetzung geheiratet hatte. Natürlich wurde diese Forderung prinzipiell abgelehnt. Unsere standhafte Maja, dieses freimütige und robuste Bauernmädchen, kümmerte sich um die Familie und hielt sie zusammen, als der Mann, den sie »den Schweinehund Max« nannte, sich absetzte. Sie nahm es auf sich, den halsstarrigen Jacob mit allerlei Zitaten aus dem Alten Testament auszuschimpfen, womit sie sich gelegentlich, wenn für ihren »Jung« weder Brot noch Milch da waren, einen Geldbetrag sicherte. Maja war geliebt und gefürchtet nicht nur bei Lou und mir, sondern auch in Lous Freundeskreis. Maja war es, die für häusliche Stabilität sorgte und es Lou ermöglichte, ein eigenes Leben und eine Karriere aufzubauen. Maja kleidete, liebte, schalt und verwöhnte mich. Als ich mir mit fünf oder sechs Jahren zu Weihnachten einen gebratenen Schwan wünschte, weil »sie so schön sind«, verschaffte sie sich irgendwie eine große Gans und brachte sie als meinen Schwan auf den Tisch. Sie war unser Schutzengel, bis die Ereignisse von 1933 unserer innigen Gemeinsamkeit ein Ende setzten.

In einer besonders schwierigen Phase der Bemühungen Lous um eine Verdienstmöglichkeit, ich war damals fünf, nahm Maja mich mit aufs Land, wo wir bei ihrer Mutter und ihren Schwestern wohnten. Auf der anderen Straßenseite lag hinter einer hohen Mauer ein Kloster für Mönche, die sich der Pflege von geistig Behinderten widmeten. Von meinem Fenster aus konnte ich dort im Garten die seltsamen Leute sehen. Ich begann, fast täglich in die hübsche Kapelle zu gehen und später regelmäßig zur Vesper und zur Sonntagsmesse. Ich saß zwischen den Kranken und tat mein Bestes, um bei den Riten und Responsorien mitzuhalten. Mit den Mönchen, die im Garten arbeiteten, führte ich lange Gespräche. Immer wieder fragte ich sie, ob es wohl richtig wäre, wenn ich käme, obwohl ich doch nur ein halber Katholik sei und zur anderen Hälfte ein Jude. Sie waren sehr nett zu mir und versicherten, ich sei willkommen. Einer der Brüder schenkte mir einen Rosenkranz und belehrte mich über seinen Zweck und Gebrauch. Maja, die beobachtet hatte, was »der heilige Jung« da machte, fand, daß dies ein bißchen zu weit ginge. Sie nahm mich bei der Hand, und zusammen brachten wir dem Mönch seinen Rosen-

Max, Lou, Onkel Richard Straus, Jimmy und die Haushälterin Maja in Köln, 1921.

kranz wieder; außerdem erhielt er eine milde Strafpredigt für den Versuch, ein so kleines Kind zu bekehren.
Maja hat von Lous Kochkünsten nie viel gehalten und pflegte nicht aus dem Haus zu gehen, bevor das Essen für mich fertig war. Einmal schenkte Lou Maja Eintrittskarten für eine Opernmatinee mit »Bajazzo« und »Cavalleria rusticana«. Zuerst winkte Maja ab, denn sie wäre nicht rechtzeitig für mein Mittagessen wieder zu Hause. Schließlich gab sie nach und bereitete eine Pfanne Rouladen vor mit strikten Anweisungen für Lou, wann und wie sie zuzubereiten seien. Wir brachten den größten Teil des Vormittags in der Küche zu. Da kam ein wichtiger Anruf, und während dieser Unterbrechung verbrannte das Fleisch zu schwarzer Kruste. Rasch mixte Lou eine Schüssel voll Weizenflocken mit Sahne und Rosinen, und wir versprachen uns hoch und heilig, nicht zu verraten, was passiert war. Maja kam heim, betrat die Küche, schnüffelte in der Luft, fand die verbrannten Rouladen und ging auf Lou los. »Ich wußte es, ich wußte es. Ich kann euch nicht eine

Lou in Köln, 1927.

Minute allein lassen. Der Jung wird noch verhungern, wenn ich es dir überlasse.«

Zwischen Maja und Max ging keine Liebe verloren. Maja hatte alles mitangesehen und verzieh ihm nie, was er Lou und »dem Jung« angetan hatte. Viele Jahre später, Ende der sechziger Jahre, war ich mit Max in Köln und erzählte ihm, daß ich Maja, nun in den Siebzigern, gefunden hätte; sie lebte mit ihrer Schwester zusammen in sehr bescheidenen Verhältnissen und es ginge ihr ganz und gar nicht gut. Max faßte in die Tasche und gab mir mehrere Tausendmarkscheine, die ich ihr geben sollte, wenn ich sie wieder träfe. Maja machte große Augen bei dem vielen Geld, war aber am Ende überzeugt, daß es in Wirklichkeit mein Geld wäre und daß ich ihr bloß etwas vormachte.

Wenn es in unserer kleinen Gemeinschaft Mangel an Geld, Lebensmitteln oder Kleidung gegeben hat, so bin ich gewiß gut dagegen abgeschirmt gewesen. Für mich gab es immer etwas zu essen, und oft genug wurde ich viermal am Tag umgezogen. So blieb das durch all meine Kindergartenjahre und noch lange nach meinem Einzug in die Volksschule im Jahre 1926. Grau und armselig war es in jenen bedrückenden Inflationsjahren in Deutschland überall, und vielleicht lag es daran, daß ich auf Dinge verzichten lernte, die es eben nicht gab. Lous magere Einkünfte als Buchhalterin, Sekretärin einer Kunstgalerie, Akkordarbeiterin in einer Bindfadenfabrik und aus anderen, gleichermaßen unsicheren Beschäftigungen wurden als Milliardensummen in braunen Papierbeuteln nach Hause gebracht und so schnell wie möglich in die Waren umgesetzt, die es im Lebensmittelgeschäft gerade zu kaufen gab. Die Milch, nach der ich mit einer Blechkanne geschickt wurde, lief bestimmt nicht Gefahr, auf dem langen Weg vom Laden nach Hause sauer zu werden. Sie war stahlblau von all dem Wasser, das man hineingeschüttet hatte. Einmal die Woche pflegten wir drei in einen anderen Stadtteil zu marschieren, dort boten die Bauern aus dem Umland ihre Waren etwas billiger an. Es machte mir riesigen Spaß, Möhren, Bohnen, Kohlblätter und anderes Grünzeug, das von den Handwagen gefallen war, aufzusammeln, und stolz präsentierte ich Maja meinen Beitrag, die zwar mißbilligend die Nase rümpfte, das Gesammelte aber schnell in ihr

Einkaufsnetz warf. Für mich war das immer ein doppelter Triumph, denn die anderen Kinder waren eine starke Konkurrenz. Später durfte ich dann zuschauen, wie Maja meine Kollektion auf dem großen Kohleherd, der die ganze Küche beherrschte, in eine Suppe verwandelte. Die Inflationszeit hatte gerade ihren Höhepunkt erreicht, als Großvater Straus sich zu einer ungewöhnlichen Geste entschloß und seiner Tochter einen guten Teil ihres Erbes übertrug, »um ihr weiterzuhelfen«. Er gab es ihr bar, und drei Tage darauf reichte die Summe kaum noch für eine Straßenbahnfahrt.

Ich nahm die Kämpfe meiner Mutter nur verschwommen wahr. Wenn ich sie an ihren diversen Arbeitsplätzen besuchte, pflegten ihre jeweiligen Chefs mir den Kopf zu tätscheln und mir zu sagen, was ich doch in »unserer kleinen Lou« für eine tapfere und immer optimistische Mutter hätte. Nach der Arbeit nahm sie mich oft mit in Museumsbibliotheken, wo sie die Stunde bis zur Schließung damit zubrachte, nach Material für ihre freiberufliche Tätigkeit zu suchen. Sie schrieb Artikel über gotische Architektur, Werke mittelalterlicher Künstler und Maler oder über ein bestimmtes Detail des römischen Erbes in einem Winkel von Köln, das den Historikern bis dahin entgangen war. Bei solchen Gelegenheiten behandelten uns die Bibliothekare und Museumsangestellten respektvoll und freundlich, denn sie wußten von Lous akademischem Grad und ihrer Doktorarbeit über mittelalterliche Goldschmiede des Rheinlands, die ihr ein summa cum laude eingetragen hatte. Manchmal traf sie Kommilitonen aus der Zeit an der Universität und brachte sie zum Essen mit. Dann schnaubte Maja, stapfte mürrisch in die Küche, und irgendwie kam soviel Essen auf den Tisch, daß es reichte, dazu eine Flasche Wein, die einer der Freunde einmal gestiftet hatte. Nach dem Essen pflegte Lou, Freunde hin, Freunde her, zu einem Nickerchen zu verschwinden, um dann bis tief in die Nacht hinein in dem unglaublichen Durcheinander ihres Arbeitszimmers ihre Artikel zu tippen. Maja verbrachte diese Zeit damit, Lous bescheidene Garderobe zu ändern und zu reparieren. »Du kannst nicht jeden Tag in demselben Kleid herumlaufen.« Sachen, die einfach nicht mehr zu reparieren waren, wurden zu Kissen oder Deckchen verarbeitet, und

Jimmy, Lou und Maja beim Sonntagsspaziergang in Köln, 1935.

ich fand mich eines Tages für den Sonntagsspaziergang in einem Anzug (kurze Hose und Jackett) aus beigefarbener Rohseide wieder.
Diese sonntäglichen Spaziergänge über den Ring waren, wenn das Wetter es zuließ, für alle Kölner Bürger ein Ritual. Auf dem Heimweg pflegten wir, falls etwas Geld übrig war, in ein Café einzukehren, wo ich mit einem enormen Stück Obstkuchen und Bergen von Schlagsahne traktiert wurde. Lou, die ihr Leben lang gegen eine Neigung zur Fülle angekämpft hat, holte sich verstohlen einen Löffelvoll oder zwei von meinem Teller, was ich gar nicht mochte, denn, so sagte ich ihr, »es sieht nicht schön aus, und überhaupt, du wirst zu dick.« Einmal erwiderte sie: »Viele Leute mögen mich ein bißchen rund.« Als ich sie fragte, ob sie »Männer« meinte, sagte sie: »Ja . . . warum nicht?« Wieder war ich entrüstet und protestierte, es sei nicht richtig, daß Männer nach der Figur meiner Mutter schauten.
Bei solchen Sonntagsspaziergängen sahen wir hin und wieder auch kleine, fahnenschwenkende Umzüge politischer Organisationen.

Meist trugen die Marschierer die Farben der alten Monarchie, und die Männer trugen Uniformen aus der Zeit Kaiser Wilhelms, manche mit sämtlichen Dekorationen, die eine Brust tragen kann, erworben im Dienste des Reiches während des Krieges 1914 bis 1918. Nachdem Lou mir erklärt hatte, was diese Leute dachten und wollten, wandten sie und ich uns automatisch ab von den Männern, die marschierend ihre verlorenen und heldenmütig gefallenen Kameraden besangen.
Eines Sonntags allerdings war es nicht ganz so einfach. Über dem Ring, hoch oben an einem fünfstöckigen Gebäude, stand in Riesenlettern: DIE JUDEN SIND UNSER UNTERGANG. Fahnen mit einem merkwürdigen Kreuz hingen aus den Fenstern, und auf dem Gehweg vor dem Haus stand ein massiver Block braununiformierter Männer in steifer Habtacht-Haltung; sie brachen plötzlich in Gesang aus, dessen Text an einer bestimmten Stelle sinngemäß lautete: »... tötend werden wir euch rächen, Kameraden, von Judenverrätern ermordet...« Hier war das erste Nazi-Hauptquartier Kölns, ein »Braunes Haus«, wie sie es nannten. Es war kein guter Tag, jener Sonntag. Wir kehrten schnell um und gingen wieder nach Hause. Unser Vermieter, der Zahnarzt, der kein Geheimnis daraus machte, daß er uns mit Freuden ausziehen sähe, begrüßte uns an der Tür, grinsende Goldzähne im mensurzerhackten Gesicht: »Fabelhaft, wunderbar ... nicht wahr?«
»Mücken ... bloß ein kleiner Fliegenschwarm ... lästig, vielleicht ... Hindenburg wird die Republik schützen ... ja, aber die Schrift ... dieses schreckliche Transparent ... sie dürfen es nicht zulassen ... vielleicht tut Adenauer etwas ...« Lou verbrachte den Nachmittag am Telefon, suchte Zuspruch bei Freunden und auch bei Bekannten mit Beziehungen zur Politik. Zum erstenmal sah ich in ihrem Gesicht echte Angst. Sie erzählte mir, daß es in Deutschland wie auch anderswo tatsächlich Leute gäbe, die die Juden haßten, aber wir hätten wirklich nichts zu befürchten. Wir wären schließlich, sagte sie, »Deutsche wie alle anderen auch«, und es gäbe eine Verfassung, die es nicht zuließe, daß uns ein Leid geschähe.
Später an jenem Nachmittag verließ ich das Haus unter dem Vorwand, mir die erstaunliche neue Erfindung aus Amerika in

einem Schaufenster am Ring noch einmal anschauen zu wollen: einen Eisschrank, Frigidaire genannt, der mit Strom arbeitete. Stattdessen lief ich aber hinüber zum Braunen Haus. Die Uniformierten waren noch zahlreicher geworden. Die Männer mit den Hakenkreuz-Armbinden quollen vom Bürgersteig auf die Fahrbahn über und brachten den Verkehr in einer Richtung vollkommen zum Stillstand. Sie formierten sich zu militärischen Kolonnen. Große rote Fahnen mit dem schwarzen Hakenkreuz im runden weißen Feld wurden aus dem Haus getragen, und auf dem Bürgersteig klatschten Frauen, die weithin sichtbar Hakenkreuzbroschen und -halstücher trugen, Beifall. Die Männer der Sturmabteilung reckten ihre rechten Arme steif in die Luft, als die Banner zum Kopf der Kolonne getragen wurden. Dem Ruf »Heil Hitler« folgte das Kommando zum Abmarsch. Fast alle brachen in einen martialischen Gesang über »die Fahne hoch« aus ... und die erschossenen Kameraden »marschier'n im Geiste mit«. Es war ihre Hymne, das »Horst-Wessel-Lied«. Ich stand bei alledem mittendrin, ein bißchen ängstlich, weil ich nicht mitsang. Ich wandte mein Gesicht einem großen, mit einer Glasscheibe bedeckten Schaukasten zu und erblickte die Seiten einer Zeitung mit dem Titel »Der Stürmer« — groteske Karikaturen bösartig blickender, hakennasiger Männer, die an den Kleidern einer jungen Frau zerrten. Ein paar Häuserblocks weiter näherten sich die Marschierenden einem Polizeikordon, der ihren Weg versperrte. Schreiend und kreischend, als freuten sie sich auf eine bevorstehende Schlacht, rannten die Frauen und andere Umstehende zum Schauplatz. Ich stand plötzlich fast allein vor dem Haus. Ein Triumphschrei stieg auf, als die Polizeikette sich auflöste, noch bevor es zu einem Kontakt gekommen war. Ich ging nach Hause mit einer Menge Fragen auf der Seele. Wenige, wenn überhaupt eine davon sollten mir je beantwortet werden.
Konrad Adenauer, Oberbürgermeister von Köln, setzte durch, daß das beleidigende Transparent noch in derselben Nacht entfernt wurde. Lou, die über meinen Ausflug sehr böse gewesen war, sagte: »Nun, das ist vorbei.« Und dann, unwillkürlich: »Oder nicht?«
Tatsächlich begann die Politik sich jetzt häufiger und beharrlicher

Lou als Journalistin beim Besuch Hindenburgs in Koblenz aus Anlaß der Beendigung der Besetzung des Rheinlandes.

in unser Leben zu drängen. Je mehr Lou sich als Kunst- und Theaterkritikerin und als Journalistin bei einigen großen Zeitungen etablierte, um so breiter wurde ihr Freundeskreis, und er wurde anders als in den Dada-Tagen. Jetzt waren es Schauspieler, Stückeschreiber, Komponisten, die beinahe ständig die Wohnung bevölkerten. Besonders die Theaterleute und Autoren gehörten zur politischen Linken. Kurt Weill, Hanns Eisler, Bertolt Brecht und viele andere schauten herein, wenn eine Produktion sie nach Köln führte. Lou zufolge hat Brecht mich ausgelacht, weil ich seinen Körpergeruch nicht mochte. »Das Kerlchen ist nur Kölner Schweiß gewohnt; meiner ist aus Berlin.« Eines Abends kamen mehrere Polizisten, um ein paar Schauspieler festzunehmen; sie waren während der Abendvorstellung an die Rampe getreten und hatten dem Kölner Polizeichef die Meinung gesagt. Ein Anruf bei Adenauers Pressesekretär, einem vertrauten Freund Lous, löste dieses kleine Problem. Die Stimmung bei diesen Zusammenkünften war oft kriegerisch, manchmal düster, und alle wurden angeklagt, von Präsident Hindenburg und dem Reichskanzler, wer immer es gerade war, bis hin zu Intellektuellen und ehemaligen Künstlerfreunden, die »Verrat« begangen hätten und jetzt wieder pure Spießbürger seien. Die Angst vor Hitler wuchs, aber soweit ich mich entsinnen kann, wußte kaum jemand oder auch niemand eine Lösung. Bis auf den heutigen Tag habe ich mir das Bild einer Gruppe bewahrt, die immer heillos zerstritten war. Ich erinnere mich an sarkastische, beißende Ausbrüche rund um den Eßtisch, feindselig meist nur im Tonfall. Sie waren laut genug, so daß ich sie noch in meinem Schlafzimmer hören konnte. Der Hoffnungsgedanke wurde ständig übertönt vom Ruf nach Solidarität der einen oder der anderen Gruppe und von Erwiderungen, die darauf hinausliefen, daß das Volk eine Viehherde sei und es verdiene, auf der falschen Seite der Barrikade zu sterben. Freunde verließen das Haus als erbitterte Gegner, nur um ein paar Tage später zu Kaffee und Kuchen wiederzukommen, als sei nichts geschehen. Oder, noch wahrscheinlicher, es war ein neues Problem aufgetaucht und sie alle brauchten einander, um es zu lösen, indem sie sich aufs neue gegenseitig in Stücke rissen.
Natürlich war die Szene nicht ununterbrochen so düster. Diese

Leute hatten genauso die Gabe des Humors, obwohl mir manchmal auch diese Fähigkeit ein bißchen zu bissig war. Der Dichter Joachim Ringelnatz, ehemals Seemann, der sardonische Verse verfaßte und auf Kabarettbühnen vortrug, alles im permanenten Rauschzustand, hörte zufällig, wie ich Maja fragte, ob meine Eier auch bestimmt lange genug gekocht hätten, um ganz hart zu sein. Daraufhin packte er die Eier, öffnete das Fenster und ließ sie vier Stockwerke tief auf die Straße fallen, dann drehte er sich zu mir um und empfahl mir, hinunterzugehen und ihre Härte zu prüfen. In meinem so abwechslungsreichen Leben vermißte ich den Vater eigentlich nur, wenn ich an Regentagen zu einem Schulfreund spielen ging oder wenn Lou mich zu ellenlangen Mittagessen bei den Familien ihrer Freunde mitnahm. An Ersatzvätern war kein Mangel. Auch als Max uns verlassen hatte, kam Arp uns weiter besuchen und nahm mich mit zu Dampferfahrten rheinaufwärts. Bei langen Spaziergängen durch Wald und Feld entdeckte er mit der gleichen Aufregung wie ich ungewöhnliche Insekten, seltene Wildblumen und seltsam verwachsene Bäume, deren Formen wir um die Wette zu Bildern deuteten. Tristan Tzara verwöhnte mich mit Sahnetörtchen und Kakao in feinen Konditoreien, während ich überlegte, ob er wohl dieses Monokel auch im Schlafe trüge. Paul Klee machte, auch als er schon zum Bauhaus nach Dessau gegangen war, auf dem Wege zu seiner frühen Mäzenin und Freundin Mutter Ey in Düsseldorf einige Male Station in Köln. Er und ich hatten eine gemeinsame Leidenschaft: das uralte Hänneschen-Puppentheater. Wenn Sommer war, gingen wir zur Vorstellung in den Park, und im Winter in die Kölner Altstadt, unweit des Rheins. Der Inhalt war immer derselbe: Hänneschen kämpfte Menschenfresser und Räuber mit einem Pappstock nieder. Stets schwebte es in großer Gefahr, konnte aber in letzter Sekunde den Feind doch noch besiegen, von uns Kindern und Paul Klee mit großem Geschrei angefeuert. An diese Episoden erinnere ich mich immer wieder, wenn ich Klees Werke betrachte.

Je mehr Respekt sich Lou Straus-Ernst als Autorin verschaffte, um so größer wurde auch der Freundeskreis meiner Mutter und um so größer wurde die Zahl der Ersatzväter. Wie viele von ihnen aus Opportunismus kamen und wie viele wirklich intime Freunde und

Liebhaber gewesen sein mögen, das werde ich wohl nie erfahren. Lou schreibt in ihrem Buch mit großem Vergnügen über ihre Entdeckung, daß mit dem Verschwinden von Max ihr Leben als Frau durchaus nicht zu Ende war. Sie gibt freimütig zu, daß einige ihrer Liebhaber wohl Hintergedanken gehabt haben mögen. Sie beschreibt auch eine Situation aus ihrer späteren Emigrantenzeit in Paris, wo sie mitten in der Nacht aufwachte und mit absoluter Sicherheit spürte, daß der zärtliche und liebevolle Mann in ihrem Bett ein Gestapo-Agent war, den man – wie viele andere – ausgeschickt hatte, die Intellektuellenzirkel im Exil zu infiltrieren. Welche Motivation sie bei einigen ihrer Verhältnisse auch vermutet haben mag, sie zögerte nicht, ihren wachsenden Einfluß im Kulturleben Deutschlands zu nutzen. Sie organisierte Ausstellungen und erbat die Unterstützung bedeutender Sammler und Händler für zuvor unbekannte Künstler. Bisher erfolglose Schriftsteller sahen ihr Werk durch einflußreiche Publikationen plötzlich anerkannt. Arbeitslose Schauspieler wußten, wohin sie gehen konnten, um eine anständige Mahlzeit und sogar, wenn etwas da war, ein bißchen Geld zu bekommen, das ihnen über den Berg half. Zu ihren »Fehlern« zählt Lou einen jungen Bildhauer, Arno Breker, der ihr eine zeitlang den Hof machte und mich mit Geschenken wie handgeknüpften Krawatten überschüttete. Breker entwickelte sich weiter, wurde zu Hitlers Lieblingsbildhauer und erhielt Aufträge zur Gestaltung der nationalsozialistischen Repräsentationsbauten. Lou schüttelte diese und andere Enttäuschungen mit einem beinahe humorvollen Schulterzucken ab, als wollte sie sagen, daß solche Fehleinschätzungen ein geringer Preis für ein ausgefülltes und produktives Leben als Frau seien. Sie schrieb viele Artikel und einige unveröffentlichte Romane, die sich mit den Problemen und Freuden alleinstehender Frauen in einer Gesellschaft befaßten, die von einer solchen Existenz sehr wenig hielt. Sie war wirklich eine ungewöhnliche Frau, sie genoß ihren persönlichen und beruflichen Erfolg ohne Überheblichkeit. Daß sie es schaffte, auf eigenen Füßen zu stehen, ein Kind und ein glückliches Zuhause zu haben, als gleichwertig unter ihren meist männlichen Kollegen zu gelten und sich die respektvolle Aufmerksamkeit der Intellektuellengemeinde zu bewahren, darauf war sie sehr stolz. »Es war«, so schrieb sie, »ein Leben voller Farbe, voller Abwechslung, voller Verantwortung und voller Überraschungen.«

Die Vorstellung, daß ich auch einen Vater hätte, war für mich etwas Abstraktes. Sein Name tauchte häufig in den Unterhaltungen und Kommentaren von Besuchern auf, hingen doch überall in der Wohnung die Gemälde. Immer wieder einmal lösten meine Fragen nach ihm bei meiner Mutter den umständlichen und behutsamen Versuch aus, mir nicht nur den Menschen, sondern auch die Situation zu erklären, die Ursache seiner Abwesenheit war. Er ist ein ungewöhnlicher Mann, pflegte sie zu sagen, für den die gewöhnlichen Lebens- und Verhaltensregeln weniger wichtig sind als sein Werk; sie beide hätten sich sehr geliebt, und dafür wäre meine Existenz der beste Beweis. Meistens ließ ich sie mit ihren Erklärungen nicht zu Ende kommen, kehrte ihr wütend den Rücken, weil ich nicht verstehen konnte, wie sie so tolerant und objektiv sein konnte, oder weil ich nicht begriff, daß es etwas Wichtigeres geben könnte als mich, meine Mutter und Maja. Maja ihrerseits reagierte auf solche Fragen sofort mit einer Schmährede: »Was dieser schreckliche Mensch dir und deiner Mutter angetan hat ... du hattest nichts zu essen, als er davonlief ... Er hat kein Herz ... findet sich selbst soo hübsch und soo bedeutend ... Na und, auch wenn er noch da wäre, käm' er ... naja, dazu bist du noch viel zu jung ... du wirst es schon erfahren, wenn du erwachsen wirst.« Auch diesen Reaktionen schnitt ich fast immer das Wort ab, weil es mir plötzlich vorkam, als dürfte niemand über meinen Vater so reden. Manchmal war es Lou, die Maja zum Schweigen brachte mit der Bemerkung, nun übertreibe sie aber. Sie beendete die meisten dieser Gespräche mit der Erklärung, was geschehen wäre, sei eine Sache allein zwischen Max und ihr und habe sich vor allen Dingen nicht gegen mich gerichtet. Ich werde schon noch Gelegenheit haben, ihn näher kennenzulernen, und dann werde ich es verstehen. Mich hatte fasziniert, daß sie meine Existenz mit der Liebe gleichsetzte, und ich fragte sie, was sie damit gemeint hätte. Sie bemühte sich, mir ganz klinisch-nüchtern den Vorgang der Empfängnis zu erklären und fügte wieder hinzu, dies sei der Höhepunkt der Liebe zwischen ihr und Max gewesen,

Die Porträtaufnahme von Lou und Jimmy, die der berühmte Photograph *August Sander* 1928 für sein Lebensprojekt, ein Photoporträt Deutschlands, machte.

wie bei allen Männern und Frauen. Es muß an der stocknüchternen Sachlichkeit der Details gelegen haben, noch dazu im Zusammenhang mit einem Mann, den ich kaum kannte, daß ich dieses Thema nie wieder angesprochen habe. Ich entsinne mich der Szene und der Worte bei jenem Vorfall sehr lebhaft, auch meiner Unfähigkeit, die Logik des Zusammenhangs von Liebe und Geschlechtsakt zu begreifen. Ich fühlte mich nun allerdings meinen Schulfreunden haushoch überlegen, wenn das »verbotene« Thema auf unseren langen Schulwegen heimwärts mit wilden Phantasien erörtert wurde. Offensichtlich war von den anderen Eltern niemand so weit gegangen wie meine Mutter, solche bedeutenden Vertraulichkeiten mit den Kindern zu teilen. Ich war sicher, daß ich ein ganz besonderes Verhältnis zu meiner Mutter hätte, und handelte mir so manche Prügelei mit meinen Mitschülern ein, wenn ich mich über ihre Dummheit lustig machte.

Dies war übrigens nicht das einzige Mal, daß Lou sich bemühte, mich an ihrem Leben, ihren Erfahrungen, ihren Schwärmereien und ihren Ansichten teilhaben zu lassen. Von klein auf wußte ich, daß es verschiedene Religionen gibt und daß sie jüdisch, Max hingegen Christ war, daß sie aber beide beschlossen hatten, mich an keins der beiden Bekenntnisse zu binden, sondern die Entscheidung, wenn überhaupt, mir selbst zu überlassen, wenn es soweit wäre. Ich lernte die Lehren und Rituale kennen, ihre Geschichte und deren jeweilige humanistische und kulturelle Bedeutung. So versuchte Lou bei mir Verständnis dafür zu wecken, warum Großvater Jacob tat, was er tat, und warum ich dennoch die Eltern von Max kennenlernen sollte. Sie nahm mich zum *Sedarim* im Hause ihres Vaters und in die Synagoge mit, aber wir gingen auch in viele der schönen Kirchen Kölns, um musikalische Messen zu hören oder uns die Wunder der Kirchenfenster und der Altäre der rheinischen Meister anzusehen. Die Kirchenglocken, besonders die des Stolzes von Köln, des majestätischen Doms, wurden ebenso ein Teil meines Lebens wie die Stimme des Kantors. Lou nahm mich mehrmals mit zum Isenheimer Altar von Matthias Grünewald in Colmar und las mir vor, was Dichter und Schriftsteller über dieses Meisterwerk geschrieben hatten. Auf Kunst, vor allem auf Malerei reagierte ich ablehnend, und das sollte noch für

Lou und Jimmy in Köln, 1926.

lange Zeit so bleiben, aber irgend etwas von Grünewald blieb bei mir haften. Was mich besonders fesselte, das war der mysteriöse Nachttopf mit seinen hebräischen Schriftzeichen neben dem Bett der Jungfrau Maria. Ich weiß heute noch nicht, was es mit diesem Töpfchen und der Schrift darauf auf sich hat. Es ist ein Schuß Humor in meiner Ehrfurcht und Liebe für dieses unvergeßliche, erhabene Kunstwerk.

Trotz meiner störrischen Abneigung gegen Malerei nahm Lou mich zu Vernissagen und Ausstellungen in Museen und Galerien

Lou und Jimmy in Köln, 1925.

und auch zu ihren Besuchen in diversen Künstlerateliers mit, wo sie sich ständig bemühte, meine Haltung zu ändern.
Poesie war ein wichtiger Bestandteil ihrer Gespräche mit mir, besonders vor dem Schlafengehen. »Hör zu, was ich gerade bei Goethe gefunden habe. Es paßt zu dem, worüber wir gestern im Zoo gesprochen haben.« Oder sie legte eine Platte der »Dreigroschenoper« von Brecht/Weill auf, machte mich manchmal auf die lyrischen Texte aufmerksam und zog Parallelen zu einem aktuellen Ereignis der deutschen Politik. Ich konnte schon die Zeitung lesen, noch bevor ich in die Schule kam, und Lou erklärte mir genau, was ich gelesen, aber nicht verstanden hatte.
Infolgedessen war ich sehr gut in der Schule. Aber ich entsinne mich auch, daß nicht alle Lehrer positiv auf meine Frühreife reagierten. Ich muß neun oder zehn gewesen sein, als ich auf eine »freie« Schule kam, eine der öffentlichen Schulen, die – eine Kompromißregelung der Weimarer Republik – neben den vom Staat geförderten kirchlichen Bekenntnisschulen eingerichtet wurden. Eine meiner Lehrerinnen war eine Dame namens Otto. Fräulein Otto war eine furchteinflößende Gestalt. Sie trug ihr kurzes Haar streng zurückgekämmt und war stets, wie in eine Uniform, streng schwarz gekleidet mit einem zweireihigen Jakkett. Neben ihrer Lehrtätigkeit hatte sie einen Sitz als gewählte kommunistische Abgeordnete im Kölner Stadtrat inne, wo sie so hart und aggressiv agierte, wie sie aussah. Oft erzählte mir Lou beim Essen von Fräulein Ottos neuesten Ausfälligkeiten in einer öffentlichen Ratssitzung. Gewöhnlich richteten sie sich gegen Fräulein Ottos Lieblings-Buhmann, Oberbürgermeister Konrad Adenauer – besonders, wenn er gerade den Vorsitz hatte. Für sie war er die Symbolfigur der Kräfte in Deutschland, die verhinderten, daß »die Unterdrückten ihre Menschenrechte erhielten«. Adenauer sei ein kapitalistischer Bonze, der mit heimlicher Unterstützung der Thyssens und Krupps dem Proletariat sein Brot und seine Würde nehmen wolle. Ihre Reden gipfelten immer in: ». . . aber das Volk, die Armen und die Ungewaschenen werden daran denken, wenn ihre Zeit gekommen ist.«
In meiner Klasse war ein Junge mit Namen Adamowski. Er war der Sohn eines früheren russischen Kriegsgefangenen, der nach

Minsk heimgekehrt war und seine Familie so lange zurückgelassen hatte, bis der unausweichliche Sieg der Revolution sie wieder zusammenführen würde. Adamowski lebte in einem Schuppenanbau des Schmuddelviertels, das die Innenstadt von den nächsten Vorstädten trennte. Sein zwiebelförmiges Gesicht schien das einzig Saubere an ihm zu sein. In regelmäßigen Abständen wurde er aus der Klasse geschickt, um in der Krankenstube der Schule gründlich entlaust zu werden. Seine Leistungen im Unterricht lagen weit unter dem Durchschnitt. Seine Mitschüler, auch ich, alle aus liberalem, wenn nicht linkem Milieu, mieden ihn. Er durfte nicht einmal in den Pausen bei unseren Rangeleien mit den Schülern der Bekenntnisschule, die im selben Gebäude untergebracht war, mitmachen.
Eines Tages hatte Adamowski, wie so oft, große Schwierigkeiten bei der Beantwortung einer Frage Fräulein Ottos. Sie zögerte nicht lange, befahl ihm, sich vor der ganzen Klasse aufzustellen und schimpfte mit ihm wegen seines mittelmäßigen slawischen Geistes, seines schlappen Benehmens und seines schmutzigen Äußeren. Er gäbe sich überhaupt keine Mühe, sagte sie, seinen viel ordentlicheren und fleißigeren Mitschülern nachzueifern. Adamowski zuckte nur die Schultern, als wollte er sagen, »ist mir doch egal« oder, wahrscheinlicher, »da kann man nichts machen«. Für diese Geste mußte er bestraft werden. Adamowski beugte sich gehorsam über das vordere Pult, und Fräulein Ottos Bambusstock wurde aus der Ecke geholt. Irgendein Trieb, vielleicht an unserem Eßtisch erlernt, ließ mich aufspringen. Ich sprudelte hervor, was ich über Fräulein Ottos öffentliche Äußerungen im Stadtrat wußte. Hier, erklärte ich, sei zweifellos ein lebendes Beispiel des Volkes, für das sie sich angeblich einsetzte. Wahrscheinlich gäbe es bei Adamowski zu Hause keine Seife, sagte ich, und das tägliche Essen sei wichtiger als Kleidung. Wozu wären ihre Reden denn nütze, fragte ich; solche Menschen sollte man bemitleiden, nicht verspotten. Fräulein Ottos Stock hielt mitten in der Luft inne, und sie schrie mich an, persönliche und geistige Hygiene hätten nichts mit Politik zu tun. »Und überhaupt – das hat dir deine Mutter eingegeben. Ich habe ihre Artikel gelesen. Sie ist die typische Vertreterin der dreckigen kapitalistischen Lügenpresse.« Die

Schulklingel ertönte, und der Bambusstock wurde unbenutzt wieder in seine Ecke gestellt.

Zu meinem Verdruß klammerte sich Adamowski von nun an an mich als einen neugewonnenen Freund. Er ging nach der Schule mit mir nach Hause, und ich mußte ihn in die Wohnung und zum Mittagessen einladen.

Er klingelte morgens, um mich zur Schule abzuholen. Maja war entsetzt, was für Freunde ich mir suchte, und Lou, die spürte, wie peinlich und unangenehm mir die Sache war, grinste über das ganze Gesicht und meinte, das wären eben manchmal die Folgen von Heldentaten und nun sei es meine Sache, damit fertig zu werden.

Ein paar Tage später nahm Adamowski mich mit in seine Bretterbude. Am Tisch saßen schon ungefähr zehn Kinder, die alle aus solchen Unterkünften kamen. Es war eine kommunale Speisung unter Aufsicht einer jungen Frau mit kurzem, streng zurückgekämmtem Haar in einem zweireihigen schwarzen Jackett und dazu passendem Rock, genau wie bei Fräulein Otto. Während wir unsere Suppe löffelten, wurden wir belehrt, welch ein Paradies Deutschland nach der kommenden sozialistischen Revolution sein würde. Mich nahm die Frau beiseite und fragte, wie ich denn hierher käme. Sie erklärte mir, die Zeitungen, für die meine Mutter schrieb, gehörten zu den Feinden des Proletariats, und sie bezweifelte, daß ich überhaupt ein erwünschter Umgang für ein Mitglied ihrer Nachhilfegruppe wäre. Das löste mein Problem. Lou und ich einigten uns darauf, ein paar Kleidungsstücke von mir und ein bißchen Seife in Adamowskis Schuppen abzugeben. Das Päckchen lag am anderen Tag kommentarlos wieder auf meinem Pult im Klassenzimmer.

Max hatte das Problem seiner Aufenthaltserlaubnis für Frankreich geklärt (die französische Malerin Marie Laurencin hatte für ihn gebürgt), und nun besuchte er uns regelmäßig in Köln. Zum ersten Mal kam er um 1925, als ich fünf Jahre alt war. Die Kosten der Scheidung von Lou waren zu regeln. Er verkaufte einen Stapel Bilder für ungefähr fünfzig Mark pro Leinwand an Mutter Ey in Düsseldorf. Eines davon, Das Rendezvous der Freunde (*Au Rendez-vous des Amis*), erwarb Anfang der sechziger Jahre ein deutsches Museum für rund eine halbe Million.

Ich erinnere mich sehr gut an diesen Besuch. Ich saß auf der Couch und lauschte über Kopfhörer einem neuerworbenen Wunder, dem Kristallradio, und ich war höchst ungehalten, als plötzlich in unserem Wohnzimmer ein blonder Mann mit einem Koffer auftauchte. Minutenlang stand er regungslos da, als wir uns anstarrten. Mir schwante, daß dies mein Vater sein könnte. Lou trat aus ihrem Zimmer und umarmte ihn, und Maja, die an mir vorbeilief, schnaubte nur hörbar. Es paßte alles zusammen. Das war mein Vater. Er setzte sich und fragte mich, wie es denn in der Schule ginge. Ich sagte, ich sei noch gar nicht in der Schule. Er bemühte sich um anderen Gesprächsstoff, aber ich half ihm kein bißchen. Es entstanden lange Gesprächspausen, und Lou mühte sich verzweifelt, etwas in Gang zu bringen. Als letzten Beweis verlangte ich dann zu wissen, ob er tatsächlich ein richtiger Künstler wäre. Ich wies auf das Titelbild einer Illustrierten, das einen berühmten deutschen Filmstar zeigte, und fragte ihn, ob er es so gut könnte. Er öffnete seinen Koffer, holte Zeichenblock und Stift heraus und fertigte ohne große Umstände eine treffende Kopie des Titelbilds an. Damit war das Eis ein wenig gebrochen, und ich bot ihm an, meine Kopfhörer mit ihm zu teilen.

Max blieb ungefähr zwei Wochen lang bei uns. Alte Freunde kamen vorbei, die Abende waren lebhaft. Er ging mit mir im Park spazieren und, als besonderes Bonbon, in den fabelhaften neuen Filmpalast am Ring. Ich war froh, daß ich keine Feindschaft zwischen ihm und meiner Mutter sah, und sogar Maja wurde hin und wieder ihren Grundsätzen untreu und richtete ein zivilisiertes Wort an ihn. Ich weiß nicht, ob mir der Gedanke kam, daß er vielleicht zurückgekommen sei, um zu bleiben.

Nach ein paar Tagen schien er etwas unruhig zu werden. Er wanderte in der Wohnung herum und betrachtete intensiv die Bilder, die er hier zurückgelassen hatte. Endlich nahm er ein großes von der Wand und ließ mich mitgehen, als er es zum Atelier des Malers Anton Räderscheidt gleich um die Ecke schleppte. Ich war mit Räderscheidts Arbeit vertraut, weil sein Sohn zu meinen Spielkameraden gehörte. Räderscheidt hatte zu meinem klammheimlichen Entzücken endlose Reihen von Aktbildern seiner Frau gemalt, auf denen sie bei Turnübungen am

Barren, am Pferd, an Seilen, Ringen und anderen Geräten zu sehen war. Nach ein paar höflichen Floskeln begann Max, sich sehr lobend über Räderscheidts Malerei zu äußern, und dann bot er einen glatten Tausch an: Eins der Bilder für das, welches Max »zufällig gerade« bei sich habe. Räderscheidt schlug bereitwillig ein.

Sobald wir wieder zu Hause waren, bat mich Max, ihm beim Auspacken des Pappkartons zu helfen, in dem Lou all seine Malutensilien aufbewahrt hatte. Sehr zu meinem Verdruß machte Max sich daran, die aufregenden nackten Formen der Frau Räderscheidt mit seiner eigenen Farbe zu bedecken. Als ich ihn fragte, warum er das täte, erklärte er, ihm wäre nach Malen zumute und Leinwand sei sehr teuer. Als ich sagte, er hätte doch ein eigenes Bild übermalen können, schnaubte er nur. Tagelang arbeitete er auf dem Eßtisch und auf dem Fußboden, denn eine Staffelei gab es nicht. Einmal mitten in der Nacht schlich ich mich aus dem Bett und lugte durch den Türspalt ins Wohnzimmer. Max saß in einem Lehnstuhl und begutachtete sein eben fertiggestelltes Werk. Der sinnliche Körper der Frau Räderscheidt hatte sich in das Panorama eines versteinerten Waldes verwandelt, darüber schwamm ein gelbberingter Mond im graublauen Nachthimmel.

Ein paar Tage später geriet ich beim Spielen auf der Straße mit Räderscheidts Jungen in wütenden Streit. Als wir genug gerungen und geboxt hatten, schrie ich ihm in meiner Erbitterung nach: »Ätsch-ätsch, ätsch-ätsch, mein Vater hat das ganze Bild von deinem Vater übermalt!« Prompt kam die Antwort: »Ätsch-ätsch, ätsch-ätsch, meiner auch!«

Etwa zwei Jahre später kam Max wieder zu einem Kurzbesuch nach Köln. Diesmal brachte er seine neue französische Frau Marie-Berthe mit, ein hübsches, leicht zerbrechlich wirkendes junges Mädchen. Sie erinnerte mich an einen exotischen Wasservogel, den ich einmal im Zoo gesehen hatte. Ihre grünen Augen blickten behende, aber freundlich, und ihr Haar war eine Prachtmähne aus unzähligen rotgoldenen Löckchen, die auf der Stirn in Ponykringeln endete. Dieses Haar muß mich fasziniert haben. Während Lou, Max und Marie-Berthe immer noch verlegen herumstanden und Begrüßungsfloskeln austauschten, kletterte ich auf

Links: 1. René Crevel, 2. Philippe Soupault, 3. Hans Arp, 4. Max Ernst, 5. Max Morise, 6. Fedor Dostojewski, 7. Rafaele Sanzio, 8. Théodore Fraenkel, 9. Paul Eluard, 10. Jean Paulhan; rechts: 11. Benjamin Peret, 12. Louis Aragon, 13. André Breton, 14. Johannes Theodor Baargeld, 15. Giorgio di Chirico, 16. Gala Eluard, 17. Robert Desnos.
Das Rendez-vous der Freunde« von Max Ernst, 1922. Mit freundlicher Genehmigung des Wallraf-Richartz-Museums, Köln.

die Sessellehne, streckte den Arm nach diesen Locken aus und zog mit aller Kraft daran. Marie-Berthe schrie vor Schmerz auf und Max drehte sich mit einer raschen Bewegung um und gab mir eine kräftige Ohrfeige. Ich war vollkommen verblüfft und fing an zu heulen. Sofort nahm Marie-Berthe mich in die Arme, obwohl Max befahl, das solle sie sein lassen. Sie hielt mich fest und zwitscherte etwas Französisches für Max und Lou, dann setzte sie sich hin und wiegte mich auf ihrem Schoß, was mich veranlaßte, noch ein paar Tränchen mehr hervorzuquetschen. Max rannte aus dem Zimmer und knallte wütend die Tür hinter sich zu. Lou setzte sich neben Marie-Berthe, und während sie mich abwechselnd in die Arme nahmen, begannen sie leise auf Französisch miteinander zu sprechen. Lou dürfte schließlich die Geduld mit meinem Spielchen verloren haben; sie stellte mich auf die Füße mit der Ermahnung, ich sei schon zu groß für solches Theater. Ruhig setzte ich mich ihnen gegenüber und schaute fasziniert zu, wie die beiden Frauen sich näherkamen. Im Laufe der späteren Jahre wuchs zwischen ihnen eine Bindung und ein Verständnis, das weit darüber hinausging, daß sie denselben Mann geliebt und schließlich verloren hatten. Es war etwas beinahe Weihevolles an Marie-Berthe. Sie hätte Besseres verdient als das traurige Los, das ihr am Ende beschieden war, und noch heute kann ich nicht ohne tiefes Mitgefühl und Liebe an sie denken.

Im Jahre 1928 hielt Lou sich finanziell für ausreichend gesichert, um in eine moderne Wohnung in Köln-Sülz umzuziehen. Sie meinte, daß ihr Sohn mehr frische Luft brauchte und daß die zunehmenden politischen Auseinandersetzungen in den deutschen Großstädten dort in der Vorstadt nicht so spürbar seien. Außerdem wären wir den feindseligen Vermieter los und auch den zunehmenden Verkehr, der, so meinten sie und Maja, für mich auf dem langen Schulweg und beim Spielen auf der Straße zu gefährlich würde. Sülz lag am Kölner Grüngürtel, und hier verwendete ich die meiste Zeit darauf, Drachen steigen zu lassen und mit meinen neuen Schulfreunden Fußball zu spielen. Die Hausaufgaben waren für mich ein Klacks, und nach dem Mittagessen war ich für den Rest des Tages weg.
Als der riesige Zeppelin Köln überfliegen sollte, gab es schulfrei. Lange vor dem Hellwerden stand ich auf, nahm meinen Drachen und schaute von einem Hügel auf der großen Schafweide dem ungeheuren Luftschiff zu, das majestätisch den Himmel durchquerte, angestrahlt von der aufgehenden Sonne. Der Zeppelin war der große Stolz der Nation. Gewiß, wir kannten die amerikanischen *blimps* aus der Zeitung oder der Wochenschau, aber »unser Zeppelin« war doch etwas ganz anderes und wurde in der Presse und in der Schule immer als nationales Symbol bezeichnet, das jedes andere, auf welchem Gebiet auch immer, in den Schatten stellte. Als das Luftschiff entschwunden war, ließen Tausende, die zu dem Schauspiel gekommen waren, zur Feier dieses nationalen Anspruchs ihre Drachen steigen.

Maja würde wütend sein, daß ich mich angestellt hatte, um meine beiden Groschen für zwei fettige Reibekuchen auszugeben, die es an einem Büdchen ganz in der Nähe unserer Wohnung zu kaufen gab.

Ich aß sie im Stehen an Ort und Stelle und konnte dabei das Straßenleben in der Abenddämmerung beobachten. Alles war zum Abendspaziergang auf den Beinen. Man sammelte sich in Knäueln vor den Glaskästen, um die Abendausgabe der »Kölnischen Zeitung« zu lesen. Ich war versucht, den Leuten zu erzählen, daß der Name in der zweiten Zeile auf Seite 5, »Lou Straus-Ernst«, der meiner Mutter sei, und daß sie gleich um die Ecke in der Emmastraße wohnte. Als die Leute ihre Abendlektüre beendet hatten, bildeten sie kleine Grüppchen und erörterten die Ereignisse des Tages. Hier und da erhoben sich erregte und geräuschvolle Auseinandersetzungen. Ganz deutlich habe ich noch eine Stimme im Ohr, die alle anderen übertönte: »... für uns Sozialdemokraten sind die Kommunisten, nicht die Nazis der eigentliche Feind«. Ich würde meine Mutter nach dieser merkwürdigen Äußerung fragen müssen. Die Gruppen verstummten, als eine Anzahl Männer in Braunhemden die Straße heraufstampfte. Jeder wußte, daß es politischen Organisationen verboten war, Uniform zu tragen und daß die, die es trotzdem taten, jederzeit zu einem Kampf bereit waren. Und richtig, an der Straßenecke verteilte sich eine Gruppe von Männern, die an ihren roten Schlipsen kenntlich waren, ganz beiläufig so, daß es den Nazis schwerfallen mußte, nicht mit ihnen zusammenzustoßen. Die Straße leerte sich im Nu; ich packte meinen Drachen und die Schnur und machte, daß ich nach Hause kam. Es war nichts Ungewöhnliches an der Sache. Heftige Straßenkämpfe waren allgemein üblich, insbesondere am Ende des Tages, und diese allgemeine Flucht war eigentlich nur eine Reflexhandlung. An diesem Abend versohlte mir Maja, wie es häufig geschah, kräftig den Hintern, weil ich mich einer solchen Gefahr ausgesetzt und weil ich die Reibekuchen gegessen hatte. Sie schrubbte mir in einem heißen Bad den Dreck herunter und schickte mich ohne Abendbrot zu Bett. Nicht einmal eine Stunde später aber knipste sie bei mir das Licht an und stellte mir ein Tablett aufs Bett mit der Erklärung, sie hätte mir zwar nicht

verziehen, aber wenn ich nicht genug zu essen bekäme, könnte ich krank werden, und dann hätte sie nur noch mehr Arbeit mit mir. Der Umzug nach Sülz war nicht so einfach gewesen, wie ich gedacht hatte. Lou sagte mir, daß sie die damit verbundenen Kosten unterschätzt hätte. Als sie in dem ewigen Wirrwarr ihres Arbeitszimmers Papiere, Bücher und Bilder packte und sortierte, stellte sie fest, daß kein Pfennig Geld da war für den Möbelwagen. Mit gewohntem Optimismus füllte sie weiter die Pappkartons. Sie fürchtete aber auch, wie sie sagte, daß Maja, die ja in Wirklichkeit den Haushalt führte, schrecklich schimpfen würde. Schließlich war Lou bei einem Papierstapel angelangt, in dem sich Zeichnungen von mir aus der Schule befanden. Eine davon trug den Titel »Der Osterhase versteckt am Abend vorher die Eier« und zeigte nichts weiter als einen großen Klecks schwarzer Tinte, aus dem oben ein paar Hasenohren ragten. Am Grunde des Stoßes kam ein ziemlich großes Aquarell von Paul Klee zum Vorschein, dessen Arbeiten sich allmählich zu verkaufen begannen. Ein Geschenk, das sie vergessen oder verlegt hatte. Unverzüglich rollte sie es zusammen und ging zu Karl Nierendorf, der zusamen mit seinem Bruder in Köln eine Galerie hatte. Triumphierend kam sie wieder mit genau dem Geldbetrag, der für die Umzugsleute gebraucht wurde. Sie beichtete Maja alles, und die schimpfte mit ihr, weil sie nicht wenigstens so viel zusätzliches Geld mitgebracht hatte, um für die erste Woche in der neuen Wohnung Lebensmittel einzukaufen, »und der Jung braucht auch ein größeres Bett!«
Die neue Wohnung war freundlich und hell und hatte einen Balkon. Aber was noch wichtiger war, ich besaß nun ein eigenes Zimmer. In der alten Wohnung hatte ich mich immer geängstigt, manchmal auch furchtbar aufgeregt, wenn ich sah, daß im Bett meiner Mutter niemand geschlafen hatte. Maja erklärte mir manchmal, Lou sei verreist wegen eines Artikels. Aber dann wies ich auf den unbenutzten Koffer und verlangte eine bessere Entschuldigung. Einmal wachte ich am Aschermittwoch früh auf und stellte fest, daß Lou von einem Maskenball noch nicht zurück war. Ich war der Meinung, daß jeder, der nach Mitternacht noch im Karnevalskostüm angetroffen wurde, automatisch von der Polizei festgenommen und ins Gefängnis geworfen würde. Wie allen

deutschen Kindern, wie wohl allen Deutschen fuhr mir beim bloßen Anblick eines Polizisten schon der Schreck in die Glieder. Mein Zimmer wurde meine Burg, eine eigene Welt. In der Mitte stand gewöhnlich ein riskant ausbalancierter Turm, den ich aus Holzklötzen oder dem ständig wachsenden Inhalt meines Baukastens errichtete. Ganz oben in meiner Kommode bewahrte ich meine kostbare Sammlung primitiver Schnitzereien aus den verschiedensten Gegenden der Welt auf, Geschenke von Lous Museumsfreunden. Die Wände waren mit Zeichnungen und kleinen Gemälden von den Künstlern ihres Zirkels bedeckt, meist mit einer Widmung für mich und deshalb nicht einfach »Kunst«, die ich sonst vielleicht noch mit feindseligen Augen betrachtet hätte. Die Tatsache jedoch, daß Bilder Geschriebenes ersetzten und damit eine Mitteilung ganz intimer Art bleiben konnten, gefiel mir. Und ich begann ein Tagebuch zu führen, das, da war ich ganz sicher, niemand außer mir entziffern konnte, denn die Seiten enthielten scheinbar nur Gekritzel. Darin phantasierte ich von Indianern und Cowboys, zweifellos von meinen beiden wertvollsten Besitztümern inspiriert, einem Kinoplakat von Tom Mix und einem Indianerkopf in vollem Federschmuck auf einem Plakat des Zirkus Sarrasani. Ich berichtete von meinen Triumphen als Mittelstürmer »meines« Fußballvereins Sülz 07. Dessen Mittelstürmer war in Wirklichkeit ein leichtgewichtiger Österreicher namens Ferdl Swatosch, der ein paar Straßen weiter einen Tabakladen hatte, und ich entsinne mich noch, wie schockiert und wütend ich war, als ich erfuhr, daß er und der Linksaußen Ulrich in Wahrheit gar keine Amateure waren. Den Tabakladen hatte Swatosch vom Klub bekommen. Er hörte auf, mein Held zu sein, und ich schrieb einen Grabgesang.
Ich schrieb auch lange Briefe, lesbar allerdings, über mein tägliches Leben an Max, vor allen Dingen über den Sport, der mich ganz in Anspruch nahm. Die seltenen Antwortbriefe meines Vaters befriedigten mich nicht ganz, weil sie nicht so klangen, als teilte er meine Begeisterung. Meine inbrünstige Hoffnung, Deutschland würde bald einen besseren Langstreckenläufer hervorbringen als Paavo Nurmi, quittierte er mit der Bemerkung, daß nichts ihm so gleichgültig sei wie die Nationalität eines Menschen, und wenn ich

mir schon bessere Deutsche wünschte, dann sollte es eher Ersatz für solche wie Stresemann, Hindenburg, Hugenberg oder Hitler sein. Ich teilte ihm daraufhin mit, daß ich das Gesicht von Pierre Laval oder Aristide Briands Körperhaltung nicht leiden könnte und daß Frankreichs Fußball-Nationalmannschaft noch lange suchen müßte, bis sie einen so hervorragenden Torhüter wie Spaniens Zamora fände.

Auch zwischen Max und Lou muß es einen Briefwechsel gegeben haben, denn sie sagte mir, daß er mich eingeladen habe, die Osterferien des Jahres 1930 bei ihm in Paris zu verleben. Ich bin mir nicht sicher, ob ich mich darauf gefreut habe, ihn zu besuchen, aber ich war sehr aufgeregt, weil ich zum erstenmal allein eine so weite Eisenbahnfahrt machen sollte, noch dazu über die Grenze Deutschlands. Das Hindernis der teuren Fahrkarte wurde dadurch aus dem Weg geräumt, daß Lou die Hinfahrt übernahm und Max die Rückfahrt. Den größten Teil der langen Reise verbrachte ich stehend an einem offenen Fenster auf dem Gang des Waggons und schaute hinaus. Ich betrachtete die vorbeifliegenden Dörfer und Städte in der sicheren Erwartung, daß nun alles radikal anders würde, wenn der Zug erst nach Belgien, dann nach Frankreich hineinfuhr. Ich konnte aber keine Veränderung entdecken, ausgenommen die Namen auf den Bahnhöfen. Erst als der Zug in Paris einrollte, als ich über mir Sacré Coeur sah und in der Ferne den Eiffelturm, erkannte ich, daß die Fremde tatsächlich gründlich anders sein kann als die Heimat. Am Gare du Nord nahm Max mich sehr ärgerlich in Empfang, weil mein Gesicht rußgeschwärzt war. Wie sollte er mit mir in solchem Zustand in ein elegantes Restaurant gehen, ohne vorher noch einmal nach Hause zu fahren? Marie-Berthe nahm mich mit zu den *toilettes*, um mich zu säubern. Zu meinem Entsetzen sah ich an der Tür ein Schild, auf dem *Dames* stand.

Lou hatte mich ermahnt, auf meine sehr eigenen Tischsitten dort einmal zu verzichten, und so löffelte ich tapfer meine erste Schale französischer Zwiebelsuppe mit ihren langen Fäden geschmolzenen Käses, wie es sich gehörte. Was *escargots* eigentlich seien, fragte ich erst, als ich sie schon gegessen hatte. Marie-Berthe schnatterte fröhlich drauflos, während Max etwas mürrisch den

Dolmetscher spielte, wenn mein Französisch versagte. Es schien, als ginge es ihm recht gut. Er besaß ein kleines Kabriolett, und nach dem Essen kurvten wir ein bißchen durch Paris, damit ich etwas davon zu sehen bekäme. Ich hatte noch nie im Leben eine solche Stadt gesehen, es war ein berauschendes Erlebnis. Auf der Bahnfahrt hatte ich mir eine Handvoll kleiner französischer Münzen gesammelt, mit denen ich nun, sehr zu meines Vaters Verdruß, ständig in der Hosentasche klimperte und die ich beim Essen immer wieder auf dem Tisch ausbreitete, um sie zu zählen. Als wir über eine Seinebrücke fuhren, bat mich Marie-Berthe, ihr alle meine Münzen zu geben. Ich tat es, und sie stand im fahrenden Wagen auf und warf meine kostbaren Münzen mit triumphierendem Lachen in die Seine. Max erklärte mir in etwas lehrhaftem Ton, daran könnte ich sehen, was sie von Geld hielten oder von Leuten, die übertrieben gierig danach seien. Soweit ich mich erinnere, bin ich damals empört gewesen, daß mein Vater, der nie zu meinem Leben gehört hatte, es so eilig hatte, mich in dieser Form zurechtzuweisen. Das war gewiß kein guter Anfang für meinen Besuch, und ich war gespannt, was die bevorstehenden Wochen noch alles bringen würden. Ich hätte mir keine Sorgen zu machen brauchen, wenn es auch vereinzelt noch zu väterlichen Auftritten kam.

Max und Marie-Berthe lebten in einer geräumigen Wohnung am Boulevard Saint-Germain gleich an der Ecke der Rue des Saints-Pères. Da das zweite Schlafzimmer Max als Atelier diente, schlief ich auf der Couch, was bedeutete, daß ich das Privileg genoß, sehr lange aufbleiben zu dürfen, besonders wenn Freunde zu Besuch kamen, was sehr häufig geschah, und bis spätabends Schach spielten oder sich angeregt unterhielten. Einige der Besucher waren mir aus Kölner Dada-Tagen bekannt, zum Beispiel Arp, Eluard, Tzara und Peret. Aber es gab jetzt auch viele neue Gesichter. Und die Atmosphäre schien mir ruhiger, der Ton eher bedächtig als streitsüchtig, das Benehmen und die Gestik zurückhaltender. Es fehlte nicht an Ungestüm, aber die Flammen schienen kontrollierter zu lodern, so als fühlten sich diese Künstler und Dichter als Hüter eines gemeinsamen Feuers.

Dada war nicht mehr. Für seine unvermeidlichen Nachahmer war

Max Ernst mit seiner zweiten Frau Marie-Berthe Aurenche in Paris, 1935 *(Foto: Joseph Breitenbach).*

es nun salonfähig geworden. Seine unverwechselbaren Kennzeichen, das Unverschämte und das Vertrauen in die Gesetze des Zufalls waren in seinem Nachfolger aufgegangen: dem Surrealismus. Das war ungefähr das einzige Thema, über das sie immer sprachen, besonders wenn André Breton einmal dabei war. Offenbar war dies eine Ideologie, die weit über Malerei und Graphik und Poesie hinaus das ganze menschliche Denken und Handeln einbeziehen sollte. Ich hatte nun seit Jahren um mich herum Französisch gehört, doch verstand ich es eben nicht gut genug, um den komplizierten philosophischen Wendungen des Gespräches zu folgen. Ich spürte, daß eine gewisse Spannung aufkam, wenn Marx, Lenin, Stalin und Trotzki erwähnt wurden, meistens aber gab es lange Diskurse über Hegel, Lautréamont, Flournoy und Apollinaire. Eluard und Breton hatten schon im September 1921 Sigmund Freud in Wien aufgesucht, und sein Name hing ständig in der Luft. Dann gab es manchen Redeschwall mit Worten wie »Verräter«, »Karrierist«, »Konterrevolutionär«, wobei die Namen jeweils wechselten, aber der eine blieb mir besonders haften: Giorgio de Chirico, den Max mir einmal zeigte, als wir mit Man Ray über die Rue Bonaparte gingen. »Paß auf, was er tut, wenn er mich sieht.« Und siehe da, abrupt bot die hastende Gestalt, vornübergebeugt wie gegen einen imaginären Sturm, dem dichten Verkehr die Stirn und ging auf die andere Straßenseite, um den surrealistischen Feinden zu entgehen. Denunziation und Ausschluß aus der Bewegung wegen der Verletzung irgendwelcher ungeschriebener Gesetze schien eine allgegenwärtige Gefahr. Von Lou hatte ich gehört, daß Ernst und Joan Miró 1926 von André Breton »exkommuniziert« worden waren, weil sie für das Bühnenbild zu Diaghilews Ballett »Romeo und Julia« zusammengearbeitet hatten. Eluard hatte *le scandale* schließlich geglättet, aber seitdem benahm sich Max gegenüber Breton lediglich »korrekt«, und sein Verhältnis zu den Surrealisten als Gruppe war gekennzeichnet von überbrückbarer, aber deutlicher Distanz. Die Folge war, daß ich André Breton in jenen Wochen nur einige Male sah, aber er beeindruckte mich zutiefst. Für mich ist er in seiner Aura von Größe, die ihn jederzeit umgab, keinem anderen Menschen vergleichbar. Schön, von so aufrechter Haltung, daß er größer erschien, war er die Idealgestalt dessen, was man unter einem Dichterfürsten verstehen kann. Seine Miene schien für keinen inkonsequenten Gedanken empfänglich. Wenn er sprach, hörte man zu, nicht als Huldigung, sondern aus tiefem Respekt. Die stolze Haltung von Kopf und Profil wirkte nie wie Pose. Es war die eines älteren und weisen Engels, eines Engels allerdings, der sich hin und wieder aufmerksam über die Schultern blickt, um zu sehen, ob sich nicht ein paar Stäubchen auf seinen Flügeln niedergelassen hätten.

Mich, den Neunjährigen, muß wohl verwirrt haben, was ich da in den Ateliers meines Vaters und seiner Freunde sah und hörte. Er versuchte, so gut er konnte, mir die Ideen zu erklären, aber doch etwas ungeduldig, weil er sehr grundsätzliche Dinge so vereinfachen sollte. »Es ist genau das, was das französische Wort sagt: jenseits oder über der Wirklichkeit. Wenn du schlafen gehst, hörst du durchaus nicht auf zu denken. Dein Geist ist hellwach. Du hast Träume. Viele glauben, Träume seien irgendwo weit weg und sie wären etwas Schlechtes.« Und dann schilderte er mir Träume als die Erzfeinde unsinniger Verbote und Gesetze, erfunden von »den Idioten, die die Welt regieren«. Die Surrealisten mit ihrer Malerei und ihrer Poesie täten in Wirklichkeit nichts weiter als zu neuen Ufern zu segeln, »zum Kontinent der Seele . . . wie Kolumbus.«
Zu den »Matrosen« dieses Schiffes, die mir aus der Wohnung und den Straßencafés von St. Germain im Gedächtnis blieben, gehören Giacometti, Man Ray, Brauner, Miró, Jacques Prévert, Louis Aragon, Masson, René Clair, Marcel Jean, Roland Penrose, Philippe Soupault und Yves Tanguy. Ich erinnere mich an mindestens zwei Begegnungen mit dem jungen Spanier Salvador Dali, der mit dem Filmemacher Luis Buñuel kam. Dadurch entstand eine etwas delikate Situation, weil Gala Eluard, diesmal ohne das Einverständnis ihres Mannes, mit Dali zusammenlebte. Max erzählte mir höchst befriedigt von dem Besuch, den die Eluards und René Magritte bei Dali in Cadaques gemacht hatten, wo dann alles sehr schnell ging. Ich fand das nicht lustig. Ich konnte einfach nicht begreifen, wie man die kleine, fast skelettartige Erscheinung mit weiten, durchdringenden Pupillen im kalkweißen Gesicht und einem bleistiftdünnen Schnurrbart, der einer Gigolo-Karikatur sehr gut gestanden hätte, Eluard oder Max vorziehen konnte. Dali schien allerdings schüchtern und freundlich. Max sagte: »Ich hoffe, sie reißt ihn nicht in kleine Fetzen.«
Ich fühlte mich besonders zu Alberto Giacometti hingezogen. Dieser hagere, brummelige Mann stand Max persönlich so nahe wie Arp. Er bemühte sich besonders, nett zu mir zu sein, wahrscheinlich wegen seiner Verehrung für Max. Man Ray spielte wohlwollend ein paar Partien Schach mit mir. Da ich weder Englisch noch genügend Französisch sprach, probiere ich es

während unseres Spiels mit Latein, und Giacometti strengte sich an, mit Hife seiner begrenzten Kenntnis dieser toten Sprache als Dolmetscher zu fungieren. Man Ray hatte sehr viel Geduld mit mir. Meine Unfähigkeit als Schachspieler muß ihn schrecklich gelangweilt haben. Hin und wieder zeigte sich Max ein bißchen ärgerlich über all das Getue um mich. Ändern konnte er wenig, nur die Stirn runzeln, denn er konnte mich nicht zu Bett schicken, bevor alle anderen gegangen waren.

Zu meinem Entzücken frühstückten wir in der *brasserie* gegenüber. Da saßen Max und ich jeden Morgen mit unseren *croissants* und dem *café au lait*. Marie-Berthe kam nie mit, weil sie gern lange schlief. Wenn Max seine Zeitung gelesen hatte, plauderten wir gewöhnlich ein bißchen. Er wollte mehr darüber wissen, wie ich so lebte und welche Ziele und Wünsche ich hätte. Ich fragte ihn nach seinen Freunden und wie sie arbeiteten. In diesen Morgenstunden lernte ich sehr viel, und ich begann ein Gespür für diese zweifellos einzigartigen Künstler und Dichter im Paris jener Zeit zu entwickeln. Manchmal erfuhr ich mehr, als ich wissen wollte. Ich erzählte Max das Neueste über Lou, ihre Arbeit und ihre Freunde. Von ihnen fanden viele nicht seinen Beifall, aber von ihr sprach er mit Wärme, von ihrem Mut und ihrer Begabung. Manchmal hatte ich das Empfinden, er sei nahe daran, mir zu erklären, warum er nicht mehr mit uns zusammenlebte und wieder geheiratet hatte, aber es schien ihm nicht zu gelingen, vor seinem Sohn die richtigen Worte zu finden. Ich kann nicht einmal sagen, daß ich auf eine solche Erklärung gewartet hätte. Ich versuchte, mich an die Großmut und das Verständnis zu halten, mit denen meine Mutter die Situation dargestellt hatte. Dazu gehörte für mich, daß ich meine Zuneigung zu Marie-Berthe ganz offen zeigte. Ich hatte nicht lange gebraucht, um zu entdecken, daß die Finanzlage in diesem Haushalt einer Berg- und Talbahn glich. Sobald etwas Geld hereinkam, war es ebenso schnell auch wieder draußen. Wir gingen zwar weiter recht häufig essen, oft aber bat Max den Wirt, es anzuschreiben, er müsse doch seinem Sohn etwas bieten. Ein paarmal schlug Max mir vor, ich solle mir draußen ein bißchen die Beine vertreten, während er in einem Restaurant, wo er vermutlich seinen Kredit bereits ausgeschöpft

hatte, auf die Rechnung wartete. Ich entsinne mich, daß Max wenigstens einmal eine Zeichnung in ein Speiselokal trug, in dem wir am Abend zuvor gegessen hatten. Marie-Berthe, so entdeckte ich viel später, beglich Lebensmittelrechnungen und andere Schulden dadurch, daß sie heimlich Gemälde von Max aus dem Atelier holte und sie erfolgreich als Gegenwert für relativ geringe Schuldbeträge anbot. Auf diese Weise gelangte zum Beispiel das Porträt der Dominique De Menil, die mit ihrem Mann schon früh eine unbeirrbare Mäzenin von Max gewesen war, in Umlauf und wurde viele Jahre später im Schaufenster eines kleinen Geschäfts für Bilderrahmen wiederentdeckt. Marie-Berthe gelang es auch manchmal, das Familieneinkommen aufzubessern, indem sie Kleider für Elsa Schiaparelli strickte oder unter wirklich gräßlichen Umständen Hilfe von ihrer reichen Familie, den Aurenches, erbat, die sich als konservative Katholiken der Oberschicht erbittert dagegen gewehrt hatten, daß ihre Tochter einen Deutschen heiratete, einen abtrünnigen Katholiken, geschieden und ohne einen Pfennig. Marie-Berthe betete Max an und führte ihr ungewisses Leben als seine Frau ohne Klage. Ihre Probleme waren nicht allein finanzieller Natur. Ich bemerkte sehr bald, wie Max jede gutaussehende Frau in seinem Blickfeld musterte, und er gab sich wenig Mühe, seine Beziehungen zu den vielen Frauen zu verbergen, die in der Wohnung auftauchten oder sich am späten Nachmittag im Deux Magots zum Kaffeetrinken zu uns setzten. Während lange Zeit hindurch die Künstler ins Café Dôme am Montparnasse gegangen waren, galt nun das Deux Magots als Mittelpunkt, und später sollte es das Flore nebenan werden.
Diese Nachmittage auf dem Gehweg gegenüber der Kirche von Saint-Germain-des-Prés waren ein Ritual, das sehr bescheiden mit drei oder vier Personen begann, das aber immer anschwoll, da mehr und mehr Freunde vorbeischauten. Ich entsinne mich eines Nachmittags, an dem Picasso zu der Gruppe stieß. Die kleinen runden Tischchen wurden zuerst zu einem Fünferkreis und schließlich zu einer Zehnergruppe zusammengerückt. Picasso gehörte der Surrealistengruppe nicht an, war aber in ihrer Mitte stets willkommen, und es gab Zeiten, in denen die Hoffnung laut wurde, er könnte einer von ihnen werden. Er war ein guter Freund

Eluards und dessen neuer Frau Nuche. Während die Unterhaltung dahinplätscherte und auch er hin und wieder etwas einwarf, waren seine Hände emsig damit beschäftigt, aus leeren Streichholzschachteln ein Gebilde zu schaffen. Als er keine leeren Schachteln mehr hatte, bestellte er beim Ober neue, kippte die Schachteln aus und baute an seinem facettenreichen Turm weiter. Niemand schenkte ihm sehr viel Aufmerksamkeit, abgesehen von den Touristen, die vielleicht Giacometti nicht erkannten oder Man Ray oder Arp, die aber auch in jenen Tagen wußten, wer dieser Künstler war. Als die Zeit des Abendessens heranrückte, brach die gesellige Runde auf, und wir alle, einschließlich Picasso, machten uns zur Brasserie Lipp auf den Weg. Die Leute an den umstehenden Tischen saßen auf dem Sprung, um sich auf die »Skulptur« zu stürzen, die liegengeblieben war, aber beim Hinausgehen blieb Picasso auf halbem Wege stehen, drehte sich um und kehrte zum Tisch zurück. Er hob sein Werk auf, zerdrückte die Schachteln zwischen den Händen und stopfte die Trümmer in seine Manteltasche.
Unausweichlich brachte ich, sei es beim Frühstück oder beim Abendessen, das Gespräch auf mein Lieblingsthema: den Sport. Max fühlte sich offensichtlich davon angeödet und fragte mich wiederholt, was ich auf dem Gebiet denn zu erreichen hoffte. Das sei schließlich ein Beruf nur für Jugendliche, und finanzieller Gewinn sei damit nicht zu machen. Ich nannte ihm Namen wie Max Schmeling, Johnny Weismüller und Bill Tilden, und sagte, daß ich am Ende eine Art von Manager oder Trainer zu werden hoffte. Oh ... Trainer der deutschen Fußball-Nationalmannschaft zu sein, wenn das nicht ein Traum war ...
Eines Nachmittags kam Max mit einer Menge Päckchen für mich nach Hause. Sie enthielten Boxhandschuhe, einen Punchingball an einem Gestell, Turnschuhe und Boxerhose. Der Punchingball wurde in der Diele aufgestellt, und Max sagte, ich solle anfangen mit dem Training, denn gute Sportler müßten wie Ballerinen frühzeitig üben. Und dann bat er mich, das Thema Sport nicht noch einmal anzusprechen – bitte! Ich entdeckte, daß das stundenlange Einschlagen auf ein Stück Leder ein gewaltiger Stumpfsinn war, aber ich hielt durch, um den Schein zu wahren. Nach ein

paar Tagen sagte Max, der sich ohne Zweifel von dem unaufhörlichen Lärm gestört fühlte, daß diese Ausdauer gar nicht nötig sei, alle Athleten machten lange, lange Ruhepausen, und er schlug vor, ich sollte die Ausrüstung mit nach Hause nehmen und in unserer Kölner Wohnung aufstellen.

Er rief mich zu sich ins Atelier, um mir zu zeigen, wo und wie er arbeitete. Auf der Staffelei stand ein Bild mit der Rückansicht einer ruhenden Nackten in einer sehr seltsamen Landschaft. Ich fragte ihn, wer das sei, und er antwortete, es sei Marie-Berthe. Als ich darauf sagte, es sei wohl kaum angebracht, daß er mir ein solches Bild zeigte, meinte er, ich sei eine Nervensäge. Einige Tage später rief er mich wieder herein. Die Nackte war aus der Landschaft verschwunden und an ihrer Stelle befand sich nun eine Anzahl weißer Muschelformen. Er sagte sehr förmlich: »Ich hoffe, das wird deine Billigung finden. Und jetzt laß mich zufrieden, ich bin sehr beschäftigt.« Ich war richtig fasziniert und neugierig auf seine Tätigkeit, und ich schlich mich ins Atelier, sobald er nicht da war. Das Gemälde auf der Staffelei, das die schwebenden Formen von Austernschalen zeigte, war nicht das einzige seiner Art. Er schien an einer Muschel-Serie zu arbeiten. Da waren auch einige größere Werke, auf denen merkwürdig ineinander verflochtene, strichförmige Vögel in einer ovalen Form oder einem Ei zu sehen waren. Sie erinnerten mich an die medizinischen Illustrationen zur Beschreibung des menschlichen Embryos, die Lou mir gezeigt hatte. Eines Tages kam Max unerwartet nach Hause und fand mich mitten im Atelier stehend vor. Er sagte nichts und schien auch nicht böse zu sein. Er ging hinüber zu dem großen Tisch und begann, in einem Haufen von Stahlstichen, manche davon ausgeschnitten, herumzustöbern; dann schob er Köpfe, Arme, Beine, Tiere, Möbel und andere Elemente auf der weißen Pappe hin und her. Er klebte den Löwenkopf auf den Körper eines Mannes und plazierte das Haupt irgendeines Ungeheuers in ein Zimmerfenster, so daß es aussah, als starre das Untier von draußen herein. Er schien so vertieft, daß es mir sicherer schien, mich leise aus dem Atelier davonzustehlen. Ohne sich umzudrehen, sagte er: »Du darfst bleiben, wenn du möchtest.« Von nun an brachte ich dort viel Zeit zu, allerdings wußte ich auch, wann es angezeigt war, ihn allein zu lassen. Die Muschelformen, so stellte ich fest, entstanden über anderen Farben, wenn Max weiße Farbe auf bestimmte Stellen quetschte und sie dann breitstrich oder teilweise wieder abkratzte, wobei er den Spachtel mit einer welligen Kreisbewegung von Arm und Hand führte. »Sieht sehr einfach aus, was?« bemerkte er einmal, und ich muß zugeben, daß ich gerade gedacht hatte, zum Malen müßte sicherlich noch etwas mehr gehören als das.

Max nahm mich oft mit, wenn er verschiedene Händler in ihren Galerien aufsuchte; er erzählte mir, man müßte sie bei Laune halten, in Wirklichkeit aber fragte er nach in der Hoffnung, es könnte einen Interessenten geben oder vielleicht sogar einen Käufer. Gewöhnlich hatte er nichts Gutes zu berichten, wenn wir wieder draußen auf der Straße waren. Ich wußte, er hatte eigene Ausstellungen in Berlin und in Brüssel ebenso wie in Paris gehabt, und während ich dort war, zog ein ständiger Strom von Sammlern, Galeristen und Museumsdirektoren durch sein Atelier. Die Ergebnisse waren spärlich, denn er, der stete Erneuerer, machte seine Einordnung in eine Kategorie, auch damals in der Kunstwelt schon beliebt, sehr schwer. Seine Lithographie-Mappe *Histoire Naturelle* (Naturgeschichte; Flora und Fauna in der »Frottage«-Technik) war so einzigartig und visuell packend, daß sie noch lange nach ihrem Erscheinen potentielle Nachahmer von der Anwendung dieser Technik abhielt. Auch in diesem Fall war so viel Originalität in den Augen jener Zeit, von ganz wenigen abgesehen, viel zu wagemutig. Die Bände lagen hoch aufgestapelt im Atelier, und ich bin froh, daß die beiden Exemplare, die er mir damals für Lou und mich gab, noch in meinem Besitz sind.

Seine wichtigsten Förderer, in jenen Jahren, waren wohl die Kunsthändlerin Jeanne Bucher und die heute legendäre Caresse Crosby, die mit ihrem Markenzeichen *Black Sun Press* die Kunst und Literatur der Surrealisten und anderer ästhetischer Avantgardisten jener Zeit öffentlich bekannt machte. Zu ihren wandernden Parties und Diners überall in Paris und auf ihrem Mühlengrundstück auf dem Lande – Max nahm mich, während ich dort war, einige Male mit – kam stets ein Querschnitt des intellektuellen und politischen Lebens von Paris. An einer typisch zusammengesetzten Gesellschaft mochten Harriet Monroe, Ernest Hemingway, F. Scott Fitzgerald, Ford Madox Ford, Georges Auric, Elliot Paul, Alexander Archipenko, Edgar Varèse, Amédée Ozenfant, Sylvia Beach und Alexander Calder teilnehmen. Es waren immer Leute da, mit denen Max nicht sprechen mochte oder denen er brüsk den Rücken zukehrte. Und er nannte mir auch immer die Gründe. Archipenko zum Beispiel hatte es ihm und seinen dadaistischen Freunden im Jahre 1920 unmöglich gemacht, in der Pariser *Section d'Or* auszustellen.

Caresse Crosbys Tochter Polly Peabody war genau das, was ich mir immer unter einer amerikanischen Erbin vorgestellt hatte, sie verkörperte alles, was ich über diese schönen, sorgenfreien jungen Frauen gelesen hatte, die nach Laune die Kontinente bereisten, zahllose junge Männer zu ihren Füßen. Ich verliebte mich hoffnungslos in sie, so sehr, daß ich jedesmal, wenn einer mit ihr flirtete, vor Wut schäumte, und besonders entrüstet war ich, als ich meinen Vater dabei sah. Ich mußte trotzdem zugeben, daß er darin ein Meister war.

Gegen Ende meines Besuchs ging Max mit mir zu einer Privatvorführung des bis dahin unveröffentlichen Buñuel-Films *L'Age d'Or* (Das goldene Zeitalter). Ich hatte offensichtlich noch viel zu lernen über den Surrealismus, denn ich war verwirrt von der Phantastik scheinbar beziehungsloser Sequenzen, die zum Beispiel zeigten, wie menschliche Skelette, Bischofsmützen auf den Schädeln, in einer Wüstenlandschaft auf Felsbrocken saßen und ihre Riten vollzogen. Max spielte eine kleine Rolle als Desperado oder Geächteter, und ich war sehr beeindruckt von der Tatsache, daß mein Vater nun auch ein Filmstar war.

Weniger angenehm war sein unverhohlener Ärger und seine Verlegenheit, als sich das Problem meiner Rückfahrkarte erhob. Tagelang liefen wir in Paris und in verschiedenen Kunstgalerien herum, wo Max versuchte, genug Geld für die Bahnfahrt zusammenzuborgen. Für einen Augenblick wandte sein Ärger sich gegen mich. Er fragte mich, warum Lou denn keine Rundreisekarte gekauft hätte, und anstatt ihm das übelzunehmen, erkannte ich, wie peinlich es ihm sein mußte, vor seinem Sohn so hilflos dazustehen. Ich bin ganz sicher, daß ich zum erstenmal echtes Mitgefühl mit ihm hatte, denn dies waren Umstände, mit denen ich nur allzu vertraut war. Sie zerstörten auch meine Wahnvorstellung, Max lebe in einer magischen, von Alltagsproblemen unberührten Welt. Und es kam noch schlimmer: Er konnte nur eine geringe Summe aufbringen, und ich schlug vor, daß wir wegen des Geldes an Lou schreiben sollten, was ihn noch wütender machte. Am Ende borgte sich Marie-Berthe den Rest von ihrem Vater. Kurz vor meiner Abreise waren Max, Marie-Berthe und ich zu Ostern in das Landhaus des französischen Kultusministers eingeladen. Er hatte, vor Jahren, dabei geholfen, daß Max seine *carte d'identité* bekam, die ihm erlaubte, in Frankreich zu leben, wenn auch als Ausländer. Er hatte weiterhin Interesse daran gezeigt, was Max tat, und es hatte sich zwischen beiden eine Freundschaft entwickelt. Zu meinen Ehren wurde eilends im Garten ein Ostereiersuchen organisiert, noch eben vor Dunkelwerden, und zum Abendessen gab es Gänsebraten und flambierten Pflaumenpudding. Es war erst das zweitemal in meinem Leben, daß ich Gans aß, und diesmal wußte ich, daß es kein Schwan war. Es war ein festliches Ereignis, und ich konnte sehen, daß Max froh war, mir diesen eindrucksvollen Abend als Abschiedsgeschenk geboten zu haben. Auf dem Bahnsteig, mit Boxhandschuhen und Punchingball als Zusatzgepäck, äußerte Max die Hoffnung, daß ich eine interessantere Beschäftigung finden würde als Sport.

An der deutschen Grenze in Aachen warfen zwei deutsche Zollinspektoren einen sehr langen Blick in die Bände der *Histoire Naturelle* (Naturgeschichte) und diskutierten dann über den Inhalt von *La Femme 100 Têtes*, den Roman in Collagen, den Max mir für Lou mitgegeben hatte. Sie stritten miteinander, ob die Bilder nicht doch ein bißchen zu erotisch wären, um sie nach Deutschland hineinzulassen. Ich sagte ihnen, daß sie das Werk eines weltberühmten Künstlers wären, der auch mein Vater sei. Sie gaben nach, wenn auch der eine meinte, so einen Typ zum Vater zu haben, sei schon merkwürdig. Die Boxausstattung allerdings wurde konfisziert, weil ich nicht das Geld hatte, um den Zoll dafür zu bezahlen. Es war ein symbolhafter Verlust, den ich nie bedauern werde.

Viel konnte ich meiner Mutter über den Besuch bei meinem Vater nicht erzählen. Sie wies viele meiner Beschwerden als oberflächlich zurück. Sie sah nichts Schlechtes darin, daß Max auf der Straße hübschen Frauen nachschaute, und meine Ausschmückung, Max schaue sie mit seinen Blicken nicht nur an, sondern zöge sie aus, wischte sie als Übertreibung vom Tisch. Sie drängte mich nicht, Einzelheiten aus seinem Leben oder seiner Arbeit zu erzählen, und wartete geduldig, bis ich von allein meine Eindrücke schilderte, was ich auch nach und nach tat. Mein Lateinlehrer im Gymnasium war überhaupt nicht zufrieden. Er hatte mich gebeten, ein künstlerisches Symbol des Begriffes »Lehrer« im Stil von Max mitzubringen. Als ich ihm den Stock überreichte, den Max mir als Antwort mitgegeben hatte, war er nahe daran, mich damit zu schlagen.

Der stärkste Eindruck, den ich mitgenommen hatte, war etwas, was ich zu der Zeit nicht in Worte fassen konnte. Das Gesicht von Max hatte mich gefesselt. Diese blauen Augen, die im Bruchteil einer Sekunde, ohne erkennbaren Anlaß, von stiller Amüsiertheit zu stechender Härte überwechseln konnten. Seine Launen, die sein Gesicht beinahe hörbar öffneten und schlossen wie eine zuschlagende Tür. Seine beißende und präzise Antwort auf irgendeine unbestimmte Frage im Gegensatz zu seiner beinahe humorvollen Reaktion auf ein äußerliches Mißgeschick. Ich war sicher, daß er in seiner Malerei, seinen Collagen und Gebilden vollkommen aufging, in jedem wachen Moment, wenn nicht noch im Schlaf.

Ich kann mich eigentlich nicht erinnern, jemals vor seiner Wut Angst gehabt zu haben oder von seinem Sarkasmus eingeschüchtert gewesen zu sein. Ich hatte beides gesehen – das Strahlen seines Lächelns und die Intensität im Angesicht von Dingen, die andere nicht sehen konnten, ich fürchtete diese Wolken von Barschheit nicht. Das war bei vielen, die seine Freunde wurden oder in seine Nähe vordrangen, ganz offensichtlich anders. Etwa sechs oder sieben Jahre vor Maxens Tod gab der Kunsthändler Pierre-André Weill mit seiner Frau Lucy in ihrer Pariser Wohnung eine Geburtstagsparty für Patrick Waldberg. Max, Dorothea und ich waren eingeladen. Patrick, ein ungewöhnlich guter Dichter und Schriftsteller, hielt seine sehr spezielle Freundschaft mit Max für etwas ganz Wichtiges in seinem Leben. Als sie vor den Gläsern

saßen und Patrick von früher zu erzählen begann, erinnerte er sich seiner ersten Begegnung mit Max. Er beschrieb seine zitternde Aufregung, als er bei Max klingelte, ein Gefühl, das ihm nicht nur während jenes ersten Zusammentreffens geblieben sei, sondern immer, seit sie sich kannten. »Ich muß ehrlich sagen, Max, ich habe immer ein bißchen Angst vor dir gehabt. Auch jetzt noch, nach all den Jahren. Ich liebe dich, und ich glaube zu wissen, wie du zu mir stehst, aber da ist irgendeine Unruhe, die mich in deiner Gegenwart nie verlassen hat.« Max schien dieses Eingeständnis enorm zu genießen — ihm gefiel der Gedanke, daß jemand ihn fürchtete —, aber er hat ohne Zweifel dieses Bekenntnis Patricks nicht sehr ernst genommen.
Ich konnte nicht widerstehen, ich wandte mich zu Max und sagte: »Da bin ich ja dann wohl einer der wenigen, die nie Angst vor dir hatten.« Sein Gesicht veränderte sich plötzlich, und er entgegnete, den Zeigefinger vor meiner Nase schüttelnd: »Und ich habe mich auch noch nie vor dir gefürchtet.«
Die wenigen Jahre in der Emmastraße in Köln-Sülz sind vielleicht am besten einem funkelnden Edelstein vergleichbar. Seine Facetten spiegeln zumeist eine sehr glückliche Kindheit, deren einzig störendes Element die tägliche Qual von Mathe und Latein in der Schule war. In der Schwimmerriege der Schule tat ich mich hervor, und beim Tennis war ich auch nicht schlecht. Da waren die endlosen Spiele auf der Straße, etwas ähnliches wie Schlagball, Hockey auf Rollschuhen und, ja, »Himmel und Hölle« und Seilspringen, wobei vor allem die beiden letzteren ein neues Element in das Leben eines Jungen meines Alters einführten: Mädchen. Gewiß, ich war zuvor schon auf diese Spezies gestoßen. Es scheint, als hätte ich in jenem letzten Dada-Sommer in Tirol das Töchterlein des Bauern (wir waren damals beide etwa zwei) dazu verführt, meinem Beispiel zu folgen und sich splitternackt auszuziehen, woraufhin wir uns gegenseitig von Kopf bis Fuß mit einer dicken Schicht Schmieröl bedeckten. So erschienen wir, als der Ruf zum Essen ertönte, an der gemeinschaftlichen Tafel, über die am einen Ende der Bauer, am anderen Max präsidierte. Die Reaktion war, wie voraussehbar, gemischt: Max und Arp brüllten vor Lachen, während der »Vater der Braut« drohte, er werde »den

ganzen unmoralischen Haufen von Intellektuellen« zu dem Haus hinauswerfen, das er bei ihm gemietet hatte.
Diesmal war die »Affäre« viel gesitteter und sauberer. Ich gebe sie am besten als Kurzgeschichte wieder, die Lou Straus-Ernst 1931 geschrieben und veröffentlicht hat.

ZWEI FRAUEN, EINE BEGEGNUNG
»Neulich habe ich etwas Neues und Merkwürdiges im täglichen Verhalten meines Sohnes beobachtet. So etwa jede halbe Stunde kommt er vom Spielen auf der Straße vier Treppen hoch in die Wohnung gelaufen, um sich die Hände zu waschen und die Schuhe zu putzen. Bei einem Zehnjährigen, der nur tiefe Verachtung hat für alles, was nach »Affigkeiten« wie übertriebener Reinlichkeit, sauberen Fingernägeln und gekämmten Haaren riecht, gibt solches Benehmen zu denken. Zuerst begegnen meine Fragen nach diesem Wunder nur leicht verlegenem Gemurmel, dann aber kommt die gleichermaßen stolze wie lässige Antwort: »Naja, ich habe eine Freundin.«
Seit langem darin geübt, nicht die mindeste Überraschung zu zeigen, was immer er mir auch anzuvertrauen oder mit mir zu besprechen haben mag, frage ich ganz sachlich: »Na und, wie ist sie so? Kenne ich sie?«
Aber da bin ich schon zu weit gegangen. Das einzige, was ich zur Antwort bekomme, ist: »Das ist nichts für Erwachsene. Von sowas verstehen die überhaupt nichts.« Auch gut, ich kann warten.
Und siehe da, gleich am nächsten Tag berichtet er stolz beim Abendbrot: »Weißt du was? Heute bin ich den ganzen Weg zu Großvater und wieder zurück gelaufen und nicht mit dem O-Bus gefahren. Kann ich das Fahrgeld, das ich gespart habe, behalten?«
Ja, er kann. »Oh, das ist gut. Da habe ich endlich was für meine Freundin.«
»Was willst du ihr denn kaufen?«
»Ich weiß noch nicht. Wenn sie möchte, kann sie einen Reibekuchen vom Büdchen um die Ecke haben. Oder ich kaufe ihr eine Tafel Schokolade. Sie ist schon zwölf Jahre alt, weißt du.«
Am folgenden Tage schaue ich vom Balkon. Er steht mitten in einer Gruppe von Jungen und Mädchen und redet lautstark, die

Mütze liederlich schief auf dem Kopf und den Gürtel viel zu eng über die Strickjacke geschnallt, was wohl für sportliche Eleganz sprechen soll. Später, als ich aus dem Haus trete, löst er sich sofort von den anderen und rennt auf mich zu. Er will nicht, daß die anderen Kinder hören, was wir reden. Mütter müssen nämlich einfach immer Dinge sagen, die einem peinlich sind. Aber ich achte darauf, mich durch mein Mienenspiel so unbeteiligt wie möglich zu geben, während ich murmele: »Welche ist es?« Seine Lippen bewegen sich kaum, ein rollender Augenaufschlag: »Die im roten Kleid ... Um Gotteswillen mach's nicht so auffällig, wenn du an ihr vorbeikommst.«

»Sie« ist im Augenblick intensiv mit Seilspringen beschäftigt. Ein strammes, selbstsicheres Persönchen. Das Kleid, sehr rot und sehr kurz, gibt großzügig den Blick frei auf ein Paar sonnenbrauner, langer und wohlgeformter Beine. Ein Wust kupferroter Locken umrahmt das sensible Gesicht mit kecker Stupsnase und sehr großen, hellblauen Augen. Augen, die eben jetzt direkt in meine schauen mit dem wachen und nachdenklichen Ausdruck einer reifen kleinen Frau.

»Gut, gut«, sage ich mir. »Du bist die erste, die meinem kleinen Jungen ein Stückchen seines Herzens nimmt. Andere werden kommen, viele, du aber bist die erste gewesen. Ich muß zugeben, du bist hübsch, er hat bestimmt einen guten Geschmack. Ich frage mich nur, ob du auch ein netter Mensch bist. Aber das ist für Männer, glaube ich, im Grunde Nebensache, und so weit ist meiner kleiner Junge schon ein Mann ... Was würdest du wohl denken, wenn du wüßtest, daß dein männlicher, fußballspielender Freund jede Nacht seinen beinahe haarlosen, einohrigen Teddy mit ins Bett nimmt? Daß er diesem Bären, mit dem er seit seinem zweiten Lebensjahr schläft, Schürzen und Kleider näht? Aber das geht dich gar nichts an. Das ist etwas, was nur ich weiß und was ich allein behalte.« Das Mädchen mustert mit mehr als beiläufiger Neugierde diese Fremde, die Mutter ihres Freundes, der jetzt einfällt, daß sie ja zur O-Bus-Haltestelle muß. Während sie davoneilt, spürt sie die Blicke, die ihr folgen. Sie ist froh, daß sie gerade heute gut und elegant angezogen ist und die kritische Prüfung des Mädchens bestanden hat, das auch jetzt wieder kräftig

Seil springt mit seinen schnellen Füßen und wohlgestalteten Gliedern.«

Die Romanze währte nicht sehr lange. Um vor ihr anzugeben, provozierte ich einen Faustkampf mit einem anderen Jungen, den ich entschieden verlor. Ich fühlte mich so gedemütigt, daß ich das Mädchen wochenlang bewußt mied, und als ich dann geruhte, mich ihr wieder zu nähern, hatte sie bereits einen anderen gefunden, der ihr Reibekuchen spendierte. Und der hatte sogar so viel Geld, daß er sich Eiswaffeln vom Straßenverkäufer für sie leisten konnte. Trotzdem, die Sache war damit nicht ganz zu Ende. Ein paar Monate später erschien zu meinem Kummer Lous Kurzgeschichte in der sonntäglichen Literaturbeilage einer Kölner Zeitung. Ich glaubte meiner Mutter, die mir beinahe mit Tränen in den Augen erklärte, der Redakteur hätte die Bitte, ihren Namen wegzulassen, wohl ignoriert oder vergessen. Immer, wenn ich das Mädchen nun traf, hatte ich den starken Verdacht, da wäre die Andeutung eines Lächelns um ihre Lippen.

Es war auch etwas Dunkles an jener Zeit. Bis dahin hatte sich mein ganzes Leben auf dem Hintergrund ständiger politischer Unruhe und Gewalt abgespielt. Ich erinnere mich, daß einmal im Jahre 1931 die Leute im vollen O-Bus lächelten, und die Schlagzeile verkündete, daß Präsident Herbert Hoover ein einjähriges Moratorium für die deutschen Kriegsschulden vorgeschlagen habe. Bestimmt würde dies etwas Frieden in die Straßen bringen, und die Tausende von Arbeitslosen, die sich Tag für Tag vor öffentlichen Gebäuden versammelten und auf ihre Unterstützung oder auf Arbeit warteten, würden weniger werden. Keine Massenversammlungen uniformierter Fanatiker mehr, die den Juden den »Verrat« von Versailles vorwarfen, nicht mehr die rote Fahne oder das Hakenkreuz. Jedoch – es änderte sich nichts. Der Lärm, die Streitsucht, der nationalistische Wahn setzten sich nicht nur fort, sondern schienen zuzunehmen. Ich spürte die heraufziehende Finsternis, so wie man merkt, daß die Tage kürzer werden und die Winde kälter wehen, wenn der Winter herankommt. Und doch – so stumpf waren wir alle geworden, daß eine weitere, verheerende Steigerung für uns nicht vorstellbar war, ungeachtet dessen, daß wir dem Terror auf Schritt und Tritt begegneten. Ich war während eines Reichstagswahlkampfes unterwegs vom Großvater in die Stadtmitte. Hitlers Partei, die Nationalsozialisten, hatte bei der letzten Wahl hohe Stimmengewinne erzielt, und in den Straßen herrschte eine Atmosphäre bedrohlicher Unsicherheit. An einer Straßenecke wurde ich plötzlich von drei bulligen Kerls in der gefürchteten braunen SA-Uniform gegen die Hauswand gepreßt. Sie durchsuchten meine Taschen und zogen triumphierend ein paar sozialdemokratische Flugblätter hervor, die ich gefunden hatte und strahlend meiner Mutter überreichen wollte. Sie stießen mich herum und begannen, auf mich einzuschlagen, und einer schrie: »Ich wette, der ist Jude.« Sie rissen meine kurze Schulhose und die Unterhose auf. »Dacht' ich's mir doch«, triumphierte der eine, »ich erkenne sie auf einen Kilometer Entfernung.« Sie warfen mich zu Boden und begannen, mich zu treten. Sie müssen den Polizisten an der nächsten Ecke bemerkt haben, der alledem regungslos zusah. Aber sie hielten inne. »Diesmal lassen wir dich laufen, aber wage es nicht, dieses Ding da in ein deutsches Mädchen zu stecken, weil wir es dir dann abschneiden müssen.« Krampfhaft meine Hosen zusammenhaltend gelang es mir, nach Hause zu kommen, wo ich tapfer verkündete, daß ich es mit drei SA-Leuten aufgenommen hätte, daß aber dabei irgendwie meine Hosen zerrissen wären. Ich gab meiner Mutter ein Flugblatt, das in meiner Tasche zurückgeblieben war, und hielt es hoch, damit Maja und meine Mutter es sehen konnten. Sie sahen meine Beulen und Schrammen, zügelten aber ihre Angst und ihr Entsetzen und schärften mir ein, immer auf die andere Straßenseite zu gehen, wenn ich jemanden in dieser braunen Uniform sähe. Trotzdem – solche Vorkommnisse waren bestimmt nur Verirrungen. Die Deutschen waren schließlich ein zivilisiertes Volk. Mit dem Kaiser und dem Militarismus war man längst vor meiner Geburt fertig geworden, und was man so hörte von Mord und Totschlag nach Kriegsende, das wurde jedenfalls von unseren Geschichtslehrern weitgehend ignoriert. Und es gäbe ja immer noch Feldmarschall Hindenburg, den Präsidenten, eine Vaterfigur, wenn es je eine gegeben habe, für ihn sei es zweifellos eine ganz persönliche Ehrensache, die Ruhe seines Volkes zu bewahren nach dem Hunger und der Demütigung, für die in Wirklichkeit die Munitionshersteller verantwortlich wären. So wurde jedenfalls bei uns zu Hause geredet, wenn ein neuer, aus politischen Unruhen entstandener Exzeß gemeldet wurde. Oft hörte ich, wenn ich schlafen ging, Gewehrfeuer aus einer angrenzenden Vorstadt, die aus überfüllten Wohnblocks bestand und als »Arbeiterviertel« galt. Es war nichts Ungewöhnliches, Ambulanzen und Leichenwagen zu sehen, sie holten die Opfer des nächtlichen Gemetzels ab, die man auf einem Kinderspielplatz gefunden hatte – ich benutzte ihn auf meinem Schulweg immer als Abkürzung. Man war besorgt, aber »das Gute wird siegen; wir sind keine Nation von Ungeheuern.« Weihnachten war die Zeit von Engelbert Humperdincks *Hänsel und Gretel* im Opernhaus, eines Kinderfestes im Rathaus, veranstaltet von Oberbürgermeister Adenauer, dessen Gesicht immer vermuten ließ, sein Stamm reiche weit, weit zurück bis zu einem der drei Weisen aus dem Morgenland; und, fast ebenso feierlich, einer Diskussion zwischen Lou Straus-Ernst und ihrem Sohn über Sinn und Ursprung all der Stammes- und Religionsfestlichkeiten, die in die kürzesten Tage des Jahres fallen. Der Weihnachtsbaum war stets eine echte Tanne mit echten Kerzen und mehreren Eimern Wasser, zur Sicherheit bereitgestellt. Der polternde Sankt Nikolaus kam persönlich am Vorabend des 6. Dezember, um »guten« Kindern den Stiefel zu füllen. Das Christkind aber kam ungesehen in der Nacht seiner Geburt, und ich wurde aus dem Bett geholt, um den Baum anzusehen und meine Geschenke auszupacken. Ich entsinne mich jenes inneren Glühens, das die flackernden Kerzen erzeugten, und ich weiß auch noch, daß meine Mutter und Maja in diesem verzauberten Augenblick weinten. Zumindest weiß ich das noch aus jenen letzten Jahren, bevor das alles ein Ende nahm. Einige Male nahm man mich zur Mitternachtsmesse im Dom mit und auch in Großvaters Synagoge am Rathenauplatz zum Abschluß des *Chanukka*-Festes. Da ich nicht in einem bestimmten Glauben erzogen wurde, haben diese Erlebnisse bei mir ein Gefühl der Ehrfurcht und Achtung nicht bloß für das Ritual, sondern für die Idee des Glaubens selbst hinterlassen. Mir ist nicht ganz klar, wie Lou Straus-Ernst, die stetig wachsende, offen sichtbare Brutalität im Lande und in den Köpfen seiner Bewohner direkt vor Augen, entschlossen bemüht sein konnte, in ihrem Sohn das Gefühl zu erwecken, daß die Menschen im Grunde gut seien, daß man die persönlichen und religiösen Überzeugungen anderer achten müsse, ohne sich unbedingt über Gebühr von ihnen beeinflussen zu lassen. Sie sprach ständig vom Geist der Humanität und seiner Verherrlichung durch Dichter, Künstler, Komponisten, Philosophen und Historiker. Das Rosenfenster von Chartres oder der Grünewald-Altar kämen aus derselben Quelle wie die geschnitzten Figuren eines afrikanischen Stammes, wie auch die unterschiedlichen Visionen von Rembrandt, Van Gogh, Klee oder Max Ernst. Die Volksmusik verdiene die gleiche Aufmerksamkeit wie Bachs große Orgelwerke. Der Dichter und Schriftsteller spreche nicht nur von Schönheit und Liebe, sondern er halte auch der Wirklichkeit einen Spiegel vor, und oft gelinge es ihm, in einem Volk die Entschlossenheit zu wecken, sich von Niedertracht und Terror zu befreien. Sie versuchte sogar, die irrgeleitete Wut derer, die sich da mit Haß auf den Lippen und in den Augen auf der Straße breitmachten, zu erklären oder vernünftig zu deuten. Es war, als spürte sie die Verfinsterung, und gar nicht so selten schien sie ebenso zu sich selbst wie zu mir zu sprechen. Nie schwand ihr Optimismus, und doch war da ab und zu ein Unterton der Verzweiflung, als sollte unser glückliches Zusammenleben der letzte Akt eines Schauspiels sein, dessen Botschaft auf dem Weg aus dem Theater verloren gehen könnte. Viele dieser Dinge kamen zur Sprache, wenn wir am Rhein spazierengingen, in Parks, Museen, Konzertsälen und in Straßen, auf denen Tausende politischen Umzügen zusahen. Ein denkwürdiges Ritual lief an jedem Frühnachmittag in ihrem Arbeitszimmer ab, wenn Maja die gläserne Kaffeemaschine hereinbrachte und Lou damit aus ihrem Mittagsschlaf weckte. Alle drei schauten wir zu, wie die Alkoholflamme am Docht das Wasser erhitzte und es aus dem unteren runden Glasballon hinaufzwang in den oberen, in dem sich der Filter mit dem Kaffeepulver befand. Die Beobachtung dieses kleinen Wunders verlief gewöhnlich in Schweigen, was Lou Gelegenheit gab, richtig aufzuwachen, und wenn dann der Kaffee langsam zurück nach unten tropfte, begann unsere Unterhaltung. Die Themen reichten von Trivialitäten bis zu Tragödien. Unser Beisammensein war zwanglos und intim, als wären wir drei die einzigen Menschen auf der Welt; ich erinnere mich dieser Stunden lebhaft als Zeiten der Einsicht, des Lernens, der Gemeinsamkeit und vor allen Dingen als Augenblicke des friedvollen Einverständnisses und des Zusammengehörigkeitsgefühls.

Mein Lieblingssport war Fußball. Ich glaube nicht, daß ich sehr gut gespielt habe. Mir scheint, daß ich nicht den nötigen Aggressionstrieb hatte, um den Ball am Torhüter vorbei ins Tor zu schießen. Aber ich hatte einen Vorzug. Ich kickte mit dem linken Fuß, und das eröffnete mir in der Schule und bei Gelegenheitsspielen immer die Position des Linksaußen. Ich hatte von Anfang an immer alles mit der linken Hand gemacht, und meinen Lehrern in der Schule war es lediglich gelungen, mir den Gebrauch beider Hände beizubringen, nicht etwa, mir die Linkshändigkeit ganz und gar auszutreiben. Da ich durchaus bereit war, den Ball auf dem Felde links vorzudribbeln und ihn dort an einen anderen Stürmer abzugeben, der nach dem Ruhm strebte, ein Tor zu erzielen, spielte ich fast täglich irgendwo draußen im Grüngürtel. Es gab auch andere Spiele auf der Straße für mich, zum Beispiel Rollschuhlaufen. Der kleine Park hinter der nahegelegenen Kirche wurde für meine Spielkameraden und mich zum Wilden Westen. Stets auf der Hut vor humorlosen Polizisten setzten wir in den sehr gepflegten Anlagen und Blumenbeeten amerikanische Indianergeschichten neu in Szene. Wir schwärmten alle ohne Ausnahme von Amerika. Nicht nur von Cowboys, Trappern und Indianern; wir lasen jede kleine Information, die den Weg in unsere Illustrierten gefunden hatte.
Amerika war ein fernes Land, und es war ja so groß. Seine Bürger waren reich, ihre Kiefer mahlten Kaugummi; sie fuhren Autos wie den Essex Super-Six, Cord, Packard und Nash. Sie brauchten sich die Milch nicht jeden Tag aus dem Laden zu holen. Sie wurde ihnen in gewachsten Pappbehältern gebracht, und sie hielten sie zusammen mit den roten kalifornischen Äpfeln und Hackfleisch in diesem fabelhaften elektrischen Eisschrank frisch. Sie konnten in ein Theater gehen und zuschauen, wie Frauen sich auszogen, bis sie nichts mehr anhatten, den ganzen Abend lang, und manchmal

Jimmy in seinem Cowboy-Kostüm im Kölner Karneval, 1925. Cowboy und Indianer spielten die Kinder damals am liebsten.

mehrere »Stripperinnen« gleichzeitig. Und zum Schluß, war es zu glauben, waren dann alle nackt!? Jungejunge! Wir übertrumpften einander mit aufgebauschten Geschichten vom Bandenkrieg in Chicago und New York, von den wahnwitzigen Gagen für Filmstars wie Al Jolson und den Cowboy Tom Mix, und wir spielten Szenen aus dem *Glöckner von Notre Dame* nach, indem wir unsere Gesichter und Körper verzogen, um wie Lon Chaney auszusehen. Lässig warfen wir mit Namen wie Bill Tilden, Johnny Weißmüller, Jim Thorpe um uns, als wüßten wir, was sie gerade

taten. Jeder erzählte etwas anderes über ein mysteriöses Spiel namens Baseball und über dessen Heros Babe Ruth. Jedesmal, wenn ein Atlantikflug mißglückte, wuchs unser Respekt vor Charles Lindbergh ... und es war sehr gut, daß man Legs Diamond an der Grenze bei Aachen erkannt und ihm die Erlaubnis, deutschen Boden zu betreten, verweigert hatte. Er hätte ja von einem rivalisierenden Gangster umgelegt werden können, auf der Hohen Straße, gleich hier, anstatt auf irgendeiner Straße in der Bronx. Ein Mann namens Franklin Roosevelt war anstelle von Herbert Hoover gewählt worden. Das war zu schade, denn Hoover hatte sich wirklich angestrengt, um Europa zu helfen, sich von dem großen Krieg zu erholen. Aber Roosevelt hatte den Amerikanern erlaubt, wieder Alkohol zu trinken. Kannst du dir vorstellen, daß einer einem ganzen Lande sagt, was es trinken darf und was nicht?
Manchmal wurde unser kleiner Wildwestpark von einer Gruppe braunhemdiger Nazis besetzt, die einem der Ihren lauschten, wie er die bösen »bolschewistischen Juden« verdammte, die sich mit dem dreckigen Schimpansen Aristide Briand und dem hinterlistigen Georges Clemenceau, dem »Tiger«, zusammengetan hätten, um das Vaterland in der Schande von Versailles zu ertränken. Dieselben »Itzigs«, schrie einer, die die wahren Entführer und Mörder des Lindbergh-Babies wären und die es jetzt so drehten, daß ein schwer arbeitender deutscher Zimmermann, Bruno Hauptmann, den Kopf für sie hinhalten müßte! Meine Freunde und ich wußten das nun besser. Holz, das von der Entführungsleiter stammte, und stapelweise Lösegeld waren in Hauptmanns Garage gefunden worden. Die amerikanische Polizei verstand ihr Handwerk. Sie hatte ihren Mann viel schneller gefaßt als unsere, die der berüchtigte »Würger von Düsseldorf« an der Nase herumführte, indem er seine weiblichen Opfer über einen langen Zeitraum hinweg rheinaufwärts und rheinabwärts am Ufer verstreute, offenbar ganz, wie es ihm paßte.
Unter meinen Spielkameraden war ich der anerkannte Experte für amerikanische Filme. Ich galt als wandelnde Hollywood-Enzyklopädie. Ich konnte nicht nur über George Bancroft und Hoot Gibson, Charlie Chaplin, Buster Keaton, Richard Barthelmess, die Barrymores, Warner Baxter, John Gilbert, Ann Dvorak,

Myrna Loy, Sidney Blackmer, Kay Francis und Greta Garbo reden, ich wußte sogar die Namen von Regisseuren wie Mack Sennett, Cecil B. De Mille, Michael Curtiz, Roy del Ruth, D. W. Griffith, George Cukor und Wilhelm Dieterle. Ohne Belege konnte ich meine »Expertise« auch noch erweitern, indem ich behauptete, den Unterschied zwischen verschiedenen Filmemachern zu kennen.

Samstagabends durfte ich ins Kino gehen und manchmal auch sonntags, wenn es regnete und ich mir kein Fußballspiel ansehen konnte. Ich bevorzugte immer amerikanische Filme. Oft saß ich auf harten Klappstühlen oder unbequemen Bänken, und die Filmkopien waren so alt, daß es aussah, als spiele sich das Ganze während eines Platzregens ab. Es waren Filme über Cowboys und Indianer, über Gangster und Starreporter und Detektive oder große Musicals und Komödien mit eleganten Leuten in pikfeiner Kulisse. Die meisten Filme waren synchronisiert, aber mich faszinierten immer Filme mit Untertiteln. Ich konnte nicht verstehen, wie Leute reden konnten, wenn sie kaum die Lippen bewegten. Bevor der Hauptfilm gezeigt wurde, liefen natürlich Zeichentrickfilme und eine Wochenschau. Letztere war für mich immer so etwas wie ein Schock. Ich entsinne mich, gesehen zu haben, wie Tausende von Amerikanern an einem Protestmarsch teilnahmen, weil sie über fünfzig waren und keine Arbeit mehr finden konnten, oder wie ein Mann, mit den Haaren an einem Rad hängend, auf einem Drahtseil den Mississippi überquerte. Ich sah, wie Gouverneur Lehmann, gelassen seine Pfeife rauchend, einen Tunnel einweihte, der einen Fluß unterquerte, und da war auch der *bonus march*, eine Zusammenrottung von Kriegsveteranen unter den Fittichen von zwei Offizieren in flotter Uniform, MacArthur und Eisenhower, die mit energischem Kinn voranschritten zur Tat. Der letzte Name klang mir sehr deutsch, aber allzu überrascht war ich nicht, weil die Illustrierten und Wochenendblätter mit ziemlicher Regelmäßigkeit Berichte darüber brachten, wie nahe die Vereinigten Staaten anfänglich daran waren, sich für Deutsch als offizielle Landessprache zu entscheiden. Bei besonderen Anlässen gingen meine Mutter oder Maja mit mir in eins der vornehmeren Kinos in der Stadt, wo es Filme wie *Rasputin* oder *Im Westen nichts Neues* zu sehen gab. Ich weiß noch, wie wir nach diesem Antikriegsfilm aus dem Kino strömten und von der Polizei wieder hineingedrängt wurden, weil sie sich mit den Nazis, die wie andere Militaristen die Vorstellung hatten verhindern wollen, gerade tüchtig prügelte. Ich bekam Angst bei dem Lärm von splitterndem Glas und schreienden Menschen. Ein paar Nazis waren in das Kino vorgedrungen und provozierten Faustkämpfe mit Leuten aus dem Publikum. Meine Mutter erklärte, es gäbe in Deutschland eine Menge Leute, die jede Darstellung der Tragik und der Sinnlosigkeit des Krieges haßten. *Im Westen nichts Neues*, ein Roman des deutschen Schriftstellers Erich Maria Remarque, sei in Amerika verfilmt worden, und das sei um so aufreizender. Der Film wurde zum Gegenstand heftiger Demonstrationen, wo immer er gezeigt wurde, und wenn irgendwo ein örtlicher Polizeichef sich weigerte, einem Kino Schutz zu bieten, wurde er vom Programm abgesetzt. Es wurde so schlimm, daß man den Film ohne vorherige Ankündigung zeigte und die Leute hingingen wie zu einem Geheimtreffen.

Mein allerliebster Filmstar war Rin-Tin-Tin. Ich brach unweigerlich in Tränen aus, wenn es auf der letzten Spule aussah, als hätten die Räuber ihn umgebracht. Aber er überlebte immer. Der *Northwest Mountie* (ein berittener Forstaufseher in den kanadischen Wäldern), der neben dem leblosen Körper kniete und tapfer seine Tränen zurückhielt, spürte plötzlich eine wundersame Berührung der Hundetatze. Rin-Tin-Tin lebte. Und der *Mountie* schritt hinein in die untergehende Sonne oder in die Weite des Schnees, den humpelnden Freund im Gefolge.

Natürlich las ich alles über die Indianer. Mein Vater hatte ein herrliches bebildertes Buch aus der Zeit der Jahrhundertwende dagelassen, das verschiedene Stämme beschrieb – wie sie tanzten, wie sie ihre Körper bemalten und wie sie lebten und jagten.

Ich las deutsche Übersetzungen von James Fenimore Cooper und vor allen Dingen Karl May, einem schon damals sehr beliebten Autor, der seine Märchen vom roten Mann mit solcher Überzeugungskraft erzählte, daß man seine Schilderungen für bare Münze nahm. Seine Hauptfiguren waren der mächtige und überaus intelligente Indianerhäuptling Winnetou und dessen weißer Freund, der gleichermaßen eindrucksvolle und mit allen Wassern gewaschene Old Shatterhand, der einer Fliege auf einem weit entfernten Baum ein Auge ausschießen konnte und dessen Fäuste der Schrecken der Prärie waren. Winnetou war in der Lage, aus den Fußspuren, die ein möglicher Feind seines Stammes im hohen Präriegras hinterlassen hatte, auf Größe und Gewicht des Mannes zu schließen und abzulesen, was er zum Frühstück gegessen hatte, welche Kleidung er trug und wie er bewaffnet war, außerdem natürlich, wie schnell und wohin er ging. Zwischen diesen beiden Blutsbrüdern waren wenig Worte nötig, und kein Feind war seines Lebens mehr sicher. Jeder Deutsche kannte Winnetou und Old Shatterhand. Nicht allgemein bekannt war, daß Karl May niemals einen Fuß auf amerikanischen Boden gesetzt hatte, ja, überhaupt nicht aus Deutschland herausgekommen war. Mein Geographielehrer im Gymnasium, ein Priester namens Kaese, erzählte unserer Klasse, daß er und ein paar Freunde als Studenten an Karl May geschrieben und ihn um eine Erklärung zu diesen fürchterlichen Gerüchten gebeten hätten. Daraufhin hätten sie mit der Post ein Glasröhrchen bekommen, das eine lange, schwarze Haarsträhne von »Winnetous« Kopf enthielt. Sie untersuchten das Haar im Labor und entschieden, daß es vom Schwanz eines Pferdes stamme. Viele meiner Mitschüler meinten, es sei skandalös, daß Monsignore Kaese, ein römisch-katholischer Geistlicher, unseren großen Karl May einen Lügner und Fälscher nannte.

Karl May ist immer noch populär, und heute wie damals verbringt so manche Freundesschar ihr Wochenende irgendwo im tiefen Wald, ausstaffiert mit Kriegsbemalung, Federkopfschmuck, Lendentuch und Tomahawk, und gibt sich den Jagd- und Kriegsspielen hin, wie Karl May sie beschrieben hat. Ich werde nie vergessen, wie ich 1965 vom belgischen Malmedy über die Grenze nach Deutschland fuhr und plötzlich anhalten mußte, um Hunderte von bemalten und kostümierten Männern, Frauen und Kindern vorbeizulassen, die quer über die Autobahn liefen. Sie rannten und schrien, und ich erfuhr auch, warum sie es so eilig hatten. Bevor ich wieder starten konnte, sah ich eine ebenso große Gruppe in wilder Verfolgung des flüchtenden »feindlichen Stammes« aus den Tannen hervorbrechen.

Was mich an Amerika außerdem fesselte, das waren seine *Entertainer* und seine Musik. Max und Marie-Berthe hatten mich einmal in ein Pariser Varieté mitgenommen, wo als einzige Weiße Lucienne Boyer auftrat. Alle übrigen waren Schwarze, hauptsächlich »Bojangles« Robinson und eine kleine Jazz-Combo, und Fats Waller war an diesem Abend als Gast da. Amerikanischer Jazz, das hieß für mich bis zu diesem Abend Paul Whiteman, symphonische Klänge mit gelegentlichen Solos von Bix Beiderbecke, Joe Venuti und den summenden »Rhythm Boys«; etwas so Aufregendes wie diese kleine Gruppe und die atemberaubenden Läufe von Waller hatte ich nie zuvor gehört. Voller Staunen sah ich, daß sie nicht nach Noten spielten, sondern intuitiv im Wechselspiel der einzelnen Instrumente.

Schwarze Unterhaltungskünstler (*les nègres américains*) waren in Frankreich natürlich groß in Mode, und ich bedauerte sehr, daß ich noch zu jung war, um Josephine Baker sehen zu dürfen, nur in Bananenschalen gehüllt. Solche Show war in Deutschland vor Hitler rar. Zum ersten Mal bekam ich Schwarze Ende der zwanziger Jahre im Kölner Zoo zu sehen, dessen Werbechef für einen Sommer einen ganzen Stamm aus Afrika importiert hatte. Und da saßen sie vor ihren Strohhütten, kochten über offenem Feuer, zeigten ihre halbnackten Körper stündlich einmal in einem orgiastischen Tanz zum Trommelklang, und Massen von Menschen beobachteten sie dabei. Die Besonderheit dieses Stammes waren die Lippen, die durch immer größere Holzstücke mit zunehmendem Alter der Menschen immer mehr gedehnt wurden. Lauthals protestierte Lou Straus-Ernst bei den Kölner Behörden, daß hier ein Volk zur Schau gestellt würde, dessen Kultur, wenn sie auch anders sei, Achtung verdiene und nicht lächerlich gemacht werden dürfe, indem man diese Menschen zeige wie Monster auf dem Jahrmarkt oder wilde Tiere im Käfig. Der Herr Stadtdirektor für Kultur wies hoheitsvoll ihre Ansicht zurück mit dem Argument, die Stadt brauche die Einnahmen, und im übrigen werde der Stamm nach seiner Deutschlandreise mit gehobenem Lebensstandard nach Afrika zurückkehren. Lou ließ es dabei nicht bewenden und schrieb einen beißenden Artikel für ihre Zeitung, in dem es hieß, sie schäme sich, unabsichtlich zugelassen zu haben, daß ihr

Sohn Zeuge dieser Grausamkeit geworden sei. Noch aufgebrachter wurde sie, als sich infolge ihres Artikels die Besucherzahlen im Zoo verdoppelten. Prompt ging sie mit mir in den UFA-Filmpalast, wo King Vidors *Hallelujah* gerade angelaufen war. Hinterher erläuterte sie mir, daß die Schwarzen in Amerika in der Regel nicht in weißen Roben aufträten und mit gen Himmel gereckten Armen mächtige Spirituals sängen. Als ich dann Fragen nach dem Leben der Schwarzen in Amerika und Afrika stellte, beschrieb sie mir, so gut sie konnte, ihre Rolle als ehemalige Sklaven, wie sie brutal gefangen und zusammengepfercht verschifft wurden, um auf riesigen Baumwollplantagen in den Südstaaten Zwangsarbeit zu leisten. Sie beschrieb sie als eine Minorität in Amerika, immer noch mißhandelt und arm, auch wenn einige von ihnen beliebte Showstars seien. Sie machte mich darauf aufmerksam, daß auch die Juden in Europa und besonders in Deutschland und Polen eine Minderheit seien, die dort, wo sie lebten, niemals voll akzeptiert wurde. Oh ja, sie hätten viel geleistet für ihre Gesellschaft als Schriftsteller, Ärzte, Rechtsanwälte, Komponisten und in anderen akademischen und nichtakademischen Berufen, und allein schon aus diesem Grund seien sie zum Gegenstand von Haß und Verachtung geworden. Nicht bloß Hitler und seine Braunhemden seien rassistisch. Dies sei eine Krankheit, die viele andere in allen Lebensbereichen hätten, und die Krankheit greife um sich.
Ich wollte mehr wissen. War ich ein Jude ... oder was? Sie sagte mir, wie schon mehrmals zuvor, daß sie und Max bei meiner Geburt beschlossen hätten, daß ich selbst wählen solle, wenn ich größer würde. Max, sagte sie, sei ein Katholik, der für diese Religion absolut keine Verwendung habe. (Für Max war es eine Quelle der Heiterkeit gewesen, als der Kölner Erzbischof ihn im Jahre 1926 öffentlich scharf angriff wegen seines Gemäldes *Die Jungfrau züchtigt das Jesuskind vor drei Zeugen*: André Breton, Paul Eluard und dem Maler«. Es zeigt die sitzende Maria, die ihrem blonden Söhnchen tüchtig den rosigen Hintern versohlt; sein Heiligenschein ist zu Boden gefallen, während ihrer ruhig an seinem Platz bleibt. Die drei Freunde sehen durch ein kleines Fenster zu. Max erzählte mir, daß er die Idee dazu in Tirol hatte, als er sah, wie Maja mich strafte. Meine Mutter nahm die offen-

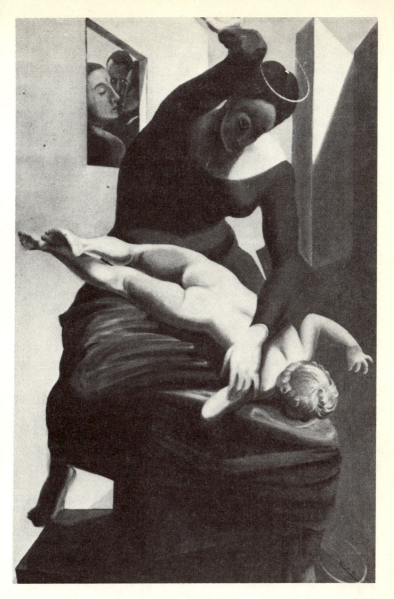

Die Jungfrau züchtigt das Jesuskind vor drei Zeugen: Breton, Eluard und dem Maler, 1926. Dieses Gemälde wurde vom Kölner Erzbischof verurteilt.

sichtliche Exkommunikation zum Anlaß, die weitere Zahlung von Kirchensteuer für ihren abwesenden katholischen Ehemann einzustellen.) Sie selbst sei als Jüdin geboren, und obwohl sie die Riten nicht befolge und überhaupt ernste Vorbehalte gegenüber der organisierten Religion habe, werde sie wohl immer als Jüdin gelten und ich wahrscheinlich als Jude. Sie meinte, daß keine Gruppe das Recht habe, sich »das auserwählte Volk« zu nennen, aber nichtsdestoweniger war sie stolz auf ihr Erbe.

Lou Straus-Ernst, ihre Freunde, Kollegen und Genossen hatten allzu lange in politischer und wirtschaftlicher Unsicherheit gelebt, um sich jetzt in Panik versetzen zu lassen und die Rückkehr mittelalterlichen Terrors nach Westeuropa zu befürchten. Sie hofften, daß das, was sie mitansahen, die schmerzlich schwere Geburt der deutschen Demokratie wäre. Es war doch Zeit genug. Kaiser Wilhelm lebte in sicherem Abstand im holländischen Doorn, und es würde vielleicht noch eine, höchstens aber zwei Generationen brauchen, bis die Mehrheit der Deutschen ihrem halsstarrigen Überlegenheitsdünkel, ihrer Vorliebe für Uniformen, Stiefel, Seitengewehre entwachsen sein würde. Vor allen Dingen sollten sie endlich Abschied nehmen von ihrer masochistischen Freude daran, eine Nation zu sein, die zwar im Kriege »ungeschlagen« blieb, aber durch Verrat zur Kapitulation gezwungen wurde. Und noch eine Menge anderer Dinge sollte man auch allmählich hinter sich lassen.

All das bekam ich mit und, als ein Kind, noch sehr viel mehr. Nur zu deutlich sehe ich noch vor mir, wie einmal in der Pause ein Mitschüler zu mir sagte: »Ich würde mit Freuden in den Krieg ziehen und für Deutschland sterben.« Im Gymnasium hatte ich mehrere Lehrer verstohlen ein Hakenkreuzabzeichen ans Revers stecken sehen, als sie den Schulhof verließen. Durch die offenen Türen der Arbeiterkneipen hörte ich betrunkene Stimmen: »Völker, hört die Signale, auf zum letzten Gefecht. Die Internationale erkämpft das Menschenrecht.« Nahebei im Park hinter einer Kirche hatte ich Männer und Frauen gesehen, die in einem Kreis standen und mit erhobenen Armen das Horst-Wessel-Lied sangen. Beim normalen Sonntagsspaziergang oder im Zoo, auf der Kirmes, in der Ausstellung, im Ausflugsbus, in der Eisenbahn oder auf dem Dampfer erschien jede Familie wie eine Festung für sich. Der Verdacht, man säße vielleicht neben Nazis, Kommunisten, Katholiken, Protestanten, Dissidenten oder gar Juden, hing ständig in der Luft. Den letzteren konnte man natürlich mühelos erkennen, denn jeder wußte aus politischen Karikaturen, welches die semitischen Kennzeichen waren. Kinder, die bei solchen Ausflügen zusammen spielten, wurden oft von ihren Eltern barsch zurückgepfiffen und man verbot ihnen, sich weiter mit Fremden abzugeben.

Ich beobachtete das alles aus der Geborgenheit meines warmen und aufgeklärten Zuhauses im vierten Stock der Emmastraße. Ich las darüber ebenso begierig wie über Fußball, Leichtathletik und anderen Sport. Die Politik und ihre Persönlichkeiten faszinierten mich genauso wie Filmstars und amerikanische Gangster. Es gab eine Zeit, zu der ich jede der zweiunddreißig Splitterparteien, die zur nächsten Reichstagswahl kandidierten, mit Namen kannte. Den *Völkischen Beobachter* der Nazis und Streichers *Stürmer* konnte man vor jedem Parteibüro in langen Reihen von Schaukästen im vollen Wortlaut lesen. Die einzige Schwierigkeit war, daß die Glasscheiben leicht von fliegenden Steinen beschädigt wurden. Dasselbe galt für *Die Rote Fahne* der Kommunisten. Ich verarbeitete dieses Material im Geiste ebenso sorgfältig wie lange Artikel über eine vorgeschlagene Änderung der Spieltaktik beim kommenden Match der Fußball-Nationalmannschaften Deutschlands und Österreichs.

Beide politischen Extreme zeigten erstaunliche Ähnlichkeiten, darunter in der Hauptsache ihre Liebe zum deutschen Arbeiter und ihre Verachtung für frei denkende Intellektuelle. Sie sprachen von Deutschlands Wiedergeburt, die einen durch Nationalismus und Reinhaltung der Rasse, die anderen durch »das Arbeiter- und Bauernparadies und die Internationale«. Beide gaben unaufhörlich leuchtende Porträts ihrer verehrten Führer heraus und ließen dann, wie auf Kommando, deren Namen unvermittelt fallen. Im *Völkischen Beobachter* fehlte plötzlich Gregor Strasser und in der *Roten Fahne* Trotzki. Es gab auch Unterschiede. Die Tageszeitung der Nazis und der *Stürmer* schmähten die Juden überall; die *Rote Fahne* schwor, in der Sowjetunion gäbe es absolut keinen

Antisemitismus, behauptete aber, ein großer Teil des deutschen Judentums mache einen bedauerlichen Fehler mit der Unterstützung der politischen Mitte, anstatt sich dem Kampf der Kommunistischen Partei für völlige Gleichheit anzuschließen. Die reichen Bonzen würden teuer bezahlen, seien sie Juden oder nicht, wenn das Proletariat erst die Macht in seine Hände nähme.
Joseph Goebbels gemahnte die Massen an das Gift des Versailler Vertrages wie der Stimmführer eines Jubelchores, und Hitler beschwor kreischend das kommende Dritte Reich herauf und all die vielen offenen Rechnungen, die dann fällig würden. Der Kommunist Ernst Thälmann zitierte Marx und versprach den Sieg unter dem roten Banner des dialektischen Materialismus. Sehr wenig sagte man auf beiden Seiten über die Schmach des Hungers und die Qual des Hasses, zwei verwandte Epidemien, die weniger wichtig schienen als der politische Sieg.
Beide Seiten brauchten Helden, die von den Massen bewundert werden konnten. Die Nazis fertigten sich einen Märtyrer aus einem jungen Mann, der von einem Arbeitskollegen aus ungeklärten Gründen getötet worden war. Horst Wessel, sagten sie, war der nationalsozialistische Sendbote unter den »irregeführten« kommunistischen Arbeitern, nur um sein Leben durch die Hand derer zu verlieren, deren politische Reinheit er zu retten suchte. Dieser gutgebaute Pappkamerad war erfolgreicher als die 1919 ermordeten Linken Rosa Luxemburg und Karl Liebknecht. Massendemonstrationen, organisiert mit der Präzision militärischer Marschmusik, mit Uniformen, glänzenden Stiefeln und Goldquasten an den Fahnen symbolisierten sehr viel wirksamer den langersehnten Sinn für Ordnung als die schlurfenden Füße der Tausende, die in ungeordneten Zügen unter den selbstgenähten Bannern der Kommunisten oder der Sozialdemokraten dahertrotteten. Der oberflächliche Glanz der Hitler'schen Marschkolonnen zog offensichtlich die Millionen, die an den Seiten standen und zuschauten, mehr an. Die soziale Gerechtigkeit und Gleichheit, für die die Linken sprachen, betrachtete man mit wachsendem Argwohn. Würde Deutschlands Ehre, auf den Schlachtfeldern von Verdun und an der Marne gestohlen, durch die Sicherung der Menschenrechte für alle wiederhergestellt? Und wer waren denn

diese Intellektuellen, die da von Deutschlands Kultur, von der Schönheit seiner Seele und von dem reichen Lohn der Demut und Bescheidenheit redeten? Sie waren Außenseiter, nicht wert, Bürger einer stolzen Nation zu sein. Sie waren eine Elite, meist Juden natürlich, die vorgab, diese wahnsinnigen Gemälde, diese unlesbaren Gedichte, diese Musik ohne Melodie und ähnliche Kulturfrevel zu verstehen.

Die Wut, die in der Luft lag, war beinahe mit Händen zu greifen. Manchmal war sie wie ein stählerner Schraubstock, und doch redeten seine potentiellen Opfer, Millionen von ihnen, von der kommenden Explosion, als hofften sie, damit würden diese bösen Träume der Barbarei und des Wahnsinns hinweggeblasen. An ihrem Horizont stand das letzte Bollwerk, unser Präsident, Beschützer der Weimarer Verfassung, der letzte Wächter der schwarz-rot-goldenen Nationalfarben: unser hochverehrter Feldmarschall Hindenburg. Er war es, der eine Delegation unter Leitung Franz von Papens von der katholischen Zentrumspartei empfing, als er Rat suchte für die Lösung der politischen Krise. Und eben dieses hohe Symbol des aufrechten Deutschen machte in seiner Senilität und unter anderem gegen die Zusicherung der Befreiung seiner Erben von der Erbschaftssteuer Adolf Hitler, »diesen erbärmlichen Feldwebel«, den er geschworen hatte nie in seinem Büro zu empfangen, am 30. Januar 1933 zum Reichskanzler.

Meine Mutter und ich hörten Musik vom Kölner Sender des Deutschen Rundfunks, als das Programm für die Bekanntmachung unterbrochen wurde. »Keine Angst«, sagte Lou. »Das hat Hindenburg nur gemacht, weil er weiß, daß Hitler bei der nächsten Reichstagswahl durchfallen wird. Diese Fanatiker fliegen auf die Straße. Da sind sie hergekommen und da gehören sie auch wieder hin.«

Ich begreife heute noch nicht, wieso ich keine Angst hatte. In den folgenden Monaten übernahmen die Nationalsozialisten die Polizeigewalt, und andere »Abweichungen von der Verfassung« folgten, gegen die nur wenige protestierten. Polizisten trugen die Hakenkreuz-Armbinde zur Schau. Meine Lehrer trugen ihre Hakenkreuzabzeichen offen am Kragen, während sie Latein

gaben; in einer eilends angesetzten Unterrichtspause wurde die Nazifahne auf dem Turm des Gymnasiums gehißt. Mein Kunstlehrer sagte zu mir: »Abgesehen davon, daß du Jude bist, ist dein Vater obendrein auch ein degenerierter Künstler, und es wundert mich gar nicht, daß du ein so schlechter Schüler bist.«
Meine Mutter hat 1942 in ihrer autobiographischen Schilderung der Ereignisse ein anderes erschütterndes Erlebnis beschrieben:
Köln ohne seinen Karneval ist undenkbar. Für uns ist er das höchste Fest des Jahres. Ja, eine zwanglosere, fröhlichere, wochenlange Tag- und Nacht-Festlichkeit ist schwer vorstellbar. Alles kommt zum Erliegen. Sehr wenige in dieser Stadt können an etwas anderes denken als an Tanzen, Singen und Trinken. Tagsüber sind die Straßen voller Narren in komischen Masken und Kostümen. Nachts ist die Zeit der rauschenden Maskenbälle, die bis in den Tag hinein dauern.
Der Karneval von 1933 wurde zum Totentanz. Wir hatten es alle kommen sehen, aber keiner von uns hatte die Gefahr ernst nehmen wollen. Als sie da war, traf sie uns vollkommen unvorbereitet.
Ich hatte mich nie mit Politik beschäftigt und las die Zeitungen nur oberflächlich. Die ständigen Umschwünge in der Staatsführung brachten kaum eine Veränderung. Die zahllosen Splitterparteien, die mit jeder Neuwahl entstanden, boten ein verwirrendes Bild, das ich viel zu beunruhigend fand. Ich war eigentlich nur an meiner Arbeit interessiert, die sich hauptsächlich mit Literatur und den Künsten befaßte.
Im Sommer zuvor hatte ein befreundeter Journalist, der aus Berlin zu Besuch war, sein Erstaunen darüber ausgedrückt, daß wir uns keine Sorgen machten. »Ihr scheint so desinteressiert an dem, was in Berlin passiert«, sagte er. »Wenn ›sie‹ drankommen, dann wahrscheinlich nicht für sehr lange. Aber sie können in verhältnismäßig kurzer Zeit ganz schöne Verwüstungen anrichten.«
Als er mir das unter den schattigen Bäumen am Rhein sagte, tat ich seine Worte als Übertreibung ab. Seine Befürchtungen jedoch sind im Gegenteil noch nicht pessimistisch genug gewesen. Kurz darauf gewannen die Nazis eine erschreckende Mehrheit bei den Reichstagswahlen.
Wir spürten die wachsende Gefahr, aber noch veränderte sich

nicht so viel in unserem Teil des Landes. Im Rheinland mit seiner überwiegenden katholischen Bevölkerung gab es relativ wenig Nazis, und der Antisemitismus trat weniger offen zutage als anderswo. Manchmal mochte es irgendwo in den Vorstädten Schießereien zwischen Nazis und Kommunisten geben, aber unsere Ruhe wurde kaum gestört. Aus Berlin und München wußte man von Tumult und Chaos, aber das hatte zweifellos nichts mit uns zu tun.
Natürlich war ich ziemlich erschrocken, als der Deutsche Rundfunk in den Nachrichten von Adolf Hitler als vom »Reichskanzler Hitler« sprach.
»Solange wir unseren Adenauer haben, kann uns gar nichts passieren«, war die allgemeine Meinung. Adenauer war Oberbürgermeister von Köln, eine Persönlichkeit, die weit über die Stadtgrenzen hinaus für liberale Tatkraft und unabhängiges Denken bekannt war. Weil er dazu auch noch Vorsitzender des Preußischen Staatsrates war, hatte er beträchtliche politische Macht. Oft wurde er der »ungekrönte König von Preußen« genannt. Ich kannte ihn ganz gut, hatte ich ihm doch manche seiner Reden über Fragen der Kultur geschrieben. Nein... so lange wir ihn hatten, konnte unserer Stadt nichts passieren, und wir Journalisten konnten unter seinem Schutz frei unsere Arbeit tun. Aber... wie fest saß er denn eigentlich auf seinem Stuhl?
Der Karneval kam, wie jedes Jahr im Februar, und er wurde gefeiert, als wäre nichts geschehen. Einer seiner glanzvollsten Abende war immer ein Maskenball namens »Paradiesvogel«. Da dieses Ereignis in den Prunksälen des Kölner Zoos stattfinden sollte, hatte ich mich zur Wahl eines entsprechenden Kostüms entschlossen. Meine Freunde verglichen mich immer mit den Modellen Renoirs, also wählte ich einen langen schwarzen Plisseerock aus Chiffon, eine kleine, enganliegende, sehr tief ausgeschnittene Bluse und ein winziges Blumenhütchen, das ich schief auf meinem hochgetürmten Haar trug.
Ich tanzte, tanzte und lachte viele Stunden lang im Gewühl einer farbenfrohen Menge von Narren. Irgendwann im Laufe der Nacht, als ich unterwegs war, um meine Schminke aufzufrischen, sagte ein Freund aus einem städtischen Museum zu mir: »Ist dir

klar, daß wir in drei Wochen Kommunalwahlen haben?«
In diesem Moment, umgeben von lachenden, bunten Masken, mitten in schmetternder Musik und gemeinschaftlichem Gesang dämmerte mir plötzlich, daß vielleicht alles vorbei war. Würden die Menschen, die diese fröhliche und schöne Stadt verwalteten, ausgewechselt, so könnte uns das eine fremde Lebensart bringen, die keine Ähnlichkeit mehr mit dem Leben hätte, das wir führten. Sie könnte das Ende meiner Arbeit, meiner Lieben, meines Heims mit Jimmy und Maja, das Ende von allem sein.
Eine Woche später war Rosenmontag, der Höhepunkt des Karnevals. Der ungewöhnlich hektische Wahlkampf war unterbrochen. Dies war ein Feiertag. In einer so lebensfrohen Stadt mochte sich niemand von der Politik stören lassen. Das Wirtschaftsleben kam völlig zum Stillstand, die Schulen schlossen bis Mittwoch, und vom frühen Morgen an wälzte sich eine bunt kostümierte und maskierte Menge durch die engen Straßen der Altstadt, von einem einzigen Gedanken beseelt: die vorteilhafteste Stelle zu finden, von der aus man den gigantischen Rosenmontagszug sehen konnte.
Am späten Nachmittag überließ ich Jimmy und Maja dem eigenen Amüsement und ging ins alte Rathaus. Es war mehr oder weniger eine Berufspflicht für alle Zeitungsleute, sich dort den Zug anzusehen. Es machte aber auch großen Spaß, mit so vielen gutgelaunten Kollegen zusammenzusein, köstlichen Rheinwein mit ihnen zu trinken, der im schönen Rokokosaal serviert wurde, und von dort aus auf den Alter Markt hinunterzuschauen, wo es ein regenbogenbuntes Schauspiel zu sehen gab: absonderliche Kopfputze, langhaarige rote, blaue oder grüne Perücken, zerfetzte Schirme, an deren nackten Rippen glitzernde Bänder flatterten. Lauten Beifall gab es für eine herausragende Maske, ein phantasievolles oder gewagtes Kostüm oder vielleicht für eine monströse maskierte Riesenfigur, die einen Gaudi-Kinderwagen mit einem Knirps in Windeln schob. Der Lärm der Kesselpauken und anderer Krachmacher gab den Rhythmus an für das Blütenfeld der Köpfe und Leiber unter uns. Irgendwo tat sich plötzlich eine Lichtung in der Menge auf, wo ein Pärchen sich umarmte und küßte. Es war sofort von tanzenden Narren umringt, die es anfeuerten und schließlich

seiner Ungezwungenheit nacheiferten.
Die schmalen mittelalterlichen Häuser blickten auf diesen jährlichen Frohsinn herab, während auf der anderen Seite der feierliche Turm von Groß Sankt Martin stand.
Ab und zu fiel ein Schatten zwischen mich und das, was ich sah. Hatte denn keiner da unten eine Ahnung, was wirklich vorging? Gab es keine Vorzeichen, daß sich diese entspannte und festliche Fröhlichkeit bald in Entsetzen verwandeln könnte? ... Und doch, wie könnte man denn von diesen einfachen Menschen da unten erwarten, daß sie sich solche Sorgen machen, wenn wir, die »Informierten«, uns weigerten, den Ernst der Lage zu erkennen?
»Hitler und Göring sollen heute bei Krupp in Essen sein«, flüsterte ein gewöhnlich gut informierter Kollege einigen von uns zu. »Ach was«, kam es zurück, »die sind hier in Köln, hinter komischen Masken versteckt, und genießen den Karneval.«
Zu Hause sah Jimmy an diesem Abend von seinem Zimmer aus sehr belustigt zu, als ich mir Maske und Kostüm für den großen Rosenmontagsball zurechtmachte.
War ich an diesem Abend besonders müde? Oder kamen die Schatten häufiger? Da war ich wieder mit den gleichen maskierten Leuten, den gleichen Liedern, den gleichen Lachsalven, die sich zu lautem Kreischen und Füßetrampeln steigerten ... Gleichzeitig war es mir irgendwie fremd. Die Menschen hier waren schließlich keine gesichtslose Masse, es waren Künstler, Intellektuelle und aufgeklärte Politiker, die Bescheid wußten, wie nur irgendwer Bescheid wissen konnte, was draußen im Lande vorging. Wie viele von ihnen würden nächstes Jahr noch hier tanzen? ... Heute nacht tanzten sie auf einem Vulkan ... und viele von ihnen müssen es gewußt haben.
Ich hatte keine Lust, mich in die Menge zu begeben, und saß mit ein paar Freunden in einer Ecke, fern der Tanzfläche. Kurz nach Mitternacht riß ein junger Mann sich die Maske herunter und rief mit flammenden dunklen Augen über den Tisch: »Der Reichstag brennt ...«
Die Nachricht sprach sich schnell in dem riesigen Saal herum. Hier und da entstand Stille, flüsternde Köpfe neigten sich an den Tischen näher zueinander, aber nach einer Weile schwoll der

fröhliche Lärm wieder an und blieb. Der Ball ging weiter, ja, die
Raserei schien eher zuzunehmen. Ohne irgend jemandem auf
Wiedersehen zu sagen, ging ich nach Hause. Für mich war das
Fest zu Ende.

Am nächsten Tag, am 28. Februar, behauptete Hitler, der Reichstagsbrand sei das Signal für einen kommunistischen Aufstand
gewesen, und erhielt die Unterschrift Hindenburgs unter ein
Gesetz, mit welchem seine einzelnen Ministerien die bürgerlichen
Freiheitsrechte, wie die Weimarer Verfassung sie garantierte, ein-
schränken konnten: die Pressefreiheit, die Freiheit der Meinungsäußerung, die Versammlungsfreiheit und anderes mehr. Es
erlaubte ihnen, den gesamten Post- und Telefonverkehr zu überwachen. Auch bedeutete das Gesetz die unbegrenzte Vollmacht,
politische Gegner zu verhaften, Hausdurchsuchungen vorzunehmen und möglicherweise belastendes Material zu beschlagnahmen.
Zwei Nächte später, etwa um drei Uhr morgens, verlangten drei
SS-Leute Einlaß in die Wohnung. Lou, Maja und ich standen in
der Diele, als sie die Papiere und die Kleider meiner Mutter
durchwühlten. Sie warfen meine Bücher und Kunstgegenstände
aus den Regalen und durchsuchten die Schubladen mit meiner
Unterwäsche. Sie hoben die Matratzen auf den Betten hoch und
gingen schließlich wieder – mit dem Paß von Lou Straus-Ernst.
Am nächsten Tag gab sie dem Hausbesitzer Bescheid, daß ihr
Mietvertrag zum 1. Juni ende. Nach siebenstündigem Schlangeste-
hen kam sie schließlich auch wieder in den Besitz ihres Passes.
Noch wurden keine endgültigen Entscheidungen gefällt. Die
ganze Sache könnte ja platzen, dann würden wir lediglich in eine
neue Wohnung umziehen, aber wenn ich aus der Schule kam und
das große Schild »ZU VERMIETEN« quer über unsere Fenster sah,
war das jedesmal ein Augenblick entsetzlicher Angst für mich.
Ein paar Wochen lang gab es Momente der Illusion, Lou könnte
bei ihrer Arbeit bleiben. Ihre Artikel wurden zwar zur Veröffentlichung angenommen, erschienen aber nur noch vereinzelt. Wenn
sie überhaupt daran dachte, in Deutschland zu bleiben, wurden
solche Vorstellungen, so glaube ich, durch folgendes Ereignis
unhaltbar. Auf eine formelle Einladung hin besuchte sie mit mir

einen ehemaligen Studienkollegen, nun Direktor eines der bedeutendsten Kölner Museen, zum Tee. Es ging steif und förmlich zu, man plauderte höflich, während die mehr als zwanzig Gäste unbehaglich dasaßen und an ihren Tassen nippten. Meine Mutter flüsterte mir zu: »Sehr merkwürdig. Alle hier außer dem Gastgeber und seiner Frau sind Juden.« Der große, freundliche Mann, den ich schon mein Leben lang kannte, stand auf und räusperte sich höflich, um Ruhe bittend. »Ich habe Sie hergebeten, weil ich Sie alle für meine langjährigen Freunde und Kollegen halte. Ich werde nie anders empfinden, und ich hoffe, daß Sie unsere gemeinsame Vergangenheit, in der wir zusammen gearbeitet und das Brot gebrochen haben an Ihrem Tisch oder an meinem, nicht vergessen werden. Als Wissenschaftler und Leiter einer großen Institution halte ich es für meine Pflicht, für die Ziele unseres neuen Deutschlands zu arbeiten. Diese kleine Versammlung ist meine Art, Ihnen lieber persönlich ›Adieu‹ zu sagen, als Sie mit einem formellen Schreiben von der Beendigung unserer gegenseitigen Beziehungen in Kenntnis zu setzen...« Der Abgang aller vollzog sich in stummer Betäubung. Lou und ich gingen nach Hause, vorbei an dem kleinen Park, wo sie mir an kalten Winternachmittagen zugesehen hatte, wie ich ohne Unterlaß auf dem baumumsäumten Teich Schlittschuh lief. Sie weinte und sagte kein Wort.

Durch die vom Reichstagsbrand ausgelöste Hysterie stand von vornherein fest, was die Reichstags- und die Kommunalwahl ergeben würden. Kommunistische und ein paar andere Abgeordnete der Linken wurden willkürlich verhaftet, und was an Opposition noch blieb, war bloße Kosmetik. Konrad Adenauer wurde zum Rücktritt gezwungen, noch bevor die Stimmlokale in Köln schlossen. Man stellte ihn unter Hausarrest und sperrte ihn später in ein Lager. Ein neuer Oberbürgermeister, ein Nazi mit Namen Riesen, übernahm das Amt, und ein fügsamer Stadtrat segnete seine Ernennung ab. Mir schoß durch den Kopf, was wohl aus Fräulein Otto geworden sein mochte.

Die traurige Aufgabe, unsere Habe für den Speicher vorzubereiten, wurde uns durch die Überzeugung etwas erleichtert, daß all dies ja nur für kurze Zeit sei. Lou sollte nach Paris gehen, um alle

Wege zu ebnen, damit wir bald nachkommen konnten. Von ihrem Vater hatte sie das Versprechen erhalten, daß er ihr finanziell dabei helfen wollte, eine kleine Kunstgalerie zu eröffnen. Ich sollte bei ihm und seiner Familie leben, um meine Ausbildung fortzusetzen, bis wir uns wiedersehen würden.

Ein paar Wochen vor ihrer Abreise erhielt Lou aus dem Presseamt des Rathauses einen aufgeregten Anruf. Offenbar war der noch aus alten Zeiten übrig gebliebene Chef des Büros, ein langjähriger Kollege und in den letzten Jahren ihr Geliebter, seit der Einsetzung des neuen Oberbürgermeisters nicht an seinem Arbeitsplatz erschienen. Das Stadtoberhaupt sollte aber am nächsten Tag im Kunstverein eine Rede halten, wo eine Ausstellung zeitgenössischer italienischer Kunst zu eröffnen war. Es gab kein Redemanuskript, und wenn nicht bis morgen früh eins geschrieben würde, wäre Lous Freund seine Stellung los. Sie wußte, wo er abgeblieben war. Zwei Nächte zuvor war er bei uns in der Wohnung erschienen und schlief nun seinen Rausch von einer ausgedehnten Zechtour aus. Das war seine Reaktion auf die jüngsten politischen Umwälzungen. Lou beruhigte seine Sekretärin wegen der Rede und bat sie auch, seiner Frau Bescheid zu sagen, ihr Mann käme bald nach Hause. Dann informierte sie sich rasch über die bevorstehende Ausstellung, arbeitete die Nacht durch und schickte die fertige Rede am Morgen durch Boten ins Rathaus. Nachmittags ließ sie vom Packen ihrer Habe ab und nahm sich die Zeit, sich ins Publikum zu setzen, als Oberbürgermeister Riesen in seiner braunen Uniform mit der Hakenkreuzbinde am Ärmel seine Rede hielt, die erste im Amt – und eine Jüdin hatte sie geschrieben. Ihre stille Belustigung über diese groteske Situation milderte ihre Niedergeschlagenheit. Da sie schon in der Stadt war, hatte sie bei der Gelegenheit auch ihre letzten Reisevorbereitungen getroffen. Nun lauschte sie ihren eigenen Worten, die von den Lippen eines Nazis kamen, und hatte die Fahrkarte nach Paris schon in der Handtasche.

An einem sonnigen Sonntag Ende Mai 1933 standen Maja, ich und einige Freunde auf dem Bahnsteig des gewaltigen, glasüberdachten Kölner Hauptbahnhofs. Lou stand am offenen Abteilfenster, die Arme voller Blumen. Es gab nicht mehr viel zu sagen, außer vielleicht: »Es ist ja nur für kurze Zeit ... Wir holen dich ab, wenn du wiederkommst, und dann gibt es noch viel mehr Blumen ...« Die vertrauten Glocken des nahen Kölner Doms fielen in den Chor all der anderen Kölner Kirchenglocken ein, um das Ende der Morgenmesse zu verkünden. Der machtvolle Klang, der uns in der Stadt ein Leben lang ehrfürchtig machte, hieß uns schweigen. Tränen betonten unser gezwungenes Lächeln. Unmerklich begann der Zug zu rollen. Ich versuchte, mit ihm Schritt zu halten. Ein Handkuß wurde mir zugeworfen und dann eine Blume. Ich hob sie nicht auf. Am Ende des Bahnsteigs blickte ich dem winkenden Taschentuch nach, bis die Biegung der Schienen alles verschluckte.

Wieder zu Hause, bereitete Maja uns das Mittagessen, das wir zwischen Packkisten einnahmen. Sie drückte mir Geld in die Hand und sagte, ich könnte ins Kino gehen. Ich sah einen Film über zwei rivalisierende Gangster in Chicago. Der spätere Sieger in diesem Krieg kam auf die geniale Idee, Maschinenpistolen mit einer Lastwagenladung Klaviere in sein Hauptquartier einzuschmuggeln. Der Lastwagen wurde von der anderen Bande vorübergehend gestoppt, eine Schießerei begann, und jeder Kugelhagel erzeugte neue Dissonanzen, wenn die Tasten getroffen wurden. Die Ladung wurde abgeliefert, und ein brutaler Kampf zwischen den Verbrechersyndikaten begann. Zurück blieben schließlich genügend durchsiebte Leichen und unendlich mannigfaches Sterben.

Als ich in die nachmittägliche, sonnenbeschienene Straße hinaustrat, marschierte eine Kolonne Braunhemden stramm militärisch am Kino vorbei. Sie sangen im Rhythmus ihrer Tritte: »... wenn wir mit unsren Messern Judenblut vergießen, dann woll'n das Leben doppelt wir genießen.«

Als ich heimkam, weinte Maja nicht, aber ich konnte sehen, daß ihre Augen ganz rot waren. Sie wollte ihren Jung nicht aufregen. Mir wurde ein äußerster Luxus zugestanden, ausschließlich für Anlässe reserviert, bei denen ich ein besonders guter Jung gewesen war – Abendessen im Bett, im Schlafanzug mit meinem Teddybären.

Mein Zimmer war jetzt kahl bis auf die Möbel. Ich versuchte mich

zu erinnern, was sich in diesen vollgepackten und verschlossenen Pappkartons in der Ecke befand. Da waren meine Bücher: *Grimms Märchen, Der Struwwelpeter, Max und Moritz,* E. T. A. Hoffmann, Karl May, Jack London, eine Bibel, ein Cahiers d'Art, Sonderausgabe Max Ernst, und gebundene Jahrgänge illustrierter deutscher Sportzeitschriften. Ebenso ein Exemplar von Alfred Flechtheims Zeitschrift *Omnibus,* die, zum Zeitpunkt des Erscheinens sehr zu meinem Verdruß, ein Foto von mir enthielt, splitternackt und im Begriff, ins Baltische Meer zu laufen. Die Unterschrift lautete: »Max Ernst, sein Sohn Jimmy, 1931«. Eingepackt waren auch die anderen Andenken. Eine javanische Marionette, die mir vor langer Zeit Paul Eluard geschenkt hatte. Ein paar Reiser, ineinandergewunden und zusammengeklebt, so daß sie wie ein laufender Mensch aussahen – Arp hatte es nach einem Spaziergang im Park für mich gemacht. Ein Vogel mit flatternden Schwingen, den Tristan Tzara mir aus einem Blatt Schreibmaschinenpapier kniffte. Ein handgeschriebenes Gedicht mit einer Selbstkarikatur von Joachim Ringelnatz. Briefe von Max an mich, abwechselnd gezeichnet und geschrieben. Ein kleiner Papierdrachen, dem Jankel Adler das Gesicht eines gutmütigen Ungeheuers aufgemalt hatte. Eine kleine Schachfigur, die Giacometti für mich zeichnete als Trostpreis, nachdem Man Ray mich mattgesetzt hatte. Ferner lagen dort auch meine unentzifferbaren Tagebücher, Briefe an Sportidole, die ich nicht abgeschickt hatte, und all die Figuren – meine Sammlung kleiner afrikanischer, orientalischer und pazifischer Schnitzereien, die mir so kostbar war. Das alles sollte nun gelagert werden, weil bei Großvater zu Hause kein Platz für diese Dinge war. Und warum sollte man sie auch wieder auspacken? Lou, Maja und ich würden sehr bald schon eine neue, gemütliche Wohnung für uns einrichten. Meine Kleider waren bereits zu meinem vorübergehenden Heim gebracht worden, und alles, was ich für morgen brauchte, waren die Schulbücher und die Kleider, die ich am Sonntag getragen hatte. »Schließlich will ich«, sagte Maja, »daß mein Jung an seinem ersten Tag bei Großvater Jacob gut angezogen ist.«
Am Montag in der Schule vergaß ich vor Angst, weil ich die Hausaufgabe in Latein nicht gemacht hatte, beinahe das Bild des

sich entfernenden Zuges. Während der Probe zu Beethovens »Chorphantasie« dachte ich, daß meine Mutter wohl inzwischen ihr erstes Frühstück an den Straßentischchen eines Pariser Cafés beendet hätte. Der Kapellmeister unterbrach uns nach der Schillerzeile »Alle Menschen werden Brüder«, um darauf hinzuweisen, daß sich »Brüder« nur auf die höheren Rassen der Menschheit beziehen könne. Durch das Fenster sah ich draußen die Jungen der oberen Klassen, die in braunen Uniformen auf dem Schulhof militärischen Drill übten.

Wie gewöhnlich schloß ich mich auf dem Nachhauseweg meinen Freunden an. Wir alle blieben für die verbotene Eiswaffel stehen, und ich winkte ihnen zum Abschied zu, als wir zu meiner Straße kamen. Ich raste treppauf, wie üblich zwei Stufen auf einmal. Hinter der geschlossenen Wohnungstür war anscheinend gewaltiger Betrieb. Als ich klingelte, wurde die Tür von einem Mann geöffnet, den ich nicht kannte. Etwas außer Atem schaute ich an ihm vorbei in die Wohnung und sah mehrere Leute beim Möbelrücken. Der Mann fragte, was ich wollte. Ich konnte nicht antworten. Eine Frau tauchte hinter ihm auf und fragte über seine Schulter hinweg: »Heißt du Ernst?« Ich nickte. Der Mann machte die Tür wieder zu, und das Letzte, was ich hörte, war: »Du wohnst hier nicht mehr.«

Tante Leah, meine Stiefgroßmutter, schimpfte heftig mit mir, weil ich auf dem Schulweg gebummelt hatte. Es war zwei Stunden nach dem Mittagessen, aber sie wollte diesmal eine Ausnahme machen, sagte sie. Wenn es noch einmal vorkäme, müßte ich auf mein Essen bis zum Abend warten. »Oh, und noch etwas«, fügte sie hinzu. »Vor zwei Tagen hat man deinen Onkel Richard auf einer Parkbank gefunden. Er hat sich umgebracht. Hat eine Überdosis seiner Epilepsietabletten geschluckt. Du brauchst nun doch nicht auf dem Sofa im Wohnzimmer zu schlafen. Du kannst sein Zimmer haben.«

Das Leben in der Emmastraße war vorbei.

Dunkelheit über alles

Wie problemlos ich mich ohne Vorbereitung, beinahe über Nacht, von einem Lebensgleis auf eine völlig andersartige Strecke umgestellt habe, ist ein gutes Beispiel dafür, was die menschliche Anpassungsfähigkeit leisten kann. Rückblickend kommen mir die folgenden fünf Jahre ein bißchen vor wie unter Wasser schwimmen und nicht genau wissen, wann die nächste Gelegenheit zum Luftholen kommt. Vielleicht war ich verwöhnt, weil ich gemeint hatte, Kälte und Wut gäbe es nur auf der Straße. Zu dem Lernprozeß, in dessen Verlauf mir ein Schutzpanzer wuchs, gehörte auch die wachsende Einsicht in die »Fehlverbindung« meiner Eltern und in die Tatsache, daß ich deren sichtbarstes, lebendes Symptom war. Daß ich begriff, warum man mir feindselig entgegentrat, machte die Behandlung erträglicher, aber sie blieb doch durchweg unerfreulich. Sehr wenige menschliche Worte richteten Großvater Jacob und seine Familie an mich, und dazu gehörten zwei Töchter, jünger als ich, regulär meine Tanten. Jeden Monat unterschrieb ich eine finanzielle Erklärung, sorgfältig von Tante Leah zusammengestellt, die alle Ausgaben auflistete: Unterkunft und Verpflegung, Fahrkarten für die in langen Verhandlungen ausgemachten Besuche bei meiner Mutter, Schulbesuch, Wäsche, Reinigung des Zimmers und andere Kosten bis auf den letzten Pfennig. All das wurde zu Lasten des Erbteils verbucht, das sich für Lou aus Jacobs letztem Willen ergeben mochte. An heiligen Tagen, ausgenommen den Sabbat, wurde ich quer durch die Stadt zu Maja geschickt, die nun eine andere Stelle hatte. Das notwendige Straßenbahngeld wurde gewissenhaft notiert. Ich war ein sehr einsamer kleiner Junge in jenem Hause, und man ließ mich nie im Zweifel darüber, warum. Ich konnte mich vielleicht daran gewöhnen, auf der Straße und in der Schule wegen meines jüdischen Blutes verachtet zu werden, aber ich hatte Schwierigkeiten mit dem Gedanken, daß ich in Großvaters Haus anscheinend nicht genug davon hatte. Konnte religiöse Strenge wirklich so weit gehen? Dies war nicht meine Vorstellung vom Glauben, und ich wunderte mich, wie Jacobs Tochter eigentlich gelebt hatte, in

Cousin Karl und Cousine Emmi mit Jimmy bei der Hochzeit von Tante Loni Ernst in Köln, 1934.

dieser Atmosphäre des Vorurteils, so lichtabweisend wie die schweren Vorhänge und die massiven Möbel.
Ich war nie im Hause Ernst in Brühl gewesen, um zu sehen, aus welcher Art von Atmosphäre der junge Max ausgebrochen war. Auch diese Seite brauchte etwas Druck, um meine Existenz zur Kenntnis zu nehmen, und das besorgte Loni, die jüngste Schwester von Max, die dem Bruder innerlich sehr ähnlich war und bei ihren kunsthistorischen Forschungen in Kölns Museen in Lou eine gute Freundin und Kollegin gefunden hatte.
Ein paar Monate, nachdem ich bei der Straus-Familie eingezogen war, handelten die beiden Großväter für mich regelmäßige Besuche am Geburtsort meines Vaters aus, alle Kosten natürlich zu Lasten der Ernsts. Ich fand Gründe, mich auf diese allmonatlichen Wochenenden zu freuen. Wenn es dort Feindseligkeit gegeben hat, dann nicht gegen mich. Mir schien eher, als hinge über dieser frommen katholischen Familie immer die unbeantwortete Frage: Welche Todsünde mag es gewesen sein, für die Gott sie gestraft hat? Das kleine Städtchen Brühl, dessen Stolz sein Rokokoschloß mit dem kunstvollen Park war, einst der Landsitz der Kölner Erzbischöfe, lag nur eine Stunde Bahnfahrt entfernt. Es war dieselbe Strecke, die Max, als er noch klein war, faszinierte: Eines Abends hatte er sich, schon in seinem weißen Nachthemd, aus dem Haus gestohlen, um die Stelle zu finden, an der sich die Telephondrähte oben und die Gleise unten am Horizont endlich träfen. An der nächsten Bahnstation entdeckte ihn eine Gruppe von Pilgern auf der Rückreise von irgendeiner Wallfahrt. Die zarte Gestalt im wallenden weißen Gewand mit dem langen blonden Haar und dem engelhaften Lächeln erschien einigen in der Gruppe als das lebende Abbild des jungen Jesus. Und weil sie ihn mit einem so hohen Maß an Ehrerbietung zu Hause abgaben, war Philipp Ernst gezwungen, seinen Ärger zu verbergen, und Großmutter Luise ging mit den Pilgern ins nahe Kloster zum Dankgebet.
Die Ernsts waren in Brühl eine prominente Familie. Philipp war Direktor einer staatlichen Schule für Taubstumme, seine wahre Leidenschaft aber war Malen. Neben Auftragsporträts schuf er sehr schöne Landschaften und kunstvolle Kopien von Heiligenbil-

dern, insbesondere solchen im Vatikan. Auf einer Kopie von Raphaels *Disputa* soll Ernst senior die Gesichter katholischer Freunde zur Rechten und die protestantischer und »ungläubiger« Freunde zur Linken von Christus verewigt haben. Philipp Ernst benutzte nach dem Abenteuer mit den Pilgern Max als Modell für ein Gemälde des jungen Jesus.

Großmutter Luise war lieb, rotwangig, attraktiv; ihre Augen waren die meiste Zeit himmelwärts gerichtet, als flehten sie um Vergebung für jeden sündhaften Gedanken, der in der Luft liegen mochte. Ich hatte meine Schwierigkeiten, sie mir beim Zeugungsakt vorzustellen. Tante Emmi, ein Jahr älter als Max, die ebenfalls an der Taubstummenschule lehrte, verbarg hinter ihrer Frömmigkeit sehr weltliche und humanistische Impulse, die in späteren Jahren so angenehm und voller Güte zutage traten, daß Emmi noch heute als personifizierter Engel in meinem Gedächtnis lebt. Luise, eine andere Schwester, hatte die ewigen Gelübde abgelegt und lehrte in einem Kloster bei Düsseldorf Biologie. Ein ehemaliger Mitschüler von ihr war mein Biologielehrer am Gymnasium. Wir nannten ihn »Biene«, weil er es übernommen hatte, all seinen Klassen das Wunder des Sex am Lehrbeispiel dieses Insekts zu erklären. Er war auch der selbsternannte Experte für die Reinheit der Rasse. In einem seiner Vorträge, die er zweimal jährlich vor der ganzen Schule hielt, erklärte er, ohne jeden Zweifel sei »der junge Ernst aus der Quinta mit seinem blonden Haar, seiner ovalen Schädelform, den blauen Augen und der Adlernase« das vollkommenste Muster des reinen Ariers in der gesamten Schülerschaft. Onkel Karl war ein prominenter Kölner Chirurg, der mir hauptsächlich von jenem Moment an in Erinnerung blieb, als wir zusammen das Haus seines Vaters verließen und er sich unverzüglich das bis dahin versteckte Parteiabzeichen mit dem Hakenkreuz an den Rockaufschlag steckte. Tante Loni, die Jüngste, war fröhlich und gescheit. Sie war auch sehr schön und etwas frecher als die übrige Familie.

Philipp Ernst war eine seltsame Mischung aus Humor und Prinzipientreue. Schmunzelnd erzählte er mir von den Streichen, die Max als Junge ausgeheckt habe, zum Beispiel wie Max während einer langen Schulversammlung bissige Karikaturen der Lehrer

Max Ernst als Jesuskind, gemalt von seinem Vater Philipp Ernst.

gezeichnet habe, die dann unter seinen Mitschülern kursierten. Philipp mußte damals jedes einzelne der beleidigten Modelle aufsuchen, um seinen Sohn davor zu bewahren, von der Schule verwiesen zu werden. Oder wie Max sich während der Erstkommunion beim Priester über den faden Geschmack der Oblate beschwert habe. Sehr wenig hörte ich über seine Ehe mit einer Andersgläubigen. Es bestand keine Feindschaft gegenüber Lou. Vielleicht war inzwischen so viel Zeit verstrichen, daß man milder urteilte, und als ich weiterhin regelmäßig kam, hörte ich auch Lob für ihre akademischen und beruflichen Leistungen und für ihren Optimismus und Mut. Besonders Emmi und Loni hatten meine Mutter, wie sich herausstellte, immer sehr gern gehabt.

Nach einer gewissen Zeit wurde ich gebeten, nicht erst sonntags, sondern samstag nachmittags nach Brühl zu kommen, um die Familie zur Frühmesse begleiten zu können. Das rief anfangs einige Unstimmigkeiten hervor. Ich wußte nicht, wann man stand oder kniete, wie man sich richtig bekreuzigte, nachdem man die Finger ins Weihwasser getaucht hatte, und wo im Gebetbuch das Lied zu finden war, das gerade gesungen wurde. Emmi half mir geduldig, aber Großvater war fassungslos. Einmal saßen Emmi und ich im Kirchenstuhl der Ernsts, ganz dicht am Altar. Ich war erstaunt und erfreut, als ich hörte, daß der Pfarrer in seiner Predigt die bestialische Gepflogenheit deutschnationaler Studenten geißelte, sich mit Säbeln zu duellieren und sich die ersehnten Schmisse im Gesicht als Beweis für »Mut und Ehre« beizubringen. Am Ende der Predigt wurde die Gemeinde gebeten, noch zu bleiben und am Altar vorbeizugehen, um den besonderen Segen des Heiligen Blasius zu empfangen, als Schutz gegen die in der Gemeinde grassierende Halsentzündung. Emmi, die wußte, daß ich das richtige Verhalten nicht kannte, entschied, daß wir die Kirche vor dem Segen verlassen sollten. In meiner Hast, hinauszugelangen, stieß ich mit dem Pfarrer zusammen, der mit seinem Abendmahlskelch zum Altar zurückkehrte. Die Wucht des Stoßes warf ihn fast um. Im Hause Ernst war man konsterniert. Die Großeltern erdachten wochenlange Bußen für die Missetat ihres Enkels. Emmi versuchte vergeblich, ein gutes Wort für mich einzulegen. Erst am späten Nachmittag, als der Pfarrer zu einem

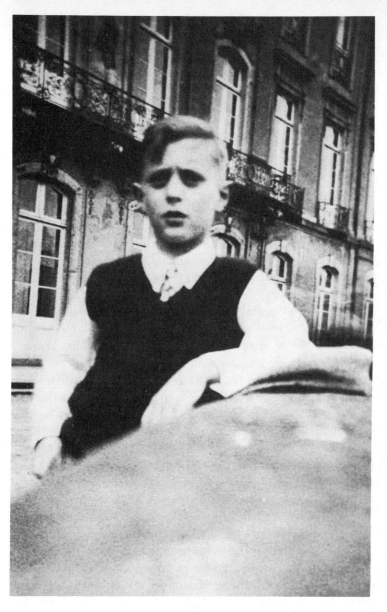

Jimmy zu Besuch bei Philipp Ernst in Brühl, nach der Frühmesse, etwa 1934.

speziellen Höflichkeitsbesuch kam, mir den Kopf tätschelte und die ganze Angelegenheit mit Gelächter erledigte, vergaben sie sich selbst und mir. Ich habe immer den Verdacht gehabt, daß der Priester auf Betreiben Emmis gekommen war. Als er ging, nahm der gute Pater mein Gesicht zwischen die Hände und sagte mit einem gewissen feierlichen Ernst, er hoffe, daß ich am Ende noch ein guter Katholik werde.

Ich weiß noch, daß ich mit den Kindern aus Tante Emmis Schule am Sankt Martinstag (11. November) begeistert im Zug gegangen bin, und die bunten Lampions ließen den Schnee erglühen. Die engen Straßen Brühls hallten wider von singenden Kinderstimmen, die immer wieder von dem Wunder berichteten, das Martin von Tours widerfahren war, dem römischen Kavalleristen, der am Tor von Amiens vom Pferde stieg und seinen kostbaren Mantel mit dem Schwert in zwei Hälften schnitt, um einen nackten Bettler im Schnee zu wärmen. In der folgenden Nacht erschien ihm das armselige Geschöpf, noch in das Geschenk gehüllt, doch nun offenbarend, daß es die ganze Zeit über ein Engel gewesen sei. Es war ein sonderbares Gefühl, der einzige in meiner Gruppe zu sein, der die Erklärung eines Zuschauers hören konnte: »Sie können nicht singen. Es sind Taubstumme.«

In jenen unbehaglichen Jahren waren diese monatlichen Ausflüge eine willkommene Abwechslung von der schlecht verhohlenen Feindseligkeit der Straus-Familie, obwohl ich mich in beiden Häusern als Fremder fühlte. Die Tatsache, daß an der Wohnzimmerwand in Brühl ein großes Man-Ray-Foto von Max und Marie-Berthe, nicht eins mit Lou Straus hing, war mir immer ein kleiner Dorn im Auge. Andererseits fehlte in der Ecke der Straus-Wohnung, die mit Fotos aller nur denkbaren Anverwandten bedeckt war, auch jeder bildliche Hinweis auf Jacobs Tochter oder ihren Sohn. Beide Großväter stellten ihre Unnachgiebigkeit energisch zur Schau. In Philipp Ernst entdeckte ich allerdings einen Mann mit einem erstaunlichen Sinn für das Bizarre, und er schüchterte mich immer ein bißchen ein, denn er zeigte dieselben plötzlichen Stimmungsumschwünge, die ich an Max kannte. Ich fand das etwas verwirrend, weil Philipps Lebensanschauung der meines Vaters diametral entgegengesetzt war. Aber mein Großvater brachte es fertig, sich sogar darüber lustig zu machen. Er sprach von Max und sagte, er fände dessen Werk sehr interessant, aber bar jeglicher Ehrfurcht. Das sei bestimmt keine Art, zu malen, und er begreife nicht, wie sein Sohn erwarten könne, damit ein anständiges Leben zu bestreiten. Künstler zu sein verspreche überhaupt eine bestenfalls sehr unsichere Existenz. »Zu meiner Zeit«, sagte er, »rief die Mutter, wenn die Kinder draußen spielten, plötzlich aus dem Fenster herunter: ›He, Kinder, versteckt euer Butterbrot, da kommt ein Künstler!‹« Er hoffe zu Gott, daß sein Sohn, mein Vater, nicht diese Art von Bohémien würde. Dann begann er mit mir sehr ernsthaft über einen Plan zu diskutieren, wie man verhindern könnte, daß das Wasser in den vier runden Teichen des Brühler Schloßgartens faulig würde, ohne daß man kostspielige elektrische Umwälzpumpen einsetzte. In seinem Arbeitszimmer im zweiten Stock arbeiteten wir ausgeklügelte Labyrinthe unterirdischer, schwerkraftbetriebener Rohrsysteme aus, die das Wasser von einem Bassin in das andere zirkulieren lassen sollten. Als Abendbrotzeit war, warf er die Arme in die Luft. »Das wird nie funktionieren ... Wenn du und ich dieses Problem lösen sollten, dann könnten wir die Welt verändern, denn dann hätten wir das Unmögliche geschafft: Wir hätten das Perpetuum mobile erfunden. Diese Kraft hat unser Herr im Himmel uns noch nicht gegeben.«

Eines Sonntags nahm Loni mich mit zur Kirmes, die auf dem großen Platz im Brühler Zentrum stattfand. Am Schießstand wurde ich stolzer Besitzer von vier Goldfischen, die wir in einer Obstkonservendose heimtrugen. Man hatte uns gesagt, daß die Fische Sauerstoff brauchten und daß ein paar Löcher im Deckel die Sache regeln würden. Ich bat also Großmutter Luise um einen Hammer und einen Nagel. Aber ehe ich noch anfangen konnte, nahm mir Großvater Philipp, das Gesicht so streng, wie ich es noch nie gesehen hatte, den Hammer wieder weg. »Heute ist Sonntag, der Ruhetag des Herrn. Da gibt es kein Gehämmer oder sonstwelchen Lärm in diesem Haus.« Ich wandte ein, daß meine Fische, auch »Gottes Geschöpfe«, ersticken würden, bevor ich mit ihnen wieder bei Großvater Jacob wäre. Philipp, jetzt richtig wütend, gab zurück: »Wäre es dir in deinem jüdischen Haus etwa

erlaubt, das an einem Freitagabend oder einem Samstag zu machen? Nun also, hier darfst du es nicht am Sonntag.« Ich versuchte, ihn zu überzeugen, indem ich kundtat, wie es mich verwirrte, einer Doppeldisziplin unterworfen zu sein, und auf jeden Fall sollte doch wohl die Heiligkeit des Lebens Vorrang vor allen Religionsregeln haben. Er wandte sich ab von mir und warnte: noch ein Wort, und ich würde nicht wieder nach Brühl eingeladen. Dann schalt er seine Frau, die währenddessen für das Abendbrot schwer gearbeitet hatte, daß sie mir das Werkzeug gegeben hatte. Sie blies sich ein paar Haarsträhnen von der schweißfeuchten Stirn, schlug die Augen gen Himmel und schüttelte den Kopf.
Ich versuchte mir vorzustellen, was für Schlachten in diesem Hause stattgefunden haben mochten, als Max fünfzehn war.
Barbara Tuchmann stellt in ihrem Buch *Der stolze Turm* (The Proud Power) meisterhaft die eigentümlichen Widersprüchlichkeiten des deutschen Bildungsbürgertums um die Jahrhundertwende dar. Eins der Beispiele, die sie anführt, lieferte ihr Philipp Ernst. Er hatte ein Bild seines kleinen, ummauerten Gartens gemalt und dabei einen Pfirsichbaum weggelassen, weil er die Komposition störte. Um den Garten mit dem fertigen Gemälde in Übereinstimmung zu bringen, soll er den lästigen Baum gefällt haben. Die Version dieser Geschichte, die Emmi mir erzählt hat, liefert ein allenfalls noch bestürzenderes Bild von Philipp Ernst, dem Maler, der die Realität manipuliert, um Übereinstimmung mit seiner Vorstellung von richtiger Komposition zu erzwingen. Es scheint, als habe er, während er dieses bestimmte Bild malte, genau gewußt, daß dieser Pfirsichbaum hoffnungslos krank war, daß er nicht mehr sehr lange zu seinem Garten gehören würde und deshalb auch nichts mehr in dem Gemälde zu suchen hatte.
Das Thema der jeweiligen Religion in den beiden Haushalten kam wieder auf, als Großvater Philipp begann, mir zum Abschluß jedes Wochenendes ein glänzendes Zehnmarkstück als Taschengeld zu geben. Das bedeutete eine Menge Eiswaffeln, Bonbons und andere Kleinigkeiten, die verboten waren. Tante Leah brauchte nicht lange, um meine Reichtümer zu entdecken, wenn sie meine Kleider durchsuchte, nachdem ich zu Bett gegangen war. Sie hatte die

Gruppenaufnahme der Ernst-Familie, etwa 1909. Von oben links: Max Ernst, Emmi, Luise, eine weitere Schwester, Karl, Luise Kopp-Ernst, Loni und Philipp Ernst.

Gewohnheit, nachts überraschende Inspektionen vorzunehmen, mir flink die Decke wegzuziehen, um zu prüfen, ob ich vielleicht onanierte. Als sie mich beschuldigte, das Geld aus ihrer Börse genommen zu haben, mußte ich bekennen, woher es tatsächlich stammte. Da sie und Großvater Jacob mich mit allem Lebensnotwendigen versorgten, beharrte sie darauf, daß das Geld ihnen gehörte und daß ich es ihnen ausliefern müßte, sobald ich von Brühl zurückkehrte. Wie konnte es anders sein – als ich vom nächsten Ausflug heimkehrte, saß Jacob Straus in der Eingangshalle. Er streckte schweigend die Hand aus, in die ich das Zehnmarkstück legte. Nicht ein Wort wurde gesprochen.
Beim nächsten Mal sagte ich Großvater Philipp, daß es keinen Sinn hätte, mir das Geld zu geben, weil Großvater Jacob es mir wegnähme. »Diese verdammten Juden ... nun, was kann man von ihnen schon erwarten? Sie sind alle gleich ... Wir werden's ihm zeigen.« Er gab mir zwei Fünfmarkstücke und sagte, ich solle für das eine ein gutes Versteck finden und das andere abgeben. Er versicherte mir, Gott würde mir diese Lüge vergeben. An diesem

Abend erwartete mich Großvater Jacob lange nach seiner Schlafenszeit im gewohnten Sessel. Ich gab ihm die fünf Mark. Ärgerlich schaute er mich an. »Wo ist der Rest?« Ich sagte, Großvater Philipp habe mein Taschengeld gekürzt. »Diese verdammten geizigen *gojim*«, murmelte er, »die sind doch alle gleich.«

Um die Jahresmitte 1934 bestand kein Zweifel mehr, daß es in Deutschland für mich keine Zukunft gab. Die Hoffnung, daß Maja, Lou und ich irgendwie, in Deutschland oder in Frankreich, wieder zusammenkommen könnten, rückte in immer weitere Fernen. Eine Lösung war die mögliche Emigration, vielleicht in die Vereinigten Staaten, doch das war ein sehr verschwommener Traum. Meine Mutter war zwar noch immer optimistisch, meinte aber, ich müßte auf einen solchen Schritt vorbereitet sein, indem ich ein Handwerk lernte, irgend etwas, was ich mit meinen Händen tun könnte, um mich zu ernähren. Was ich bis dahin an Bildung genossen hatte, würde bestimmt kaum dafür reichen. Seit unsere kleine Familie auseinandergebrochen war, hatten sich meine Zensuren im Gymnasium ständig verschlechtert. Als sie so schlecht wurden, daß ich nicht in die nächste Klasse versetzt wurde, faßte man den Beschluß, sich nun stattdessen um eine Lehrstelle zu bemühen. Die Lehrstellenvermittler zeigten sich wenig interessiert, einem »Nichtarier« zu helfen. Ich versuchte es selbst bei Fabriken, Textilwerken und Werkstätten aller Art, fand aber sämtliche Türen verschlossen, wenn ich Fragebögen und Anträge ausgefüllt hatte.

Meine Mutter, in Paris, besprach das Problem mit einem guten Freund, Hans Augustin, dessen Familie ein großes und angesehenes Druckhaus in Glückstadt bei Hamburg besaß. Er sorgte dafür, daß ich bei der Firma als Setzerlehrling angenommen wurde. Das war für den Augenblick und, wie sich herausstellte, auch für meine Zukunft eine höchst glückliche Lösung. Der ganz unmittelbare Vorteil war, daß ich selbständig leben würde, weit weg von Köln. Eine Hürde erhob sich, als Lou beide Großelternpaare bat, einen sehr kleinen, aber notwendigen Beitrag zu meinem Lebensunterhalt zu leisten. Max bot Hilfe an, wann immer er konnte, doch begreiflicherweise konnte ich mich darauf nicht verlassen. Beide Seiten waren bereit ... unter einer Bedingung. Ich mußte ihre

Religion annehmen. Aus Brühl kam die Forderung, ich hätte Unterricht zu nehmen, damit ich ein kirchentreuer Katholik würde. Ein Pfarrer in Glückstadt habe über meine Fortschritte Bericht zu erstatten einschließlich meiner Besuche des Beichtstuhls. Jacob Straus bestand darauf, daß ich ein vollgültiger Jude würde. Während meine Mutter wortreiche Korrespondenz mit beiden Seiten führte, hatte ich fast täglich Stunden bei Jacobs Rabbi, und an den Wochenenden besuchte ich mit den Ernsts Messen und traf nachmittags den Priester im Pfarrhaus. Es war verrückt, aber ich genoß es, Gegenstand von soviel Aufmerksamkeit zu sein. Ich empfand gegen keine der Religionen Abneigung, konnte mir aber einfach nicht vorstellen, je ein treuer Jünger irgendeines Glaubens zu werden. Der Pfarrer gestand mir zu, daß Jesus ein Jude gewesen sei, beharrte aber darauf, daß die Kirche allein das Gefäß seiner Lehren und seines Erbes sei, während die Juden eine geschlossene ethnische Sekte geblieben wären, die sich um die Erlösung der Seelen nicht sorge. Er versuchte, mich davon zu überzeugen, daß die Katholiken den Verrat des Judas an Christus nicht zum Anlaß für Antisemitismus genommen hätten. Der Rabbi verwandte den größten Teil seiner Zeit darauf, die vielen wichtigen jüdischen Feiertage und die großen Festlichkeiten, die zu ihnen gehörten, zu beschreiben. Ausführlich ließ er sich über Jom Kippur, den Versöhnungstag, aus. Er erinnere, sagte er, ziemlich stark an den christlichen Karfreitag, und ich wunderte mich etwas über die Ähnlichkeit mancher jüdischer und christlicher Feiertage. Er gab zu, daß da tatsächlich eine enge Verwandtschaft bestünde, daß viele christliche Riten ihren Ursprung in der jüdischen Religion hätten, und praktizierende Christen seien auch nicht von der Gnade des Schöpfers ausgeschlossen. Das sei allerdings kein Grund, eine Mischehe zu verzeihen. Er habe meine Mutter als hübsches Mädchen und intelligente junge Frau gekannt, aber mit diesem einen Fehler habe sie ihre Familie sehr unglücklich gemacht.
In Paris sprachen Lou und ich bei einem meiner zwei Jahresbesuche über dieses Dilemma. Sie wiederholte, daß ich wie bisher völlig frei in meiner Entscheidung sei. Ganz und gar unmoralisch aber wäre es, da waren wir uns einig, eine Entscheidung für Geld

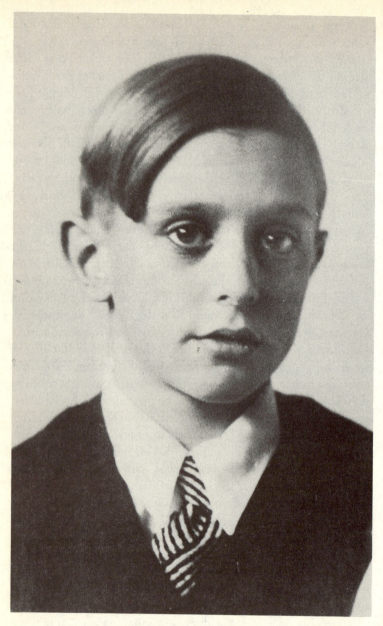

Jimmy beim zweimal jährlichen Besuch bei Lou in Paris, 1933.

zu treffen. Wir sprachen mit Max darüber, der unverzüglich einen empörten Brief an seinen Vater schrieb und darauf hinwies, daß der kirchliche Seelenkauf bereits mit der Reformation ein Ende gefunden hätte. Philipp Ernst gab nach, womit er Jacob Straus kaum eine andere Wahl ließ, als das gleiche zu tun.

Die Aufenthalte bei meiner Mutter in Paris bedeuteten für mich immer glückliche Tage und wurden zugleich zu prägenden Erfahrungen in meinen jungen Jahren und in jenen beunruhigenden Zeiten. Oft schlief ich in der Wohnung meines Vaters, weil es Lou nicht immer möglich war, ein kleines Hotelzimmer für mich zu mieten oder ein Zimmer zu finden, das ein Freund gerade nicht benötigte.

Max tat in jenen Jahren sein Bestes, um die Rolle des sorgenden und verantwortungsvollen Vaters zu erfüllen. Ich sah viele seiner alten Freunde aus Kölner Dada-Tagen wieder und lernte viele neue kennen. Daß ich mit ihm zu einer großen Party gehen durfte, bei welcher Alexander Calder seinen *Circus* vorführte, war ein besonderes Privileg und ein großes Vergnügen für mich, das Max nur leicht trüben konnte mit seiner Bemerkung, er hätte es schon zu oft gesehen, er wäre nicht hingegangen, wenn ich nicht gewesen wäre, und überhaupt, das alles sei ja ganz phantasievoll, aber schließlich doch bloß Spielerei. Max und Marie-Berthe waren inzwischen in die Rue des Plantes gezogen, in eine große, moderne Wohnung mit einer herrlichen Terrasse, von der aus man ganz Paris überblicken konnte. Manchmal, wenn Max mit einem Besucher allein sein wollte, sagte er zu mir: »Jimmy, willst du nicht ein bißchen hinausgehen und auf der Terrasse mit den Giacomettis spielen? Paß aber gut auf, damit nichts kaputtgeht!« Ich liebte es, dort zu sitzen und mir die atemberaubende Skyline von Paris anzusehen, und zwar durch das regungslose Ballett der Skulpturen hindurch, die Alberto dort aufbewahrte, weil sein Atelier zu klein war. Das Atelier lag ganz in der Nähe, und manchmal nahm er mich mit hinüber oder ich ging mit Max hin. Albertos Bruder Diego war immer da und arbeitete an allerlei Werkstücken Albertos. Die spätere Legende allerdings, daß Giacomettis Werke meist allein von der Hand Diegos stammten, ist übertrieben.

Herzlich und offen empfing Marie-Berthe Lou und mich in der

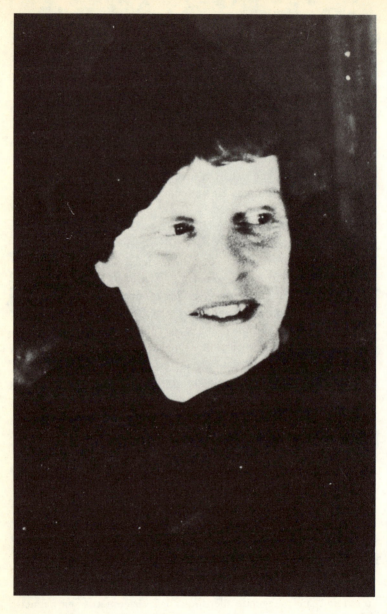

Lou mit ihrer Persianerkappe, die im Jahr zuvor ein Kragen, davor ein Muff, ursprünglich ein Saumbesatz war, in Paris, etwa 1936.

neuen Wohnung zum Tee und zum Essen. Die Beziehung zwischen den beiden Frauen, die vor rund zehn Jahren begonnen hatte, wuchs zu einer echten Freundschaft heran. Jahre später erzählte mir Lou, daß Marie-Berthe sie ganz arglos um Rat gefragt habe, wie sie Max halten könnte oder wie sie mit einem entstandenen Eheproblem fertig werden sollte. Wann immer ich in der Rue des Plantes war, wurde ich stets von Marie-Berthe umhegt, sie umarmte mich, als sei ich ihr eigenes Kind, und wollte alles darüber wissen, was Lou und ich den Tag über gemacht hätten. Geduldig blätterten wir in deutsch-französischen Wörterbüchern, um uns gegenseitig verständlich zu machen. Mein Schulfranzösisch verbesserte sich gewaltig. Eines Abends stellte ich fest, daß sie mir listig ein sehr detailliertes, illustriertes Sex-Handbuch, zweisprachig gedruckt, neben das Bett gelegt hatte. Lou war entzückt, als ich ihr davon berichtete. »Ich denke, ich habe dich über dieses Thema nicht im Unklaren gelassen, aber was Marie-Berthe tut, ist wahrscheinlich weitaus wirksamer, denn es mag durchaus Dinge geben, auf die ich noch gar nicht gekommen bin.« Sehr häufig war, wenn ich abends in die Wohnung kam, Max nicht da, und ich sah ihn auch am nächsten Morgen nicht.

Lou Straus-Ernst wohnte im Quartier Latin nahe der Sorbonne in einem alten Kaninchenstall von Hotel, dessen winzige Zimmerchen Emigranten und Exilanten aus ganz Europa füllten. Bei einem meiner Weihnachtsbesuche setzte Lou bei der Hoteldirektion durch, daß ich einen kaum möblierten Raum, den einst der deutsche Dichter Rainer Maria Rilke bewohnt hatte, benutzen durfte. Es war ein bedrückendes Kämmerchen, und die Tatsache, daß ich während meines Aufenthalts schrecklich unter Zahnschmerzen litt, machte jedes ehrfürchtige Gefühl, im Bett des großen Mannes zu schlafen, zunichte. Seitdem habe ich einige seiner Briefe gelesen, die er von dort aus geschrieben hat, und wundere mich überhaupt nicht über die Melancholie, die aus seinen Zeilen spricht. Ich muß aber zugleich die historische Tatsache anerkennen, daß Deutschland schon viele Generationen vor dem Heraufziehen Hitlers die Welt mit heimwehkranken Exilanten übersät hat.

Kleine Hotels wie das von Lou in der Rue Toullier gab es zu

Hunderten, bevölkert von Menschen, die Zuflucht in Paris gefunden hatten und heimzukehren hofften. Manche von ihnen warteten schon lange. Sie hatten Grüppchen gebildet und saßen in den Cafés, lasen eifrig ihre Emigrantenblättchen und diskutierten tiefernst diese oder jene kleine Neuigkeit, die darauf hindeuten mochte, daß sie ihr unterbrochenes Leben wieder aufnehmen könnten. Der Zar würde zurückkommen oder vielleicht Alexander Kerenskij. Mussolini sei im Begriff, seinen letzten, entscheidenden Blödsinn zu machen. Nächste Woche wären Admiral Horthy aus Ungarn, Moscicki aus Polen, König Carol aus Rumänien, König Peter aus Jugoslawien und natürlich Hitler und seine Verbrecher aus Deutschland verschwunden.

In der Zwischenzeit schlugen sie sich durch, indem sie mit Unterwäsche, heimatlichen Würsten, Kurzwaren und Büchern handelten, die sie in schweren Koffern von Tür zu Tür schleppten. Sie nahmen illegale Arbeiten an, womit sie ständig Gefahr liefen, ihre unersetzliche *carte d'identité* zu verlieren. Sie taten, als bemerkten sie die Parolen auf Mauern und Bürgersteigen nicht: A BAS LES JUIFS, LES ETRANGERS DEHORS.

Auch Lous Koffer war symbolisch nie ganz ausgepackt. Sie hatte Glück gehabt und sich mit einer Gruppe von Freunden zusammengetan, die den alltäglichen Ungewißheiten mit tapfer zur Schau getragenem Optimismus begegneten. Sie liebten Paris und hätten ihr Leben in dieser schönen Stadt als großes Abenteuer empfunden, wären da nicht die strengen Arbeitsbeschränkungen gewesen. Gekocht wurde sehr erfinderisch und ziemlich riskant in der Küchenecke des Zimmers, das Lous enger und nicht unterzukriegender Freund Fritz Neugass bewohnte; er beschwerte sich immer, daß Lou nie gelernt habe, ein Butterbrot richtig zu schmieren. Zur Essenszeit kamen Nachbarn und Freunde »ganz zufällig« vorbei. Irgendwie reichte es immer. Weihnachten und Silvester wurden in diesem Zimmer gefeiert, und meinetwegen gab es auch immer ein Bäumchen.

Lou, die die versprochene Hilfe ihres Vaters zur Einrichtung eines kleinen Antiquitätenladens nie bekommen hatte, gab Studenten der Sorbonne und Geschäftsleuten Deutschunterricht. Sie machte Museumsführungen für deutschsprachige Touristen, schrieb Artikel für Schweizer Zeitungen und nahm gelegentlich auch mal illegal eine Arbeit an, etwa Buchhaltung oder Büroarbeit. Wanda Landowska, die ihre wohlwollende Genehmigung zur Veröffentlichung einiger längerer Interviews gegeben hatte, nahm sich ihrer an und half mit Empfehlungen und Hinweisen an andere Berühmtheiten der Musikwelt. Manchmal ergaben sich Schwierigkeiten daraus, daß ich weiterhin in Deutschland lebte. Neue Freunde, die plötzlich wie aus dem Nichts auftauchten, konnten durchaus Agenten der Gestapo Himmlers sein. Warum die Deutschen es für nötig hielten, die Zirkel dieser harmlosen und am Hungertuche nagenden Emigranten zu durchsetzen, ist immer noch unerklärt. Wenn solche Neulinge dabei waren, wurden die Gespräche vorsichtiger, und es dauerte sehr lange, ehe der Argwohn sich zerstreute. Lou war irgendwie in den Besitz einer Liste mit den Namen Hunderter von deutschen Intellektuellen gekommen, die zur Zeit des sogenannten Röhm-Putsches umgebracht worden waren; Hitler hatte den Anlaß dazu genutzt, jede nur denkbare Opposition zu vernichten. Lou hätte einen Artikel über diese bedeutsame Liste für eine schöne Stange Geld in mehreren Publikationen veröffentlichen können. Sie unterließ es, um nicht als Verfasserin des Artikels identifiziert zu werden und dadurch mich in Gefahr zu bringen.

Auch für Max Ernst war Paris eigentlich nicht ganz Heimat, obwohl für einen wie ihn sicherlich der einzige Ort, wo er überhaupt leben konnte. Das Frankreich jener Zeit war ihm, wie so vielen anderen, Gastgeber wider Willen. Die Animosität gegen die Deutschen milderte sich auch fünfzehn Jahre nach dem Versailler Vertrag nur sehr langsam. Max hatte diese Feindseligkeit zu spüren bekommen, als die Familie von Marie-Berthe Aurenche sich mit allen erreichbaren Mitteln bemühte, die Heirat ihrer Tochter mit einem Deutschen zu verhindern. Die Einbürgerung von Ausländern war etwas ganz und gar Unerhörtes, selbst für Künstler von Ernsts wachsender Berühmtheit, auch für solche mit französischen Ehepartnern. Paris war sehr stolz darauf, die kulturelle Hauptstadt der Welt zu sein, aber die Künstler, die Dichter, Komponisten, Musiker, Schriftsteller, Philosophen, die Denker und Journalisten, die aus aller Welt herbeiströmten und seine geistige und ästhetische Seele stetig verjüngten, lebten dort in dem Gefühl, nur Gast zu sein. Die Fremdenfeindlichkeit fehlte nicht. Dennoch, es war Paris, es war Frankreich, nicht so sehr Gala Eluard, was Max verlockt hatte. Vielleicht mit Ausnahme der paar kostbaren, obgleich schrecklich schwierigen vierziger Jahre in Sedona, Arizona, war es die Zeit in Paris, die seinen Träumen die wenigsten Hürden baute. Dort fühlte er sich am sichersten vor dem erstickenden Chauvinismus, der Ideen als nationales Eigentum beansprucht.

Hätte ich damals besser verstanden, daß das Maß seiner Welt sich niemals in den Grenzen der bloßen gesellschaftlichen Konventionen halten konnte, wäre nicht mancher wertvolle Augenblick zwischen meinem Vater und mir verloren gegangen. Das Ferne und Trennende zwischen uns schwand allmählich, als wir uns nach 1933 öfter sahen, obwohl sich nicht jede der jeweiligen Entdeckungen als makellos erwies. Für meinen Vater muß es beispielsweise peinigend gewesen sein, einer kleineren physischen Neuauflage seiner selbst gegenüberzustehen, deren Hirn noch der kleinbürgerliche Staub ausgeblasen werden mußte. Es ist, soweit ich mich erinnere, nicht ein einziges Mal vorgekommen, daß er versucht hätte, sein Wesen zu verbergen, eine erklärte Auffassung zu modifizieren oder den Zweck seines früheren oder gegenwärtigen Handelns falsch darzustellen, um sich vor meiner Kritik zu schützen. Solche Offenheit war natürlich maßgerecht zugeschnitten auf einen Jungen, dem nicht bewußt war, wieviel Feindschaft er noch gegen seinen Vater hegte, und der nur allzu bereitwillig Vorurteile gegen ihn verwendete. Ich glaube, gerade weil Max sich gegenüber meinen kaum verhohlenen Provokationsversuchen so zurückhielt, wandelte sich meine starre Haltung zu widerstrebender Bewunderung. Und daß er es sich nicht verkniff, mich gelegentlich einmal mit einem rasiermesserscharfen Sarkasmus auf meinen Platz zu verweisen, mag diesen Prozeß sehr wohl beschleunigt haben. Zum ersten Mal begannen die altbekannten Erklärungsversuche meiner Mutter bei mir einzusickern. Die Wandlung ging nicht ohne Rückschläge vonstatten, aber ich mußte mir eingestehen, daß viele meiner Vorbehalte gegen meinen Vater nur eine künstlich bewahrte Pose gewesen waren.

Zwar war ich noch nicht geneigt, meine persönliche Meinung über Malerei aufzugeben, doch ich begann meines Vaters einzigartige Stellung in jener Welt zu akzeptieren, und ich war beeindruckt davon, wie selbstverständlich er mit der ständigen wirtschaftlichen Unsicherheit lebte, obwohl er zweifellos imstande war, Werke zu schaffen, mit denen er diese Lage gründlich geändert hätte. Er schien gar keine Lust zu haben, sich in irgendeiner Form anzupassen. Was ich wohl sah und erst später begriff, war Max Ernst, ein gegen äußere Ansprüche absolut resistenter Geist, über das Bedürfnis nach einem Hofstaat von Schmeichlern immer erhaben. Sein ganzes Leben hindurch brachten die Bocksprünge seiner Entdeckungen und Imaginationen ehrgeizige literarische Turner und selbsternannte Trendsetter sichtlich in Schwierigkeiten. Unfähig, ihn in ihrem Blickfeld zu behalten, waren sie außerstande, ihn einzuordnen. In jenen Jahren, als ich ihn eigentlich erst kennenlernte, war kritischer Zuspruch für ihn ziemlich rar und sein Kreis ergebener Bewunderer relativ klein. Zugleich wurde er alles andere als ignoriert. Als stolzer Sohn sah ich überall in Paris seine Graphiken und Collagen in den Schaufenstern der Buchhandlungen ausgestellt. Ein Stoß Plakate, achtlos in einer Ecke seines Ateliers aufgetürmt, dokumentierte seine zahlreichen Ausstellungen in vielen Teilen Europas. Es schien ihm nicht immer etwas auszumachen, wenn ich ihm im Atelier zuschaute. Einmal wollte ich ihm ein Kompliment wegen seiner erstaunlichen handwerklichen Geschicklichkeit bei der Arbeit machen. Er trat von der Leinwand zurück, ohne den Blick von ihr abzuwenden, und sagte: »Die Frage, ›wie‹ es gemacht wird, ist für Handwerker. Das ›Warum‹ ist das Entscheidende ... und das ist die Frage für Philosophen ... für einige jedenfalls.« Auch um diese Lektion zu verdauen, brauchte ich ein paar Jahre. Als er mir 1937 ein Exemplar der Sonderausgabe »Max Ernst« der *Cahiers d'Art* schenkte, schrieb er mir als Widmung eine Wiederholung des Titels hinein, den er meiner Collage von 1920 gegeben hatte: *Jimmy, Dadafax minimus, le plus grand Anti-Philosophe du monde.*
Seine Offenheit mir gegenüber reichte bis weit in sein Intimleben hinein. Daß Lou weder in Köln wie eine Nonne gelebt hatte noch dies in Paris tat, wußte ich wohl, aber sie war bei ihren Affären

Lou im Café La Coupole, Paris, 1937.

immer recht diskret vorgegangen. Eines Tages zum Beispiel setzte sich in einem Café am Boulevard Saint-Michel ein gutaussehender Mann zu uns an den Tisch. Er und Lou schienen sich, ihrer lebhaften Unterhaltung nach zu urteilen, sehr gut zu kennen. Dann legte er seine Hand auf ihre; sie zog ihre Hand zurück und sagte ein wenig allzu beiläufig: »Ich habe sehr wenig Zeit, solange Jimmy hier ist. Ruf' mich in drei Wochen an.« Ich fragte, wer das sei. »Ach, nur ein Bekannter. Ein sehr interessanter Mann übrigens. Er ist ein *pompier*.« Jahre später bekannte sie mir, daß sie sich zu Feuerwehrleuten immer körperlich stark hingezogen gefühlt habe. Max hingegen traute mir anscheinend weit mehr Weltläufigkeit zu, als ich verdiente. Mehr als einmal war, wenn wir abends zusammen essen gingen, plötzlich eine Frau da, die er offenbar erwartet hatte. Seine Freundinnen waren ausnahmslos schön, gescheit und amüsant, aber die einzige, die ich bis dahin kannte, war Meret Oppenheim. Sie schuf Ready mades wie die pelzbesetzte Teetasse (1936). Nach dem Essen pflegte Max mir zu sagen, er hätte noch zu tun und es würde wohl spät werden, und dann gab er mir Geld für das Taxi in die Rue des Plantes. Marie-Berthe fragte mich nie, wo ich mit Max gewesen sei, und mir war es zu peinlich, um von selber etwas zu sagen. Ich war auch oft sehr in Verlegenheit, wenn das Thema »Frauen« in unserer Unterhaltung aufkam. Max beschrieb ihre körperlichen Merkmale mit kaum verhüllten Worten. Einmal warf ich ein, Hitler habe eine Prämie für Familien ausgesetzt, die männliche Nachkommen hervorbrächten, denn die wären für Deutschlands Zukunft nützlich, zweifellos als Kanonenfutter. »Das ist Unsinn«, entgegnete er. »Jede Frau hat in sich Millionen von Eiern, und wenn sie oft genug geschwängert wird, hat sie bestimmt auch viele Jungen. Töchter sind deshalb genau so wertvoll.« Mir scheint, als sei sein Bild *Le Coq Qui Rit* aus dem Jahre 1933 eine fast exakte Illustration zu dieser Bemerkung. Es zeigt eine leicht groteske, geflügelte, sitzende Frauengestalt. Unterhalb der Brüste ist der Körper aus durchsichtigen organischen Gebilden zusammengesetzt, darunter so etwas wie große embryonale Eiersäcke. Eine lange Eingeweide-Ranke mit einem Hahnenkopf dringt in den Körper ein und scheint von einem der Flügel umfangen zu werden. Es ist ein schönes Gemälde, aber ich kann es nicht ansehen, ohne an jene beunruhigende Bemerkung von Max zu denken.

Um mir etwas ganz Besonderes zu bieten, ging Max eines Abends mit mir und seiner Freundin Lotte Lenya am Montmartre in ein elegantes Restaurant und ins Kino. Ich war beeindruckt, mit dieser Frau zusammen zu sein, gehörten doch die zerbrechlichen Schellack-Platten der »Dreigroschenoper«, die Max mir einst geschenkt hatte und auf denen sie der Star war, zu meinen größten Schätzen. Wir sahen den Film *Viva Villa* mit Wallace Beery und – ich glaube – Stu Erwin. Während des aufregenden Films delektierten wir uns an einer Schachtel feiner Pralinen von einem sehr exklusiven *chocolatier*. Als wir zurückfuhren, bemerkte ich, wie Lotte Lenyas Hand Maxens Knie streichelte und wie sie ihren Mund zu seinem Ohr reckte, um ihm mit Bühnengeflüster etwas Zärtliches zu sagen. Ich bat, mich an der nächsten Metrostation aussteigen zu lassen, und knallte die Wagentür hinter mir zu. Als ich in die Wohnung kam, fand ich Marie-Berthe vor, dicht an die Heizung gekauert und einen Apfel kauend. Sie erklärte, es sei nichts zu essen im Hause, und das Obst zusammen mit der Wärme wären anstelle eines Abendessens genau das richtige. Ich fragte sie, warum Max so selten zu Hause wäre. »Nun«, erklärte sie, »wir haben im Augenblick sehr wenig Geld, und Max wird von reichen Damen zum Essen eingeladen... Ich kann das natürlich nicht machen. Aber ich bin sehr glücklich, daß Max diesen besonderen Abend mit dir verleben konnte. Das Geld für dieses Essen hat uns mein Vater gegeben.«

Als ich am nächsten Tag Lou davon erzählte, schimpfte sie nicht gerade mit mir, weil ich so kritisch wäre, aber sie sagte, ich sollte nicht so voreingenommen sein und vorschnelle Schlüsse ziehen aus allem, was mir an meinem Vater fehlerhaft schiene. »Wenn du auf die Suche nach Unzulänglichkeiten gehen willst, kannst du mühelos immer welche finden. Dein Vater führt ein sehr kompliziertes Leben. Vielleicht sind einige der sogenannten Regeln auf ihn nicht anzuwenden. Wenn du aber auf ihnen bestehst, trotz deiner jungen Jahre, dann solltest du wenigstens alle Ursachen kennen, die zu bestimmten Situationen führen. Was zwischen Mann und Frau geschieht, in der Ehe oder außerhalb, ist niemals eine simple Frage von richtig oder falsch. Eins muß dir doch inzwischen klar geworden sein: Max hat dich nie angelogen, und das ist selten in dieser Welt.«

Einmal während eines Parisbesuchs wurde ich krank von irgendetwas, was ich gegessen hatte. Lou war zu mir in das Hotelzimmer gekommen, das ihr ein in die Ferien gefahrener Freund für mich überlassen hatte, und sie bemühte sich, mein hohes Fieber zu senken. Als sie Max anrief, um ihn nach einem Arzt zu fragen, brachte er Théodore Fraenkel mit, einen Freund aus Kölner Dada-Tagen, der am Montmartre eine Arztpraxis hatte. Dieser diagnostizierte als Ursprung meines Übels ein Nierenragout. Max und Lou saßen an meinem Bett und plauderten gedämpft, und mir war in meinem Fieberzustand ganz so, als sei ich wieder ein kleines Kind und wir befänden uns in der Wohnung am Kaiser-Wilhelm-Ring in Köln. Bevor Max ging, gab er mir »etwas zu lesen für

Lou und Jimmy an der Seine in Paris, etwa 1935.

dich«. Es war sein Collagen-Roman *Une Semaine de Bonté* (Die weiße Woche). Lou und ich vertieften uns in die dünnen, verschiedenfarbigen Bände, deren jeder offenbar einen anderen Tag und ein anderes Element darstellte. Ich begann, die Bilder laut zu interpretieren, malte aus, was die unheimlichen, monsterhaften Menschenwesen in üppigen Schlafzimmern und polsterschwellenden Eisenbahnabteilen seltsam Schreckliches taten. Fiebernd phantasierte ich, als fänden die dargestellten Ereignisse tatsächlich statt, ja, als wäre ich selbst unmittelbar hinein verwickelt, und die schlangenhaften Ungeheuer, der kopflose Frauentorso als Wache am Eingang zu *La Cour du dragon* versetzten mich in Panik. Lou entschied, dies sei nicht die beste Methode, meine Temperatur zu senken, und nahm mir die Bücher weg. Als meine Krankheit abgeklungen war, holte sie sie wieder hervor und gab, Seite um Seite, meine Reaktionen und Phantasien wieder. Ich versuchte, alles herunterzuspielen, indem ich sagte, solche Träume hätte ich immer und besonders, wenn ich fieberte. Sie warf mir einen langen Blick zu, hielt die Bücher hoch und sagte zu deren Rechtfertigung bloß: »Na ...?«

Zu der Zeit war es den Franzosen gelungen, in der Orangerie eine Pieter Brueghel-Ausstellung zu organisieren, in der fast sein komplettes Werk zu sehen war. Wir gingen eines Morgens ganz früh hin, um den Massen zu entgehen. Sehr lebhaft entsinne ich mich der *Jäger im Schnee*, bei denen ich wieder dieses innere Glühen empfand wie als Kind, wenn der Dezember die schlafenden Berge mit der äußersten aller Farben bedeckte: Weiß. Ich dachte an Schlittenfahrten im Vorgebirge der Eifel bei Köln, wenn die Sonne am Nachmittag früh unterging und die stumm aufragenden Baumgruppen in dem sanften Auf und Ab jener Schneelandschaft am unteren Rhein deutlicher hervortreten ließ. Ein Gemälde nach dem anderen zeigte mir irgendwo eine offene Tür, durch die ich eintreten konnte: Die furchtgebietende Absurdität des *Turmbaus zu Babel*, der erschreckend reale *Triumph des Todes* mit dem schlanken und unschuldigen Kreuz, das etwas abseits und ganz allein inmitten des Gemetzels steht. Alle diese Bilder waren sehr real, und doch, bei all ihrer Objektivität pulsierten sie von verborgenen Drohungen und schienen an jenes sardonische Lächeln in den Mundwinkeln meines Vaters zu gemahnen.

Ich hörte nur mit halbem Ohr, was Lou über die rheinischen und flämischen Maler und die enge Verwandschaft zwischen einigen Surrealisten und Brueghel, Bosch und Grünewald erzählte. In mir regte sich ein deutliches Gefühl der Unruhe, als wir so durch die Ausstellung schlenderten. Fast am Ende der Hauptgalerie hing *Der Sturz des Ikarus*.

Das Thema war mir nur allzu vertraut. Bei meinen aufrechten, wachsgesichtigen Gymnasiallehrern hatte die griechische Mythologie immer dafür herhalten müssen, uns bis zum Erbrechen mit passend zurechtgebogenen Analogien zu den Wahnideen von teutonischer Manneszucht zu überfüttern: Prometheus erlitt seine überflüssigen Qualen in der Felswand für die Reinheit und Wahrheit, ähnlich wie Christus, seine Reinkarnation. Die einzige schwache Stelle des Achill wurde verraten und war sein Tod, und ähnliches widerfuhr später auch Siegfried. Den Fischer auf dem Rhein lockte der Gesang der Loreley ins Verderben, so wie griechische Seeleute verloren waren, wenn sie die Stimmen der Sirenen hörten. Ikarus wurde vernichtet, weil er dem Befehl des Vaters nicht gehorchte: sich nicht so hoch aufzuschwingen, daß die Sonne das Wachs schmelze, das die Flügel zusammenhielt, und nicht so tief herabzustoßen, daß die Nässe des Meeres die Flügel schwer mache. Ich machte mich bei meinen gestrengen Lehrern nicht sehr beliebt, als ich zustimmte, Ikarus habe in der Tat einen Fehler gemacht, nicht, weil er ungehorsam war, sondern vor allem weil er unbesehen den künstlichen Schwingen vertraute, die sein Vater gebaut hatte.

Als ich vor Brueghels Version der Tragödie stand, sah ich zuerst nichts als eine trügerisch heitere Hügellandschaft über einer stillen Bucht. Im Vordergrund zog ein Bauer hinter einem Ackergaul ruhig seine Furchen, ein Schäfer stand abgewendet von der sinkenden Sonne und von seiner kleinen Herde, zwei Boote blähten die Segel ohne das geringste Anzeichen von Wind und ein Fischer wartete gespannt auf ein Zucken an seiner Schnur. Die einzig wahrnehmbare Bewegung des Wassers entstand durch zwei versinkende Beine, die leicht unmotivierte Gischt aufspritzten.

Sekunden nur, und alles würde wieder still sein wie zuvor. Daedalus allein würde bleiben, um von dem Geschehen zu berichten. Mich packte plötzlich eine seltsame Wut. Das uralte Dilemma: Soll der Sohn die Schwingen benutzen, die sein Vater gebaut hat? Ich stürzte aus dem Haus hinaus und machte mir Luft mit einem wilden Wortschwall gegen die ganze Malerei. Ich bin sicher, was ich da sagte, war meiner Mutter absolut unerklärlich. Welcher Art die Krise war, die diesen Ausbruch bei mir ausgelöst hatte, das wollte ich nicht wissen. Lou sah mich ratlos an, als erblickte sie in mir plötzlich einen rohen Kerl, stupide und engstirnig. Ihre Augen gingen an mir vorbei zu einem langsam dahinziehenden Kahn auf der Seine, und sie sprach mitten hinein in die traurige Spannung.
»Es heißt, daß es Krieg geben wird, einen großen Krieg, anders als alle Kriege zuvor. Diesen Krieg wollen dieselben Leute machen, die unsere Bücher verbrennen möchten, unsere Musik, unsere Poesie... die Gemälde, die Skulpturen, die Architektur. Sie wollen ein für allemal alles Menschliche töten, das irgendwie überlebt hat, nachdem sie es in den Staub getreten hatten, das langsam wieder aufgestanden ist und schließlich doch gesiegt hat. Einige dieser Bilder wurden gemalt, während Pizarro die Inkas in Peru auslöschte, zu einer Zeit, als Bacon und Shakespeare noch nicht einmal geboren waren. Sie haben sogar die Zerstörungen des Dreißigjährigen Krieges überlebt. Kannst du dir vorstellen, daß es sie schon seit mehr als fünfhundert Jahren gibt? Aber diesmal könnte die Welt weniger Glück haben. Sie wird diese Bilder vielleicht nie wieder zusammen und nicht einmal einzeln zu sehen bekommen. Wenn ich im nächsten Krieg sterbe – und das kann durchaus sein, weißt du –, dann möchte ich sicher sein, daß ich nicht versäumt habe, das Liebenswerte zu lieben. Ich glaube – ich hoffe, du wirst deine Ausbrüche wie diesen eben in ein paar Jahren bedauern. Ich weiß nicht, wieviel Zeit noch bleibt.«
Wie tiefernst es ihr war, wurde deutlich, als ich nicht lange danach mit ihr durch das Petit Palais wanderte, wo André Malraux eine Ausstellung italienischer Meisterwerke arrangiert hatte. Erschrocken sah ich, als wir vor einem Uccello standen, daß ihr Tränen in die Augen stiegen. Zum ersten Mal kamen mir Zweifel an meiner Verstocktheit.

Lou Straus schaut zu, während Jimmy im Jardin du Luxembourg sein Schiffchen schwimmen läßt; Paris, 1937.

Nach einigem Zögern erzählte ich Max von meiner verblüffenden Reaktion in der Orangerie. Er erwiderte: »Oh, das habe ich in deinem Alter auch gemacht, weil ich meinen frommen Vater und seine Sonntagsmalerei haßte. Allerdings habe ich nie auf einem so guten Maler wie Brueghel herumgehackt, glaube ich. Vielleicht warst du bloß wütend auf diesen blöden Ikarus.«

Es war immer sehr traurig, wenn ich nach diesen Besuchen Paris verlassen und nach Deutschland zurückkehren mußte, und es war auch beängstigend, weil nie sicher war, daß es ein nächstes Mal geben würde. Mein Paß, den ich jedesmal der örtlichen Polizei für ein Ausreisevisum vorlegen mußte, enthielt bereits einen Vermerk, daß ich nicht in andere Länder außerhalb des Bestimmungslandes fahren dürfte, und es war jederzeit möglich, daß der Polizeichef oder der Bürgermeister von Glückstadt willkürlich meine Ausreise verhinderten.

Vor ein paar Wochen, als ich auf dem Weg nach Paris war, fuhr mein Zug nicht nach Belgien hinein. Er wurde auf ein Nebengleis rangiert. Vier Tage lang bewegte sich nichts, wir erhielten ein Minimum zu essen und durften mit wenigen Ausnahmen unsere Abteile nur zu einem kurzen Spaziergang am Zug entlang verlassen, um uns die Beine zu vertreten und Luft zu schöpfen. Hitler hatte entgegen den Bestimmungen des Locarno-Vertrages beschlossen, das Rheinland zu remilitarisieren. Am 7. März 1936 begannen deutsche Truppen über die Rheinbrücken zu marschieren. Nun läge es, so ging das Gerücht unter den Reisenden, bei den Franzosen, etwas zu tun. Wenn sie ihre Armee in Bewegung setzten, dann müßten wir hier in der Eisenbahn die Köpfe einziehen. Die Krise war noch nicht gelöst, als man dem Zug endlich die Weiterfahrt gestattete, und Lou war glücklich, daß ich bei ihr war, falls es wirklich Krieg geben sollte. Aber Frankreich und seine Verbündeten gaben, typisch für jene Zeit, ein paar schwächliche diplomatische Proteste ab, und das war alles.

Die Abschiede im Gare du Nord waren immer traurig, wie Abschiede meistens sind, nur daß diesmal ein neues Gesicht vom Bahnsteig zu mir aufblickte.

Da ich diesmal ein eigenes Hotelzimmer hatte, war ich in der Lage, eine sehr willkommene und ganz neue persönliche Erfahrung zu machen – Sex. Eines frühen Morgens klopfte es an meiner Tür. Es war nicht das Zimmermädchen, sondern Lore, eine Freundin meiner Mutter; sie trug ein Tablett mit Frühstück für zwei. Ich hatte sie viele Male in Lous Zirkel getroffen und hatte tatsächlich von ihr geträumt. Sie war keck, attraktiv und, wie sich herausstellte, extrem sinnlich. Ich war dankbar, daß ich Marie-Berthes Sex-Handbuch so gründlich studiert hatte, aber jetzt, mit sechzehn, entdeckte ich zu meinem Entzücken, daß es keineswegs alles enthielt.

Irgendwann am Vormittag klopfte es erneut. Ich öffnete die Tür einen Spaltbreit. Meine Mutter stand draußen, um mich zu dem geplanten Ausflug nach Fontainebleau abzuholen. Ich bin nicht sicher, daß ich überhaupt imstande war, eine vernünftige Entschuldigung dafür hervorzustottern, daß ich sie nicht ins Zimmer ließ, und sie machte auch keine Anstalten in dieser Richtung. Mit leicht gehobenen Augenbrauen und dem Anflug eines Lächelns drehte sie sich um und ging mit den Worten: »Ich denke, der Ausflug aufs Land hat Zeit. Wir sehen uns um die Abendbrotzeit... falls du dann nicht zu beschäftigt bist.«

Ich hatte in der Tat an jenem Tag alle Hände voll zu tun; zum Mittagessen gab es ein Mußestündchen in dem nahegelegenen russischen Restaurant Dominique, was dem Zimmermädchen Gelegenheit gab, das Bett frisch zu beziehen und das Zimmer aufzuräumen. Ich kenne mich nicht aus mit der legendären Wirkung von Austern, aber ich bin gern bereit, ihnen meine erste, hinreißende, unvergeßliche erotische Reise mit ständig wechselnden Horizonten zugute zu halten. Am frühen Abend wurde ich um absolute Diskretion gebeten. »Was immer du Lou auch erzählst – sie darf nicht wissen, daß ich es war, die heute in deinem Zimmer gewesen ist. Wir sind Freundinnen, und sie wird furchtbar wütend auf mich sein.«

Als ich in Lous Hotelzimmer eintraf, hatte sie eine Flasche Wein und zwei Gläser auf den Tisch gestellt. »Du kannst dieses wissende, überlegene Grinsen vom Gesicht nehmen. Ich weiß, wer heute bei dir war. Sie hat mir alles erzählt, haarklein. Wir wollen das Ereignis feiern. Ich bin froh, daß es Lore war und nicht eine gefühllose deutsche Kuh irgendwo in einem Hinterhof oder im

Gebüsch. Und erzähle mir nicht, wie es war. Von jetzt an hast du auch deine Geheimnisse vor mir.«

Die Reaktion von Max war: »Na endlich ... vielleicht wirst du von jetzt an nicht mehr päpstlicher als der Papst sein, du Bengel.« Er hoffte, ich würde ihm dieses köstliche Geschöpf vorstellen. Er wollte ihr danken, daß sie zumindest einige der Probleme gelöst habe, die ich ihm bereitet hätte. Ich sagte ihm unmißverständlich, ich kenne ihn und würde ihn nicht auf zehn Kilometer an sie heranlassen. Das befriedigte ihn sehr. Es zeige, meinte er, daß ich im Begriff sei, ein vernünftiger und normaler Mann zu werden.

Er lernte sie dann wirklich kennen, auf dem Bahnsteig im Gare du Nord, als er mich zum Zug brachte. Er blinzelte und machte mit Daumen und Zeigefinger das Okay-Zeichen. Hohes Lob. Wie unerfahren ich noch war, zeigte sich dann allerdings, als ich meiner Mutter einen Abschiedskuß gab, so wie ich es gerade gelernt hatte. Sie brach in schallendes Gelächter aus, wandte sich an ihre Freundin und sagte: »Hast du ihm denn nicht den Unterschied zwischen Müttern und Geliebten beigebracht?«

Diesmal war die Rückfahrt nach Deutschland nicht so bedrückend. In dem Gefühl, hoffnungslos verliebt zu sein, schrieb ich zwei lange, leidenschaftliche Briefe an meine *amour*, noch ehe ich an meinem Ziel anlangte. Ich zehrte von meinem großen Abenteuer in der grauen und häßlichen Atmosphäre, in die ich zurückgekehrt war. Von den dreizehntausend Einwohnern Glückstadts, einer Kleinstadt in Schleswig-Holstein, konnte nicht einer, da war ich sicher, je einen Abglanz der Verzückung erleben, die mein gewesen war. Laß sie tuscheln und spötteln hinter meinem Rücken über diesen »Juden« oder, noch schlimmer, diesen »Halbjuden«, den man längst aus der Stadt gejagt hätte, wenn er nicht unter dem Schutz der mächtigen Familie Augustin stünde.

Das Unternehmen J. J. Augustin war 1632 gegründet worden. Sein Druckhaus war neben den Maschinenbauwerken der Eisenbahn der größte Arbeitgeber am Ort. Der junge J. J. Augustin, Hans, hatte dafür gesorgt, daß meine Lehrzeit, die 1935 begann, so reibungslos verlief, wie es sich ohne Aufsehen eben machen ließ. Als Hans 1936 aus politischen Gründen Deutschland verließ und nach New York ging, um dort ein Verlagshaus der Firma aufzumachen, übernahmen seine Eltern die manchmal schwierige Aufgabe, mich gegen die verhetzten Elemente unter den Stadtbewohnern abzuschirmen.

Glückstadt, am rechten Ufer des mächtigen Elbestroms kurz vor der Mündung gelegen, wurde im vierzehnten Jahrhundert von den Dänen gegründet, die gehofft hatten, es zu einem bedeutenden Seehafen ausbauen zu können. Seine ursprünglichen Siedler waren zum guten Teil portugiesische Juden, von denen man sich einen Aufschwung des Handels erwartete. Noch immer wurden einige Straßen von den Häuserfronten aus jener Zeit gesäumt. Dänemark konnte sein Ziel, das stromaufwärts gelegene Hamburg an Bedeutung zu überflügeln, nicht erreichen, weil eine wachsende Sandbank in der Hafeneinfahrt größere Schiffe daran hinderte, anzulegen und ihre Fracht zu löschen. Man konnte am Fluß lange Spaziergänge über die massiven Deiche machen, hinter denen sich, so weit das Auge reichte, flache Kuhweiden erstreckten. Abgesehen von den Samstagabenden, an denen die meisten jungen Leute in eine der beiden Bierkneipen tanzen gingen oder das einzige Kino der Stadt besuchten, konnte man kaum viel anderes tun als spazieren gehen.

Da ich wenige Freunde hatte, begnügte ich mich damit, zu lesen und Radio zu hören. Ich hatte einen kleinen Buchladen in Hamburg gefunden, wo ich Bücher bekam, die es in keiner Leihbücherei mehr gab. Ich hegte meine zweite komplette Sammlung von E. T. A. Hoffmann und die Dichtungen von Heinrich Heine, Rilke und Ringelnatz, außerdem die Bücher eines höchst verdächtigen Autors, Franz Kafka. Ganz selten einmal konnte ich mit einigem Geschick Sendungen von Radio Luxemburg empfangen, ein paarmal sogar Radio Moskau mit seinem deutschsprachigen Programm. Auf diese Weise gelang es mir manchmal, Nachrichten zu hören, die von der Nazi-Zensur der deutschen Presse vorenthalten wurden. Besonders ist mir in Erinnerung geblieben, daß ich an einem kalten Winterabend aus Moskau die *Eroica* hörte. Die Sendung wurde mit einem Kommentar eingeleitet, der Beethoven als Helden des Kommunismus pries, weil er seine ursprüngliche Widmung an Napoleon zurückgenommen habe, als »dieses faschistische Ungeheuer« seine wahre Natur gezeigt und sich selbst zum Kaiser ausgerufen hätte.

Ich mußte natürlich aufpassen, daß meine neugierige Vermieterin nicht spitzbekam, daß ich verbotene Sender abhörte. Am sichersten war es, sich mit dem Radio unter die Bettdecke zu verkriechen. Es wimmelte von Gerüchten, daß Streifenwagen herumführen, die den illegalen Empfang solcher Auslandssender aufspüren könnten.

Unterkunft zu finden blieb eigentlich ein ständiges Problem. Wiederholt machten die Augustins ihren Einfluß geltend, um Hausbesitzer zu überreden, mich aufzunehmen, aber früher oder später kam irgendwer von der Partei oder den Behörden und erreichte, daß dieser »Halbjude« hinausgeworfen wurde, und dann mußte ich für eine Weile in das örtliche Hotel gehen, dessen Besitzer ebenfalls kein Geheimnis daraus machten, daß man mich nur ungern als Gast akzeptierte. Mein eigentümlicher Status und die permanenten Schwierigkeiten, die er verursachte, überzeugten mich nach einiger Zeit davon, daß für diese rassistische Gesellschaft ein »Halbjude« oder »Nichtarier« viel beleidigender war als ein »Jude«, weil seine Existenz bedeutete, daß ein Arier einen gemeinen Akt der Rassenschande mit einer Jüdin begangen hatte.

Trotz alledem wurde ich nicht völlig zum Einsiedler. Ab und zu ging ich frech am Samstagabend in eine jener Bierkneipen, und manchmal fand ich sogar ein Mauerblümchen, das mir eine Runde auf der Tanzfläche schenkte.

Das Handwerk, das ich lernte, war faszinierend. Es war körperlich sehr anstrengend, neun Stunden lang vor den Setzkästen zu stehen und Bleitypen zu Texten zusammenzusetzen, Letter um Letter, Zeile auf Zeile. Lehrlinge durften sich nicht setzen, auch wenn es vorübergehend nichts zu tun gab.

Die Firma J. J. Augustin gehörte unter anderem zu den bevorzugten Druckereien der deutschen Marine. Sie gab die einzige Lokalzeitung heraus und produzierte dicke Versandkataloge und Lehrbücher. Am interessantesten war, daß sie auch Bücher und Schriften vieler bekannter amerikanischer Anthropologen für den Vertrieb in den Vereinigten Staaten druckte und herausgab. Damals erkannte ich noch nicht die Ironie, daß die Schriften dieser Gelehrten sämtliche Rassentheorien der Nazis wissenschaftlich widerlegten und daß sie über dieselben Druckpressen liefen, die auch Anforderungsformulare für Munition, diverse technische Gebrauchsanweisungen oder Instruktionen zum Gebrauch von Gasmasken für Hitlers Marine produzierten.

Die Namen Boas, Mead, Reichard, Newcomb, Herskovitz, Bunzel und Weltfish wurden mir als Kopfleiste meiner Arbeitsbögen vertraut. Die komplizierteren Teile der Manuskripte und die Bildunterschriften zu den Abbildungen von Sandgemälden, Dekken und Körben der Navahos, von Kachinatänzen, Silber- und Töpferarbeiten der Zuni und Hopi fertigte ich im Handsatz. Ich konnte den englischen Text nicht lesen, aber ich prüfte die Bögen, wenn die Maschine lief, oder sah mir die Bücher an, wenn sie aus der Binderei kamen; gründlich studierte ich diese Facetten einer lebendigen Kultur, über die Karl May in seinen Märchen von den amerikanischen Indianern nie etwas geschrieben hatte. Mein liebstes Buch von allen war *Sandpaintings of the Navajo Shooting Chant* von Franc J. Newcomb und Gladys A. Reichard. Das großformatige Buch enthielt fünfunddreißig ganzseitige Wiedergaben der magischen Bilder, die in diesem seltsam beschwörenden Ritual für nur einen Tag geschaffen werden. Diese Illustrationen wurden von Zinkplatten auf bräunliches Japanpapier gedruckt, und zwar mit Wasserfarben, nicht mit normaler Druckerschwärze. Ich durfte helfen, die richtigen Farben zu mischen und passend zu machen, und mir übertrug man die Verantwortung dafür, daß die feuchten Blätter behutsam an den oben gespannten Wäscheleinen zum Trocken aufgehängt wurden.

Die Druckerei hatte eine Spezialabteilung für Satz in lebenden und toten Sprachen der ganzen Welt. Es war anspruchsvolle, aber sehr befriedigende Arbeit, in einem Halbkreis von Setzkästen mit Tausenden chinesischer Schriftzeichen zu stehen und genau die richtigen herauszupicken, unterteilt in geometrische Einheiten genau nach Manuskript. Das bedeutete, daß man jede einzelne Letter als ein ganz eigenes Bild betrachten mußte. Die Folge war, daß ich ein deutliches Interesse für Lettern und Typen entwickelte – für ihre individuelle Form und Gestaltung, und sie nicht nur nach ihrem Gebrauchswert, Wörter und Sätze zu bilden, beurteilte. Einige Typen wurden für mich mehr als bloßes Handwerkszeug, als ich zu erkennen begann, wie meisterhaft es legendären Designern wie Caslon, Bodoni oder Garamond gelungen war, höchste Flexibilität zu schaffen, ohne der Schönheit des einzelnen Buchstabens Abbruch zu tun.

Eines Tages, es muß 1936 gewesen sein, führte Heinrich Augustin eine exotisch aussehende, rothaarige Frau in meine Ecke der Setzerei. Es war Lou Andreas-Salomé, die große Liebe von Rainer Maria Rilke bis zu seinem Tode 1926. Meine Mutter hatte sie vor Jahren flüchtig gekannt. Sie war nach Glückstadt gekommen, um über eine begrenzte Auflage von Rilkes Gedichten zu verhandeln, die sie ins Französische übersetzt hatte. Die anderen Setzer, meine Vorgesetzten, staunten, daß der große Boß persönlich diese etwas bizarre Dame in die Werkstatt brachte und mit mir bekannt machte. Die Augenbrauen hoben sich noch mehr, als sie mir ihr Manuskript zeigte und den Satzspiegel für ihr Buch und mich fragte, mich, den Lehrling, welche Type ich dafür empfehlen würde. Wenn ich mich recht erinnere, wählte ich die Garamond. Augustin wußte, daß ich bei weitem noch kein fertiger Setzer war, aber er beugte sich dem Wunsch Madame Salomés, daß ich den Text setzen sollte.

Das Salomé-Rilke-Projekt, wie es genannt wurde, brachte mir einigen Ärger. Ich hatte versäumt, in den Arbeitsbogen einzutragen, wo die fertig gesetzten Seiten gelagert waren. Am Tag meiner regelmäßigen Fahrt zur Berufschule nach Hamburg konnte der Drucker den Satz, den er für die Maschine vorbereiten sollte, nicht finden. Zur Strafe mußte ich am folgenden Sonnabend nachmittags nach Arbeitsschluß ganz allein alle Fußböden des Hauses bohnern, die zahllosen Spucknäpfe leeren und säubern und sämtliche Toiletten scheuern. Die anderen Lehrlinge überwachten meine Arbeit mit verständlicher Schadenfreude.

Die Augustins, die in jeder Hinsicht meine Beschützer geworden waren, taten auch weiterhin, was sie in der Atmosphäre jener Zeit tun konnten, um mir das Leben in der Gemeinschaft erträglich zu machen. Heinrich Augustin, ein ziemlich dominierender, aber hochkultivierter und anständig gesinnter Riese von Mann, und seine aristokratische, schöne Frau Hedwig gehörten zu dem Teil

Lou mit Heinrich Augustin, dem Inhaber der deutschen Druckerei, in der Jimmy als Lehrling arbeitete, in Paris, 1937.

des alten Deutschlands, der sich vermutlich unter einer huldreichen Monarchie am wohlsten gefühlt hätte. Sie wußten mit Hitler oder den Kerlen, die jetzt die Straße regierten, nichts anzufangen. Ihr Patriotismus war über jeden Zweifel erhaben, wie sich zum Beispiel zeigte, als Heinrich Augustin eine kurze Arbeitsruhe und eine respektvolle Schweigeminute in seinem gesamten Unternehmen anordnete bei der Nachricht, daß Deutschlands Stolz und Freude, der Zeppelin »Hindenburg«, in Lakehurst, New Jersey, verunglückt war. Was seine Arbeiter im allgemeinen nicht wußten, war, daß er selbst seinen gebuchten Platz für jenen Flug in letzter Minute zurückgegeben und den beabsichtigten Besuch bei seinem Sohn in New York auf später verschoben hatte. Hans Augustin, besser bekannt als J. J., hatte ein Tochterunternehmen der Firma seines Vaters in Amerika gegründet, um die Bücher der zumeist amerikanischen Anthropologen von dort aus herauszu-

bringen. Er hatte lange Zeit hindurch ernsthafte Schwierigkeiten mit den machthabenden Nazis von Glückstadt gehabt, die hofften, durch ihn an seine unangreifbaren Eltern heranzukommen. Er entkam seiner bevorstehenden Verhaftung, indem er mit seinem Wagen eine deutsche Grenzschranke durchbrach und nach Frankreich hineinbrauste. Als er, ein völlig verängstigter Junge, in Paris ankam, klopfte er mitten in der Nacht an die Tür seiner Freundin Lou Straus-Ernst. Sie beruhigte ihn erst einmal mit einer guten Tasse Tee, hielt seine Hand, bis er einschlief, und rief dann seine Eltern in Glückstadt an, um ihnen zu sagen, daß er in Sicherheit sei. Die Augustins haben ihr das nie vergessen, und vielleicht liegt es an dieser kleinen Geste, daß ich heute am Leben und in Amerika bin.
Als Großvater Jacob Anfang 1937 starb, übernahm Heinrich Augustin mehr Verantwortung für mich. Er wurde Treuhänder meiner bescheidenen Erbschaft an Bargeld. Ich bin mir ziemlich sicher, daß die finanzielle Unterstützung für Unterkunft und Verpflegung ebenso wie für meine Parisfahrten von nun an aus seiner Tasche kamen, damit mir das eigene Geld für eine eventuelle Emigration in die Vereinigten Staaten bliebe.
Es wurde nun immer klarer, daß von einer Änderung in Deutschland in absehbarer Zukunft keine Rede sein konnte. Die Nachrichten aus dem Ausland, die ich manchmal aus meinem kleinen Radio hörte, und die Atmosphäre auf den Straßen ließen daran kaum einen Zweifel. Seit der Wiedereinführung der Wehrpflicht schienen die jungen Männer in Uniform überall zu sein, und es war seltsam und erschreckend zu sehen, wie sie und ihre Offiziere auf dem Gehweg respektvoll beiseite traten, um SS-Leuten in ihrer schwarzen Kluft mit schneidigem Seitengewehr und Totenkopfabzeichen Platz zu machen. Man munkelte von Deutschlands Eingreifen in den spanischen Bürgerkrieg. Die Presse ergriff offen die Seite Francos und brachte Horrorgeschichten über Nonnen, die von marodierenden Soldaten der Republikaner vergewaltigt wurden. Ich hörte, wie sich ein betrunkener Luftwaffenleutnant in der Kneipe damit brüstete, daß er und seine Waffenbrüder in der Legion Condor Zielübungen am Maschinengewehr gemacht hätten, indem sie an der spanischen Nordwestküste gefangengenom-

mene Feinde Francos, die am Steilufer über dem Atlantik angetreten waren, vom Flugzeug aus niedergemäht hätten.

Als ich im Juni 1937 wieder nach Paris fuhr, stand in meinem Paß das ganz spezielle Verbot einer Reise nach Spanien. Aus bruchstückhaften Nachrichten von Radio Luxemburg wußte ich von beträchtlicher deutscher Beteiligung am spanischen Bürgerkrieg. So gab es zum Beispiel Hinweise darauf, daß Kampfflieger der Legion Condor die baskische Stadt Guernica total zerstört hatten. In Herbesthal, wo die Bahn zum ersten Mal für die belgische Paßkontrolle hält, stürzten die meisten Reisenden zum Zeitungskiosk auf dem Bahnsteig, um zu kaufen, was es an französischen, belgischen oder schweizerischen Presseerzeugnissen zu kaufen gab, um nachzulesen, was der deutsche Pressechef Otto Dietrich wegzensiert hatte. Mir gelang es, die angesehene *Le Temps* zu ergattern. Sie brachte Meldungen über die zunehmenden Auseinandersetzungen zwischen Himmlers SS und dem deutschen Generalstab, über die nahezu abgeschlossene Nazifizierung aller Bereiche der deutschen Kultur, die absolute Kontrolle der Partei über Deutschlands Erziehungssystem und den militärischen Beistand Hitlers und Mussolinis für Franco, während die Sowjetunion durch ihre Agenten und Kommissare eine sehr starke Rolle bei den internen und militärischen Angelegenheiten der republikanischen Armee zu spielen begänne. Und wieder wurde ganz nebenbei »die Tragödie von Guernica« erwähnt und von ihren Folgen für die künftige Kriegführung gesprochen.

Im Taxi vom Gare du Nord zum Hotel wollte ich von meiner Mutter Genaueres über Guernica wissen, und was dort geschehen war. Am 26. April, erzählte sie mir, wurde das Zentrum von Guernica von Flugzeugen der deutschen Legion Condor dem Erdboden gleichgemacht. Der kleine Ort mit rund siebentausend Einwohnern hatte keine besondere militärische Bedeutung; er galt allerdings historisch als Zentrum des baskischen Nationalismus. Er war Sitz des baskischen Parlaments, und seine legendäre Eiche war das Symbol, vor welchem das spanische Königtum traditionell einen Eid schwor, die Freiheitsrechte des baskischen Volkes zu achten.

An jenem Apriltag war, wie jeden Montag, Markt in Guernica.

Die Bauern aus der Umgebung hatten auf dem zentralen Marktplatz ihre Verkaufsstände mit Obst und Gemüse aufgebaut. Am späten Nachtmittag läuteten die Kirchenglocken Luftalarm. Hin und wieder hatten sich schon Flugzeuge der Nationalisten Francos in der Gegend gezeigt, aber nie waren Zivilisten ihr Ziel gewesen. Deshalb suchten nur wenige Menschen Schutz. Zehn bis fünfzehn Minuten nach dem Alarm dröhnten fünf Heinkels über Guernica, bombardierten den Marktplatz und die engen Gäßchen und belegten sie im Tiefflug mit Maschinengewehrfeuer. Ihnen folgten die gefürchteten Junkers, die Brand- und Sprengbomben abwarfen. Die flüchtenden Menschen wurden systematisch mit Maschinengewehren beschossen. Drei Stunden lang griffen die Flugzeuge in Wellen alle zwanzig Minuten an. Das Ortszentrum stand in Flammen. Eine große Anzahl von Menschen war umgekommen, und die Zahl der Verletzten lag ungefähr bei Tausend. Es trafen immer noch neue Augenzeugenberichte von Überlebenden ein und von Journalisten, die das schwergeprüfte Städtchen aufgesucht hatten. Es bestand kein Zweifel, die Angreifer waren deutsche Maschinen gewesen.

Ich sehe mich noch zähneknirschend vor Wut und erfüllt von einem völlig neuen Gefühl der Angst im Angesicht dieses gräßlichen Geschehens. Kein Wunder, daß in Deutschland keiner von denen, die es gewußt haben müßten, darüber zu reden wagte. Im Weltkrieg hatte es Luftkämpfe gegeben, und Zeppeline hatten wenig erfolgreiche Angriffe auf London versucht. 1935, bei der Invasion Italiens in Äthiopien, hatte Mussolinis Sohn, ein Flieger, eine Bombe auf eine Gruppe von Eingeborenen abgeworfen und ihre Wirkung mit einer zu plötzlicher Blüte aufbrechenden Rose verglichen. Aber bis Guernica hatte der Massentod aus den Wolken noch in sicherem Abstand zur Realität zum Bereich des Science-fiction-Romans gehört.

Ein paar Tage nach meiner Ankunft ging ich mit Hilfe von Lous Presseausweis in die kurz zuvor eröffnete Weltausstellung. Unterhalb des Trocadero stand der deutsche Pavillon und blickte auf seinen Zwilling gegenüber, den Pavillon der UdSSR – die beiden Bauwerke lagen miteinander in einem sinnlosen Wettstreit der vulgären Monumentalität. Am anderen Ufer der Seine stand der

Eiffelturm, 1885–1889 für eine ähnliche Ausstellung erbaut, wie ein widerwilliger Schiedsrichter zwischen den beiden architektonischen Monstrositäten. Ich betrat den kleineren und weitaus geschmackvolleren Bau der noch rechtmäßigen Regierung von Spanien, den José Maria Sert entworfen hatte. Der Eingang zum Hauptsaal führte durch einen geräumigen, überdachten Innenhof. Und weiter kam ich nicht. In der Mitte stand ein Brunnen mit Plateaus aus Bleiplatten auf mehreren Ebenen. Aber was da sanft in ein stilles Becken perlte, war nicht das erwartete Wasser, sondern Quecksilber, ein Produkt Spaniens. Dieses graziöse Stück Bildhauerkunst war von Alexander Calder geschaffen worden, demselben Künstler, dessen *Circus* ich erst vor ein paar Jahren erlebt hatte. Und an der westlichen Wand, mindestens acht Meter lang und dreieinhalb Meter hoch, sah ich den Alptraum, von dem ich gerade erst erfahren hatte: Picassos *Guernica*.

Kinder betrachten die Träume als ihr ureigenstes Gebiet, aber ich war nicht darauf vorbereitet, so vielen der doch flüchtigen Traumbilder meiner privaten Welt an einem Ort zu begegnen, und am allerwenigsten in einem Gemälde.

Ich hatte in enger Nachbarschaft zu Terror, Gewalt und Haß gelebt und kannte nur die Täter. Die menschliche Qual der Opfer war eine nicht faßbare, verborgene Ahnung geblieben. In Picassos Wandbild war der Feind nirgends zu sehen; seine sterbenden Opfer, Mensch und Tier, schrien weniger vor Schmerz als vielmehr in ungläubigem Entsetzen vor dem letzten Atemzug des gewaltsamen Todes.

Ich hatte für den Tag genug gesehen; stundenlang lief ich an der Seine herum, spürte die Gegenwart desselben grausam gleichgültigen Gottesauges, das ich über dem gequälten Kopf des sterbenden Pferdes hängen sah, wie als Zeuge dieser und aller Gemetzel auf ewig dort festgemacht. Eines Tages mag dieses Auge blinzeln und wohltuendes Dunkel über die Toten breiten. Jetzt versprach es nichts als endloses Warten und neues Entsetzen.

In den folgenden sechs oder sieben Tagen kehrte ich immer wieder zu diesem Wandgemälde zurück, manchmal zwei- oder dreimal am Tag. Mich beunruhigte die geradezu magnetische Kraft, die mich zu dem Gemälde hinzog. All meine so beharrlich aufgebauten Argumente gegen Kunst brachen in sich zusammen. Ich begann, mir selber einzugestehen, daß vieles an meiner bisherigen Abwehr bloß ein Schutz, ein Versteck für meine unreifen Vorurteile gewesen war. Mit meiner Mutter sprach ich fast zu beiläufig darüber. Mir war der plötzliche Schwenk mit siebzehn nach all den Jahren des geheuchelten Desinteresses peinlich. Lou bot mir einen gemeinsamen Besuch der Ausstellung an. Ich beschied sie, dies sei etwas, was ich allein machen wollte.

Die extreme Erregung meiner ersten Begegnung mit *Guernica* hatte sich etwas gelegt, und ich versuchte, das Bild weniger auf dem Hintergrund des Ereignisses zu sehen, aus dem es entstanden war. Reiche Nahrung hatte mein Kunsthaß in Werken gefunden, die nur der Propagierung politischer Ideen dienten. Die der Linken waren größtenteils grell, seicht und bedrückend. Hitlers Wahn brachte nichts anderes als den bildlichen Bombast falscher Ideale zustande. Daß ein Kunstwerk eine von der äußeren Realität unabhängige Idee sein konnte, war mir zwar aufgegangen, aber ich hatte mich bisher unerschütterlich geweigert, ein Gemälde oder eine Skulptur anders als nur mit meinen eigenen Augen zu betrachten.

Der Gedanke kam mir, daß ich mich möglicherweise selbst betrogen hätte, daß ich in der Vergangenheit vielleicht viel mehr aufgenommen und verstanden hätte, als ich zuzugeben bereit war. Plötzlich war ich überhaupt nicht sicher, ob Malerei nicht doch imstande sei, ein äußeres Ereignis oder einen Gedanken zum Zeugnis der Universalität eines Menschen zu machen. Grünewalds Isenheimer Altar stellte schließlich ganz bestimmte Personen und Ereignisse dar, aber dieses Phänomen des vollendeten Zaubers schaffen eben die Hände, die Vision des Malers und nicht sein Gegenstand. *Guernica* war gewiß mehr als die bloße Schilderung eines bestimmten Kriegsereignisses mit propagandistischer Wirkung für die eine oder andere Seite. Die unschuldigen Opfer des Schreckens waren wir. Dieses Gemälde erzählte von Greueln und bestätigte damit die Menschlichkeit ... ohne zu predigen. Wenn man davorstand, rührte es an den tiefsten, heimlichsten Quell des eigenen Menschseins, gleichgültig, auf welchem historischen Ereignis es beruhte. Der Künstler, sein ganzes Selbst, unbeengt

von vorgefertigten Urteilen, hat sich in seiner ureigenen Sprache ganz mitgeteilt. Die unmittelbare Ausdruckskraft seines Bildes spricht beinahe hörbar für eine Wirklichkeit jenseits des Dargestellten.
Dies ist das unfaßbare Wunder des Künstlers. Verstandeswissen des Menschen wird zur Strickleiter hinunter in die dunkle Einsamkeit auf der Suche nach dem blendenden Strahl der letzten Erkenntnis, dem Lichtblitz, den man den Augenblick der Wahrheit nennt. Irgendwo in meinem Kopf spulte sich das Werk meines Vaters ab wie in einem Kaleidoskop. Ich staunte, wie viele seiner Gestalten in meinem Gedächtnis einen festen Platz gefunden hatten – trotz meines unbewußten Widerstandes.
Max selber hatte eine Wohnung in einem der alten Häuser der Rue Jacob bezogen. Ich hatte mich diesmal noch nicht um ein Treffen mit ihm bemüht. Ich wußte wirklich nicht, wie ich ihm meine neuen Erfahrungen erklären sollte. Eines Tages nach einem Spaziergang um das Marsfeld nahm ich dann die Metro nach St.-Germain-des-Prés. Ich war enttäuscht, daß er nicht zu Hause war, als ich kam. Eine der schönsten Frauen, die ich je gesehen hatte, teilte mir in englisch gefärbtem Französisch mit, sie erwarte ihn in etwa einer Stunde zurück. Sie machte Tee und erzählte mir im Laufe unserer Unterhaltung, daß sie Max liebte und daß sie zusammen lebten. Sie hieß Leonora Carrington, und ihre dunkle, glutvolle Schönheit riß mich so hin, daß es mir schwer fiel, zusammenhängend mit ihr zu reden. Mein unerwarteter Besuch muß auch sie in Verlegenheit gebracht haben, und plötzlich sagte sie in das immer wieder entstehende Schweigen hinein: »Es muß eigenartig sein für dich, mich hier vorzufinden und nicht Max. Das alles ist vor so kurzer Zeit passiert, daß du vielleicht nicht einmal gewußt hast, daß es mich gibt. Max hat viel von dir erzählt, und er hat sich ein bißchen Sorgen gemacht, wie du wohl reagieren würdest. Er liebt dich sehr, und ich hoffe, daß auch wir beide sehr gute Freunde werden können.« Sie stand auf, küßte mich auf beide Wangen und schritt graziös hinaus. So konnte mein klopfendes Herz langsam seinen normalen Rhythmus wiederfinden.
Bald darauf trudelte Max mit Paul Eluard und dessen neuer Frau Nuche ein. »Sieh mal an, wer da ist – Jimmy. Das müssen wir

Max mit Paul Eluard und Leonora Carrington in Paris, 1937.

feiern.« Er entkorkte eine Flasche Champagner, der rasch eine zweite folgte. Max und die Eluards waren auch gerade im spanischen Pavillon gewesen und sprachen über *Guernica*. Champagner wirkte bei mir immer lockernd auf Zunge und Hemmungen. Ich sprudelte mein ganzes Erlebnis hervor, verbreitete mich über all das, was plötzlich sinnvoll zu werden begann – Brueghel, Guardi, Delacroix, Bosch, Rembrandt, Fra Angelico, Dürer, Uccello, Altdorfer, Grünewald, Velázques, Goya, Raphael, Redon, Zurbarán, Daumier, Ingres, Leonardo da Vinci und David. Der trockene Einwurf von Max: »Nichts jüngeres als das?« entlockte mir die atemlose Antwort: »Doch, besonders du.«

»Als dein Vater«, erwiderte er in das entstandene Schweigen hinein, »müßte ich dir wohl jetzt erwartungsgemäß sagen, ›es ist Zeit für ein langes Gespräch zwischen uns beiden‹, aber damit warten wir lieber, bis du weißt, wie du wirklich zu mir stehst.«
»Max«, griff Eluard ein, »ich glaube, du ärgerst dich, weil dein Sohn den Weg zu dir möglicherweise über Picasso gefunden hat. Denk daran, was du mir von dem Picasso erzählt hast, den du 1912 in Köln gesehen hast und der vielleicht dein ganzes Leben verändert hat.«
»Aber *Guernica*? Darüber ist so viel hin und her spekuliert worden. Ist es ein bedeutendes Gemälde oder ein wichtiges politisches Dokument? Die Skizzen, die er vorher und nachher gemacht hat, sind farbig. Warum ist die endgültige Fassung nur in Schattierungen von Schwarz und Weiß gehalten?...«
»Aber Max, Jimmy ist kein Politiker, er versucht, zu dir zu kommen — kannst du dir denn, außer Picasso, irgendeine Brücke vorstellen, die für dich akzeptabler wäre?«
Ich wand mich vor Verlegenheit, aber Max löste die Spannung, indem er sagte, ohne sich speziell an einen von uns zu wenden: »Laßt uns den Champagner austrinken.«

Von da an verbrachte ich viel Zeit in der Rue Jacob, meistens am Spätnachmittag, wenn Max seine Arbeit beendet hatte. Es lief nicht alles glatt bei ihm. Nachdem Max Marie-Berthe verlassen hatte, bemühte ihre Familie sich erfolgreich darum, seinen Namen in Paris unmöglich zu machen. Unverkaufte Bilder aus mehreren zurückliegenden Jahren stapelten sich jetzt in Mengen überall in der Wohnung. Mehrere Versionen von *La ville entière* (Die ganze Stadt), *Jardin gobe-avions* (Flugzeugfalle) und den fremdartigen Dschungeln mit ihrem bösartigen Tier- und Pflanzenleben befanden sich in verschiedenen Stadien der Vollendung. Er ergriff eine der *gobe-avion*-Leinwände und pinselte ohne jede Vorankündigung auf die Rückseite: »Für Jimmy, meinen Sohn und nun auch Freund.« »Das ist für dich zum Geburtstag. Du kannst es nicht nach Deutschland mitnehmen, aber es gehört dir, und ich werde es dir schicken, wo immer du bist, wenn dieser Irrsinn einmal vorbei ist.« Heute liegt das Bild auf dem Grund des Atlantischen Ozeans irgendwo vor Martinique. Der französische Frachter, der es mir bringen sollte, wurde im Spätherbst 1939 torpediert.

Wir redeten nicht sehr ausführlich über meine neue Einstellung zu ihm oder über Picassos *Guernica*. Er muß gespürt haben, daß ich mir mühsam tastend erst Klarheit über die Wandlung meiner Gefühle zu verschaffen suchte. Aus gelegentlichen Bemerkungen von ihm wurde deutlich, wie hoch er Picasso schätzte und wie dankbar er ihm noch war, daß er in jenem schwierigen Jahr 1926 für Bühnenbild und Ausstattung zu »Romeo und Julia« Max Ernst und Miró an Diaghilew empfahl. An Rivalität unter all den Giganten hat es aber nie ganz gefehlt. Zwar mag ich nicht glauben, daß es so weit ging, wie man sich erzählt, daß Picasso bei einem Bildertausch mit Matisse eins der schwächeren Werke von Matisse wählte, um es sich an die Wand zu hängen. Aber dann und wann überkam es Max. So sagte er zum Beispiel, Picasso habe sich während einer bedeutenden Phase seines Schaffens der afrikanischen Stammeskunst bedient, ohne ihr sehr viel Eigenständiges hinzuzufügen, und ebenso habe er sich sein Bild *Le baiser* (Der Kuß) aus dem Jahre 1927 angeeignet und eine ganze Serie großer Gemälde daraus gemacht.

Das Thema Guernica kam erst wieder auf, als Eluard in die Rue Jacob kam, um mit Max, Leonora Carrington und mir Tee zu trinken. Für mich hatte er eine große Anzahl Fotos mitgebracht, die in der Zeitschrift *Cahiers d'Art* veröffentlicht werden sollten; Dora Maar, Picassos langjährige Geliebte, hatte den Entstehungsprozeß von *Guernica* in verschiedenen Stadien festgehalten. Ich fand es faszinierend, welche Veränderungen und Verwandlungen das Wandbild durchlaufen hatte, und ich mußte Max fragen, was er denn nun wirklich davon hielte. Er fand, daß Picasso weit bedeutendere Werke geschaffen habe als dieses, aber die Umstände seiner Entstehung hätten *Guernica* zum Gegenstand öffentlicher Diskussionen gemacht, womit das Gemälde selbst in den Hintergrund gedrängt und sein thematischer Inhalt betont würde. Er fände es lustig, sagte er, wie peinlich verlegen die extreme Linke das Wandbild inzwischen als ihr visuelles Manifest gegen Franco ausgebe, obwohl es ihnen bestimmt viel lieber gewesen wäre, wenn ein Maler des sozialistischen Realismus' sich der Schrecken von Guernica angenommen hätte. Ja, es sei eine sehr wichtige Stellungnahme; er könne sich nicht vorstellen, daß es ihn so bewegt hätte, wenn der politische Doktrinär George Grosz oder Otto Dix oder auch die bewunderte Käthe Kollwitz das Thema behandelt hätten. Wie würde *L'Humanité* (die Zeitung der Kommunistischen Partei Frankreichs) die Parteilinie biegen, wenn sich ihr großer Dichter Louis Aragon zusammen mit seinen Mitherausgebern der um sich greifenden Meinung anschließen sollte, Picasso habe in seinem Schmerz um Spanien die Seele eines großen religiösen Meisterwerkes, des Isenheimer Altars von Matthias Grünewald aus dem sechzehnten Jahrhundert, in sein *Guernica* aufgenommen?

Ich aber suchte für mich selbst nach weiteren Antworten: Konnten Gemälde Franco schlagen, Hitler aufhalten oder den nächsten Krieg verhindern? Eluard erwiderte: »Max hat dir wahrscheinlich nicht erzählt, daß ein paar von uns, darunter Malraux, ihn erst vor ein paar Monaten davon abbringen mußten, sich freiwillig als Frontkämpfer gegen Franco zu melden. Eins unserer Argumente war, daß seine Gemälde und Collagen für den Faschismus weit gefährlicher sind als seine durchsiebte Leiche. Ich mußte ihn auch wieder daran erinnern, daß wir beide uns schon 1916 vor Verdun durchaus gegenseitig hätten erschießen können. Wenn nun einer von uns nicht vorbeigeschossen hätte? Und was das Verhindern von Kriegen betrifft – Guernica ist ein gutes Beispiel dafür, was an Entsetzlichem passieren kann, wenn Leute, die keinen Krieg wollen, sich für neutral erklären ... wie Amerika.«

»Jimmy fragt, ob Gemälde Krieg aufhalten können«, schaltete Max sich ein, »... ich weiß es wirklich nicht. Aber sollte es Krieg geben, wäre er in Amerika wohl in Sicherheit ... vielleicht tun sie das Richtige. Hoffen wir, daß er rechtzeitig hinkommt.«

Zwar redeten sie mehr miteinander als mit mir, aber es berührte mich tief, wie beide Männer sich um meine derzeitige Konfusion zu sorgen schienen. Es war ein weiteres Stückchen Begreifen, daß die ganze besondere Welt meines Vaters, und die seiner Freunde, von weit größerer Bedeutung war, als ich mir selber einzugestehen bereit war. All diesen neuen Eindrücken, die in immer schnellerem Tempo auf mich eindrangen, entsprach ein innerer Konflikt, der gewiß nicht neu war, nun aber unausweichlich schärfer hervortrat: Sie waren tatsächlich ein und dasselbe Wesen, der große Künstler, der Mann von Geist, Charme und Güte und der fehlerhafte, oft eiskalt verschlossene Mensch. Konnte ich darüber hinwegsehen, daß er Menschen verletzte, die er aus seinem Leben verstieß, durfte ich ihn nur daran messen, welchen sichtbaren Platz er als Genius in der Welt einnahm? Immer weniger fühlte ich mich als einer der Ausgestoßenen angesichts seiner aufmerksamen Gesten mir gegenüber und seiner erkennbaren Hoffnung, daß mein neues Verständnis von ihm mir auch seine Lebensweise begreiflicher machen würde. Wie immer ich meinen Vater auch sehen würde, ich mußte unbedingt dem Extrembeispiel des Picasso-Sohnes Paolo entgehen, den ich ein paarmal getroffen hatte. Paolo, so alt wie ich, war ein Rowdy geworden, ein durch und durch demoralisierter Jugendlicher, weil er nicht fähig war, wie es hieß, dem quecksilbrigen Wesen seines berühmten Vaters anders als mit offenem Haß zu begegnen, und der Haß ging einher mit tiefer Abhängigkeit.

Lou beobachtete mit Befriedigung und gutem Zuspruch, wie ich mich durch den Nebel der Irrungen vorantastete: »Sei nicht zu ungeduldig. Das geht nicht über Nacht. Es ist der Fluch manch eines Sohnes, daß er sein möchte wie sein Vater, aber auch nicht sein möchte wie er. Ich weiß nicht, was mit uns Kunsthistorikern passieren würde, wenn wir uns erlaubten, die Werke großer Meister an der Elle ihrer privaten Lebensführung zu messen.«

Max konnte es sich nicht verkneifen, ironische Aufklärung über den ursprünglichen Anlaß unserer veränderten Beziehung zu geben: »Dies ist mein Sohn Jimmy, mein liebster Bewunderer Picassos.«

Ich lernte bei diesem Besuch noch mehr. Es war an der Zeit, aber es tat doch weh. Dahin war meine romantische Vorstellung, mit meiner herrlichen Einführung in den Sex hätte die große Liebe meines Lebens begonnen. Als ich wieder nach Paris kam und feststellen mußte, daß ein anderer meinen Platz in ihrem Bett eingenommen hatte, war das ein niederschmetternder Schock. Das einzig Versöhnliche an dem Schmerz war, daß er schließlich doch nicht mitten im Herzen saß. Ich muß in meiner Verzweiflung wie ein Häuflein Elend gewirkt haben, so sehr, daß es meiner Mutter die Tränen in die Augen trieb. Aus Verlegenheit fragte ich sie, warum sie weinte. »Ich kenne diesen Schmerz schrecklich gut«, sagte sie. »Mir ist es viele Male so gegangen und ich habe geweint. Da du nicht weinen willst, tue ich es für dich.« Ich kann nicht sagen, daß dies in dem Moment sehr viel geholfen hätte, aber in mir begann sich der Verdacht zu regen, daß es mehr als alles andere meine Eitelkeit war, die sich verletzt fühlte.

Max war weit weniger barmherzig. Ganz offensichtlich freute es ihn, daß ich offen mit ihm sprach, von Mann zu Mann, und anscheinend beschloß er, mich in die Wirklichkeit zurückzuschocken. »Jede Frau hat eine Vagina, aber nur bei wenigen ist sie richtig mit dem Kopf verbunden. Wirf niemals Stimmbänder und Hirn durcheinander... Liebe kann die schlimmste aller Geschlechtskrankheiten sein.« Trotz meines augenblicklichen Gemütszustandes fand ich solche Weisheit nicht sehr erfreulich; sie bedeutete ein paar Schritte rückwärts in meinem Bestreben, ihn besser zu verstehen. Hilfreicher, wenn auch irritierend, war da sein Bekenntnis, daß eben die Dame, die vor ein paar Monaten tränenvoll ihr Taschentuch schwenkte, als mein Zug aus dem Gare du Nord rollte, ihm Anträge gemacht habe, noch bevor sie den Bahnsteig verlassen hatten.

Dann lud er mich zum Essen in die Cloiserie des Lilas ein, an der Ecke des Boulevard Montparnasse beim Observatorium, wo ich allen Mut zusammennahm und ihn nach Marie-Berthe und dem Ende ihrer Ehe fragte. Wie intensiv die Beziehung zwischen Max und Leonora Carrington war, wurde jedesmal deutlich, wenn ich die beiden zusammen sah, und das ließ mich an Marie-Berthe denken, dieses zerbrechliche, vogelhafte Geschöpf, das mir so viel Zuneigung gezeigt hatte. Lou und ich hatten sie einmal besucht, nachdem sie in ihr Elternhaus zurückgekehrt war. Beim Tee stellte sie uns einen ziemlich jungen Mann vor, von dem Lou später sagte, er habe eine unheimliche Ähnlichkeit mit dem jungen Max, der ihr einmal den Hof gemacht habe. Die beiden Frauen hatten sich sehr liebgewonnen. Marie-Berthe hatte Max geheiratet, kurz nachdem sie die Klosterschule verlassen hatte, und sie hatte sich bei Lou Rat geholt, als diese Ehe zu zerbrechen begann. Später schlug sie ernsthaft vor, daß Lou zu ihr kommen und bei ihr wohnen sollte. »Jetzt, da wir ihn beide nicht mehr haben, will ich für dich sorgen, und du hilfst mir mit deiner Courage.«

Max war nicht darauf erpicht, mir viel zu erzählen. Marie-Berthe hatte sich ihm zufolge wieder völlig in den Katholizismus versenkt und erwog sogar, auf Lebenszeit ins Kloster zu gehen. Ein paarmal habe sie ihn und Leonora in der Öffentlichkeit beleidigt und peinliche Szenen gemacht. Er war erleichtert, daß er nicht mehr zu sagen brauchte, weil eine sehr schöne Frau, die sich an unseren Tisch setzte, ihn unterbrach. Er stellte sie mir als eins der bevorzugten Modelle Man Rays vor.

Die Abreise vom Gare du Nord nach Deutschland war keine Heimreise mehr. Die schon vertraute Landschaft Frankreichs und Belgiens glitt fürchterlich schnell vorbei, und ich dachte darüber nach, was wohl passieren würde, wenn ich irgendwo vor der deutschen Grenze einfach aus dem Zug stiege und verschwände. Der Waggon und seine Abteile waren voll betrunkener deutscher Touristen, die lauthals prahlten, was sie mit »den dreckigen französischen Huren« in den Bars und Bordellen am Montmartre so angestellt hätten. Ja, sie fuhren »nach Hause«. In die Heimat, »wo man die Frauen unterscheiden kann, weil nur Prostituierte sich anmalen.« »Die beiden, die ich letzte Nacht hatte, waren sogar am Körper bemalt und rochen zwischen den Beinen nach Parfüm.« Ein Kampf brach zwischen zwei Männern aus, weil der eine erzählte, sein Freund habe eine Erektion gehabt, als sich eins der Mädchen, die sie für die Nacht gemietet hatten, als Transvestit erwies. Erheblich stiller wurden sie, als der Zug über die Grenze in ihr Heimatland fuhr. Sie zogen die Krawatten gerade und saßen mit glattrasierten Gesichtern und gekämmtem Haar gesittet in den Abteilen, nur ab und zu wurde ein Kichern laut, als Paß- und Zollkontrolle vorbei waren.

Ich war erleichtert, daß die Uniformierten, die mein Gepäck durchsuchten, meine Schmuggelware nicht entdeckten. Es war eine Sonderausgabe der *Cahiers d'Art*, nur Max Ernst gewidmet. Was ich durch das Zugfenster sah, das waren noch dieselben Orte, Brücken, Flüsse, Berge und Täler, aber ich merkte plötzlich, daß sie nicht mehr zu mir gehörten. Zum ersten Mal ging mir auf, daß ich hier vielleicht sterben würde, weil meine Anwesenheit ein Schandfleck für das Land war. Ich warf einen langen und herzzerreißenden Blick auf den Dom und auf den Rhein, als der Zug nach dem Aufenthalt in Köln den Bahnhof verließ. Nicht einmal hier konnte ich davonkommen. Auch das alles war vorbei. »Du wohnst nicht mehr hier.«

In der Nähe von Hannover verlangsamte der Zug seine Fahrt, bis er nur noch kroch. Suchscheinwerfer auf Militärfahrzeugen, bemannt mit schwarz uniformierten SS-Leuten, beleuchteten beide Seiten der Gleisanlage. Hunderte von Gestalten in kräftig gestreifter Gefangenenkluft schwangen Spitzhacken und Vorschlaghämmer und bearbeiteten den Bahnkörper. Die Wachen hielten automatische Waffen im Anschlag. Es kam Bewegung unter die einst bierseligen Reisenden. »Ja, ja, jetzt tun sie endlich einmal ehrliche Arbeit... Hätte gar nicht gedacht, daß die Juden überhaupt Muskeln in Armen und Beinen haben... die haben doch gar nicht gewußt, was Arbeit ist, alles Ärzte und Rechtsanwälte... Das sind nicht alles Juden; sie haben in den Erziehungslagern alle möglichen Leute: Kommunisten, Sozialdemokraten, Zigeuner, was weiß ich... Hitler hat einen wirklich guten deutschen Besen... Sie werden umerzogen, Gott weiß wozu... Wußtest du, daß alle Juden splitternackt mit ihren Frauen schlafen?... die Schmutzfinken, was?«

Der Zug schien sich wie eine Schnecke zu bewegen, Menschen drängten zu den Fenstern, und einige der Reisenden standen auf den Sitzen, um das unheimliche Schauspiel draußen besser sehen zu können. Die Lokomotive stieß einen Pfiff aus, und dann nahm der Zug seine normale Geschwindigkeit wieder auf, als hätte es nie den Alptraum da draußen gegeben. »Noch Bier da?... wir steigen bald aus. Noch eine Flasche, dann sind wir zu Hause... Mensch, ich kann es kaum erwarten.«

Auf einer Station kurz vor Hamburg wurde die männliche Elite von respektvollen Ehefrauen in Kapotthütchen umarmt und von schläfrigen Kindern mit Blumensträußen willkommen geheißen. Jetzt war ich im Abteil allein mit einem riesigen schwarzen Amerikaner, der die deutschen Trunkenbolde verächtlich angestarrt hatte, was mich ein wenig tröstete. Ich weiß nicht, wer er war, nur

daß sein Fahrschein, der in regelmäßigen Abständen kontrolliert wurde, Moskau als letzten Bestimmungsort nannte. Er lachte viel, streckte sich über zwei Plätze aus und erzählte mir in gebrochenem Deutsch und Französisch, er sei ein Sänger auf Tournee und, mit einer Geste zum Fenster, »bei uns in Georgia haben wir auch solche Straßenbanden.« Er zwinkerte mir zu, summte eine Melodie und schlief ein, wobei das Summen in lautes Schnarchen überging. Oft habe ich mich gefragt, ob das nicht vielleicht doch Paul Robeson gewesen ist.
Die Klänge Europas sind durchsetzt mit Glockengeläut und Eisenbahnpfiffen. Ich trage sie wie zarte Narben noch heute, mehr als vierzig Jahre später, und denke zurück an jene Nacht in dem dahineilenden Zug, eine Nacht ungewisser Ängste. Damals fragte ich mich auch zum ersten Mal, wie es wohl sein müßte, in einer schwarzen Haut zu leben.
Der Bummelzug von Hamburg nach Glückstadt, fast geradewegs nach Norden fahrend, verlor seinen Wettlauf mit der Morgendämmerung. Bei jedem Halt blickten rosa, ocker und braun die Ortschaften mit ihren umliegenden Bauerngehöften in rechtschaffener Unschuld auf die Gleise. Hinter jenen blitzenden Fensterscheiben mit den gestärkten Tüllgardinen bereiteten sich solide Bürger auf ihr Tagewerk vor, wieder ein Tagewerk unter der ewigen Sonne der Gerechten und Ungerechten. Konnten denn all diese adretten kleinen Häuschen vom Übel infiziert sein? Fast wünschte ich mir, ich hätte nicht in so kurzer Zeit so viel erfahren von dem unaussprechlichen Schrecken, der sich über das Land breitete, vielleicht mit jedem Aufdrehen eines Wasserhahns durch Hände, die gewaschen werden mußten. Hier waren das Pflaster und die Scholle, auf denen Männer herangewachsen waren, die Guernica niederbrannten und seine fliehenden Bewohner wie monströse Insekten hinmähten, eben die Menschen in blankpolierten Stiefeln, die am Bahngleis ihre Waffen gegen dürre Gestalten richteten, dieselben dickwanstigen, nach Pilsener und Löwenbräu stinkenden Männer, die jetzt unter weichen Daunendecken ihre Montmartre-Eskapaden neu erlebten, indem sie sich die Brüste, Bäuche, Schenkel ihrer Frauen parfümiert und mit Rouge verschönt dachten.

Heinrich Augustin sagte mir, sein Sohn sei dabei, mir die notwendigen Bürgschaften für ein amerikanisches Visum zu besorgen. Unter gar keinen Umständen dürfte ich irgend jemandem in der Stadt etwas davon sagen. Das Netz zog sich enger. Ein paar örtliche Nazigrößen hatten versucht, Augustins Verträge mit der Marine lösen zu lassen, wenn er mich nicht aus der Lehre entließe. Von nun an wäre es wohl das Beste, wenn ich mich nicht allzu oft im Betrieb sehen ließe. Ich sollte mir eine Dauerkarte der Reichsbahn für die Strecke nach Hamburg kaufen, mit Englischkursen bei Berlitz meine Emigration vorbereiten und Verbindung zum amerikanischen Konsulat aufnehmen.

Die Berlitz-Kurse erwiesen sich als absoluter Fehlschlag, und als ich dann aufgefordert wurde, einen Fragebogen auszufüllen, in dem ich erklären sollte, zu welchem Zweck ich diesen Unterricht nähme, bekam ich Angst und ging nie wieder hin. Das amerikanische Konsulat nahm meinen Antrag entgegen, setzte mich auf eine Liste, stellte aber ganz klar, daß ohne ordentliche Bürgschaften an ein Visum nicht zu denken war. Dennoch verbrachte ich mehrere Tage der Woche in Hamburg und kehrte erst abends nach Glückstadt zurück. Einen großen Teil der Zeit brachte ich in Kinos zu, bestrebt, so viele amerikanische Filme zu sehen, wie ich konnte. Für mein Sprachproblem nützte mir das nichts, weil die meisten Filme deutsch synchronisiert waren. Musicals wie die *Broadway Melody of 1936* sah ich mir mehrmals an, weil die Songs und Shownummern in der Originalfassung geblieben waren. Ja, es hat eine Zeit gegeben, da konnte ich *You are my lucky star...* von Anfang bis Ende hersingen. Noch heute halte ich Eleanor Powells steppende Beine für ein höchst ästhetisches und sinnliches Erlebnis.

Es gab nicht viel zu sehen in Hamburgs Museen, außer vielleicht Gemälden, Skulpturen, Schiffsmodellen und alten Drucken zur Geschichte des Hafens. Die zeitgenössische Kunst beschränkte sich auf das banale Offizielle. Aus irgendeinem Grund hatte niemand den Mut aufgebracht, ein sehr schönes Denkmal für die Toten des letzten Krieges von Ernst Barlach zu entfernen, dessen Werke sonst aus allen öffentlichen Gebäuden verschwunden waren. Die 21 Meter hohe Stele mit dem Relief einer trauernden

Frauengestalt stand an einem der Kanäle im eleganten Zentrum der Stadt. Jedesmal, wenn ich vorbeikam, grüßte ich sie mit respektvollem Kopfnicken als Kunstwerk und als Erinnerung an das kulturelle Leben vor dem Aufmarsch der Barbaren.
Nicht weit von dieser Stelle, auf einem offenen Platz, sah ich an einem feuchtkalten Herbsttag eine Reihe großer Transporter und eine Menschenschlange, die darauf wartete, einsteigen zu dürfen. Es war die Wanderausstellung »Entartete Kunst«, die auf Verlangen Hitlers vom Kultusministerium organisiert worden war, um den Deutschen zu zeigen, was es mit dem Kulturbolschewismus auf sich hätte. Gleich beim Einsteigen erkannte ich einige der alten Freunde, die uns zu dieser oder jener Zeit in der Kölner Wohnung besucht hatten, und auch andere, die mir in der Bibliothek meiner Mutter begegnet waren: Klee, Jankel Adler, Chagall, Pechstein, Beckmann, Davringhausen, Hofer, Kandinsky, Franz Marc und – zu meinem heimlichen Entzücken – Max Ernst. Sein Bild hing in einer besonderen Abteilung unter dem Titel »Verhöhnung der deutschen Frau«, und dieser Raum schien überfüllter als alle anderen. Max Ernsts *Schöne Gärtnerin* hing an prominenter Stelle zwischen Ernst Kirchner und Otto Dix. Es war ein herrliches Bild aus dem Jahre 1923, und seltsamerweise ist es wohl eines der wenigen Werke jener infamen Ausstellung, die tatsächlich verbrannt worden sind. Die meisten anderen tauchten auf unerklärliche Weise kurz vor dem Zweiten Weltkrieg in der Schweiz unter, wo sie dem Dritten Reich dringend benötigte Devisen einbrachten. Die meisten wurden ironischerweise von deutschen Emigranten in New York aufgekauft, die ihrerseits dafür sorgten, daß sie einen Platz in großen amerikanischen Museen fanden, insbesondere im Detroiter Institute of Art und im New Yorker Museum of Modern Art.
Es war ziemlich eng in diesen umgebauten Möbelwagen, und so war es schwierig, länger als vielleicht eine Minute vor einem einzelnen Werk stehenzubleiben. Vor Bildern, die mehr als das übliche Interesse weckten, staute sich leicht eine Menschenmenge. Dem amtlichen Befehl strategisch postierter Aufseher: »Weiter durchgehen!« gehorchte man mit zögernder Fügsamkeit. Niemand wollte das Risiko eingehen, ein Liebhaber dieses Kulturbol-

Adolf Hitler, Josef Goebbels und Professor Ziegler betrachten in München die Ausstellung der »Entarteten Kunst«, 1937. Max Ernsts Gemälde »Die schöne Gärtnerin«, zweites von links, wurde im Ausstellungskatalog als »Verhöhnung der deutschen Frau« bezeichnet.

schewismus genannt zu werden. Das Ereignis war schließlich inszeniert wie eine Sensationsschau von Mißgeburten auf dem Rummelplatz. Ernsts *Schöne Gärtnerin* war eins der Werke, die periodische Staus hervorzurufen schienen, wie auch andere Bilder nackter Frauen. Die erhaben gemalte Taube, die den Vaginalbereich der *Gärtnerin* teilweise verdeckte, veranlaßte manchen Betrachter, sich über das Absperrseil zu beugen, als hoffte er zu erspähen, was der Vogel verbarg. Die Bilder von George Grosz und Otto Dix erregten ebenfalls beträchtliche Neugier. Wenn ich die Gesichter und das Betragen der Menge beobachtete, fand ich sie den Gestalten und Handlungen in den Werken dieser und anderer gesellschaftskritischer Künstler gar nicht so unähnlich. Die sich da so ungeschminkt gespiegelt sahen, müssen einfach wütend und fasziniert gewesen sein. Der Eintrittspreis kam angeblich dem »Winterhilfswerk« zugute, einer überall und ganzjährig laufenden Spendensammlung zugunsten der Hungernden und Frierenden, aber es war kein Geheimnis, daß dieses Geld allein zu

Stahl und Beton für Deutschlands sichtbare Wiederaufrüstung verwandt wurde.

Ich leistete an jenem grauen, naßkalten Tag meinen Beitrag zu dieser nationalen Anstrengung etwa zehnfach. Ich wartete draußen ein Weilchen und stellte mich dann wieder an, um noch einmal durchzugehen. Etwa beim fünften oder sechsten Mal sah ich bekannte Gesichter. Andere machten es wie ich. Ein paar rasche, nervöse Blicke, dann fast unvermittelt der erlernte Rückzug in die Teilnahmslosigkeit. Weiß der Himmel, was für Motive wir einander für unser ungewöhnliches Betragen unterstellten. Jedes dieser Gesichter konnte zur Gestapo gehören. Als der Kartenabreißer und ein paar der Aufseher mich mit gewissen Zeichen des Wiedererkennens ansahen, hielt ich es für besser, nicht noch ein elftes Mal hineinzugehen.

Ich ging hinüber zu einem Arkadengebäude und schaute eine Weile auf die lange Warteschlange, die hineinwollte, und auf die Gesichter derer, die herauskamen. Die meisten waren ausdruckslos; manche preßten den Mund zu einem harten Strich zusammen. Da war auch nicht andeutungsweise das Kichern und lüsterne Grinsen, das drinnen im Wagen die schlurfenden Füße begleitet hatte. Es war eine seltsame Begegnung mit der Welt meiner Vergangenheit, und meine Empfindungen schwankten zwischen Stolz und Furcht. Fürchteten die Machthaber meinen Vater und seine Zeitgenossen da drin wirklich so sehr, daß sie ihren Werken ein solches Leichenbegängnis bereiten mußten? Plötzlich wurde mir bewußt, daß ich dort in der vorwärtsrückenden Menschenschlange eine Aufnahme von Hitlers Rede zur Eröffnung der Ausstellung offiziell anerkannter deutscher Kunst, vor ein paar Monaten in München, gehört hatte. Pausenlos plärrte es aus den Lautsprechern in jedem Raum: ». . . Ich habe geschworen, wenn die Vorsehung mich zu eurem Führer bestimmt, werde ich kurzen Prozeß mit dieser Entartung machen. Das deutsche Volk verdient es, vor diesen kranken Hirnen beschützt zu werden. Diese Schänder der Schönheit und der Kunst gehören in feste Häuser für kriminelle Irre, bis sie wieder lernen, als Deutsche zu denken . . .« Wahrscheinlich hatten mich die überall an Straßenecken, auf Bahnhöfen und an anderen öffentlichen Orten aufgestellten

Lautsprecher schon fast taub für die Worte gemacht. Ich begann, die Menschen dieses Landes beinahe zu bemitleiden, die sich so willig von einem solchen Irrsinn einfangen ließen. Sie, nicht die Künstler drinnen im Wagen gehörten, nein, befanden sich schon in einem gigantischen Irrenhaus. Aber die wiederkehrenden Bilder bärtiger Juden beim Schrubben öffentlicher Gehsteige, der Schrecken von Guernica, der Zerstörung meines Familienlebens, der herrischen, gesichtslosen Männer in braunen und schwarzen Uniformen, die Gemeinheit jener Ausstellung dort drüben machten dem Mitleid rasch ein Ende.

Ein dicker Mann in Lodenmantel und moosgrünem Jägerhut trat an mich heran und bat mich um Feuer. Als er sich niederbeugte, um seine Zigarette in meiner hohlen Hand anzuzünden, murmelte er: »Was halten Sie denn von dem Mist da drin?« Ich erstarrte. Er stand neben mir und sog den Rauch ein. »Nun, es muß Sie doch interessieren. Sie sind doch oft genug drin gewesen in den letzten Stunden.«

Ich fühlte mich in der Falle und voll Angst, aber plötzlich hörte ich mich stolz, wenn auch mit bebender Stimme sagen: »Mein Vater gehört zu den Künstlern der Ausstellung.«

Und als ich blindlings davonrannte, hörte ich, wie er mir nachrief: »Aber dafür können Sie doch nichts ... Sie sollten stolz darauf sein.«

Wollte der mich nun ausholen? Gehörte er zu »denen«, oder meinte er wirklich, was er sagte? Jetzt konnte man nie wissen, welche Folgen ein unbedachtes Wort in einem Eisenbahnabteil oder einem Café haben mochte. Es mußte Leute geben, deren Denken noch nicht völlig in der Massenhypnose von Hitler und Goebbels gefangen war. Aber sie waren nurmehr Teilchen, die einzeln in einem großen Wasser schwammen. Sie fürchteten sich ebenso sehr davor, ans Ufer zu kommen, wie sie Angst vor dem möglichen Ertrinken hatten. Freund oder Fremder, jeder könnte mit einer plötzlichen Bewegung deine Hände fesseln und zusehen, wie du abgeführt wirst. Es war das erste Mal, daß ich dem Gesicht des Terrors so nahe gekommen war. Zum Glück fand ich eine öffentliche Toilette, schloß die Zellentür hinter mir zu und übergab mich.

Der Gedanke: »Nur raus, raus!« wurde in seiner Dringlichkeit beinahe dreidimensional. Ich schien bessere Chancen zu haben als die meisten, aber alle meine Vorsprachen beim amerikanischen Konsulat endeten mit der immer gleichen Mahnung: »Ohne Ihre drei Bürgschaftserklärungen können wir Sie nicht einmal auf die Warteliste setzen ... Und Sie wissen ja, es gibt eine Quote ... wenn sie erfüllt ist, müssen Sie bis zum nächsten Jahr warten ... und selbst dann ist noch die Frage, ob Sie den übrigen Bestimmungen unserer Einwanderungsgesetze entsprechen können.«

Jeden Abend fuhr ich zurück in jenes schöne alte Städtchen, wo mich die immer gleichen versteinerten, feindseligen Gesichter erwarteten. Die Augustins waren klug und ließen nach außen hin kaum erkennen, daß sie um mich besorgt waren. Heinrich Augustin pflegte mich mit derselben Lautstärke anzuschreien wie die übrigen Lehrlinge, obwohl er wußte, daß schlechte Berichte über meine Arbeit im Betrieb manchmal frei erfunden waren. Gewöhnlich fand er einen stillen Weg, um mich wissen zu lassen, wie er wirklich dachte. »Diese Schweine haben Pastor Martin Niemöller ins Konzentrationslager gebracht«, murmelte er einmal, während er tat, als prüfe er einen Probeabzug, den ich ihm ins Büro gebracht hatte. Ich kannte Niemöllers Namen aus den Angriffen gegen ihn in der deutschen Presse. Dieser prominente protestantische Kirchenmann hatte von der Kanzel herab beharrlich die christliche Ethik als Antwort auf und als Anklage gegen den geistigen und moralischen Niedergang Deutschlands verkündet. Heinrich und Hedwig Augustin handelten aus tiefanständiger und christlicher Gesinnung, aber für mich waren sie auch ein Rettungsseil im Morast jener Zeit.

Die kleine Summe, die man für meine erhoffte Emigration beiseite gelegt hatte, war inzwischen auf ein Minimum zusammengeschmolzen, und so war es nicht ratsam, noch einmal nach Paris zu fahren, um Weihnachten mit meiner Mutter und ihren Freunden zu verbringen. Ich mußte die Logik dieser Entscheidung anerkennen. Ich machte mich daran, einen kleinen Baum aus Pappe auszuschneiden, und malte ihn mit billigen Plakatfarben an. Es war eine traurig dreinschauende Pflanze. Ich hatte sie als dreidimensionales Gebilde geplant, aber der Leim oder die Kerben wollten die plumpen Zweige nicht halten. Mit zahllosen Stückchen Klebeband, Büroklammern und Nadeln hielt es schließlich, sah aber aus wie nach einem schweren Sturm. Die Farbe, die ich benutzt hatte, war sehr wässerig, und das windzerzauste kleine Geschöpf begann sich zu kräuseln. Endlich aber stand es auf meinem Nachttisch in Glückstadt, Ersatz und Illusion für das wirkliche Ereignis in drei Wochen.

Ein paar Tage später wurde ich in das Büro von Heinrich Augustin bestellt. Das bedeutete gewöhnlich Ärger, und natürlich begann er laut über meine Unfähigkeit, meine Faulheit, den Salat, den ich neulich auf einem Satzbogen angerichtet hatte, zu schimpfen. Doch merkwürdig war, daß er mir sein Gesicht nicht voll zuwendete, und dann lehnte er sich zurück und knallte die Tür zu seinem Vorzimmer zu. Mit kaum bezähmtem Lachen händigte er mir einen Umschlag aus. Es war eine Rückfahrkarte nach Paris und ein sattes Bündel Geldscheine. Als ich nachfragte, ob es denn gut wäre, noch mehr von dem Geld auszugeben, erwiderte er mit strenger Miene: »Junger Mann, ich bin für deine Angelegenheiten verantwortlich, und ich habe entschieden, daß du deine Mutter besuchst. Woher das Geld kommt und wie es auszugeben ist, ist nicht deine Sorge. Und nun raus hier, bevor ich dich wieder anbrülle. Und diesmal meine ich es vielleicht sogar ernst.«

Auf dem Wege nach Paris unterbrach ich die Fahrt in Köln, um Großvater Jacobs goldene Uhr mitzunehmen. Er war kurze Zeit vorher gestorben. Ich sollte sie als meine eigene über die Grenze bringen, aber in Paris konnte meine Mutter sie verkaufen. Tante Leah brannte nicht gerade darauf, mir die Uhr zu geben, aber es war nun einmal eine der Bestimmungen in Jacobs Testament, die sie nicht anfechten konnte. Ich sagte ihr, daß Hitler meiner Meinung nach ziemlich bald Krieg anfangen würde. Sie lachte mich nur aus. Hitler sei selber Soldat gewesen, sagte sie, er habe an der Westfront einen Gasangriff erlebt, und er wisse, daß das deutsche Volk keinen Krieg mehr mitmachen würde. Irgendwie würde Deutschland die Ungerechtigkeiten des schrecklichen Versailler Vertrages in Ordnung bringen. Und was den Antisemitismus beträfe, der sie und ihre Kinder zu Parias mache – das würde auch vorübergehen. Der gesunde Menschenverstand verlange es,

und im übrigen richte er sich in Wirklichkeit ja gegen »diese Leute von östlich der Oder«. Wenn die einmal alle dahin zurückgekehrt seien, woher sie gekommen wären, dann gäbe es keinen Grund mehr, deutsche Juden zu diskriminieren. Es war für sie wie für so viele andere zugegebenermaßen schwierig, in der gegen sie gerichteten Brutalität »einer Nation, die Goethe, Heine, Brahms und Beethoven hervorgebracht hat«, mehr zu sehen als »einen vorübergehenden Exzeß«. Ihre Töchter waren da realistischer. Sie hatten schon vor Jahren zusammen mit anderen jüdischen Jugendlichen zionistische Untergrundgruppen gebildet.
Eine etwas andere, aber ebenfalls rosige Sicht herrschte weiterhin in den kleinen Pariser Hotels. Es war schrecklich einfach: Früher oder später würden Deutschlands Machthaber sich übernehmen. Die übrige zivilisierte Welt, und vor allem Frankreich, warte bloß auf »den richtigen Augenblick«, um »unser« Deutschland wieder »uns« zurückzugeben. Gewiß, ich war noch zu jung und zu unerfahren, um mit ihnen zu streiten. Selbst Lou Straus-Ernst reagierte auf meine Befürchtungen mit einem in weite Fernen gerichteten Blick: »Wir haben die Vernunft und die Moral auf unserer Seite, und die sind stärker als marschierende Stiefel und hysterische Ausbrüche.«
In diesem Jahr hatte ich ein bittersüßes Weihnachten. Gerade hatte Lou einen Brief von Hans Augustin erhalten, in dem er ihr mitteilte, daß es ihm gelungen war, die kostbaren Bürgschaftserklärungen für mich zu bekommen. Irgendwann, innerhalb der nächsten sechs Monate vielleicht, wäre ich sicher bei ihm in New York, und nun sei es Zeit für sie, die entsprechenden Anträge zu stellen, damit sie mir nach »drüben« folgen könnte. Wieder äußerte Lou diese Befürchtungen über Amerika, die ich so oft von ihr, ihren Freunden und Kollegen gehört hatte. »Was wird mit der Sprache?... in den Filmen bewegen sich ja kaum die Lippen... wer wird meine Arbeiten veröffentlichen?... Amerika ist etwas für junge Leute, die Städte sind so unpersönlich, und das hochgeputschte Tempo des täglichen Lebens... und es ist so groß, es ist so groß... Nein«, sagte sie, »ich denke, ich werde hier auf dich warten. Hier sind alle meine Freunde. Paris ist nicht Köln, aber es liegt auf demselben Kontinent, und manchmal vergesse ich sogar

Lou im Pariser Exil, etwa 1936.

die Unterschiede. Wenn du dort bleiben mußt, komme ich vielleicht eines Tages zu dir. Bis dahin kannst du schon berühmt und erfolgreich sein. Darum geht es doch wohl in Amerika, oder nicht? Bei dir kann ich mich dann zu Hause fühlen und fürchte mich nicht so.«
Das halbjährliche Zusammensein mit den einzigen Menschen, die mir persönlich etwas bedeuteten und die mir meine bittere Isolation für den Rest des Jahres erträglich machten, hatte diesmal von Anfang an etwas von seinem erwartungsvollen Glanz verloren. Fast fünf Jahre lang hatte ich mich nun stets auf diese Besuche gefreut. Aber vielleicht war das bloß leerer Wahn gewesen. Keiner, so fürchtete ich, würde je wieder »nach Hause« kommen. Die Zukunft, wie sie in Tausenden individueller Träume in schäbigen Zimmerchen, in Straßencafés, auf den Bänken des Jardin du Luxembourg heraufbeschworen wurde, zog sich zurück. Bestenfalls konnte man das Leben im Exil, in dem man sich auf Zeit eingerichtet hatte, unbegrenzt weiter fortführen. Die weißrussischen Generale, die vor langer Zeit das Glück hatten, ihre prächtigen Uniformen gegen die falschen Goldlitzen und Quasten vornehmer Türhüter eintauschen zu dürfen, hatten die Erwartung eines Wiedersehens mit den Türmen von St. Petersburg längst zu der Einsicht gedämpft, daß dies wohl erst einer noch ungeborenen Generation vergönnt sein werde.
Während unseres bescheidenen, aber doch festlichen Weihnachtsmahls in Zimmer 411 erhob ein weißhaariger Anwalt aus Mannheim, der sich illegal als Aushilfe durchbrachte, indem er in einer großen Anwaltskanzlei Prozeßberichte verglich und sortierte, sein Marmeladenglas mit Rotwein und brachte einen Toast auf Lous Sohn aus, dem bald das große Abenteuer bevorstünde, über den Ozean nach Amerika zu schippern. »Viel Glück für Jimmy zu seinem letzten Weihnachtsfest in Paris«, sagte er und fügte hastig hinzu ». . . naja, für ein paar Jahre jedenfalls.«
Lou ließ den Kopf hängen, Tränen liefen die Wangen hinunter in ihr Glas. »Mutter, du verwässerst deinen Wein. Komm, trink aus.« Aber dann weinte ich auch. Und mitten in dem Gefühlsüberschwang und der Melancholie des Augenblicks dämmerte mir irgendwo im Hinterkopf, daß ich Europa nicht bloß verließ, um

darauf zu warten, daß die Geschichte sich zu meinen Gunsten umkehre. Mir war sehr deutlich bewußt, daß meine Kenntnisse über die Vereinigten Staaten von Amerika äußerst begrenzt, wenn nicht oberflächlich waren, aber ich war jung und Amerika auch. Wenn ich tatsächlich dorthin gelangte, dann war ich es mir selbst und auch dem Volke, das ich dort vorfinden würde, schuldig, ein Teil von ihm zu werden und vielleicht sogar etwas zu seinem Leben beizutragen. Das ehrwürdige alte Europa erstickte langsam an den Ideen, die dem siebenunddreißig Jahre alten Grab des Philosophen Friedrich Wilhelm Nietzsche entstiegen. Nein ... ich würde versuchen, nicht als Flüchtling nach Amerika zu kommen.

Die drei Bürgschaftserklärungen waren tatsächlich beim amerikanischen Konsulat in Hamburg eingetroffen, und der Einwanderungsbeamte, der mich dort nach meiner Rückkehr aus Paris befragte, schien recht beeindruckt, daß neben der Bescheinigung von Hans Augustin die beiden anderen von den berühmten Anthropologen Franz Boas und Gladys Reichard unterschrieben waren. Er fragte, woher ich diese Leute kenne, und ich erzählte ihm, daß ich in den letzten Jahren mehrere ihrer Bücher gesetzt hätte. Er schob ein Bündel Fragebogen über seinen Schreibtisch und verlangte genaueste Auskünfte über jede Einzelheit meiner familiären Herkunft und meiner persönlichen Vergangenheit. Es machte mich zwar ein bißchen nervös, daß ich doch ganz beträchtliche Nachforschungen anstellen mußte, um Informationen zu liefern, die ich nicht parat hatte, aber irgendwie fühlte ich mich auch beruhigt, weil die Vereinigten Staaten äußerst vorsichtig waren bei der Auswahl der Leute, die sie ihre Küsten betreten ließen. Ich brauchte mehrere Wochen, um alle Daten von mütterlicher und väterlicher Seite herbeizuschaffen. Triumphierend brachte ich das Resultat zur Einwanderungsabteilung des Konsulats – aber so einfach sollte es denn doch nicht sein. »Jetzt geht das alles zur Botschaft in Berlin und zum Arbeitsministerium in Washington. Dann werden wir sehen, welche Quoten unserem Büro hier zugeteilt werden, und dann sind Sie auf der Warteliste.« Der Beamte lächelte mir zu. »Nur nicht nervös werden. Das muß jeder hinter sich bringen. Halten Sie nur Verbindung mit uns ...

ach ja, hier ist noch ein Formular; vereinbaren Sie einen Termin mit dem Gesundheitsdienst am Ende des Flures für eine ärztliche Generaluntersuchung; wenn Sie dann Ihr Visum bekommen, werden Sie noch einmal untersucht. Vielleicht haben Sie sich während der Wartezeit etwas geholt, was Sie disqualifiziert.«
Die Untersuchung verlief sehr gut. Es war ein einzigartiges Erlebnis; nie zuvor war mein Körper so erschöpfend beklopft, geprüft und abgehorcht worden. Leider konnte ich nicht verstehen, was der Arzt während der Untersuchung der Schwester diktierte, und zum ersten Mal wurde mir angst und bange bei dem Gedanken, daß meine Englischkenntnisse praktisch gleich Null waren. Was konnte meine ganze höhere Bildung mit Französisch, Latein und Griechisch mir nützen, wenn ich mich irgendwo in New York um eine Stelle bewerben wollte . . . und sei es als Schriftsetzer. Meine Angst legte sich ein bißchen, als der Doktor auf deutsch sagte: »Im Augenblick sind Sie gesund. Aber wir werden Sie noch einmal ansehen müssen . . . wenn Sie es schaffen.«
Alle diese Maßnahmen und Äußerungen liefen gelassen und sachlich ab, was in erfreulichem Gegensatz zu der pompösen Boshaftigkeit deutscher oder auch französischer Bürokratien stand. Ich hatte sogar den flüchtigen, wenn auch ganz undenkbaren Eindruck, daß es für amerikanische Beamte nichts Ungewohntes sei, Widerworte von ihren Bürgern zu hören. Dennoch – das Gefühl, daß ich bei einer Riesenlotterie mitspielte, zu der Tausende wie ich ein Los gekauft hatten, war, vorsichtig ausgedrückt, etwas beunruhigend. Die meisten Länder, die überhaupt Einwanderung zuließen, hatten bereits entschieden, daß die Grenze ihrer Aufnahmefähigkeit nun erreicht sei. Unzählige Menschen saßen mit Besuchervisa in Paris, London, Shanghai, Santiago, Rio de Janeiro, Havanna oder anderen zeitweiligen Zufluchtsorten und warteten darauf, ihr Visum für Amerika zu bekommen. Das waren zum größten Teil Leute, die sich solche Reisen finanziell leisten konnten. Wer die lebensrettende Genehmigung erhielt, in irgendeinem Hafen an irgendeiner der amerikanischen Küsten an Land gehen zu dürfen, der hatte in der Tat das große Los gezogen. Ich wußte genau wie alle anderen auch, daß es in Amerika erheblichen Widerstand gegen die Erhöhung der diversen Einwanderungsquo-

ten gab. In den Vereinigten Staaten herrschte infolge der Depression noch massive Arbeitslosigkeit, und man fürchtete zu Recht, sich mit Wellen von Neuankömmlingen um die angebotenen Arbeitsplätze streiten zu müssen.
Monatelang verbrachte ich nun mindestens zwei Tage jeder Woche in dem stets überfüllten Wartezimmer des Konsulats, und mein sehr begrenzter englischer Wortschatz wurde um den Satz bereichert: »Sorry, Mr. Ernst, nothing yet.«

In der Zwischenzeit gewannen die Wirren in Europa an Tempo, während Hitler, Göring und Goebbels ihr Volk zu fanatischer Vaterlandsliebe aufputschten und ihm eine Welt des Wohlstands und des Friedens versprachen, sobald ihr Traum verwirklicht und alle »deutschen Volksgenossen« unter einer Fahne vereint seien. Die Sudetendeutschen in der Tschechoslowakei setzten Terror und Tumult fort. Nazis in Österreich demonstrierten gewaltsam gegen ihre Regierung, die ihnen als beschwichtigende Geste kurz zuvor erlaubt hatte, ihre braunen Uniformen wieder zu tragen. Léon Blums antifaschistische Koalition, *Le Front Populaire*, war in kleine Fraktionen aufgesplittert, als er im Juni 1937 vom Posten des französischen Premiers zurücktrat. Allwöchentlich fast erschien wie auf Kommando eine Parade devot lächelnder europäischer Staatsmänner in den stattlichen Räumen des Reichskanzlers und des Außenministers von Ribbentrop, oder sie ließen sich, stolz das bei der Jagd erlegte Wild präsentierend, mit Göring auf einem seiner großen Güter photographieren.
Anfang März stieß ich im Augustin-Betrieb auf einen jungen Angestellten, der an seinem Schreibtisch saß und Freudentränen vergoß. »Nie hätte ich gedacht, daß ich einen so glorreichen Tag erleben dürfte. Unser Führer und unsere großartige Wehrmacht haben Deutschland und Österreich zu einer Nation gemacht. Gerade hat Mussolini telegraphisch gratuliert. Welch ein Glück für mich, in diesen geschichtlichen Zeiten zu leben. Deutschland ist wiedergeboren.« ... Der Wahnsinn wuchs, und ich fühlte mich in der Falle.
Ein paar Tage später ließ Heinrich Augustin mir eine Botschaft seines Sohnes zukommen, ich müßte sofort eine Verabredung mit

einem Vertreter der United States Lines in deren Hamburger Geschäftsstelle treffen.
Der Mann in seinem durch Glasscheiben abgetrennten Büro kam gleich zur Sache. »Wir wissen, daß Sie in die Vereinigten Staaten auswandern wollen und noch auf Ihre Quotennummer warten. Haben Sie schon Absprachen mit einer Schiffahrtslinie getroffen, um hinzukommen?« Ich sagte ihm, daß ich das für etwas verfrüht gehalten hätte, denn meine Aussichten seien so ungewiß, und außerdem wäre ich abergläubisch und wollte mein Glück nicht herausfordern. Er lachte mich aus. »Aberglauben schafft Sie nicht über den Atlantik.« Er reichte mir ein Bestellformular für eine Passage nach New York. »Wenn Sie das unterschreiben, werden wir festzustellen versuchen, was Ihren Fall verzögert. Ich kann Ihnen nichts versprechen, aber wir werden sehen, was wir hier tun können.« Ich unterschrieb ohne Zögern. Wenn ich fuhr, dann wollte ich selbstverständlich auf einem amerikanischen Schiff fahren. »Das Datum der Abreise müssen wir offen lassen ... Und was das Herausfordern Ihres Glücks betrifft, haben Sie nur keine Angst vor dem Glück. So selten ist es gar nicht.« Ich ging direkt zum Konsulat, um wieder nachzufragen. »Sorry, Mr. Ernst, nothing yet.«
Genau eine Woche später wurde ich zu einer weiteren ärztlichen Untersuchung nach Hamburg bestellt. »Nun, junger Mann, Sie atmen ja noch. Aber Ihr Puls ist ein bißchen schnell. Nur ruhig! Worüber regen Sie sich denn so auf?. . . Ziehen Sie sich wieder an. Gehen Sie den Flur hinunter zum Wartezimmer und entspannen Sie sich, bis Ihr Name aufgerufen wird.«
Mein Pulsschlag wurde wahrscheinlich nicht langsamer, und er beschleunigte sich noch mehr, als ich dem Konsul hinter seinem Schreibtisch gegenüberstand. »Nehmen Sie Platz, Herr Ernst. Ich will eben noch einmal Ihre Akte durchsehen . . .« Schließlich blickte er auf und sagte: »Bitte, stehen Sie auf und heben Sie die rechte Hand. Schwören Sie, daß die Angaben in diesem Antrag die Wahrheit und nichts als die Wahrheit sind?« Aus weiter Ferne hörte ich mich mit der Bestätigung antworten. Er lächelte mir zu. »Ich denke, Sie werden ein guter Bürger der Vereinigten Staaten sein. Holen Sie sich die fertigen Papiere in vier Tagen ab, und dann

können Sie jederzeit auf ein Schiff nach Amerika gehen. Viel Glück.«

Irgendwie fand ich den Weg zum Büro meines hemdsärmeligen Engels bei den United States Lines, und ich dankte ihm überschwenglich. Er sah mich über seine Brille hinweg an. »Danken Sie mir nicht«, sagte er. »Ich habe gar nichts gemacht. Das wäre ungesetzlich. Vielleicht habe ich ein bißchen nachgeholfen bei dem Glück, vor dem Sie Angst hatten. Nun wollen wir mal sehen ... die beiden nächsten Überfahrten sind ausgebucht. Wie wär's mit der SS Manhattan, Anfang Juni? Sie möchten wahrscheinlich noch ihre Mutter in Paris besuchen, bevor Sie fahren. Ich werde Sie für den 3. Juni ab Le Havre eintragen. Holen Sie das Ticket ab, wenn Sie nächste Woche vom Konsulat die Papiere bekommen haben. Die Manhattan ist ein schönes Schiff. Gute Reise.«
Ich glaube, Heinrich Augustin hatte Tränen in den Augen, als er einen Scheck für die Fahrkarte nach Paris und für die Schiffspassage ausschrieb. »Geh damit zur Bank und paß gut auf das viele Bargeld auf. Es ist mehr, als du für die Reise brauchst. In den Sachen, die ich an dir kenne, kannst du nicht nach Amerika gehen. Und jetzt an die Arbeit, du bist immer noch Lehrling hier.«
Der Verkäufer in dem Hamburger Geschäft für Herrenkleidung muß sich bei seinem Chef eine Sonderprämie verdient haben. Er wisse alles über Amerika, sagte er, sein Bruder lebe drüben in einem Ort namens Patersons, New Jersey. Er wußte ganz genau, was ich »drüben« als Grundausstattung brauchen würde; ich wolle doch sicher nicht wie ein »greenhorn« aussehen, wenn ich vom Schiff ginge. Er verkaufte mir die ausgefallensten Anzüge, Jacken, Hemden und Krawatten. »Das hier ist sehr wichtig, Schleifenbinder; das trägt der elegante Herr dort.« Er dürfte seinen gesamten Vorrat an unverkäuflichen Ladenhütern geräumt haben, und ich war zu schüchtern, ihm zu widersprechen. Sein abschließender Coup war, mir drei Gangsterhüte der zwanziger Jahre zu verkaufen, denn: »Das Regenwasser, das von diesen Wolkenkratzern heruntertropft, ist sehr schmutzig, wissen Sie, und Sie wollen doch nicht, daß Ihnen die Haare ausfallen?« Drei davon würde ich brauchen, sagte er, »weil es manchmal wochenlang pausenlos

regnet.« Bei einem braunen Regenmantel war dann für mich Schluß. Ich konnte nicht glauben, daß Amerikaner nazibraune Regenmäntel trügen.

Ich warf keinen »langen Abschiedsblick« auf mein Zimmer in Glückstadt, nicht einmal auf Glückstadt selber, als der Augustin-Wagen mich und mein Gepäck zu dem kleinen Bahnhof brachte. Diesmal hatte ich nur eine Hinfahrkarte nach Paris. Die Lautsprecher an den einzelnen Haltestationen füllten die Zeit, in der keine Propaganda ertönte, mit Schlagermusik. Am beliebtesten war damals in Deutschland *Bei mir biste scheen*, gesungen von den Andrew-Sisters. Alle schienen stolz darauf zu sein, daß Amerika ein deutsches Lied produziert hatte. Irgendeiner im Propagandaministerium würde allerdings seine Hakenkreuz-Armbinde einbüßen, wenn man entdeckte, daß es ein jiddischer Text war. Begeistert sang ich die Worte mit einem Schwarm Matrosen auf Landgang, die zu einem Zech-Wochenende auf Hamburgs Reeperbahn unterwegs waren, und das immer wiederkehrende »Wunderbar!« betonte ich besonders.

Die Landschaft und die Städte meines Geburtslandes flogen an mir vorbei, wie immer in den letzten fünf Jahren. Es sah alles ganz harmlos aus, aber das Stampfen der Räder beschwor das rhythmische Dröhnen früherer Ängste herauf. Es war eine eindringliche Musik aus verführerischen Wiegenliedern: *Hänsel und Gretel*, Mozarts *Zauberflöte*, Beethovens *Fidelio*, das *Horst-Wessel-Lied*, *Deutschland, Deutschland über alles*, Weihnachtslieder, Wagners *Lohengrin*, Stücke aus Bachkantaten, die *Internationale*, deutsche Trinklieder und sonst noch allerlei, wechselnd mit dem fahrenden Zug, wenn er langsamer wurde oder in einen Tunnel einfuhr. Draußen rief die Landschaft die zahllosen früheren und jetzigen Sorgen und Ängste wach. Ich war gar nicht mehr so sicher, daß meine angeblich »glückliche« Kindheit jemals anders als voller Furcht und Unruhe gewesen war. Das schützende Nest in der Emmastraße war ein Trugbild.

Die Schornsteine vorbeihuschender Häuser erinnerten mich plötzlich an frühes Entsetzen. Man hatte am Kaiser-Wilhelm-Ring mein Bettchen in den Alkoven eingepaßt, den ein solcher das ganze Gebäude durchziehender Kamin bildete. Die Ziegelsteine waren unter beigefarbener Tapete mit einem ausgeprägten schwarzen Linienmuster verborgen. An einigen Stellen hatte sich die Tapete gewölbt, und direkt über dem Kopfteil war ein ganzes Stück abgerissen. Die so entstandene Form ging in meine Einschlaf-Phantasien ein, die sich schließlich zur Erscheinung eines grausigen Ungeheuers verfestigten, eines Krokodils vielleicht. Meine Mutter hatte den Menschenfresser schließlich mit einem Blatt weißen Papiers verdeckt, um meine Ängste zu lindern. Für mich allerdings war das Untier noch da, es wartete nur darauf, aus seinem zeitweiligen Gefängnis entwischen zu können. Erinnerungen an frühere Dämonen folgten einander ohne chronologische Ordnung. Als ich größer wurde, traten heimliche Ängste nur in Fieberträumen auf, aber die neue Gegenwart von Terror und Barbarei, unter dem Vorwand dieses oder jenes Ideals von Menschen gegen Menschen verübt, war zum beinahe alltäglichen Erleben geworden. Dies lief parallel zu all den angenehmen und herzlichen Begebenheiten meiner Kindheit und Jugend. Liebe und Lachen bedeuteten ein starkes Gegenmittel, niemals aber Immunität gegen jenes allgegenwärtige Pulsieren der schleichenden Gefahr.

Mir fiel ein, daß ich keinen Grund zu der Annahme hätte, mich allein hätte solch schweres Los betroffen. Bestimmt schleppte jeder einzelne der Passagiere, die hier in diesem Abteil Dritter Klasse von Station zu Station fuhren, seinen eigenen unsichtbaren Käfig voller Alpträume mit sich. Für viele von ihnen war die Illusion, die das Hakenkreuz erzeugte, die Erlösung aus ihren Ängsten. Man hatte ihnen gesagt und sie glaubten, daß es einen Weg gäbe, ihre heimlichen Dämonen kollektiv auf andere abzuladen. Aber ich ging und sie blieben. Als der Zug der Grenze dieses angstgeschüttelten Landes entgegeneilte, konnte ich beinahe körperlich fühlen, wie eine alte Haut, schwielig und abgehärtet gegen die Angst, sich von meinem Körper zu schälen begann. Allerdings konnte ich durchaus nicht sicher sein, daß ich nicht eine andere Art von Schutzpanzer brauchen würde in dem künftigen Leben, dem ich nun entgegenfuhr.

An der Grenze in Aachen wurde mir von den grün uniformierten Staatsdienern mehr als die übliche Aufmerksamkeit zuteil. Sie schickten alle anderen aus dem Abteil, um sich intensiv sämtlichen erforderlichen Papieren, meinem Paß und meinem Gepäck zu widmen. »Aha, Sie wollen auswandern... Gefällt Ihnen nicht, das Vaterland, was?... Sie sind Jude, aha, naja, die großen Vereinigten Staaten von Amerika, dieser Obstsalat da drüben, die haben solche wie Sie verdient... Machen Sie die Koffer auf... alle... Sieh einer an, Sie werden wenigstens ein sehr gut angezogener Auswanderer sein... So viel Zeit haben wir nicht, um das alles zu überprüfen... da gibt's nur eine Möglichkeit...« Die geöffneten Koffer wurden umgestülpt und ihr Inhalt über Fußboden und Sitze des Abteils verstreut.

»Alles auf den Boden...« Gewichste Stiefel durchwateten und durchpflügten meine Habe. Das erledigte unter anderem auch meine eleganten »amerikanischen« Hüte... »Nichts zu verzollen, wie?... manches von diesem Zeug schien mir nagelneu... aber jetzt sieht es aus wie gebraucht... Sie können anfangen zu packen. Aber beeilen Sie sich lieber, die anderen Reisenden werden ihre Plätze wiederhaben wollen.« Sie grinsten erst mich, dann einander an, zweifellos gratulierten sie sich zu einer gelungenen patriotischen Tat.

Ich stand auf dem Gang des mühsam voranstampfenden Zuges am offenen Fenster und blickte auf das Dickicht der vorbeiziehenden Wälder, die zum Ardennenplateau hinaufführten. Als Junge war ich per Anhalter hergefahren und hatte in diesen Wäldern gezeltet, und oft hatte ich das Gewehrfeuer der deutschen Grenzwachen gehört, die versteckte Schmuggler von Kaffee, Zigaretten und anderen teuren Importwaren von jenseits der nahen belgischen Grenze jagten. Ich wartete auf diese Grenzlinie, und als sie in Gestalt eines Markierungspfahls neben dem Eisenbahngleis kam, schloß ich die Augen und dankte jemandem. Fast war ich enttäuscht, nicht das erwartete Zuschnappen einer Falle gehört zu haben, die sich um eine Sekunde zu spät schloß. Die Räder waren nun schon eine ganze Weile für mich stumm geblieben, aber plötzlich summte ich mit ihnen eine Melodie der Bach-Kantate *147, Jesus bleibet meine Freude, meines Herzens Trost und Saft.* Sofort rügte ich mich wegen solcher Sentimentalitäten. Ebensogut hätte ich mich für Tamino aus der Mozartoper halten können, der tapfer seine Flöte blies, während er Sarastros letzte Feuerprobe bestand. Nichts wirklich Dramatisches war passiert, außer vielleicht der Szene vor einer knappen Stunde. Der in den Dreck geworfene Inhalt meiner Koffer hatte mich seltsam unberührt gelassen, weil das einzig »Deklarierbare«, das ich bei mir trug, die siebzehn Jahre meines Lebens waren. Bis jetzt hat noch niemand an irgendeiner Grenze eine Ausfuhrlizenz für das magische Gepäck erdacht, das diesen Dauerbesitz enthält.

Als ich am Gare du Nord aus dem Zug stieg, merkte ich sofort, daß alles, was ich hinter mir zu lassen hoffte, mir wieder entgegentreten würde, wo immer ich am Ende leben mochte. Paris zum Beispiel erstickte in einem gigantischen Verkehrschaos beiderseits der Seine. Anhänger des *Croix de Feu* und anderer rechtsextremer Organisationen hatten ihren nun vollendeten Sieg über die *Front Populaire* gefeiert. Versprengte Reste der gewaltigen Demonstrationen lärmten noch durch die Straßen und schrien Parolen gegen Ausländer, Juden, Bolschewisten und Algerier. Manche Gruppen schienen von berittener Polizei eskortiert zu werden, und zweimal sah ich selbst, wie die Polizei sie vor gleichfalls brüllenden Gegendemonstranten schützte und die Gegner auf Abstand hielt. An diesem Abend saßen nur wenige Pariser in den Boulevard-Cafés, um die milde Frühsommerluft der Stadt zu genießen.

Meine Mutter und die Freunde, die ich von vielen früheren Besuchen her kannte, hatten sich in Lou Straus-Ernsts Hotelzimmer geflüchtet. Diese Gruppe kam, wie so viele andere in ähnlichen Zimmerchen, aus rauhem Klima hierher; und Lou, die stets Optimismus auszustrahlen schien, war zu ihrem rettenden Engel geworden, wann immer die Wasser der Verzweiflung und der Einsamkeit bedrohlich stiegen.

Immer noch spielten sie ihr ewiges Gerüchtespiel, daß übermorgen der böse Traum zu Ende wäre. Zum ersten Mal widersprach ich ihnen und fragte sie, warum sie heute abend nicht in ihrem Lieblingscafé säßen. Ob sie Angst hätten vor diesen Mauerinschriften: A BAS LES JUIFS? Seien die Unruhen in den Straßen ihres geliebten Paris denn eine rein französische Angelegenheit? Auf das Argument, ich hätte keinen Beweis dafür, daß es in Amerika keine potentiellen Faschisten gäbe, erwiderte ich, ich hätte auch meine

Zweifel, daß seine Straßen goldgepflastert seien, aber ich hätte Grund zum Optimismus bei einem Land, in dem ein Jude, Herbert Lehmann, zum Gouverneur des bevölkerungsreichsten Staates gewählt worden sei.
Ich gab mich sehr mutig und hielt ihnen einen etwas theatralischen Vortrag, daß ich keine Lust hätte, mit ihnen auf einem abgestorbenen Baum zu sitzen, während ringsum der Waldbrand wütete. »Hitler, Mussolini, Himmler, Göring, Horthy und Stalin – sie alle werden mal sterben ... aber nicht dann, wenn ihr es gern hättet. Ich habe jetzt mehr als fünf Jahre lang euren Phantasien zugehört. Kann sein, daß ihr auch vorher, als ihr noch zu Hause wart, so geredet habt. Damals hattet ihr Angst, aber wenn man euch reden hörte, stand felsenfest, daß alles so werden müßte, wie Ihr es Euch wünschtet.« Daß ich selbst ziemlich unsicher war, wie das Leben jenseits des Atlantik wohl sein würde, überspielte ich, indem ich mich in Positur warf: »Ich kann auf eure nächsten Wunder einfach nicht mehr warten.«
Lou schimpfte mit mir wegen meines mangelnden Gespürs für die Probleme ihrer Freunde, wie sie sagte, und auch wegen meiner Ausdrucksweise, die sie »ein bißchen zu großsprecherisch für mein Alter und meine Unerfahrenheit« nannte. Ich sagte ihr, daß ich eigentlich nur zu ihr gesprochen hätte. Ich wollte sie noch einmal dringend bitten, und würde das auch immer wieder tun, mir so bald wie möglich zu folgen. Sie schüttelte nur stumm den Kopf und begann, all ihre Zweifel und Befürchtungen zu wiederholen, die ich schon so oft gehört hatte. »Jedenfalls – nicht gleich. Vielleicht später ... und wahrscheinlich wird es überhaupt nicht nötig sein ... Das kann ja nicht bleiben. Das wird wieder verschwinden, weil ... naja, es kann eben einfach nicht von Dauer sein. Es verschlingt sich selbst ...«
Ich fiel ihr ins Wort. »Nein, es verschlingt sich nicht selbst. Es verfügt über unsere Körper und unsere Seelen, es bedient sich an uns wie an den Obst- und Gemüseständen der Rue Mouffetard am Sonntagmorgen.«
Sie sah mich erschrocken an. »Du wirst schrecklich schnell erwachsen ... urplötzlich ... solche Sachen hast du als Kind nur gesagt, wenn du hohe Temperatur hattest. Vielleicht waren das ja

nicht nur Fieberphantasien. Manchmal hast du Geschichten erfunden über Dinge zwischen Max und mir, die du eigentlich gar nicht wissen konntest, weil du noch zu klein warst.« Ich konnte mich ihr nicht verständlich machen. Viel mehr als ein Ozean lag zwischen ihrer Welt und Amerika.

Mein Vater war gerade dabei, sein Leben gründlich zu ändern. Er kehrte Paris den Rücken und hatte mit den Surrealisten endgültig gebrochen. Er sei es müde, sagte er mir, daß kleinliche Streitereien in der Gruppe ständig zu großen Auseinandersetzungen mit ihrem »Gewissen« André Breton aufgebauscht würden. »Ich war einmal Soldat, und das war mehr als genug, und das war auch in einem anderen Leben. Wir sind nicht die Armee und für mich gibt es auch keine Generale . . . und dann all diese kleinen Leutnants und Obersten um ihn herum.« Ich vermutete, daß es wieder »Ausschlüsse« und »Versöhnungen« wie 1926 gegeben hätte. Er gab mir einen kleinen Einblick in die persönlichen Zerwürfnisse unter den Surrealisten nach den Umwälzungen in Moskau. Eluard hatte sich geweigert, Breton in der Begeisterung für Trotzki nachzueifern, und seine Freunde wurden dringend aufgefordert, ihn zu meiden. Er durfte auch nicht doktrinär oder bedingungslos für Stalin sein, denn das hätte in der Tat seine enge Beziehung zu Max sehr belastet, der die Unterwerfung unter irgendeine Parteidisziplin immer verachtet hatte. Eine Folge seines endgültigen Bruchs mit den Surrealisten als Gruppe war, daß Max sich entschloß, Paris zu verlassen. Er hatte in Saint-Martin d'Ardèche bei Avignon eine verlassene Häusergruppe erworben und war mit Leonora Carrington dort eingezogen. Er war dabei, die Gebäude in seiner typischen schrulligen Art neu herzurichten; eine Kirche und ein Postamt nutzte er als Ateliers und schmückte die Wände innen und außen mit Zementreliefs. Hier, so hoffte er, würde er für sich und seine große Liebe – wie er wörtlich sagte – »ein kleines bißchen Frieden« finden. Und hier entstand eins seiner stärksten Werke aus jener Zeit, eine große Leinwand mit dem passenden Titel *Un peu de Calme* (Ein wenig Ruhe). Ich stieß also mit all meinen Bedenken hinsichtlich seiner persönlichen Sicherheit in Europa bei ihm bloß auf leicht belustigte Ärgerlichkeit.

Er war extra nach Paris gekommen, um vor meiner großen Reise noch einmal mit mir zusammen zu sein. Eines Abends lud er mich wieder zum Essen in die Cloiserie des Lilas ein. Etwas verlegen meinte er, dies sei möglicherweise »unser letztes Essen«. Es wurde ein langer und denkwürdiger Abend. Ja, er war die Erfüllung eines Traums, die so manchen Vätern und Söhnen versagt bleibt; fast ziellos schweiften wir durch die zahllosen Winkel vergangener Gemeinsamkeiten, berührten Gedanken und Vorstellungen zur Gegenwart und die zwangsläufig unbestimmten Aussichten für die bevorstehende Nacht, die nur ein anderes Wort war für die optimistische Bezeichnung »Zukunft«.

Zuerst fühlte sich keiner von uns beiden so recht behaglich. Wir redeten über Dinge, die eigentlich längst erledigt und vorbei waren. Nun aber sollte zur gewohnten Distanz zwischen uns noch die geographische Entfernung kommen. Vielleicht lag der Gedanke der absoluten Endgültigkeit in der Luft. Max nannte sich einen Rabenvater, der das Nest verläßt, kaum daß sein Junges ausgebrütet ist. Er versuchte, mir zu erklären, daß sein Leben und seine Arbeit mit den geltenden Normen des Familienlebens unvereinbar seien. »Hätte Lou es 1923 zugelassen, daß wir unsere Ehe weiterführten, wäre es wohl allen Beteiligten ganz schön elend ergangen. Sie hat das gewußt, und wir sollten froh sein, daß sie Nein gesagt hat zu diesem Gedanken ... Köln und Deutschland waren schon damals erstickend für mich, und Paris, wohin ich gehöre, hätte für dich auch nicht das Glück bedeuten können oder eine ungestörte Kindheit ... Du darfst aber nie auch nur einen Augenblick lang glauben, du wärst ein unerwünschtes Kind gewesen.«

Während er so sprach, kam mir ganz plötzlich der Gedanke, daß mein Vater wie ein Mann aussähe, der dem eigenen Ich ein Fremder ist oder bestenfalls ein bloßer Beobachter. Und wieder, diesmal noch stärker, sah ich ihn von einer ganz eigenen, dem normalen Menschen fremden Realität so sehr beherrscht, daß die üblichen Wertmaßstäbe auf ihn unmöglich anwendbar waren. Diese Entdeckung überschwemmte mich mit einem Gefühl, das wie Erleichterung war. In diesem Augenblick begann ich, das Wesen seines Werkes und seine eigentümliche Losgelöstheit in wichtigen Phasen seines persönlichen Lebens umfassender zu ver-

stehen. Ich spürte, wie unangenehm, ja peinlich ihm sein Bemühen war, sich mir als Künstler und als Vater zu erklären. Bis jetzt hatte ich unsere schwache Beziehung darauf zurückgeführt, daß er sich offenbar vor zu starken Gefühlen fürchtete, daß wir getrennt in Zeit und Raum lebten und daß ich selbst in meiner Unreife noch voller Vorurteile war. Die zerbrechliche Brücke zwischen uns, die er nun gefestigt hatte, auch wenn das für ihn eine peinliche und schwierige Geste gewesen sein muß, wurde zur beinahe greifbaren Realität. Ich betrat sie bereitwillig und fiel ihm ins Wort, als er sagte: »Weißt du, ich bin nicht ganz und gar gewissenlos...« Ich sagte ihm, und es fehlte nur wenig an innerer Überzeugung, »gute« Väter gäbe es im Dutzend billiger, ich hätte sie kennengelernt bei meinen Mitschülern zu Hause und hätte festgestellt, daß es Despoten wären, mit denen ich nichts zu tun haben möchte. »Ach ja«, warf er ein, »wie deine Großväter Philipp und Jacob.« Ich ging noch weiter und bekannte, daß ich mir trotz gegenteiliger Ermahnungen Lous eine Vorstellung von ihm gebildet hätte, die Tatsachen und Hintergründe außer acht ließ.
»Ja, du warst zeitweilig ganz schön unmöglich zu mir.« Er grinste. »Gut möglich, daß du das von mir geerbt hast...«
»Um so vernünftiger«, erwiderte ich, »daß wir nicht unter einem Dach gewohnt haben, als ich aufwuchs.« Er fixierte mich mit gespieltem Grimm. »Richtig, aber es hätte mir vielleicht den Ärger erspart, über Picassos *Guernica* von dir ›entdeckt‹ zu werden.« Wir lachten uns an, offen und herzlich. Das Eis war gebrochen. Dann überließen wir uns hemmungslos sentimentalen Erinnerungen. Vielleicht war es der Wein, aber ich möchte lieber glauben, es war eine neue Atmosphäre, die ein paar intime, wenn auch unbedeutende Anekdoten zutage förderte.
Max erzählte von Lous tapferen, aber oft verheerenden Anstrengungen in der Küche, bis Maja als Retterin erschien, die mit Freuden Lou und mich fütterte, nicht aber ihn. »Sie war niemals mit mir einverstanden. Ihre Abneigung gegen mich war noch größer als die von Jacob Straus.« Er erzählte, daß ich als ganz kleines Kind bereitwillig zu jedem Mann, der uns besuchte oder bei uns aß, »Dada« sagte, weshalb er darauf bestand, daß ich ihn »Max« nannte und so zwischen meinem richtigen Vater und den

Freunden unterschied. Merkwürdigerweise, setzte er hinzu, hätte ich solche Probleme nie mit Frauen gehabt, die sich bei uns aufhielten. Jedenfalls war es seitdem immer bei »Max« geblieben, und er fühlte sich damit wesentlich wohler als mit irgendeiner Abwandlung von »Vater«. Als Baby hatte ich Paul Eluards Schoß genäßt, was Paul, so berichtete Max, als *condition humaine* hinzunehmen versuchte, während seine Frau Gala sich erregte. Sie interpretierte es als Lous Protest gegen ihre Anwesenheit, und das befriedigte wiederum Lou, denn Gala war bei uns ein nicht nur gern gesehener Gast. Am Ende blieb die Schuld an Maja hängen, die es versäumt hatte, mich zur rechten Zeit frisch zu wickeln. Max erinnerte sich auch, daß ich die verblüffende Angewohnheit hatte, Leuten, die zum Mittag- oder Abendessen zu uns kamen, einen Bonbon oder Keks entgegenzustrecken, nur um aus Leibeskräften zu brüllen, wenn mein Angebot ernst genommen wurde, was Hans Arp einmal tat. Tzara verlor angeblich nicht eine Sekunde lang die Fassung, als ich ihm das ganze Gesicht mit Schokoladenpudding beschmierte.

Meine eigenen Erinnerungen an Max reichten natürlich nicht ganz so weit zurück, ausgenommen vielleicht jenen wichtigen Tag 1922 in Tirol, als ich gerade zwei Jahre alt war. Ich fragte ihn, ob er sich überhaupt erinnern könnte, wie er bis zur Hüfte dort in dem See gestanden und wie ich mich brüllend dagegen gewehrt hätte, mich von ihm tragen zu lassen? Und ob es denn stimme, daß dies an eben dem Tag gewesen sei, an dem er Lou gesagt habe, daß er sie verlassen und mit Gala und Paul Eluard in Paris leben wolle? Ja, er erinnerte sich, aber nur vage, bis Eluard es ihm wieder erzählt hätte. Aber es sei schon merkwürdig: Mit dem Tag, an dem er über den Etagenflur umgezogen sei, um mehr oder weniger endgültig bei den Eluards zu wohnen und nicht mehr bei Lou, hätte ich aufgehört, sein liebes kleines Baby zu sein. Es habe ihn verblüfft, daß so ein Winzling derart spießbürgerlich auf das Verhalten seines Vaters reagieren konnte. Schließlich habe er mich doch täglich gesehen und mit mir zu spielen versucht, und er sei nur weg gewesen, wenn ich geschlafen hätte. »Andererseits«, sagte Max, »war ich als Kind auch sehr eifersüchtig, als man mir sagte, daß meine Mutter noch eine Tochter zur Welt gebracht hätte. Am

selben Tag ist mein heißgeliebter Kakadu gestorben, und für mich war meine neue Schwester an allem schuld.«
Als wir das Restaurant verließen, bat er mich, mit ins Atelier zu kommen. »Viele Möbel sind nicht mehr drin, aber ich habe eine Flasche Champagner da, und wir wollen zur Feier deiner Amerikareise ein Glas trinken.« Wir liefen den langen Weg durch die laue Pariser Nacht, als wären wir uralte Kumpels, die einen nächtlichen Stadtbummel hinter sich hatten.
Die Wohnung in der Rue Jacob war tatsächlich inzwischen ziemlich kahl. Es standen noch Feldbetten da, ein paar Umzugskisten und ein Steckenpferd, auf welchem Max von Homer Saint-Gaudens für das Magazin *Life* photographiert worden war. Einige Gemälde lehnten noch an den Wänden. Nie zuvor hatte ich Leonora Carringtons Arbeiten gesehen, und noch nie Bilder in diesem eigenartigen surrealistischen Stil. Phantastische Mondlandschaften, von tiefgrünen Gewässern durchbrochen, bevölkert mit mysteriösen Jungfrauen und unmißverständlich sinnlichen Pferdewesen. Ein unfertiges Doppelporträt von ihr und Max, auf dem er in das Kostüm eines freundlichen Hahns gehüllt war und eine antike Lampe hielt.
Leonora Carrington, nur drei Jahre älter als ich, hatte sich mit ihrer in England sehr bekannten Familie überworfen und war mit Max davongelaufen. Die Familie hatte nie in ihren Bemühungen nachgelassen, die beiden auf irgendeine Weise auseinanderzubringen. Sie war dabei so weit gegangen, bei den britischen Behörden einen Haftbefehl gegen Max wegen öffentlichen Vorzeigens pornographischer Bilder in London zu erwirken, während er auf dem Wege dorthin war. Nur mit Hilfe von Roland Penrose entging er während seines Aufenthalts der Entdeckung durch die Polizei.
»Alles, was ich jetzt möchte, ist, Paris für lange Zeit hinter mir zu lassen und mit Leonora in Ardèche zu leben... und sie zu lieben... wenn die Welt uns nur läßt.«
Beim trüben Schein einer greulichen Deckenleuchte leerten wir die Flasche, aus Kaffeetassen trinkend... Ja, er sah aus wie ein Vogel. Aber nicht wie ein bestimmter Vogel. In dieser Nacht hatte er etwas von allen Vögeln, außer den Aasfressern. Er zeigte den Ausdruck und die Haltung eines wütenden Adlers, eines weisen

Doppelporträt (die Künstlerin und Max Ernst) von *Leonora Carrington*, St. Martin d'Ardeche, 1940.

Raben mit schmunzelndem Witz in den Schnabelwinkeln oder eines gehörnten, in wachsames Schweigen versunkenen Uhus.
»Ich habe mich nicht wirklich gefreut, als André Breton vor Jahren an einer Straßenecke Ilja Ehrenburg eine Ohrfeige gab«, sagte Max nach einer Weile. Breton hatte zugeschlagen, weil Ehrenburg die Surrealisten »einen Haufen Päderasten« genannt hatte, denn sie hatten sich nicht geschlossen um Stalin geschart. »Ich selbst habe einmal Massimo Campigli geohrfeigt, weil er für Mussolini war. Und gleich hinterher habe ich gemerkt, wie sehr ich physische Gewalt verabscheue. Jedesmal, wenn man sich zu einer solchen Handlung hinreißen läßt, läuft man Gefahr, genauso hassenswert zu werden wie der andere Kerl. Ehrenburg ist in meinen Augen ein unbegabter Lohnschreiber, der sich an das Monster Stalin verkaufen mußte. Es war schlimm genug für ihn, daß er uns seinem Meister nicht liefern konnte. Und die Welt wimmelt von faschistischen Pimpfen wie Campigli. Ich hätte mir

nicht die Hände schmutzig machen sollen. Es ist schon merkwürdig anzusehen, wie sich Künstler Männern zu Füßen werfen, die nur überleben können, wenn sie Ideen morden. Armer Dali: Tut, als sei er irre und damit berechtigt, König und Franco als göttliche Offenbarung zu betrachten; armer Braque, träumt vom *Croix de Feu* und malt die Trikolore.«

Jetzt in der Surrealistengruppe zu bleiben, sagte Max, wäre ebenso schlimm wie zur Frühmesse zu gehen, sich zu bekreuzigen oder zu beichten. Er wollte nicht zum Feind seiner Freunde werden, nur weil es ihnen weniger ausmachte als ihm, sich von einem einzelnen Absolution erteilen zu lassen. Und da gab es noch eine andere Gefahr: das Wort »Revolution« wurde mißbraucht und mißdeutet. All die Propheten, besonders die linken, die für ihr Versprechen einer »neuen Morgenröte« bedingungslosen Gehorsam verlangten, waren entweder Scharlatane oder potentielle Verräter der eigenen Ideale. »Als Martin Luther die fünfundneunzig Thesen an die Wittenberger Kirchentür schlug, setzte er ein Blutbad in Gang, das lediglich die eine Art von Korruption durch eine andere ersetzte.«

Max war davon überzeugt, daß es noch eine andere Wahl gab als die, auf welcher Seite der Front man zur Leiche werden wollte. »Aber ich wünsche und erwarte nicht Ruhe und Frieden. Die gibt es nur im traumlosen Schlaf.« Vieles, was ich in dieser Nacht hörte, war mir nur oberflächlich bekannt. Natürlich wußte ich, daß die meisten Intellektuellen die Linke als einzig mögliches Mittel gegen den drohenden Faschismus in Europa ansahen, aber nur vage hatte ich ihre wachsende, bittere Enttäuschung wahrgenommen, als jenes hoffnungsvolle Bild der Menschlichkeit und der Menschenrechte fleckig wurde und verschwamm. Die Forderung des bedingungslosen Glaubens an eine Idee, die bis dahin meist nur Blut und Unterdrückung hervorgebracht hatte, wurde immer unannehmbarer, vor allem für Maler, Dichter und Philosophen, die ihre Arbeit und ihre Ansichten der unpersönlichen Kontrolle politischer Funktionäre unterworfen sahen. Die widerstreitenden Reaktionen auf diese bestürzenden Ereignisse dürften noch künftige Generationen verfolgen. Einige dieser ideologischen Schlachten werden immer wieder und immer neu geschlagen, mit stets

wechselnder Schlachtordnung vielleicht, aber mit denselben abgegriffenen Zinnsoldaten.
Der Eindruck, den *Guernica* auf mich gemacht hatte, war nur der Anfang. Ich hätte merken müssen, daß die Mißhandlung der »Entarteten Kunst« in Deutschland weit mehr war als nur ausfälliges Benehmen eines Haufens großmäuliger Hysteriker. Während ich meinem Vater so zuhörte, dämmerte mir, daß es da nicht um kleinliche persönliche Beschwerden ging. Die Erschaffung eines Kunstwerks, wie immer es am Ende aussehen mochte, war unvermeidlich auch ein politischer Akt. Ich habe noch oft an diese Nacht gedacht.

In den zwei Wochen Paris, die mir blieben, bemühte ich mich, mit allen erreichbaren Mitteln, um ein genaueres Bild von Amerika – wie es aussehen, wie es sich anfühlen mochte.
Franklin D. Roosevelt galt seit seiner Amtseinführung, die zehn Tage vor Hitlers Machtergreifung 1933 stattfand, bei Europäern – vielleicht aus Wunschdenken – als Amerikas Antwort auf Adolf Hitler. Die französische Presse beschränkte sich bei ihrer Berichterstattung aus den Vereinigten Staaten weitgehend auf den Präsidenten und seine Bemühungen, die Nachwehen der großen Depression zu überwinden. Neben Berichten über große Sitzstreiks in der Automobilindustrie und die klimatischen Unberechenbarkeiten jener fernen Gegend – Tornados in Kansas, schreckliche Überschwemmungen in Kalifornien oder Ohio – galt die Hauptsorge der Zeitungen der amerikanischen Außenpolitik. Man war bestürzt, als vor einem Jahr die Neutralitätsakte zum Gesetz erhoben wurde, womit jede Hoffnung auf Hilfe aus Übersee dahin war, sollte Hitler in Europa angreifen. Roosevelts Entschluß, im spanischen Bürgerkrieg neutral zu bleiben, hatte niederschmetternd gewirkt, aber in seinen jüngsten Stellungnahmen schien sich Roosevelt einer weniger isolationistischen Haltung gegenüber Europa zu nähern. Davor warnte der frühere Präsident Hoover; er gab den dringenden Rat, die Vereinigten Staaten dürften unter keinen Umständen »Bündnisse« mit irgendwelchen offen »antifaschistischen« Regierungen in Europa schließen und sich damit in einen weiteren Konflikt »da drüben«

verwickeln. Eine Entschließung des Kongresses, die Entscheidung über Krieg oder Frieden in jedem Einzelfall einer nationalen Volksabstimmung zu überlassen, wurde nicht in Kraft gesetzt, aber mit dem Gesetz zur Erweiterung der Marine sorgte man 1938 für eine zehnjährige Aufbauphase der amerikanischen Streitkräfte. Von der Kultur erfuhr das europäische Publikum wenig. Europa blickte noch sehr von oben herab auf Amerikas Literatur und seine Kunst, ausgenommen den Film. Amerika brachte überragende Sportler wie Joe Louis, Eleanor Holmes, Peter Fick und Donald Budge hervor. Die Namen Faulkner, Hemingway, Anderson, Steinbeck und Dos Passos wurden in Cafégesprächen von Eingeweihten genannt, aber in der großen Presse las man selten über sie. Noch weniger Interesse fand Amerikas bildende Kunst. Max hatte zum Beispiel festgestellt, daß die Hudson River School im neunzehnten Jahrhundert einige interessante Gemälde geschaffen hatte und daß die Nacktheiten Bouguereaus aus anderen als künstlerischen Gründen Massen auf die Beine brachten; aber meistens machten »kultivierte« Amerikaner ihren sozialen Aufstieg mit Bildern der französischen Impressionisten. Es gab ein paar mutige Leute. Julien Levys Galerie in New York hatte ziemlich früh Max Ernst und andere Surrealisten ausgestellt. Und dann war da ein sehr interessanter Mann, den ich, wie Max hoffte, kennenlernen würde: Alfred Barr, der viel Zeit bei ihm zugebracht hatte, um etwa achtundvierzig Werke für die Ausstellung »Fantastic Art, Dada and Surrealism« 1936 im Museum of Modern Art auszusuchen.

Zufällig war gerade eine Ausstellung »Drei Jahrhunderte amerikanischer Kunst«, organisiert von eben diesem Museum of Modern Art, im Jeu de Paume eröffnet worden. Die Kritik der Presse war vernichtend. Vielleicht hatten die Organisatoren alles ein bißchen zu dünn gestreut, um Malerei, Bildhauerei, Graphik, Architektur, Photographie und Film aus drei Jahrhunderten überhaupt unterzubringen. Die Pariser schenkten dieser Ausstellung allem Anschein nach nur sehr wenig Aufmerksamkeit. Die Räume waren immer ziemlich leer, wenn ich dort war, und ich ging viele Male hin und betrachtete diesen Teil des Lebens in dem Lande, in dem ich meinen Weg zu machen hoffte. Die Wände des Jeu de

Paume schienen tatsächlich ungastlich für das erbarmungslos sachliche Werk Eakins, die zurückhaltende Eleganz Whistlers oder einen mondhellen Ryder. Von den Zeitgenossen ist mir besonders Edwards Hoppers *House by the Railroad Tracks* (Haus an der Eisenbahnlinie, 1925) in Erinnerung geblieben, ein geradezu erschreckendes Nebeneinander leicht schäbigen viktorianischen Charmes und der Welt des Industriezeitalters. Joseph Stellas *Brooklyn Bridge* stach als poetischer Tribut an die amerikanische Technik hervor. Arshile Gorkys strenge Malerei hatte etwas Europäisches, und Ben Shahns *Six Witnesses* aus der Serie Sacco und Vanzetti hatte offensichtlich George Grosz und Otto Dix eine Menge zu verdanken. Allerdings merkte ich, daß ich aus Unkenntnis urteilte und mit Voreingenommenheit für die Kunst, mit der ich aufgewachsen war, und ich wurde dann auch ziemlich wütend, als ich jemanden sagen hörte, Stuart Davis' *Landscape with Garage Light* sei nichts weiter als ». . . ein steriler Abklatsch eines Künstlers, der den Kubismus nicht versteht . . .« Am meisten überraschte mich die Begegnung mit zwei sehr unterschiedlichen Bildern, die beide dem zeitgenössischen Leben entnommen waren. Das eine hieß *Daughters of Revolution* von Grant Wood. Ich fragte mich, wann und wo ich wohl diese drei Damen mit den verkniffenen Gesichtern treffen würde, die mit grimmiger Geziertheit ihre Teetassen hoben, so als wollten sie einen ungebetenen Eindringling verscheuchen. In direktem Kontrast dazu stand ein Gemälde von Alexandre Hogue, *Drouth Survivors*. Ich hatte von den katastrophalen Sandstürmen gelesen, die zahllosen Farmern in Kansas und Oklahoma den Ackerboden unter dem Pflug weggeblasen hatten, was ein Heer von verzweifelten Menschen auf den langen Treck ins ungastliche Kalifornien zwang. Das Hogue-Gemälde zeigte einen verlassenen Traktor, halb im Sand begraben, den dürren Rest eines Gebüschs, einen zerrissenen Stacheldrahtzaun, ein Erdhörnchen, im Begriff, in sein Loch zu verschwinden, zwei ausgezehrte, tote Rinder und eine riesige, lebende Klapperschlange, die sich einem der Kadaver näherte. Dahinter bis zum Horizont eine Wüstenlandschaft mit nichts als Sand.
Ich weiß nicht mehr, ob diese beiden Bilder nebeneinander hingen, für mich jedenfalls gehörten sie zusammen. War dieses Ame-

rika wirklich ein Land so extremer Gegensätze? Sprachen diese beiden Bilder für die Existenz anderer atemberaubender Zeugnisse der Weite Amerikas und der Lebensart seiner Bewohner?
Die Abteilung Architektur war faszinierend. Wolkenkratzer wie das Chrysler- und das Woolworth-Gebäude gab es auf dem alten Kontinent nicht. Jedes Haus, das höher als sechs oder sieben Stockwerke war, wurde in Europa sofort zur Touristenattraktion. In unseren Städten und Dörfern waren es die Kirchtürme, die ihre Finger in den Himmel reckten, New York und Chicago aber ähnelten den komplizierten Gebilden, die ich in meinem Zimmer in Köln aus Holzbausteinen aufgetürmt hatte in der ständigen Angst, jemand könnte eine Tür zuschlagen, und alles würde wie bei einem Erdbeben in sich zusammensinken. Nur noch drei Wochen, und ich würde eben dort hinfahren, und meine Ehrfurcht vor dem Maßstab Amerikas wuchs. Die Abteilung Photographie zeigte mir hochschwebende Brücken, die Ströme, die Rockies, die Wüsten; ich sah die Slums und die Park Avenue, den Schwarzen und den Weißen, die Indianer, die Chinesen, Menschen aus dem Mittelmeerraum, Slawen, propere Bostoner, Kohlenkumpels, Farmer, und ja ... Bettler. Wie konnte man dort drüben leben, ohne nichts als ein Pünktchen auf einer belebten Straße in der New Yorker Sommerhitze zu werden?
Die Tatsache, daß ich nicht einmal die Sprache konnte, hatte ich in den tiefsten Winkel meines Bewußtseins verbannt. Jetzt rückte alles so schrecklich nahe, und ich begann aufs neue jene fast schon vergessenen Ängste zu durchleben, die mich in Nächten vor einer wichtigen Lateinprüfung, für die ich hätte büffeln müssen, schlaflos gemacht hatten. Nie mehr Filme mit deutschen Untertiteln. Überhaupt nichts würde mehr Untertitel haben.
Ich sah in dieser Zeit einige amerikanische Filme, die zu dem verwirrenden Bild noch beitrugen. *Dead End* (Sackgasse, 1937), ein Porträt der Slums, war eine Sensation in Paris. Vor dem Kino gab es Demonstrationen gegen die soziale Ungerechtigkeit in den Vereinigten Staaten. Billy Hallop, Leo Gorcey und die anderen Kinder von *Dead End* wurden Thema lebhafter Kaffeehaus-Konversation. Ich sah den Film dreimal. *Stand In* zeigte Humphrey Bogart, der sich diesmal mit Leslie Howard und Joan Blondell

zusammentat, um ein Filmstudio vor dem Bankrott zu retten. Ein Film aus dem Jahre 1933, *Man's Castle*, mit Spencer Tracy und Loretta Young in den Hauptrollen, schilderte das Leben in einer *Hooverville*, einer Wellblechsiedlung vermutlich am Ufer des Hudson in der Gegend der George-Washington-Brücke. Tracy schlug sich kümmerlich durch, indem er den wimmelnden nächtlichen Broadway hinauf- und hinunterschlenderte, elegant in Frack und Zylinder, auf der gestärkten Hemdbrust leuchtende Werbebotschaften für die vorüberflutende Menge. Die Hektiker Frederic March und Carole Lombard haßten und liebten einander in *Nothing Sacred*. Mickey Rooney und Spencer Tracy drückten auf die Tränendrüsen in einer Geschichte von heimatlosen Jugendlichen in *Boys Town*. Robert Taylor, Judy Garland, George Murphy und Robert Benchley tanzten, gagten oder sangen sich durch das kaum glaubliche Geglitzer der *Broadway Melody of 1938*. Hungrig verschlang ich alles, auch den stundenlangen Disney-Film *Silly Symphonies*, der für Wochenschau-Kinos eine weitaus bekömmlichere Kost bot als Überschwemmungen, Streiks, politisches Kampfgetümmel und reisende Staatsmänner, die pausenlos Hände schüttelten. Da nahm es der verbindliche und unerschütterlich witzige Melvyn Douglas in *Theodora Goes Wild* mit der unberechenbaren Irene Dunne auf, da waren James Cagney im *Frisco Kid*, George Raft und Harry Carey in *Soults at Sea* ... und noch mehr. Ich sah mir alles an, was gezeigt wurde – nachts, am Nachmittag ... jederzeit ...

Max und Leonora Carrington nahmen mit mir im Café Flore einen Abschieds-Aperitif. Leonora bemühte sich, mir ein paar wichtige englische Sätze und Wörter beizubringen. »Damit wirst du wenigstens in der Lage sein, dich zurechtzufinden und in New York von deinem Schiff zu kommen...« Es wurde eine kleine Party daraus. Ein paar Freunde, die über den Boulevard schlenderten, stießen zu uns – Paul Eluard, Hans Arp, Alberto Giacometti und Man Ray. Max ging, um meine Mutter anzurufen, und Lou kam auch noch.

Man Ray geriet in Streit mit Leonora. »Du bringst dem Jungen ja britisches Englisch bei. Das gibt ein Gelächter – die ganze Gangway hinunter! Hör zu, was du sagen mußt ... und achte gut auf

die Aussprache...« Man Ray, ein drahtiger, lockenköpfiger Mann mit durchdringenden, aber nicht unfreundlichen dunklen Augen, war in den zwanziger Jahren als erklärter Dadaist nach Paris gekommen. Er hatte den Übergang zum Surrealismus mühelos geschafft, blieb aber in seinem Werk noch sehr dem Geiste Dadas verbunden. Seine *Rayogramme*, eine von ihm entwickelte photographische Technik, die keine Kamera, sondern nur die Dunkelkammer benötigte, war vielleicht sein wichtigster Beitrag zur surrealistischen Bewegung der Zeit. Berühmt war er auch durch seine Mode- und Porträtphotos, die in *Vogue* und anderen eleganten Publikationen erschienen, aber er wurde ziemlich streitlustig, wenn man ihn als »Photographen« bezeichnete, und er versuchte sogar, die *Rayogramme* zugunsten seiner Gemälde und seiner bearbeiteten Fundsachen abzuwerten. Vielleicht war es ihm peinlich, daß er finanziell ein bißchen besser dastand als seine Freunde und Genossen. Er sollte mir lebenslang Freund und Mentor werden, stets mit Rat und Kommentar zur Hand. Ganz langsam sprechend, damit ich sein Englisch verstünde, erzählte er mir: »Hör zu, Kleiner, ich bin in Philadelphia geboren. Das ist da, wo die Leute abends um acht die Bürgersteige hochklappen, sagt man. Dann zog ich ausgerechnet nach New Jersey... New Jersey?... Vergiß es... Nun, ich will dir keine Angst einjagen. Amerika ist eben etwas sehr, sehr Großes, und du wirst überrascht sein, wieviel Platz es da gibt, wo man etwas tun und sogar darüber nachdenken kann. Du wirst Menschen treffen, mit denen du reden kannst. Ich habe Stieglitz getroffen, und von da an war es, wie wenn man einen Kieselstein in den See wirft. Ich wollte nicht auf noch mehr kleine Wellenkreise warten und bin hier herübergekommen. Aber ich glaube, jetzt wirst du dort mehr Bewegung vorfinden als ich damals. Ein paarmal bin ich wieder hingefahren, und es ist chaotisch, und du wirst lernen müssen, anständig zu strampeln und die Nase oben zu behalten. Sieh dir nur an, was du hinter dir läßt. Wenn wir in zehn Jahren noch hier sind, dann komm uns besuchen.«
Ganz plötzlich verstummte das Tischgespräch. Dicht vor den Tischen auf dem Gehsteig stand Marie-Berthe und starrte Max und Leonora an. Max murmelte: »O nein, nicht schon wieder. Letztes-

mal hat sie Tassen und Teller nach uns geworfen ... noch ein guter Grund, aus Paris zu verschwinden.« Lou und ich gingen zu ihr hinaus, um mit ihr zu sprechen. Marie-Berthe war überrascht, sie hatte uns noch gar nicht gesehen. Sie brach in Tränen aus, als ich sie küßte, legte ihre Arme um uns beide und verbarg ihr Gesicht an unseren Schultern. Wir gingen mit ihr ein bißchen auf und ab, und ich erzählte ihr, daß ich in wenigen Tagen Europa verlassen würde. Sie nahm mein Gesicht zwischen ihre Hände und küßte es. »Ich verspreche euch, heute werde ich keine Schwierigkeiten machen. Ich gehe jetzt zur St.-Germain-des-Prés und bete für deine Zukunft in Amerika.« Als sie davonging, blickten Lou und ich uns an, und wir waren beide den Tränen nahe. Wieder im Café, warf Lou Max einen Blick zu, der eine sonderbare Mischung aus Vorwurf und Mitgefühl war. Er antwortete mit einem schwachen Achselzucken und sagte dann zu ihr: »Ich hoffe, Jimmy behält mich nicht auf diese Art in Erinnerung, wenn er weg ist.« Ich glaube, ich brachte ein Lächeln zustande und beruhigte ihn mit einem leichten Kopfschütteln.

Als der Schiffszug nach Le Havre langsam aus dem Bahnhof Saint-Lazare rollte, winkte nun ich, nicht meine Mutter, aus dem Zugfenster zurück, unterwegs in eine ungewisse Zukunft. Das letzte, was ich sah, war Max, der Lou sein Taschentuch für ihre Tränen reichte und seinen Arm um sie legte. Sie vergrub ihr Gesicht an seiner Brust und winkte immer noch, als der Zug den Gleisen in die Kurve folgte.
Ich ging zu meinem Platz zurück, den ich nach alter europäischer Tradition mit meinem Regenmantel als belegt gekennzeichnet hatte. Der Mantel und mein Koffer waren vor die Abteiltür auf den Gang gesetzt worden. Das Abteil war voll amerikanischer Touristen, in deren abweisenden Gesichtern sich nichts regte, als ich gegen die Enteignung meines Platzes protestierte. Ich beschwerte mich beim Zugführer, der sich am Kopf kratzte und lächelte. »Sie wandern aus nach Amerika?« Ich nickte. »Nun, am besten gewöhnen Sie sich gleich an ihre Sitten. Auch für eine neunzigjährige gehbehinderte Dame würden sie nicht aufstehen. Vieles von unserer Höflichkeit ist ihnen fremd. Sie können natür-

lich jetzt da hineingehen und Krach schlagen, aber es wird Ihnen nicht viel nützen. Setzen Sie sich einfach am Ende des Ganges auf Ihren Koffer. Diese Leute sind nicht schlecht; sie meinen eben nur, was sie einmal haben, das wollen sie auch behalten.«
Ich war nicht in der Stimmung, gegen Windmühlenflügel anzurennen, und fand ein Plätzchen, von wo ich aus dem Fenster schauen konnte. Ich sah die Pariser Vorstädte entschwinden und in die weite, flache Seinelandschaft übergehen. Im frühen Abendlicht dieses Junitages wurden die friedlich grünen und gelben Rechtecke der Äcker hin und wieder von weißgewaschenen Dörfer durchbrochen oder von der Ahnung eines Dorfes dort, wo ein Kirchturm zwischen flachen Hügeln hervorlugte. Kühe drängten sich um Wassertröge und Bauern brachten ihre von Pferden gezogenen Gerätschaften heim. Als der Zug bei einem Dorf die Fahrt verlangsamte, sah ich ein Fußballfeld, auf dem Jungen, etwa meines Alters, lebhaft in Aktion waren. Sie legten die Hände gegen das Sonnenlicht über die Augen, um dem vorbeifahrenden Zug nachzublicken. Von einer Biegung aus konnte ich sie immer noch sehen, viel kleiner jetzt und wieder beim Spiel. Eine Frau mit Schürze nahm im Garten eines Bauernhauses die Wäsche von der Leine, den Mund voller Klammern, unbeeindruckt vom Glockengeklingel der geschlossenen Schranke. Weiße Rauchwölkchen stiegen aus Schornsteinen auf. Das Abendessen der Familien wurde vorbereitet. Vogelscheuchen mit ausgebreiteten Armen wiesen zurück nach Paris und zum Kanal jenseits des Horizonts. Eine prunkte mit einer deutschen Pickelhaube aus dem letzten Krieg. Als es dunkler wurde, sah ich nicht nur das Draußen vorbeihuschen, sondern auch den Widerschein meines Gesichts auf der Fensterscheibe. Es war ein beinahe metaphysisches Erlebnis, und die Gegenwart begann sich mit Bildern der Vergangenheit hinter meinen Augen zu verflechten. Ich erblickte mich selbst auf einem Fußballfeld, wie ich es eben gesehen hatte. Aber wann ist das gewesen? In ein paar Wochen würde ich achtzehn sein. Vor etwa fünf Jahren, als mir die Wohnungstür in der Emmastraße vor der Nase zugeschlagen wurde, hatte ich abrupt aufgehört, ein Kind oder ein kleiner Junge zu sein. Spielen und Freundschaft mit anderen Kindern hatten von da an eine andere Färbung angenom-

men. Jene unmenschlichen, gesichtslosen Ungeheuer in den Straßen hatten mir meine Kindheit gestohlen.
Mit wachsendem Grimm und dennoch seltsam unbeteiligt blickte ich in mein transparentes Konterfei auf der Scheibe. Wie war es mir nur gelungen, all das, was ich erlebt und was man mir angetan hatte, durchzustehen, ohne ein erbärmliches Bündel aus Furcht und Haß zu werden? Gewiß, ich hatte gezittert vor Angst und Wut beim Anblick der bärtigen *Chassidim*, ihrer Frauen und Kinder, die am Sabbat auf den Knien lagen und Gehsteige schrubbten, umringt von brüllenden Braunhemden und kichernden Kölner Bürgern. Ich hatte mit angesehen, wie auf unserem Wildwest-Spielplatz hinter der Kirche die Fahne der Weimarer Republik und große Stapel von Büchern verbrannt wurden; ich hatte erlebt, wie eine Marschkolonne der Hitlerjugend sich plötzlich aus den Reihen löste, kehrtmachte und den Zeitungskiosk eines blinden Juden in Brand steckte; ich hatte gesehen, wie am hellichten Tag Synagogen- und Kirchenfenster eingeworfen wurden, während Handel und Wandel ganz normal weitergingen und dabeistehende Polizisten belustigt zuschauten. Als das geschah, wußte ich, daß es auch mir galt, aber wenn ich vor Angst oder Abscheu zitterte, war ich doch sorgfältig darauf bedacht, es nicht zu zeigen. War ich, wie so viele andere, bloß ein Feigling im Angesicht einer verlorenen Schlacht? Wäre es anders gekommen, wenn wir zurückgeschlagen hätten?
Rückschauendes Selbstmitleid wich plötzlich einer aufschäumenden Wut. Ich preßte meine Stirn gegen die Fensterscheibe. »Vaterland, lieb Vaterland ... es ist noch nicht vorbei. Ich werde leben, um dich sterben zu sehen, ersticken wirst du am eigenen Dreck und Gestank, auch wenn du noch durch das öde Land lärmst, das einmal meine Heimat war.«
Jetzt war es zu dunkel, um noch etwas anderes zu sehen als mein eigenes Gesicht und den Zugkorridor hinter mir. Einen Moment lang meinte ich in einem der Züge zu sein, die mich so oft nach Deutschland zurückgebracht hatten.
Ich zog das Schiebefenster herunter. Es lag schon ein Hauch von Nordsee in der vorbeistürmenden Luft. Ich fuhr in eine neue Richtung. Am Ende dieser langen Reise würde es ganz allein an

mir liegen, aus meinem Leben zu machen, was ich konnte. Ich war nur ein kleines Tröpfchen in dem großen Strom von Menschen, die ihr Leben aus den gleichen Gründen zu den gleichen Ufern trugen. Was ich verloren hatte, mußte in neuem Zusammenhang wiederentdeckt werden. Eins war gewiß: Ich würde nicht mehr jeden Tag erwachen und im Spiegel einem Ausgestoßenen begegnen. Alles andere war unwichtig. Ohne die Vergangenheit auszulöschen, würde ich doch meine Bindungen an sie zerschneiden müssen. Am Ort meiner Geburt war ich ein Fremder geworden. Aber ich flüchtete nicht in ein Exil; vielleicht fuhr ich nach Hause.

Amerika

Die S. S. Manhattan, Flaggschiff der United States Lines, war nicht ganz so groß und luxuriös wie andere Dampfer, die auf der Atlantik-Route nach New York konkurrierten. Dennoch — an Bord zu gehen war ein Abenteuer, das ich bis dahin nur aus Illustrierten oder Filmen kannte. Die Touristenklasse war fast ausschließlich mit Emigranten belegt, und Englisch war während der Überfahrt kaum zu hören. Die Speisekarten waren in deutscher Sprache gedruckt, und der Speisesaal mit seinen blütenweißen Tischtüchern, den hübsch angeordneten Bestecken und einem verschwenderischen Aufgebot von Stewards und Kellnern war von einer Eleganz, wie nur wenige der Passagiere sie je zuvor kennengelernt hatten. Die Besatzung, überwiegend Deutsche oder deutsch Sprechende, gab sich unfreundlich und arrogant. Sehr schnell machte sie uns klar, was sie von »diesen Auswanderern« hielt, die mit den Trinkgeldern so knauserig waren. Auch der Kabinenraum irgendwo unten im Bauch des Schiffes war nicht gerade prunkvoll. Ich teilte meine Kabine mit zwei Männern, einem Metzger aus Breslau, der nach Chicago ging und auf Arbeit in den Schlachthäusern hoffte, und einem Schneider aus Dresden, der in New Yorks Bekleidungsviertel arbeiten wollte. Der Schneider wünschte die Kabine täglich zu bestimmten Stunden für sich allein zu haben, um den vielen Frauen, die er an Bord aufzugabeln hoffte, etwas bieten zu können. Der Metzger versuchte mich dafür zu interessieren, mit seinen beiden Töchtern nach dem Essen ins Kino oder in den Spielsalon zu gehen, was ihm die Möglichkeit verschafft hätte, abends seine Frau in ihrer Kabine zu besuchen. Meine Weigerung, ihren Wünschen zu entsprechen, machte mich nicht sehr beliebt bei meinen Kabinengenossen.

Anfangs war die Stimmung unter den Passagieren gedämpft. Der Speisesaal füllte sich mit lauter Fremden, alle in gleicher Absicht und mit demselben Ziel. Welche Wege ihres Lebens sie auch auf dieses Schiff geführt haben mochten — sie zeigten sich mißtrauisch gegen jedermann außerhalb der eigenen Familie. Es gab Wichtigtuer und Angeber, die anscheinend nicht einsehen mochten, daß

wir wirklich alle »im selben Boot« saßen; es gab die unvermeidlichen kleinen Szenen, die demonstrieren sollten, daß man ja eigentlich »etwas Besseres« sei — Bemerkungen über die reichen Verwandten »drüben«, heuchlerische Klagen, in der Touristenklasse reisen zu müssen, weil die erste bedauerlicherweise schon ausgebucht war ... Aber nach und nach bröckelten die Masken. Nun wartete man in früher unbekanntem Respekt auf jene, die mit Käppchen am Tisch saßen und ihre Gebete sprachen, bevor man zu essen begann. Der offene Atlantik brachte Familien und Einzelreisende an Deck und in den Salons zusammen. Man unterhielt sich über Quotennummern und wie lange es gedauert hätte, sie zu bekommen. Man redete über Freunde und Nachbarn, die man zurückgelassen hatte, von der Bequemlichkeit der Häuser, Wohnungen und Möbel, die nun wahrscheinlich irgendeinem Nazi gehörten. Die ungeheuerliche deutsche Emigrantensteuer hatte ihnen allen wenig mehr gelassen als das Geld für die Überfahrt und eben genug, um sich während der ersten Monate in Amerika über Wasser zu halten. Nur wenige sprachen von dem Land, in das sie jetzt fuhren. Sie wußten nicht, was sie erwartete; sie waren einfach froh, davongekommen zu sein, und ganz allmählich kamen die individuellen Erlebnisse und Tragödien zutage. Fast alle konnten immer noch nicht begreifen, wie es möglich war, daß sich alte Bekannte und Geschäftsfreunde nach dem 30. Januar 1933, sozusagen über Nacht, gegen sie gewandt hatten. Eine Frau erzählte, wie eines Abends ein Mann im Braunhemd vor ihrer Tür stand mit einer kleinen schwarzen Schachtel und erklärte, hier brächte er die Überreste ihres Gatten und bäte um die Zustellgebühr. Sie hatte die Asche im Koffer und hoffte, daß das nicht ungesetzlich sei. »Die Schiffahrtsgesellschaft hat mir für das Ticket, das mein Mann nicht mehr benutzen konnte, eine Erstattung versprochen — in Dollars.« Ein paar Männer unterhielten sich darüber, daß sie Adolf Hitler leibhaftig gesehen hätten. »Soo dicht bei ihm habe ich gestanden, ich hätte ihn erwürgen können!... Vielleicht tut das mal einer.« Ständig klang die Hoffnung durch, daß sich plötzlich alles von Grund auf ändern werde, und daß sie bald in die Heimat zurückkehren könnten.
Ich mochte Gespräche dieser Art nun nicht mehr hören. Hatte ich

doch in Paris jahrelang solchen weit hergeholten Träumen gelauscht. Lieber machte ich einen Rundgang über das Deck, blieb am Heck des Schiffes stehen und freute mich, daß Europa jetzt schon so weit hinter dem Horizont lag. Dennoch, beim Essen drehte sich die Unterhaltung vorwiegend um die Meldungen der Nachrichtenagenturen, die jeden Morgen an einer großen Anschlagtafel im Vorraum ausgehängt wurden: Hitlers Drohungen gegen Polen und die Tschechoslowakei; Goebbels schilderte Deutschland als eine Insel des Friedens, umgeben von feindseligen Nachbarn, die die guten Deutschen in Elsaß-Lothringen und im Sudetenland unterdrückten; einschneidende Veränderungen im Oberkommando der deutschen Wehrmacht während der letzten acht Monate und die Möglichkeit eines Staatsstreichs der Wehrmacht gegen Hitler. Eigentlich wünschte ich mir mehr Informationen über Amerika. Und es gab bei den täglichen Kinovorstellungen tatsächlich interessante Wochenschauberichte. Einmal, an einem stürmischen Nachmittag, ließ ich im beinahe leeren, schaukelnden Bordkino einen zweistündigen Dokumentarfilm über ein Nationalheiligtum der Amerikaner, The National Baseball Hall of Fame genannt, über mich ergehen. Der Film war vor allem Babe Ruth gewidmet, der neben Ty Cobb, Honus Wagner und Walter Johnson das Baseballidol Amerikas war. Baseball war ein in Europa völlig unbekannter Sport, und seine Spielregeln schienen unbegreiflich. Im überfüllten Stadion brüllten Tausende von Menschen wie auf Kommando und hüpften in den Gängen, wenn die Spieler nach einem Rautenmuster von einem Punkt zum anderen rannten, nachdem Babe Ruth einen kleinen Ball mit einem plump wirkenden Knüppel weggeschlagen hatte. Andere Wochenschauen zeigten Hollywood-Stars an einem Ort namens Grauman's Chinese Theatre, wo sie Hände und Füße in nassen Zement drückten. Den Schluß der Berichte bildete gewöhnlich ein ulkiger Typ namens Lew Lehr, der offensichtlich erläuterte, was für Possen seine Schimpansen da wieder trieben. Ich fügte meinem Repertoire an potentiell nutzlosen englischen Redensarten sein »Monkeys is the cwaziest people« hinzu.
Die letzte Mahlzeit an Bord vor dem Einlaufen in New York war eine spannungsgeladene und hektische Angelegenheit. Die Kellner

und Stewards wachten mit Argusaugen über »ihre« Tische. Familien hielten erregte Flüsterkonferenzen ab über das Problem, wie diese finsterblickenden Gestalten wohl zufriedenzustellen wären. Einige Passagiere versuchten, sich noch während des Essens ganz unauffällig zu verdrücken, doch an der Tür wurden sie frostig darauf hingewiesen, daß sie kein Trinkgeld auf dem Tisch hinterlassen hätten. Als der Saal sich leerte, zählten die Kellner umständlich ihr Geld und stopften es in die Taschen, ohne zu verbergen, was sie von »diesen schäbigen Hunden« hielten.
Von der Steuerbordseite des Schiffes aus, das durch die Lower Bay glitt, warf ich den ersten Blick auf Landschaft und Gebäude. Meinem Stadtplan von New York zufolge mußte dies Brooklyn sein. War das New York? Fern am Horizont, dunstverhangen, etwas unwirklich, die Türme Manhattans. Als das Schiff in die Bucht einlief, konnte ich fahrende Autos und winzige Menschengestalten erkennen, die sich am Ufer bewegten. Es war der 9. Juni 1938, ein wichtiger Tag für mich, und ich fragte mich, wie lange die Menschen dort an der Küste wohl schon hier lebten und wie sie dorthin gekommen sein mochten. Und dann, als hätte sich der Vorhang vor einer Bühne gehoben, schwamm urplötzlich Manhattan auf dem Wasser. Diese seltsamen Burgen warfen das grelle Licht der Nachmittagssonne in goldenen, roten, weißen, kupfernen und türkisgrünen Farbtönen zurück. Fensterscheiben gen Südwesten wurden zu gleißenden Spiegeln blendend weißen Lichts. An diesem Tage konnten die steil aufragenden Monolithe keine Wolken kratzen. Sie drängten sich auf dem kleinen, scheinbar zerbrechlichen Stückchen Erde in stoischer Gelassenheit zusammen, ohne einander wahrzunehmen. Anders als die symbolträchtigen gotischen Turmspitzen meiner Kindheit taten diese Totems dem Himmel Gewalt an. Es war, als sei ihr Wachstum an einem bestimmten Punkt gebremst und abrupt abgebrochen worden und neue seien, direkt aus dem Wasser ringsum, ebenso unvermittelt in die Höhe geschossen. Es war ein Bild der absoluten Selbstsicherheit, Ausdruck einer Ordnung und Logik, deren Regeln noch nirgends geschrieben standen, die menschlichen Maßstäben trotzte in ihrer steingewordenen Ungeduld und ihrer Verachtung für hergebrachte Schranken.

Da ich die Freiheitsstatue nur aus weiter Ferne und im Dunst gesehen hatte, lief ich zur Hafenseite des Decks hinüber. Die aber war gerade von allen Passagieren geräumt worden. Über Lautsprecher wurden wir alle aufgefordert, uns in die Salons unter Deck zu begeben, wo die Einwanderungsbehörde unsere Papiere prüfen werde. Und so wurde nichts aus dem herzbewegenden Erlebnis, das ich mir von meiner ersten Begegnung mit der Herrin des Hafens erwartet hatte.

Der Schreck fuhr mir in die Glieder, als der Einwanderungsbeamte, der meine Papiere durchsah, ein paar andere herbeirief. Sie blätterten in meiner Akte, schüttelten die Köpfe, und ich mußte beiseite gehen und warten, bis man mich aufrufen würde. Verkrampft saß ich etwa eine Stunde lang da, zusammen mit ein paar anderen, deren Abfertigung ebenfalls unterbrochen worden war. Der unverkennbare Ausdruck von Angst und Unruhe auf ihren Gesichtern übertrug sich auch auf mich. Wie sich später herausstellte, war in meinem Fall die Frage aufgetaucht, ob es die Adresse von Hans Augustin, meinem Bürgen, wirklich gab. Von der Lafayette Street wußte man nur, daß dort keine Wohnhäuser waren. Tatsächlich gab es in dieser Straße nur ein einziges Haus mit Wohnungen. Sie lagen über einem Restaurant, und es handelte sich um ein historisches Gebäude, in dem einst Thomas Jefferson gelebt hatte. Sobald das geklärt war, schritt ich hinüber auf die Pier, wo Augustin auf mich wartete. Er hatte George mitgebracht, seinen Bürogehilfen, mit dem ich im Augustin-Verlag zusammenarbeiten sollte. Er sollte auch mein Mentor für das Leben in Amerika sein und sich um die Verbesserung meiner Englischkenntnisse kümmern.

Hans Augustin oder »J. J.«, wie George ihn nannte, machte mit mir eine kleine abendliche Stadtrundfahrt durch Manhattan. George, der seine neue Aufgabe sehr ernst nahm, begann unverzüglich mit dem Englischunterricht. »Theater marquee«, »movie house«, »Dime a Dance« ... Er imitierte den Vorgang während der Fahrt. Seine zehn Finger hochgereckt, erklärte er: »Zehn Cents, und du kannst mit jeder Frau tanzen. Es sind Nutten, nicht gut ... Times Square, größter Platz der Welt, 'n Haufen Gammler. Wermutbrüder, saufen billiges Zeug ... Zweiundvierzigste

Straße; alle Straßen sind numeriert. Das ist der Broadway.« An einer Ecke hielten wir an, um ein paar Zeitungen zu kaufen. George zeigte mir die Schlagzeilen. *Daily News, Daily Mirror, The New York Times, The Herald Tribune.* »Kennst du Baseball? ... Ich nehme dich mal mit. Die Giants, das ist mein Verein. Die Yankees sind Flaschen ... Da ist die Fifth Avenue ... piekfein ... hier die öffentliche Bücherei ... siehst du die zwei Löwen da? ... größte der Welt. Da schau, das Empire State Building, dreihundertachtzig Meter, höchstes Haus der Welt ... Vierzehnte Straße ... das ist der Union Square, massenhaft Kommunisten ... reden, reden, reden, den ganzen Tag ... die streiten immer. Und da die Fourth Avenue ... oben in der Stadt nennen sie sie Park Avenue ... Wanamaker ... größtes Kaufhaus der Welt.«

Augustin unterbrach ihn. »Das reicht erst einmal, George. Alles ist für dich das Größte, sobald es in New York ist.«

George war beleidigt. »Klar doch, ihr Ausländer – kommt hier rüber und wißt gleich alles besser als unsereiner, der hier geboren ist.« Er wandte sich zu mir: »Ich sag' dir eins, leg dich bloß nicht mit Jungens an, die hier geboren sind.« Überrascht und erfreut stellte ich fest, daß ich viel mehr verstehen konnte, als ich erwartet hatte. »Du bist schon in Ordnung, Kleiner. Hör nur auf George und tu, was er sagt. Wenn ich mit dir fertig bin, dann bist du bestimmt kein Greenhorn mehr ...«

»Was ist denn ein Greenhorn?«

»So nennt man solche wie dich, die frisch vom Schiff kommen. Denen kann man die Brooklyn Bridge verkaufen. Kauf bloß nichts von niemandem. Frag erst George. Ich krieg's billiger für dich.« Er gab mir einen Klaps auf den Rücken und kicherte.

In J. J.s Apartment fing ich mit dem Auspacken nicht einmal an. Ich schlief fast auf der Stelle ein und kann mich nicht erinnern, irgend etwas geträumt zu haben. Wohl entsinne ich mich eines leichten Unbehagens. George hatte mich, bevor er nach Hause ging, von oben bis unten gemustert. »Wer hat dir denn diese Schale angedreht? Gottogott, trägt man in der alten Welt so verrückte Klamotten?« Sollte ich also überhaupt geträumt haben,

Johannes J. (Hans) Augustin — er war der Rettungsanker.

dann höchstwahrscheinlich von jenem Verkäufer in Hamburg. Und das war erst hundert Jahre her. Oder?
Gleich am nächsten Tag wurde ich hart herangenommen beim Verpacken von Büchern für den Postversand und zur Auslieferung durch Boten. George war glücklich, jemanden zu haben, den er herumkommandieren konnte, und brachte mir dabei Englisch bei. Er führte mich auch in das verwirrende Labyrinth der U-Bahnen und Buslinien ein. Das einzige, was die I. R. T., B. M. T. und I. N. D. mit der Pariser Metro gemein hatten, war, daß sie zum größten Teil unter der Erde fuhren. Ich war wie betäubt von den Massen von Fahrgästen, dem ständigen Lärm, dem wilden Sturm auf die Sitzplätze. Jeder Halt hatte geradezu kriegsartige Züge einer Zwangsevakuierung mit nachfolgender Erstürmung der Wagen durch die siegreichen Heere. In der I. R. T. hatte ich Gelegenheit, den »Schmelztiegel« zu beobachten, von dem ich schon so viel gehört hatte. Da sich die Fahrgäste an beiden Seiten des Zuges gegenübersaßen, sah ich ganz unmittelbar die große Vielfalt der physiognomischen Merkmale, die vom breiten Völkergemisch in dieser Stadt zeugte. Es fiel mir auch auf, daß kaum ein Fahrgast vom anderen Notiz nahm. Wenn einer nicht las, sondern seinen Blick vielleicht auf mir ruhen ließ, war es doch, als schaute er über meine Schulter auf einen Punkt hinter mir. George stieß mich an.
»He, hör auf, Leute anzustarren.« Er war entsetzt, als ich meinen Platz einer Dame anbot, die vor mir stand und sich oben an einer Halteschlaufe festhielt. »Was ist denn mit dir los? Bist du übergeschnappt oder was?« Auch die Nutznießerin meiner ganz automatischen Geste schien nicht wenig überrascht. Ich fragte mich, ob ich vielleicht meine Manieren umkrempeln müßte, um Amerikaner zu werden.
Nach einer Weile fuhr der Zug auf Hochbahngleisen. Ich verrenkte mir den Hals und sah, daß die Stadt keineswegs zu Ende war. Hier gab es keine Wolkenkratzer mehr, sondern schmutziggraue Wohnblocks, einer neben dem anderen. Die Bewohner, darunter viele Schwarze, schienen ihre Möbel auf den Feuertreppen abzustellen, und überall lagen sie in den offenen Fenstern. Die Feuertreppen sahen reichlich baufällig aus, und entsetzt sah ich

kleine Kinder darauf spielen, hoch oben über der Straße, und niemand paßte auf.

Die Pakete von der Haltestelle zum Empfänger zu schleppen war körperliche Schwerarbeit, an die ich nicht gewöhnt war. Aber der unbeschwerte Rückweg ohne diese Last schenkte mir eine eigenartige, neue Befriedigung. Ich war in Amerika und ich hatte Arbeit. In einem Bonbonladen lud George mich zu einem »Two Cent Plain« ein . . . »und tun Sie auch'n bißchen Schokolade rein . . . was, drei Cent mehr? Das darf doch nicht wahr sein!«

Der J. J. Augustin-Verlag saß im fünften Stock eines Hauses neben dem Consolidated Edition Building an der Ecke Irving Place und Vierzehnte Straße. Das Unternehmen vertrieb in der Hauptsache die anthropologischen Bücher und Zeitschriften, die mir schon vertraut waren. Ich kannte sie von Grund auf. Ich hatte die Lettern gesetzt, hatte beim Drucken und Binden vieler dieser Bücher zugesehen, und nun kämpfte ich mich mit ihnen in großen Paketen durch die Drehkreuze der Untergrundbahn. Eine für Augustin neue Unternehmung war eine Reihe amüsanter Reiseführer durch einzelne Bundesstaaten; der erste war der *Cartoon Guide to Arizona* von Reg Manning, einem bekannten Karikaturisten aus Phoenix. Das Bändchen war sehr beliebt, und George und ich schleppten es fast täglich in großen Postsäcken zum Postamt an der Zwölften Straße Ecke Fourth Avenue.

Eines Tages auf dem Rückweg zum Verlag betraten wir an der Ecke der Dreizehnten Straße einen Schnellimbiß. Der Wirt schrie auf: »He, Landsmann!«

Erleichtert sagte ich: »Du, George, der Mann spricht Deutsch. Ich brauche nicht an den Automaten zu gehen, wenn du mal nicht da bist, siehst du!«

»Nee«, erwiderte er, »Deutsch ist das nicht, das ist Jiddisch.«

J. J. hatte vor, gegen Ende Juni eine ausgedehnte Geschäftsreise in den Südwesten und nach Kalifornien zu unternehmen. Gladys Reichard, meine Mit-Bürgin, hatte sich aus Ganado in New Mexico gemeldet, wo sie im Navaho-Reservat an einem Forschungsprojekt arbeitete. Sie schrieb, sie fände es gar nicht schlecht, wenn ich einmal die eigentlichen eingeborenen Amerikaner sähe und kennenlernte, bevor ich mich in eine Arbeit und in

das Leben von New York City stürzte, und so beschloß Augustin, mich auf seine Reise mitzunehmen, desgleichen George als meinen Mentor, Tutor, Dolmetscher und Gesellschafter.
Wir fuhren in J. J.'s Plymouth-Kabrio auf vielen numerierten Routen durch Städte und Staaten, von denen ich nicht einmal gewußt hatte, daß es sie gab. Harrisburg, Pittsburgh, Columbus, Terre Haute, St. Louis, Kansas City, Joplin, Oklahoma City, Tucumcari – das sind nur ein paar Orte, an die ich mich erinnern kann. Unterwegs traf sich Augustin mit einem Buchhändler oder Lieferanten, oder er konferierte mit einem Karikaturisten über einen der nächsten Reiseführer. Die meiste Zeit aber verbrachten wir auf der zweispurigen Autostraße; wir fuhren westwärts und hielten uns nirgends sehr lange auf. Ich sah die üppigen Wellen der Hügel und Täler Pennsylvanias, gelegentlich mit einem Ölbohrturm mitten auf einer Weide voll friedlich grasender Kühe; ich sah die Bergarbeiterstädte und die toten Abraumhalden der Kohleminen West-Virginias, die weiträumigen, menschenleer wirkenden Farmorte Ohios, die endlos scheinenden Getreidefelder in Kansas. Aber merkwürdig: Am nachhaltigsten prägten sich mir die komischen Reime ein, die auf windschiefen Ständern am Straßenrand für »Burma Shave« warben; die Schilder, auf denen Lucky Strike, Chesterfields, Sweet Caporals, Wrigley Spearmint Gum und Autos der Marken Graham Paige, Ford, Chevrolet, Nash und Frazier angepriesen wurden. Andere Werbetafeln ermunterten uns, Coca Cola oder Dr. Pepper's zu trinken. Das Unvergeßlichste von allem aber waren für mich die gelben Lettern auf pechschwarzen Scheunenwänden: MAIL POUCH.
Nicht weit hinter Pennsylvania tauchten an den Raststätten neben der Straße Pfeile auf, die mit der Inschrift COLORED auf Seitentüren verwiesen. Da gab es Tankstellen mit getrennten Toiletten für Weiße und Farbige und ebenso zweifache Trinkbrunnen. Einmal zerrte George mich weg. »Trink da nicht! Der Kerl dreht sonst wirklich durch. Kannst du denn die Schilder nicht lesen?«
Kurz hinter Santa Fe stießen wir auf ein Pferd, das, verborgen hinter einer Kuppe, friedlich mitten auf der Straße stand. Es gelang J. J. nicht, noch rechtzeitig zu bremsen, und sein Kühler schob sich zusammen. Das Pferd rappelte sich wieder hoch und trottete

davon. Als die Polizei endlich eintraf, nachdem wir eine gute Stunde in der Sonnenglut gewartet hatten, beklagte sich J. J. bitterlich darüber, daß das Tier sich erlaubt hatte, ausgerechnet an dieser Stelle die Straße zu blockieren. Der Uniformierte brachte uns zu einem Motel in der Stadt und warnte J. J.: Sollte in der Gegend ein totes Pferd gefunden werden, dann könnte der Besitzer Schadenersatz verlangen, »es sei denn, der Klepper gehört irgendeinem Indianer hier herum.« Es dauerte fast eine Woche, bis der Wagen wieder in Ordnung war, was George und mir Gelegenheit gab, jeden Tag im Schwimmbad des Motels herumzuplantschen und die Gassen jener reizenden alten spanischen Stadt zu durchstreifen.

Rings um die schattige Plaza und das La-Fonda-Hotel sah ich ältere Indianer, die manchmal rote Bänder im Haar trugen. »Häuptlinge«, erläuterte George. Sie hielten Silberwaren, Türkisketten und -Armbänder feil und auch kleine Holzpüppchen mit gefiedertem Kopfschmuck, Kachina-Puppen. Einer trat auf mich zu, streckte mir seine Waren entgegen und murmelte etwas, ohne den Kopf zu heben. Mein »Ich spreche nicht Englisch« wurde mit »Ich habe nicht Englisch gesprochen« beantwortet. Und während er sich entfernte, verstand ich ihn klar: »Verdammter Touristenknicker.«

Das aus Lehmziegeln im spanischen Stil erbaute Museum beherbergte eine große Sammlung von Kachinapuppen aus den Zuni- und Hopi-Reservaten sowie *santos* und *retablos*, die von den Bewohnern der Berge ringsum geschnitzt wurden. Diese Menschen sind Abkömmlinge der Expedition Coronados, die, nach Norden und Osten ziehend, den Kontinent bis hin zu den Ebenen von Kansas erforscht hatte und sich dann, da sie die verheißenen Goldstädte nicht fand, wieder nach Mexiko wandte, von wo sie ausgegangen war. Mit Augustins und Georges Hilfe gelang es mir, einige der aushängenden Informationen über diese sehr schönen, aber auch grausamen und blutigen Darstellungen religiöser Themen zu entziffern. Da waren beinahe lebensgroße, bekleidete Christusfiguren mit beweglichen Armen und Köpfen. Und ein geisterhaftes Skelett mit einem Schopf weißer Haare und einem grinsenden Gebiß, zum Teil schwarz bekleidet, mit Glasmurmeln in den Augenhöhlen, hockte auf einem primitiven hölzernen Karren und zielte mit einer pfeilbewehrten Armbrust. Das war Donna Sebastiana, der Engel des Todes, der bei Straßenprozessionen jeden Zuschauer dazu veranlaßte, das Gesicht zu verhüllen und sich abzuwenden, um dem zielenden Pfeil zu entgehen. Andere Figuren stellten die Jungfrau dar, die auf einer Lohe geschnitzter Sonnenstrahlen schwebte; einen jämmerlichen Hiob, bedeckt mit Blut und Wunden, in einer offenen Hütte hockend, die aus einem alten Benzinkanister gemacht war; den heiligen Georg, unter dessen bändigendem Fuß sich ein schlangenartiges Ungeheuer wand und dessen rechter Arm ein Küchenmesser als Schwert emporreckte. Unwillkürlich kam mir die Kreuzigungsszene an Grünewalds Isenheimer Altar in den Sinn, die auch einen Christus zeigt, der mit Wunden bedeckt ist von den Dornen, den Geißelungen und den durch Hände und Füße getriebenen Nägeln. Ich erfuhr, daß die Franziskaner, als sie nach dem mexikanisch-amerikanischen Friedensvertrag von 1848 abzogen, nicht nur die Kirchen von sämtlichen Statuen und Gemälden entblößten, sondern auch ein gläubiges Volk ohne jede geistliche Führung zurückließen. Die verwaisten Gemeinden in jenen kargen Bergen reagierten auf ihre unwirtliche Umwelt, indem sie den Opfergedanken in den Schriften so sehr hervorhoben, daß sie am Ende die alljährliche Wiederkehr der Kreuzigung Christi tatsächlich praktizierten. Wem bei diesen reichlich realistischen Passionsspielen die ehrenvolle Rolle des Christus zufiel, der wurde wirklich ans Kreuz genagelt. Die Teilnehmer der nächtlichen Prozessionen taten Buße, indem sie Dornenkronen trugen und sich selbst geißelten. Die *Penitentes*, wie sie sich selbst nannten, begannen, ihre Kirchen mit Statuen und Bildern zu füllen, die sie aus den Wurzeln der Baumwollpflanze und Gipsgemischen modellierten. Sie bemalten sie in den Farben der sonnenverbrannten Haut, der pechschwarzen Haare und Augen, des roten Menschenblutes und der purpurn vernarbten Wunden. Der Jesuitenorden, der nach New Mexico kam, als es zum Gebiet der Vereinigten Staaten erklärt wurde, bemühte sich, die grausamen religiösen Riten zu ändern, und er betrachtete die *santos* und *retablos* als unpassend für die Ausstattung von Kirchen. Ich brachte viel Zeit damit zu, diese Bilder des

stoisch erduldeten Schmerzes in mich aufzunehmen. Es waren anonyme Werke, mehr Ausdrucksform eines Volkes als eines einzelnen Künstlers, und doch war jedes für sich höchst individuell, wie ein Ruf von Seele zu Seele. Ich habe mich damals gefragt und frage mich noch heute, ob nicht das eigentliche Schaffen und Aufnehmen großer Kunst mehr auf Anonymität als auf Persönlichkeiten beruhen muß. Hier waren sie wieder, der Grünewald-Altar und *Guernica*, ihre Unmittelbarkeit und ihre Universalität unabhängig von den dahinterstehenden bewegenden Kräften. Parallel zu diesen Eindrücken und Überlegungen wurde mir plötzlich eine neue Weite in meinem Denken bewußt. Zum ersten Mal in meinem Leben, so schien es mir, zügelte ich nicht den freien Fluß der Wahrnehmungen und Reaktionen aus Angst vor einer äußeren Bedrohung. Ich verspürte nicht mehr den ewigen Drang, die Gedanken in Laufgitter der Vorsicht zu sperren. Konnte es sein, daß ein achtzehn Jahre alter unsichtbarer Schleier vor meinen Augen und meinem Geist nun verschwunden war, abgelegt, weil er in der geistigen Weite der neuen Welt keinen Zweck mehr erfüllte?
Der geistige Hintergrund dieser *Penitente*-Bilder war meinem Denken fremd. Die Vorstellung eines grimmigen Gottes, der Menschenopfer forderte, war ebenso barbarisch wie das »Ethos« eines Volkes, dem man eingeredet hatte, die erste Pflicht des Staatsbürgers sei es, sein Blut zu vergießen. Diese Kunst allerdings reichte weit über solche Schreckensbilder hinaus. Aus ihr sprachen bei aller Anonymität doch menschliche Individuen mit einer Kraft, die das bloße Dogma in den Schatten stellte. Mir fiel ein, was Max mir gesagt hatte an jenem Abend, der doch erst sechs Wochen zurücklag: Künstler, so sagte er sinngemäß, die ihr Werk zum verlängerten Arm eines Klerus oder einer verkrusteten Bürokratie verkommen ließen, sänken zwangsläufig zur Ebene des geistlosen Illustrators hinab. Es sei wohl möglich, meinte er, daß einer vollkommen in einer ideologischen Bewegung aufginge und in ihr Anstöße zu rein persönlichen Ausdrucksformen fände. Für sich selbst jedoch fände er auch diese Rolle ganz undenkbar.
Die einzigen Indianer, die ich bis dahin gesehen hatte, waren die paar Alten gewesen, die vor dem Hotel La Fonda in Santa Fe

Souvenirs verkauften. An der US-Bundesstraße 66, hinter Albuquerque, gab es alle paar Meilen Verkaufsstände am Straßenrand, die Töpferwaren und Schmuck anboten: NIEDRIGSTPREISE! In Umschlagtücher gehüllte Frauen hockten da mit dem Rücken zur Straße, als erwarteten sie gar nicht, daß irgend jemand anhielt. Erst in Gallup bekam ich eine größere Anzahl der Ureinwohner Amerikas zu Gesicht. Auf einer Nebenstraße, parallel zur Autobahn, sah ich sie liegen, in der Gosse vor den Schuppen, die in Wirklichkeit Schnapsläden waren. Die Gesetze, die den Verkauf von Spirituosen an Indianer regelten, wurden offensichtlich ignoriert. Menschen taumelten über die Straße und trugen die Flaschen kaum verhüllt in braunen Papiertüten. Die anderen, die besinnungslos dalagen, in Lachen von eigenem Blut und Erbrochenem, schienen für sie nicht zu existieren. Hier und da kauerte eine Frau, ins Tuch gewickelt, an einer Mauer und wartete darauf, daß ihr Mann aus seiner Betäubung erwachte. An dem einen Ende der Straße begann ein mit einer Plane bedeckter Lastwagen mit der Aufschrift NAVAHO PATROL die Schnapsleichen einzusammeln. Betrunkene, denen es gelang, auf die Füße zu kommen, wurden ihren Frauen übergeben und torkelten davon. Der Fahrer des Lastwagens beugte sich, als er mich sah, aus seinem Kabinenfenster. »Kein Ort für dich hier, weißer Junge. Geh hin, wo du hingehörst.«

Wieder etwas ganz Neues für mich: Die Farbe meiner Haut. Sie war mir schon in den Rasthäusern an der Straße mit ihren getrennten Toiletten und Trinkbrunnen bewußt gemacht worden. Aber das war mir irgendwie nicht so unter die Haut gegangen wie diesmal. Es war mir bloß wie eine regionale Besonderheit vorgekommen. War das wirklich Amerika? Bestimmt nicht! Aber es hieß ja auch, New York City sei nicht Amerika. So etwas wie Amerika gab es vielleicht gar nicht. War es möglich, daß sich Menschen und ihre Landschaft ähnelten? Schroffe vulkanische Felsen, die wie schlechte Zähne aggressiv aus der buschbewachsenen Weite eines Flachlandes hervorstachen. Herrische Städte, die Flüsse und Meere bedrängten. Hilflose kleine Dörfer, die rittlings auf endlosen Highways hockten. So fruchtbares Ackerland, daß seine Pflüger zu kämpfen hatten, um es zu bändigen, und dürre

Felder, übersät mit dem Geröll längst zerbröselter Berge. Fluten, die ganze Gemeinden ins nächste Tal hinunterschwemmten, und in der Sonnenhitze glühende Wüsten. Sümpfe mit bemoosten Baumriesen, die alles Licht aussperrten, Schneefälle, die die Menschen monatelang von der Welt abschnitten. Elend und Glückseligkeit, die Saat für Mythen und für das Mißtrauen gegen neue Gesichter. Diese Gedanken waren mir durch den Kopf gegangen, als wir uns dem Städtchen Thoreau in New Mexico näherten, wo ein Schild an der Straße kundtat: CONTINENTAL DIVIDE, Wasserscheide. Ich wußte: Von diesem Punkt an floß alles Wasser nach Westen. So weit war dieses Land, daß es mit den extremen Unterschieden seiner Geographie und seiner Natur einer Reihe gegensätzlicher Nationen unter demselben unendlichen Firmament gleichkam.

Nichts hätte diese erstaunliche Vielfalt besser verdeutlichen können als unser Ausflug zum Hopi-Dorf Walpi, zu dem uns der Geländewagen der Brüder Hubbel scheinbar himmelwärts zum First Mesa hinaufbrachte. Die Hubbels, eine geradezu legendäre Familie, die ein paar Handelsniederlassungen in den Reservaten der Hopi und Navaho betrieben, besaßen die Erlaubnis der Hopi, alljährlich zum Schlangentanz kleine Gruppen von Zuschauern herzubringen. Die Zeremonie wurde von prachtvoll bemalten Tänzern gestaltet; sie bewegten sich im eindringlichen Rhythmus der Trommeln mit fast monotonem Gesang in immer enger werdenden Kreisen auf eine Grube in der Mitte des Dorfplatzes zu, aus der jeder der Männer zwei sich windende Klapperschlangen nahm. Sie reckten die Schlangen empor, eine in jeder Hand, und das Tanzen und Singen ging weiter, untermalt vom Klang der Trommeln und der schweren Glocken, die an den Knöcheln der stampfenden Beine befestigt waren. In einer Zweierreihe rückten sie unmerklich von einer Seite des Platzes zur anderen vor. Es kam mir unglaublich vor, daß diese Menschen, in dieser Umgebung, mit ihren Riten, deren Augenzeuge ich war, zu derselben Nation gehörten, die die gigantischen Stahlwerke Pittsburghs gebaut hatte, die Automobilindustrie von Detroit und die kultivierten, automatisierten Großstädte der Ostküste und des Mittelwestens. Ich blickte auf meine Füße und rief mir ins Gedächtnis, daß sie noch vor ein paar Wochen auf dem Deck der S. S. Manhattan gestanden hatten. Die Zuschauer, Hopi zumeist, standen auf den Dächern der niedrigen Ziegelhäuser, die den Platz auf drei Seiten säumten. Andere sahen von den Fenstern und Türen aus zu oder hockten an den Wänden. Ich stand mit einer kleinen Gruppe von Weißen und Eingeborenen, die ich für Navahos hielt, an der offenen Seite des Platzes, die zugleich den Rand des Mesa-Felsens bildete – hinter mir fiel der jähe Abgrund Hunderte von Metern tief ab. Die Aussicht war atemberaubend. In der Ferne ragten Mesa Zwei, der Shipolovi und dahinter der Shongopovi ebenso jäh aus der rotbraunen Ebene auf, und die Umrisse der Dörfer verschwammen flimmernd in der Hitze. Vielleicht aus Furcht, in den Abgrund gedrängt zu werden, hatte die Zuschauermenge sich den Tänzern genähert. Der Trommelschlag verstummte, die Tänzer blieben stehen und ließen die Schlangen frei, die sofort auf uns zukrochen. Die auf den Dächern Sitzenden fanden das sehr lustig. Erst als wir uns wieder in gehörigem Abstand befanden, wurden die Schlangen eingefangen, und mit Entsetzen stellte ich fest, daß ein Schritt mehr oder zwei mich über den Rand der Klippe gestürzt hätte. Das Fest ging weiter, wobei die Teilnehmer an einer Stelle die Klapperschlangen in den Mund steckten. Ich habe nicht gesehen, daß einer der Männer gebissen worden wäre. Man sagte mir, daß diesen Schlangen die Giftzähne tatsächlich nicht entfernt worden wären, daß aber die Tänzer ein Mittel aus Kräutern kauten, das möglichen Bissen entgegenwirkte. Nach ungefähr einer halben Stunde wurden die Schlangen zurück in die Grube geworfen, und die Tänzergruppe schritt im Gänsemarsch durch eine Lücke zwischen den Gebäuden hinüber zur *kiva*, einem unterirdischen Festraum. Die Pause bis zu ihrem Wiedererscheinen füllten vier oder fünf clowneske Tänzer aus, die bei den Possen, die sie trieben, in Körperbewegung und Gesten keinen Zweifel an deren fäkalischem Inhalt ließen. Das Entzücken und das Gelächter der Leute von Walpi machten deutlich, daß die Witze, die da bis ins kleinste Detail vorgespielt wurden, direkt den Latrinen des Ortes entsprungen waren.

So ging die Festlichkeit weiter, kehrten die Tänzer in regelmäßigen Abständen auf den Dorfplatz zurück, bis ein orangefarbener

Mond durch den Hitzedunst emporzusteigen begann.

Ich hatte wenig Zeit, dieses beinahe surrealistische Schauspiel richtig zu verdauen, aber zumindest hier hatte George mir nichts voraus, denn auch für den Großstadtjungen war es eine aufregend neue Erfahrung gewesen.

Am folgenden Tag machten wir uns in Augustins Wagen nach Ganado im Navaho-Reservat auf. Der Ort bestand aus einer Baptistenmission, einigen Wohnhäusern für die Beamten des Büros für amerikanische Indianer und zwei Verkaufsstellen, von denen eine Lorenzo Hubbel gehörte. J. J., George und ich besuchten ihn in seinem Büro und wurden von diesem gesprächigen und freundlichen Mann zu einer Cola eingeladen. Er saß, den großen Strohhut schräg in den Nacken geschoben, hinter einem gewaltigen Schreibtisch und verhandelte launig mit einer Gruppe männlicher Navahos, die nicht viel mehr als kurze, grunzende Laute von sich gaben, begleitet von nachdrücklichen Gesten ihrer Kinne hin zu den Säcken voller Mehl, Salz, Zucker, Bohnen und den Konserven, die im angrenzenden Lagerraum zu sehen waren. Hubbels Schreibtisch war mit Stößen von herrlichen handgewebten Decken, silbernen Gürtelschnallen, türkisbesetzten Broschen und Halsbändern bedeckt. Das waren die Gegenstände, die im Austausch für Nahrungsmittel, Stoffballen, Eisenwaren, Werkzeuge und andere Gebrauchsgüter angeboten wurden. Die Wände des großen Raumes waren mit außergewöhnlichen Decken und Sattelkissen geschmückt. In den Ecken türmten sich feingeflochtene, flache Hochzeitskörbe. Eine geradezu verwirrende Vielfalt von Kachina-Puppen, einige davon mindestens einen Meter hoch, mit kunstvoll gearbeitetem Kopfschmuck aus Holz oder Federn, lag zusammengepfercht in langen Regalen oder hing über den Decken an der Wand. Hubbels lebhaftes Mienenspiel stand in auffallendem Kontrast zu den steinernen Gesichtern der Indianer. Der Handel ging, wie es schien, in aller Gemächlichkeit vor sich, so als hätten beide Seiten unendlich viel Zeit. Wenn diese Männer als Bittsteller gekommen waren, ließ doch nichts in ihrem Verhalten dies erkennen. In ihren Mienen zeigte sich weder Ärger noch Freude, als schließlich eine Übereinkunft erzielt worden war. Ich weiß nicht, was sie für ihre erlesenen Handarbeiten bekommen haben, aber sie verließen den Raum unbewegt in ihrer Aura von Würde. Durch die Tür konnte ich sie sehen, wie sie von einem Angestellten ihre Waren erhielten, wie sie sie auf ihre Pferdewagen luden und mit ihren Frauen und Kindern davonfuhren zu ihren einsamen Hütten. Ich hatte wenigstens äußerlich stolze Indianer gesehen, genau wie sie in den Romanen meiner Kindheit beschrieben worden waren.

Gladys Reichard war überhaupt nicht das, was ich mir unter einer Anthropologie-Professorin vorgestellt hatte. Eine ranke Gestalt mit hübschem, offenem Gesicht und leicht angegrautem Haar, das ein perlenbesticktes Band zusammenhielt, trug sie einen Overall, ein blaues Arbeitshemd und ein Tuch um den Hals wie die Männer, die zum Tauschhandel mit Hubbel gekommen waren. Sie brachte uns zu unserer Unterkunft – kleinen Zelten ein paar Kilometer weiter, hinter einem Hogan (mit Erde bedeckte Navaho-Hütte), in der Tom, ein Navaho, mit seiner Familie lebte. Tom, dessen Nachname mir entfallen ist, war ein bedeutendes Mitglied seines Stammes, einer der wenigen, die Kontakt zur Außenwelt hatten, und er war häufig Mitglied von Delegationen, die in Stammesangelegenheiten nach Washington fuhren.

Tom und seine Söhne verbrachten den größten Teil ihrer Tage mit der Versorgung ihrer großen Schafherden, und als wir vorfuhren, war er gerade vom Füttern heimgekehrt und führte sein Pferd am Zügel. Da wir Freunde von Gladys Reichard waren, fiel seine Begrüßung viel weniger wortkarg aus, als man es bei einem Indianer hätte erwarten können, dessen Stammesbrüder dafür bekannt sind, daß sie Außenstehenden gegenüber extrem schweigsam sind. Bevor wir zur Ruhe gingen, waren wir Gast bei einer Mahlzeit, die von den Frauen der Familie zubereitet worden war. Sie bestand aus einem Hammelgulasch, der aus einem großen eisernen Kessel mit einer Schöpfkelle in irdene Schüsseln gefüllt wurde, und dazu Maiskolben, was eine ganz besondere Auszeichnung war, denn sie waren aus der angrenzenden Reservation der Hopi geholt worden, mit denen die Navahos traditionell nicht auf dem besten Fuße standen. Um das Mahl einzunehmen, ließen sich alle Männer im Kreis auf dem festgestampften Hüttenboden nieder. Anschließend setzten wir uns draußen auf Bänke und blickten

über das Land, auf das sich langsam die Dunkelheit herabsenkte. Es wurde wenig gesprochen. Tom rauchte eine selbstgedrehte Zigarette; hie und da kicherte eines der Kinder; sanfte Laute kamen von den angebundenen Pferden, und da kein Windhauch ging, war das metallische Klirren des Windrades, das den Brunnen betrieb, verstummt. Die Welt, aus der ich gekommen war, lag mehr als Ozeane und Tausende von Kilometern weit weg.
Mein zunehmender, wenn auch noch recht geringer Wissensschatz an englischer Grammatik und Vokabeln wurde hier kaum auf die Probe gestellt. Viel Zeit zum Reden bleibt nicht, wenn man in der Gesellschaft kleiner Navaho-Jungen auf Pferden, die nur eine Decke als Sattel tragen, zwischen Hunderten von Schafen herumreitet. Diese Kinder pflegten, wie ihre Eltern, sowieso kaum zu reden, und eine andere Sprache als ihre eigene schätzten sie offenbar nicht. Mich hatte man klugerweise auf einen sehr alten und sanften Klepper gehievt, der ganz genau zu wissen schien, was er auf das Kommando der Kinder hin zu tun hatte. Ich hatte noch nie im Leben auf einem Pferd gesessen und schreckliche Angst, abzurutschen, besonders als es soweit war, daß die Schafe zu den Wassertrögen neben den Windrädern getrieben werden mußten. Bei diesen Galopps lag die obere Hälfte meines Körpers oft langgestreckt auf dem Pferderücken und meine Arme umklammerten den Pferdehals. George konnte es auch nicht viel besser, aber er verschaffte sich mit einem unerschöpflichen Schwall von Flüchen wenigstens etwas Erleichterung. Für meinen Wortschatz waren sie neu, aber zunächst war ich zu sehr damit beschäftigt, mich festzuhalten, um sie zu wiederholen. Nach ein paar Tagen fühlte ich mich dann sicher genug, um es George gleichzutun und auch meinem Pferd die ersten Kommandos zu geben, so wie ich sie mir gemerkt hatte. Damit konnte ich mein edles Roß nicht beeindrucken. Es hatte überall auf meinem ganzen Körper die Stempel seiner verschiedenen Knochen hinterlassen, und es verblüffte mich, daß ich überhaupt noch gehen und sogar richtig gut schlafen konnte. Ich dankte James Fenimore Cooper und Karl May für meine kindlichen Illusionen über Cowboys und Indianer, aber jetzt hätte ich gern meinen beinahe schon vergessenen Spielkameraden der Vergangenheit erzählt, wie es war, mit echten Indianern

über endlose Strecken kümmerlichen Graslandes zu reiten, hin zum nächsten Windrad am Horizont, das einem feindseligen Boden geradezu mühevoll das lebensrettende Wasser entrang. Jetzt, gut vierzig Jahre später, scheint mir, damals hätte jeder auf diese Landschaft und ihre Bewohner reagieren müssen, als wäre er auf einem fremden Planeten gelandet. Mir jedenfalls hätten die einsamen Hütten und Dörfer, erbaut von Stämmen, deren Traditionen sich über Jahrhunderte hinweg geformt hatten, wie vom anderen Stern vorkommen müssen, wie Erscheinungen, nicht Wirklichkeit. Aber ich war gerade achtzehn geworden, genau an dem Tag, an dem ich einem Teil der Sandmalerei-Zeremonie der Navahos zusehen durfte, und ich machte mir vermutlich keine überflüssigen Gedanken darüber, wie es wohl zugegangen sein mochte, daß meine Vergangenheit sich zu einer so unerwarteten Gegenwart gewandelt hatte. Damals war ich wahrscheinlich so eifrig bemüht, diese Vergangenheit wegzuschieben ins Vergessen, daß ich mit allen meinen Sinnen jeden neuen Eindruck meiner Augen und Ohren aufnahm, als würde er auf den leeren Seiten eines neuen Heftes niedergeschrieben.

Ich brauchte nicht sehr lange, um zu erkennen, daß die Gelassenheit und der Stolz dieser Menschen nichts anderes waren als ein letzter Schutzwall gegen eine fremde Kultur, die jetzt täglich überall am Horizont ringsum bedrohlich heraufzog. Ihre Kriege waren verloren, und nun lebten viele der Stämme auf Land, das sonst niemand gewollt hatte. Dieser Eindruck verstärkte sich, als wir von Ganado nach Oraibi weiterfuhren. Die Hopis hatten ihre Häuser oben auf die unzugänglichen Pfeiler der Mesas und ähnlicher Erhebungen gebaut, die abrupt aus dem umgebenden dürren Steppenland aufragten. Walpi, Shipolovi, Shongopovi, Oraibi, Hotevilla, jedes für sich wie eine eigene Nation, gemahnten an die Befestigungen mittelalterlicher Burgen. Alt-Oraibion auf einer einzeln aufragenden Felsspitze, sozusagen zu Häupten seiner Vorstadt Neu-Oraibi, soll die älteste noch existierende Ansiedlung in den Vereinigten Staaten sein. Die Hopis, im allgemeinen körperlich kleiner und beweglicher als ihre Navaho-Widersacher in der anderen Reservation, entlockten dem scheinbar unfruchtbaren Boden wie durch Zauber eine Vielfalt von Nahrungsmitteln, unter anderem Mais, Gemüse und sogar Pfirsiche. Ihre sommerlichen Rituale erflehten das Wunder des Regens, um den Äckern, die sie weise zwischen Hügeln und in anderen natürlichen Nischen der Landschaft zu Füßen ihrer Dörfer anlegten, Fruchtbarkeit zu schenken.

Der Anblick eines einsamen Navaho-Reiters, der in der Abenddämmerung fern seiner Hütte zustrebt, oder bei Hopi-Alten zu hocken, den Rücken an die Mauer des Handelspostens gelehnt, während die Jungen in der nahen Schule waren, das weckte in dem jungen rheinischen Romantiker oft Gedanken an einen Zeitabschnitt, der irgendwie nichts mit diesem Kontinent zu tun hatte; ich fragte mich, wo diese Menschen gewesen sein mochten, als die Römer die Germanenstämme am Rhein besiegten und Colonia Agrippinensis gründeten, Köln, wo ich vor unendlichen Jahren mit meinen Freunden nach der Schule Cowboy und Indianer gespielt hatte. Aber bald wurde ich daran erinnert, daß ich tatsächlich in den Vereinigten Staaten von Amerika war und im Begriff, in das große Mysterium für alle Neuankömmlinge, das Baseballspiel, eingeführt zu werden.

Eines Nachmittags, als der große Mesa der alten Stadt einen kühlenden Schatten über Neu-Oraibis zentralen Dorfplatz warf, begann eine Schar Hopi-Jungen die Mannschaften für ein Ballspiel zusammenzustellen. Ein Mann schien ihnen zu fehlen, und sie winkten mir, ich sollte mich ans zweite Standmal stellen. Das alles geschah in ihrer gewohnten ungezwungenen, lässigen Art, und sie setzten offensichtlich voraus, daß ich wüßte, was ich zu tun hatte. Beim erstenmal hatte ich Glück. Weder auf dem Spielfeld noch beim Schlagmann war mein Eingreifen notwendig. Beim zweiten oder dritten Mal allerdings kam ein Ball langsam, aber unmißverständlich in meine Richtung gerollt. Jetzt war für mich der Augenblick gekommen, zu beweisen, daß ich kein »Greenhorn« war. Als ich den Ball an mich riß, sah ich den Schläger auf das erste Standmal zurennen, und ich entschied, daß er es darauf abgesehen hätte, mich mit dem Ball einzufangen, bevor ich das nächste Standmal erreichte. Ich lief los, auf das dritte zu, und als ich es umrundete, hörte ich befriedigt die vielstimmigen Schreie dieser bis dahin gar nicht überschwenglichen Jugendlichen. Ich beschloß, nicht am Mal stehenzubleiben. Ich würde es ihnen zeigen, und so rannte ich weiter mit voller Kraft voraus auf das erste zu. Im selben Augenblick wurde ich recht unsanft von vier Jungen angegriffen und zu Boden gerungen. Sie bogen gewaltsam meine Finger auseinander und nahmen mir den Ball weg. Beide Mannschaften versammelten sich dann am Wurfmal zu einer längeren Konferenz. Dabei drehten sich von Zeit zu Zeit einige in meine Richtung mit Gesichtern, aus denen Bestürzung sprach. Vielleicht waren mir ja einige Feinheiten des Spiels entgangen. Meine neuen Freunde entschlossen sich, nicht über Regeln und Fehler zu streiten, und begannen das Spiel noch einmal ganz von vorn, wobei einer von ihnen das zweite Standmal für beide Seiten übernahm.

J. J.s nächster Aufenthalt sollte Los Angeles sein, wo er einen Vertrag für einen weiteren Band seiner Reiseführerreihe abzuschließen hoffte. So würde ich also neue Räume des weitläufigen Wohngebäudes kennenlernen, das mein Heim werden sollte. Ich würde an Amerikas anderer Küste stehen, von wo aus das nächste Stück Erde jenseits dieser Wassermasse nicht Europa war, sondern Hawaii oder Asien oder Australien.

Als Kind des Dada und des Surrealismus hätte ich vorbereitet sein können auf das unstete und widersprüchliche Bild, wie die Vereinigten Staaten es harmlosen Blicken und Gemütern bieten, die von einer in Nationalismus und ethnische Bindungen gezwängten Umgebung geprägt wurden. So vieles an diesem Land schien von der Natur diktiert und nicht vom Menschen. Und dort, wo die Menschen sich tatsächlich dem Land zum Trotz eingerichtet hatten, schienen ihre Sitten und ihr Verhalten, oberflächlich betrachtet, merkwürdig künstlich. Hatten die Hopi-Weiler im Himmel Arizonas die Indianer-Halluzinationen Karl Mays Lügen gestraft, so war der intensiv betäubende Strudel namens Los Angeles, westlich der Mojave-Wüste, schlicht unbegreiflich oder bestenfalls unlogisch.

Im Hause Reg Mannings in Phoenix hatte ich den größten Teil des Tages damit zugebracht, in Stapeln alter Life-Magazine zu blättern, und schon da war mir gedämmert, wie weit Amerika war und wie unterschiedlich seine Bewohner. Wahrscheinlich habe ich hier auch zum ersten Mal ein gewisses Unbehagen verspürt. Konnte

ich diese Nation jemals gut genug kennenlernen, um ein Teil von ihr zu werden? Würde ich hier ungekaut und unverdaut geschluckt werden, so daß von mir nie wieder etwas zu hören oder zu sehen sein würde, nicht einmal für mich selbst? Welcher Anstrengungen würde es bedürfen, auch nur ein Tropfen im Blutkreislauf dieser Städte, Dörfer, Flüsse, Berge, Kornfelder, Wälder, Seen, Meere, Wege und Straßen zu werden? Und wie war es mit den Millionen Gesichtern? Gesichtern mit einer Vergangenheit, die weit über bekannte Horizonte hinausreichte? Nicht, daß ich die ganze Vielfalt bereits gesehen hätte. Es war mehr ein Gefühl, sich inmitten all dieser Fremden zu befinden, eben im Begriff, selbst einer von ihnen zu werden. Einer, der, wie sie alle, mit einem besonderen eigenen Lebenslauf gekommen war, der eine nebelverhangene Brücke überschritten hatte und plötzlich nicht etwa vor der simplen Wahl stand, welchen Weg er an der nächsten Gabelung nehmen sollte, sondern der sich statt dessen vor einer verwirrenden Vielzahl von Pfaden sah, die zu beinahe jedem Punkt des Horizonts führten. Alles dem Schicksal zu überlassen, wie es in der Kindheit durch strenge Sitten und gesellschaftlichen Status vorgegeben war, hieß, das Scheitern heraufzubeschwören.
Ich hatte den starken Eindruck, was jetzt vonnöten wäre, das sei eine besondere Mischung aus Willenskraft und Abenteurertum: Vielleicht, daß man sich ruhig treiben lassen durfte, aber nur, um genau die Stelle am Ufer zu finden, wo man als Individuum wachsen konnte. Für diese Anstrengung müßte man auch der kräftigste der Schwimmer sein. Wirklich mutig gedacht. Da war eine Sprache vollständig zu beherrschen. Ein Platz zum Leben. Ich konnte mich schließlich nicht an J. J. Augustin klammern, bis sich irgendein ferner Traum der Verwirklichung näherte. Abgesehen von meinen etwas unvollständigen Kenntnissen als Handsetzer hatte ich keine Berufsausbildung vorzuweisen. Ich entsann mich der Warnung des Schaffners im Zug von Paris zum Schiff, die besagte, daß man in Amerika, wenn die Pfeife ertönte, eines Sitzplatzes nicht sicher sein konnte, den man bloß mit dem Mantel belegt hatte.
Diese Gedanken rollten in der flimmernden Hitze der Mojavewüste hinter meinen Augen ab, während ich auf die Gipfel der

ockerfarbenen Berge schaute, die über wallenden Fieberwogen schwammen. Hier und da stand das Wrack eines verlassenen Fahrzeugs, lagen halb zerschmolzene Gummifetzen von Lastwagenreifen herum, die Bilder von Schlangen heraufbeschworen. Nichts regte sich. Manchmal führte eine ausgefahrene Spur von der Autobahn weg an den Rand des Nichts. Ob dieser Pfad von einem verschollenen Goldsucher stammte, der sich hier einen großen Glückstreffer erhofft hatte wie den bei Sutter's Mill? Diese Hölle wäre ein guter Platz, um all die schwarz- und braunhemdigen Ungeheuer, die jetzt Tausende von Kilometern weit weg waren, einzusperren und ihren Stechschritt hinter undurchdringlichen Stacheldrahtzäunen üben zu lassen.

Es war mir wirklich unmöglich, all diese verwirrenden neuen Erfahrungen zu begreifen oder jetzt mit meinen Ängsten fertig zu werden. Ich hatte einfach keine andere Wahl, als alle die Bilder auf mich einströmen zu lassen, als mir zu gestatten, erstaunt, verwirrt, erheitert und ratlos zu sein.

Einige dieser Eindrücke, wie Bruchstück eines Films in meinem Gedächtnis bewahrt, trugen wenig oder gar nichts zu meinem Verständnis von Amerika bei. Es gab keine neunundzwanzig Palmen im Umkreis der Ansammlung von Bretterhütten, die diesen Namen trug, aber es gab Verkaufsstände an der Straße, die California-Datteln feilboten, eine Frucht, die bis dahin die legendären Heiligen Drei Könige heraufbeschworen hatte und Träume von längst vergessenen Wüstenreichen des Nahen Ostens. Es war eine Entdeckung, die ernsthaft beeinträchtigt wurde durch die Nachwirkungen eines köstlich aussehenden Gebräus bei einem Essen, das wieder ein »zum ersten Mal« war: Mexikanisches Chili. Erste Anzeichen, daß wir uns der Zivilisation näherten, waren Schlangenfarmen mit grellen, fürchterlichen Hinweisschildern an der Straße; pyramidenförmige Berge jener seltensten Köstlichkeit der Kindheit – Apfelsinen; Wellblechunterstände, davor imposante Zapfsäulen für Treibstoff und gigantische Monumente aus runderneuerten Autoreifen; Lastwagen-Rastplätze, vollständig bedeckt mit einer Ansammlung schimmernder Radkappen; die riesige, freistehende Figur eines lassoschwingenden Cowboys, einen Arm vom Wind unwiederbringlich abgebrochen, die für ein

bevorstehendes Rodeo-Ereignis in einem Ort namens Cherry Valley Reklame machte; und immer wieder die Werbeschilder.
Daß alles dies — Pasadena, Santa Monica, Anaheim, Glendale, Hollywood und Beverly Hills — sich zu einer einzigen Stadt namens Los Angeles summierte, war schwer zu glauben, wenn man zwischen den urbanen Ballungen diese endlosen Flächen voller Gestrüpp und verdorrten Grases sah, wo nur hier und da am Straßenrand eine Sitzbank bei einer Bushaltestelle stand. Öde Straßen, schnurgerade übers Land gezogen, verbanden aufs Geratewohl hingebaute Orte und Geschäfte, die, wie mir immer wieder gesagt wurde, auf Grundstücken errichtet wurden, in denen Anna May Wong schlauerweise ihre Filmgagen angelegt hatte. »Oh ja, sie ist jetzt eine reiche Frau. Anders als Coleen Moore, die sich ruiniert hat, weil sie unbedingt diese verrückte Burg da in dem Canyon bei Malibu Beach fertigkriegen wollte.« Diese und andere Informationen kamen von Miriam Mallory, die mit ihrem Sohn Walter in einem Wohnwagencamp von Santa Monica jenseits der Uferstraße am Pazifischen Ozean lebte. »Ach, was muß die süße Judy Garland sich mit Mickey Rooney in *Love Finds Andy Hardy* doch herumärgern. Sie weint immerzu. Und gleich danach muß sie mit ihm *Babes in Arms* drehen. Sie ist erst sechzehn, aber ihre Hände zittern wie die einer alten Frau.« Mrs. Mallory arbeitete als Näherin im Kostümfundus der MGM und, oh ja, sie kannte alle Stars persönlich. Irgendwie schaffte sie es, daß ihr Sohn Walter mich zum Mittagessen in die Studio-Kantine mitnehmen konnte. Stars sah ich keine, zumindest niemanden, der so aussah, daß ich ihn erkannt hätte. »Die meisten essen in ihrer Garderobe«, erklärte mir Walter. »Die Chargen und Statisten bringen sich ihr Essen von zu Hause mit, um zu sparen. So oft sind sie heutzutage nicht beschäftigt.«
Auf den Straßen des MGM-Geländes wie auch bei Warner Brothers in Burbank wurde sehr deutlich, daß der Zauber einer Eleanor Powell, die in der *Broadway Melody* ihre herrlichen Tanzbeine zeigte, oder James Cagney und Jean Harlow, die einander an Zähigkeit übertrumpften, drinnen hinter den hohen Wänden der sehr nüchternen Aufnahmestudios blieb. Schauspieler oder Tänzerinnen in bunten Kostümen unterstrichen nur die industrieartige

Eintönigkeit der Traumfabrik. Und warum auch nicht? Es war schließlich genau der Kontrast, den ich nach jedem Kinobesuch am eigenen Leibe erfahren hatte. Es hat noch nie Rin-Tin-Tins gegeben, wenn ich aus dem Kino kam.

Auf einem leeren Parkplatz stand ein Lastwagen, auf dessen Verladeklappe eine Bühne montiert war; hier, so hatte die Handelskammer von Santa Monica versprochen, würden im Rahmen eines Talent-Wettbewerbs »Mickey Rooney, Clark Gable, Spencer Tracy... und viele andere« auftreten. Ich hatte versäumt, die Plakate genauer zu lesen, und so war mir das Kleingedruckte entgangen, das dieses große Ereignis mit dem Zusatz »Impressionen von...« eingrenzte. Auch andere mögen so irregeführt worden sein. Ein großes Publikum sah mit beträchtlicher Reserviertheit zu, wie kleine lockenköpfige Mädchen in endloser Folge angestrengt über die Plattform steppten, einige nicht ganz synchron mit den Steptanztönen, die vom Hintergrund der Bühne kamen. Ein paar sehr unglückliche Jungen mit gefrorenem Grinsen über lächerlich großen Fliegen versuchten unter anderem Freddie Bartholomew zu imitieren. Drüben jenseits der Straße lag der Pazifische Ozean und schwappte über die Muskel-Beach, wo auch zu dieser späten Stunde noch merkwürdig proportionierte Jünglinge ihre Muskelpakete spielen ließen und versuchten, rund um die Feuer Menschenpyramiden zu errichten. Nach Süden hin konnte ich die Lichter von Schiffsschaukeln und Achterbahnen sehen, und der Seewind trug ein eigenartiges Gemisch von Leierkastenklängen zu uns herüber. Irgendwo östlich befand sich angeblich ein aufwendig angepriesenes Restaurant, das in der Form eines braunen Derby-Hutes gebaut war, und dahinter lagen Orangenhaine. Sicherlich war alles dies nicht dazu da, um einem höheren Sinn zu entsprechen. Aber hier lebte auch Wallace Beery, und ich überlegte, was er wohl gerade machte.

J. J. Augustin bereitete, nachdem das Geschäftliche erledigt war, die Rückreise nach New York vor. Walter Mallory, der ganz sicher war, daß es sein Ford Modell T ohne weiteres bis zur Ostküste schaffen würde, schlug vor, daß ich mit ihm fahren sollte, damit wir uns am Steuer ablösen könnten. Als ich protestierte, ich hätte doch noch nie hinter dem Steuer eines Wagens

gesessen, versicherte er mir, er würde es mir auf einer der langen, geraden Strecken, die vor uns lagen, schon beibringen.
Über diese Fahrt schrieb ich meiner Mutter in einem Brief, der etwa vierzig Jahre später über Maja wieder in meinem Besitz gelangte:
J. J. war eher losgefahren, und ich fuhr mit Walter, einem Freund, in dessen Auto hinterher. Er ist etwas älter als ich, und wir haben uns ganz gut vertragen. Sein Wagen ist nicht so gut wie der von J. J. Es ist ein sehr alter, laut klappernder Ford. Um schnell voranzukommen, fuhren wir beide Tag und Nacht. Wir hatten dafür aber auch noch andere gute Gründe. Walters Autobatterie dürfte nämlich fast genau so alt wie der Wagen gewesen sein. Jedenfalls lud sie sich nicht richtig auf. Einmal den Motor abstellen bedeutete, daß man ihn nicht wieder starten konnte außer mit einer Kurbel, oder indem man ihn bergab rollen ließ . . .
Ja, Mutter, ich habe wirklich ein Automobil gefahren, zum erstenmal in meinem Leben, hinein in den ersten Abend irgendwo in Kalifornien. Sag bloß nicht, Amerika sei nicht das Land der unbegrenzten Möglichkeiten. Als es dunkel wurde, merkte ich, daß die Scheinwerfer nur spärlich leuchteten. Walter hatte für mich in den dritten Gang geschaltet und sagte, ich sollte mich auf der Straße ganz rechts halten. Das war ein bißchen schwierig, weil das Lenkrad ungefähr vierzig Grad Spiel hatte und in meinen verkrampften Händen wackelte. Ich durfte unter gar keinen Umständen anhalten und ich hatte Walter zu wecken, wenn ich in einen niedrigeren Gang herunterschalten mußte. (Ich hätte gar nicht gewußt, wann das notwendig sein würde.) »Die Benzinanzeige geht nicht, aber ich wache auf, bevor der Tank leer wird. Also fahr einfach immer weiter diese Autobahn entlang.« Walter muß sehr müde gewesen sein; er schlief und schlief und ich machte, wenn der Geschwindigkeitsmesser recht hatte, etwa fünfzig Meilen die Stunde (das sind ungefähr achtzig Stundenkilometer!) . . . Es war furchtbar dunkel, und ich war immer froh, wenn uns ein Wagen entgegenkam, weil ich dann sehen konnte, wo die Straße verlief, außer wenn ich ihn mitten auf einer Brücke traf, wo die Fahrbahn immer viel schmaler ist. Ich weiß bis heute nicht, wie ich einem Zusammenstoß entgangen bin, denn sie konnten uns mit

unseren schwachen Scheinwerfern bestimmt erst in letzter Sekunde sehen.
An der Staatsgrenze von Arizona trat eine uniformierte Wache aus einem Gebäude an der Straße und winkte mich heran. Walter hatte irgend etwas von einer Früchte- und Pflanzenkontrolle erwähnt. Es war keine Zeit mehr, ihn zu wecken, und ich hatte Angst, anzuhalten. Der Wagen könnte stehenbleiben, und darüber hinaus fuhr ich ohne Führerschein. Ich bremste ein bißchen ab (meine Fahrkünste wurden schon besser), winkte fröhlich dem überraschten Polizisten zu, fuhr beschwingt an ihm vorbei und gab wieder Gas. Ich weiß nicht, was er danach tat, weil der Wagen auch keinen Rückspiegel hatte. Natürlich war ich nervös. Ich hatte eine Menge Gangsterfilme mit wilden Verfolgungsjagden per Auto gesehen ...
Als wir in Detroit ankamen, beschloß Walter, den Ford auseinanderzunehmen, ihn mit neuen Kolbenringen, neuer Batterie, einem Rückspiegel und was sonst noch nötig war auszustatten. Wir wollten auf dem schnellsten Weg nach New York, denn J. J. Augustin wünschte mich dort wieder zu sehen, damit ich anfangen konnte, nach Arbeit Ausschau zu halten. Walters Onkel wohnte bei Dearborn in einem der zahlreichen Häuschen, die die Straßen einer Automobilarbeitergemeinde säumten. Nash hatte ihn entlassen, und so verbrachte er viel Zeit auf seiner Veranda und kommentierte die Autos seiner glücklicheren Arbeitskollegen. Die Industrie sei in Schwierigkeiten, sagte er. »Die« bauten keine Autos mehr wie früher. Zu viele Leute wären arbeitslos. Wer sollte eigentlich die Autos kaufen? Wo wären sie denn, die Automobile, die wirklich etwas darstellten, zum Beispiel der Zwölfzylinder-Packard, der Essex Super-Six, der Cord oder der Graham Paige? Das schlimmste, was uns passieren könnte, das wäre, so wiederholte er mehrmals, in »die Sauerei da in Europa« verwickelt zu werden. All die Arbeitsplätze in Detroit wären dahin. »Was schert mich die Tschechoslowakei oder Österreich. Keine europäischen Kriege mehr!«
Ich wurde nach Detroit mitgenommen, wo ich eine Eiscreme-Soda trank in einem großen Drugstore, der stolz behauptete, dieses Getränk erfunden zu haben. Irgendwie war der Stolz darauf

größer als der auf das Automobil. Für mich sollte es hier ein neues »zum ersten Mal« geben: meinen allerersten richtigen Kater. Walters Verwandtschaft hatte sich zu einer Abschiedsparty für uns versammelt, und ich wurde in die Mysterien des Whiskys eingeweiht. Der Geschmack und vor allen Dingen die Nachwirkungen erschienen mir damals als unerhörte Strafe.
Irgendwie weigerte sich der Ford, auf Walters chirurgische Eingriffe zu reagieren, und jetzt, da Augustins Vater bei einem Autounfall an einem Bahnübergang in Deutschland umgekommen war, wollte J. J. mich wieder in New York sehen, bevor er nach Europa abreiste. Also fuhren wir in einem Greyhound-Bus nach Osten. Unglücklicherweise besaßen wir, nachdem wir das Fahrgeld bezahlt hatten, zu zweit nur noch 2,50 Dollar, und ich habe an diese Fahrt kaum eine Erinnerung, nur die, daß ich den anderen Fahrgästen zusehen mußte, wie sie sich an den verschiedenen Rastplätzen des Busses mit Sandwiches und hot dogs vollstopften. Wenn man mit dem Autobus nach Manhattan hineinfährt, läßt sich das Bild des weinenden Einwanderers, der das »Land der unbegrenzten Möglichkeiten« aus den Wassern des Atlantischen Ozeans aufsteigen sieht, nicht heraufbeschwören. Die Polder von Jersey verdienten in keiner Weise die Bezeichnung »Wiesen«, so wie der Eindruck, den Rahway, Linden, Elizabeth, Newark und Union City hinterließen, jedem klar machte, daß Großstadtstraßen nirgends mit Gold gepflastert sind.
Nicht weit von der Pier, an der ich vor wenigen Monaten erst angekommen war, fuhr der Bus in die Stadt ein. Morgen würde die Wirklichkeit beginnen, welche auch immer es sein mochte.
Augustin versicherte mir, daß ich in seiner Firma Arbeit hätte, solange ich nach einer Stellung suchte, und daß sein Heim auch meines wäre, bis ich allein zurechtkäme. Dieses großzügige Angebot erwies sich als sehr wertvoll, denn so hatte ich einen Platz zum Schlafen und Essen und konnte meinen Lebensunterhalt verdienen, wenn aus dem einen oder anderen nichts wurde – und ich machte oft Gebrauch davon. Die folgenden Monate wurden wahrhaftig eine graue Phase, nichts mit »der Arbeit«, nur bloße »Jobs«. Viele Jobs. Vom frühen Morgen an war ich auf den Straßen Manhattans unterwegs. Zuerst konzentrierte ich mich auf die Sixth

Avenue zwischen der Zweiundvierzigsten und der Dreiundfünfzigsten Straße; auf ihrer Westseite gab es viele Arbeitsvermittlungen. Sie waren in altersschwachen, niedrigen Gebäuden untergebracht und hängten die Liste ihrer Stellenangebote an Anschlagtafeln im Erdgeschoß aus. Ich bewegte mich von einem Menschenknäuel zum nächsten, war Teil einer schleppenden Prozession, die Avenue auf und ab. Erschreckend viele Leute suchten Arbeit. Ich hielt natürlich nach irgend etwas im Druckgewerbe Ausschau, aber da gab es wenig. Offenbar wurden Handsetzer eben nicht gebraucht. Linotype, Buchbinderei und Akzidenzdruck, das war alles. Ich stieg ein paar Treppen hoch, um mich zu erkundigen, was es mit einem Pförtnerposten (einschließlich Parterrezimmer) auf sich hatte. Die Schlange vor dem Tresen bestand aus älteren Männern, und als ich an die Reihe kam, wurde ich blitzschnell von oben bis unten taxiert und hörte: »Machen Sie, daß Sie 'raus kommen.« Nicht viel besser erging es mir als potentieller Hemdenbügler, Registrator, Liftführer oder Busboy. Ich hielt mich eben lange genug in diesen Büros auf, um Antragsformulare auszufüllen, die mich verpflichteten, meinen Wohltätern einen Wochenlohn zu zahlen, und wenn überhaupt jemand mit mir sprach, dann hieß es, ich sei zu klein, nicht kräftig genug oder »zu grün«. »Nun lerne erstmal gutes Englisch sprechen, Kindchen«, das war ungefähr das Konstruktivste, was ich zu hören bekam.
Ich unterbrach meine nutzlosen Wanderungen und begann, die Umgebung der Sixth Avenue in der Stadtmitte zu erforschen. Die Zweigstelle der Bank of New York Ecke Fifth Avenue und Dreiundvierzigste Straße hatte etwas Imponierendes in ihrer Eleganz der Alten Welt. Ich staunte über die marmornen Fußböden, die mit dunklem Holz getäfelten Kassenschalter, die fein geschnitzten Schreibtische, die offenen Kamine, die Samtschnüre und die gravitätischen, uniformierten Wächter, die mir höflich, aber bestimmt bedeuteten, daß ich nicht so aussähe, als wäre ich einer ihrer Kontoinhaber. Der große Lesesaal der Public Library war ein furchteinflößender Anblick und machte mir eindrucksvoll klar, daß ich mit meiner wachsenden Fähigkeit, Zeitung zu lesen, noch weit davon entfernt war, in der neuen Sprache lesen, geschweige denn schreiben zu können. Ich stand wie angewurzelt

mitten im Grand Central Station, als ich an seiner riesigen gewölbten Kuppel die Sternbilder des Nachthimmels entdeckt hatte, hingetupft von zahllosen kleinen Lichtern. Niemand sonst schien an der Decke besonders interessiert zu sein. Was einige Aufmerksamkeit erregte, war allerdings ein merkwürdiger junger Mann, der beharrlich zur Decke hinaufstarrte. Sie folgten seinem Blick, und da sie nichts Aufregendes bemerkten, musterten sie ihn neugierig und hasteten davon. Es war der erste Bahnhof meines Lebens, dessen Hauptattraktion nicht die Lokomotiven, die Speisewagen und die Waggons waren, sondern eilige Menschen.
Das Rockefeller Center, das die Wahl seiner Architekten im Jahre 1929 genau am Tage des Börsenkrachs bekanntgegeben hatte, stand jetzt kurz vor der Vollendung. Im Erdgeschoß des Time and Life-Gebäudes an der Neunundvierzigsten Straße West betrat ich die Räume einer »Wanderausstellung des Museum of Modern Art«. In der Eingangshalle hing ein großer Kandinsky, dann ein Miró, Picasso, Matisse; ich erkannte einen Diego Rivera, einen Delaunay und Giacomettis *Schloß um vier Uhr nachmittags*, alles Namen vertrauter Freunde in einer Stadt der Fremden. Am Eingang der nächsten Galerie blieb ich überrascht stehen. Mein Herz hämmerte. Plötzlich hatte ich es vor mir, was ich unbewußt gesucht hatte, seit ich ein kleines Kind von zwei oder drei Jahren war. Vor etwa sechs Monaten noch hatte ich daran gedacht, während meiner letzten Eisenbahnfahrt aus Deutschland heraus. Hier war es, das auf geheimnisvolle Weise verschwundene Stück Tapete von der Wand über meinem Kinderbettchen. Es war eins jener unvergeßlichen kindlichen Phantasiebilder aus meinem Käfig der Alpträume. Jetzt stellte sich heraus, daß mein Vater es an sich genommen und benutzt hatte, in unveränderter Gestalt. Es war zu einer *Collage von Max Ernst* geworden, und es hing im Souterrain eines Wolkenkratzers in Manhattan. Dieser Ort war so gut wie jeder andere geeignet, einem Stückchen ganz persönlicher Vergangenheit Auge in Auge gegenüberzutreten... Und es sollte nicht das einzige Relikt einer nie ganz vergessenen Zeit an diesem Tage bleiben. Ein Paul Klee an einer anderen Wand kam mir sehr bekannt vor. Es war tatsächlich das große Aquarell, das meine Mutter vor fast zehn Jahren in ihrem Arbeitszimmer unter Stößen

von Papier gefunden hatte. Das bescheidene Sümmchen, das sie dafür bekam, war damals ein willkommener warmer Regen gewesen. Manhattans Neunundvierzigste Straße West war ziemlich weit vom Kaiser-Wilhelm-Ring in Köln, wo derselbe Paul Klee in Abwesenheit Majas der Lou Straus-Ernst gezeigt hatte, wie man ihren Sohn ordentlich wickelt. Dieser Unterricht könnte sich durchaus im selben Raum abgespielt haben, in dem später das Stück Tapete fehlte.

Kann sein, daß ich diese Begegnung mit meiner Vergangenheit als gutes Omen betrachtet habe oder als Ermutigung, bei meiner Arbeitssuche ein bißchen wagemutiger zu werden. Ich faßte mir ein Herz und trat durch jede Tür, an der das Schild »Aushilfe gesucht« hing. Viele gab es nicht, aber ich hielt die Augen danach offen. Ich probierte es bei Imbißstuben, Lebensmittelgeschäften, Drugstores und einmal sogar, auf der Ninth Avenue, bei einem Bestattungsinstitut. Obwohl da die Schilder hingen, waren die Stellen merkwürdigerweise immer kurz bevor ich kam besetzt worden. Dann stand ich vor einer Verladerampe. In einer winzigen Kabine saß ein sehr dicker Mann mit vier Telefonen. Dies war der Elite-Botendienst. Mr. »Elite« scheuchte mich hinüber zu einer Gruppe Jugendlicher, die auf einer Bank neben seinem Büro saß. »Ein Vierteldollar pro Auftrag. Und Busgeld! ... und macht die Tür da zu!« Ich mußte mich ans Ende der Bank setzen und rutschte weiter, als der Erste in der Reihe auf ein Klopfen vom Kabinenfenster her aufsprang. Als ich dran war, hieß es: »Abholen Taft-Hotel, Zimmer 1102. Abgeben bei 412 Woolworth Building. Und n'bißchen dalli!« Das Taft-Hotel hatte ich schon gesehen und fand den Weg sehr leicht. Ich weiß nicht, was das Paket enthielt, aber es war schwer. Das nächste Problem war das Woolworth Building. Ich kannte es von Fotos, hatte aber keine Ahnung, wo es lag. Ich fragte einen Pagen im Taft. »IRT - City Hall«, kam es geschossen. Auch das war gar nicht so schwer, bis ich feststellte, daß sich die Türen meiner Bahn am Perron der 125. Straße nicht öffneten. Irgendwo in der Bronx gelang es mir, erneut auf Erkundung zu gehen, nach einem Zug in Richtung Stadtmitte, wobei ich einen kostbaren Nickel einbüßte, weil ich versehentlich durch ein falsches Drehkreuz gegangen war. Ich fand die »City Hall« auf der rußigen Übersichtskarte des U-Bahnnetzes und ließ mich zu einer angenehmen Fahrt nieder, bis die Durchsage kam: NEVINS STREET. Ich war mitten in Brooklyn. »Müssense umsteigen an der Vierzehnten Straße . . . lokal.« Ich befolgte den Rat des freundlichen Fahrgastes . . . aber war ich nicht schon einmal an der Vierzehnten Straße gewesen? Die ganze Reiserei hatte inzwischen schon mindestens zwei Stunden gedauert. Und erst als ich wieder an der Vierundzwanzigsten Straße angelangt war, merkte ich, daß es an jedem Bahnsteig zwei Züge gab und daß einer davon »lokal« hieß. Das Paket wurde immer schwerer und ziemlich schmutzig vom vielen Herumschleppen.

Der hochelegante Empfangschef in der vierten Etage des Woolworth Buildings murmelte durch zusammengebissene Zähne: »Lieber Himmel, wo um alles in der Welt bleiben Sie denn? . . . Der Teufel soll Elite holen . . . Ihr Dreckskerle.« Als ich wieder bei Elite ankam, war die Begrüßung nicht besser: »Du hast mir den Kunden vergrätzt, du lausiger Wichser. Von mir kriegst du keinen Vierteldollar, keinen Pfennig kriegste, und laß dich hier nicht wieder blicken.« Mir wurde klar, daß es für mich ganz unumgänglich wurde, einen Stadtplan von New York City zu besorgen und ihn genauso gewissenhaft zu studieren wie früher mein Latein für's Lindenthaler Gymnasium.

Wie sich herausstellte, kam ich mit dem Stadtplan nur wenig besser zurecht als mit meinem anderen Alptraum, dem Latein. In den folgenden vierzehn Tagen verdiente ich annähernd sechs Dollar bei Crosstown Rapid, Red and Blue Ambassadors und Bullet Service. Fast vier Tage stand ich bei Mercury Dispatch durch, war allerdings ziemlich erleichtert, als ich dann nicht mehr auf schrottreifen Fahrrädern dem Verkehr Manhattans die Stirn bieten mußte. Das Abschiedswort dieses Chefs lautete: »Vier Platte und drei verbogene Vorderräder . . . wer kann denn sowas gebrauchen?« Bei Radio Rapid hatten sie tatsächlich ein Radio, aber es war auf WNEW eingestellt und war nicht Bestandteil des Arbeitsvertrages. Hier machte ich nach ein paar Tagen den unverzeihlichen Fehler, den städtischen Bus und den BMT Shuttle durcheinanderzubringen, was mir unerwartet Gelegenheit gab, Astoria zu entdecken. Eine vielversprechende Vertretung bekam ich von einem aus meiner Botenjungen-Bekanntschaft; so stand ich sonntags früh um sieben an der Ecke Siebenundfünfzigste Straße und Lexington Avenue, um für einen Pressevertrieb die Sonntagsausgaben der *Harald Tribune* und der *New York Times* in diverse Apartment-Häuser auszutragen. Ich sollte die Hälfte der Trinkgelder bekommen, der Rest war für meinen neuerworbenen Botenjungen-Boss bestimmt. Ich merkte nicht, daß mein Wohltäter mir größtenteils solche Häuser zugeteilt hatte, in denen die Zeitungen beim Pförtner abzugeben waren, der natürlich keine Trinkgelder verteilte. Es war eine gute Gelegenheit, die eleganten Vorhallen der Apartmenthäuser von innen zu sehen und gleichzeitig mehr über die unendliche Vielfalt der Geschäftspraktiken in der Neuen Welt zu lernen. In den wenigen Fällen, in denen ich an der Dienstbotentür eines Apartments auf die Klingel drücken durfte, hatte ich Aussicht auf einen Nickel und darauf, zu erfahren, was die Reichen in Amerika zum Frühstück trugen. Dies war mein erster »Job« in Amerika, aus dem ich nicht gefeuert wurde, und es war auch mein allererster, den ich selbst gekündigt habe.

Auf Grund meiner Wanderungen und meiner früheren Erfahrungen als Setzerlehrling war ich in der Lage, eine Stellung bei Kwicky Printers irgendwo auf der Dreiundzwanzigsten Straße anzunehmen. Ich hielt mich dort tatsächlich drei Tage, dann bekam mein Chef einen Wutanfall, als er mich dabei überraschte, wie ich ein paar Monotype-Überschriften für ein Flugblatt gesperrt setzte. Ich sagte, daß es so besser aussehen würde. »Wer hat dir gesagt, du sollst damit Zeit verschwenden, verdammt nochmal? Wenn ich hier einen Künstler brauchte, hätte ich nicht einen Pisser wie dich genommen!«

Die Firma Kings County Menu and Labels auf der Nostrand Avenue in Brooklyn war so groß, daß sie einen Werkmeister hatte. Ich wurde nur angenommen, nachdem ich versichert hatte, daß ich keiner Gewerkschaft angehörte. Der Werkmeister konnte Einwanderer nicht leiden, die »kein richtiges Englisch nicht konnten«, aber er mußte vorsichtig sein. »Der Itzig, dem der Laden hier gehört, bringt sich um für Pack wie dich.« Aus irgendeinem Grunde jedoch gab es Unfälle bei allem, was ich machte, noch ehe es die Druckerpresse erreichte; verkehrte Linien in der Form

verdarben einen ganzen Durchlauf. Man entließ mich sehr behutsam. »Wir haben keine Aufträge mehr.«
Otto Schrebinger, dem der Superior Food Market an der Zweiundachtzigsten Straße gehörte, schien mich wiederum deshalb zu dulden, weil er mich auf Deutsch und auf Englisch beschimpfen konnte. »Schnell, schnell, Dummkopf. Die Sachen für Frau Schneider an der Vierundachtzigsten Straße«, oder: »So ... you deliffered all de Schtuff to Eighty-eight schtreet? Vat happened to de pound of Blutwurscht und ze Bauernbrot ... und vere iss de money? ... Did ze old hag giff you zomezing?« Mr. Schrebinger beschloß, sich einzuschränken, indem er die Bestellungen nachmittags auslieferte, wenn sein Sohn aus der Schule war. Ich muß sagen, daß ich mich in Yorkville nicht besonders wohlfühlte. Restaurantnamen wie »Lorelei« oder »Der alte Ratskeller« wirkten einfach ein bißchen zu altvertraut, auch wenn diese Namen in grellen Neonbuchstaben geschrieben waren. In einer Nebenstraße gab es einen Buchladen, der vollgestopft war mit Naziliteratur und Schallplatten mit deutscher Marschmusik und Ländlern. Gegen Abend standen an einigen Ecken der Achtundachtzigsten Straße Männer in Klumpen zusammen und diskutierten über Politik in allen möglichen deutschen Dialekten, oder sie hörten aufmerksam einem Mann im braunen Hemd zu, der, neben sich eine amerikanische Flagge, demagogisch über »Franklin A. Rosenfeld, Fiorello La Guardia und Herbert Lehmann, Jooz und alle die« sprach. Ich hörte, wie einer sich bemühte, seine Zuhörerschar dazu zu bringen, im Chor »Amerika, erwache!« zu brüllen. Ich spürte das Blut in meinen Schläfen pochen. Meine Fäuste, mein ganzer Körper wurden straff wie ein Baumstamm. Ein Blitzstrahl des Hasses schoß in mir hoch. Da waren sie wieder. Der alte wabbelbackige, quatschende, heisergeredete Demagoge an der Straßenecke. Zwar war er vielleicht hier geboren, aber er war ein Eindringling aus einer satanischen anderen Welt, genau wie zweifellos die Mehrzahl seiner bereitwilligen Zuhörer. Sie waren an einem feuchtkalten Novemberabend gekommen, um ihre Leiber mit so viel Haß zu erfüllen, daß ihre Schrumpfseelen wieder für einen Tag Futter hatten. Ihre Befriedigung war vielleicht nicht so vollkommen wie die ihrer Kameraden in der Heimat, denen es gerade eine Woche

zuvor gelungen war, künftigen Enzyklopädien ein neues Wort hinzuzufügen: *Kristallnacht*. Ich bin nicht ganz sicher, ob mir meine gewalttätige Reaktion gefiel. Phantasien von physischer Vergeltung bis hin zum grausamen Mord erfüllten mich, Gefühle, die ich bei anderen zu verabscheuen gelernt hatte und von denen ich hoffte, sie eigentlich weit hinter mir gelassen zu haben.
Wohin ich auch immer ging auf meiner Stellungssuche, um Yorkville mußte ich einen Bogen machen. Meine Bemühungen um Arbeit hatten zweifellos etwas Donquichottisches. Zu keinem Zeitpunkt hatte ich annähernd genug verdient, um mich selbst zu unterhalten. Wäre da nicht die Großzügigkeit J. J. Augustins gewesen und der Job in seiner Firma, der mir immer offenstand, ich hätte durchaus untergehen können. George, mein Mentor aus der Poststelle, freute sich immer, wenn ich wieder am Irving Place auftauchte. Es gab ihm Gelegenheit, jemanden auf gutmütige Art herumzukommandieren. Mit den meisten Jobs, die ich gefunden hatte, war er gar nicht einverstanden. »Wie zum Teufel kannst du denn in der Stadt herumrennen und nicht genug Englisch sprechen, um dir ein Sandwich zu kaufen?«
In Wirklichkeit fand ich, daß ich es ganz gut schaffte, mich verständlich zu machen. Frau Professor Reichard hatte darauf bestanden, daß ich zweimal wöchentlich in die Bibliothek des Barnard College käme und mich zu drei oder vier ihrer Studentinnen an den Tisch setzte, um mit ihnen Englisch zu sprechen. Ich fühlte mich höchst unbehaglich unter diesen gut angezogenen, selbstsicheren jungen Frauen, die mit viel Geduld und guter Laune ihr Bestes taten, damit ich mich wohlfühlte. Als ich George erzählte, daß ich im Barnard Englisch studiere, schrie er quer durch das Büro: »He, J. J., hören Sie sich das an. Dieser Kerl geht auf eine Mädchenschule. Der glaubt, er könnte von einem Haufen Flittchen Englisch lernen. Die wissen doch gar nicht, was Englisch ist.« Er sagte, ich sollte mich an ihn halten. Er würde mir alles beibringen. Er hat mir eine Menge beigebracht. Manches davon mußte ich lernen zu vergessen.
George lebte bei seiner Familie in einem Wohnblock der Lower East Side. Sie waren Einwanderer aus Rußland, und sein stämmiger, kahlköpfiger Vater, der ohne weiteres als Filmstatist in einer

Horde säbelschwingender Kosaken hätte auftreten können, bekämpfte das New Yorker Klima mit einer stets griffbereiten Flasche Wodka auf dem Küchentisch. George machte mich mit seiner Bande bekannt. »Er redet nicht so gut, aber er ist in Ordnung.« Mein erster Eindruck von George, besonders von der Art, wie er redete, hatte mich an die Kinder in *Dead End* erinnert. Es war mir nicht klar, daß Leo Gorcey, Billy Hallop, Bobby Jordan und die anderen richtige Volkshelden waren. George und seine Freunde waren bemüht, sich gegenseitig beim Nachahmen der Prahlereien und Frozzeleien ihrer Helden zu übertreffen. Was ihre Ausdrucksweise anging, so war es unmöglich herauszufinden, ob sie Sidney Kingsleys Rollen imitierten oder ob es genau umgekehrt war. Immerhin waren die Modulation, die Grammatik und der Wortschatz einzigartig, und ich übernahm es allzu leicht und rasch. So rasch, daß mir in relativ kurzer Zeit der höchste Ritterschlag zuteil wurde: »Toll, der Junge fängt an, genau wie Billy Hallop zu reden, was?« J.J. Augustin war nicht so ganz mit meinen wachsenden sprachlichen Fertigkeiten einverstanden und drängte mich, mehr auf die Töne zu achten, die ich auf den Morningside Heights hörte, als auf die der Avenue C. Aber meine Bande unten in der Stadt machte mir viel mehr Spaß, und irgendwie gelang es mir, die Ausflüge zum Barnard College unter dem Vorwand der »Arbeitsüberlastung« zu beenden.
Anders als im Film *Dead End* gab es in diesem Viertel allerdings keine direkte Konfrontation zwischen Arm und Reich. Schmutzige Wohnblocks säumten die Straßen, und »swells« waren hier nicht zu erblicken. Die Docks am Fluß waren alle soeben verschwunden, um dem East River Drive Platz zu machen, der damals gerade gebaut wurde. Meine neuen Freunde führten mich mit großem Vergnügen in ihre Kultur und den Straßenjargon ein. Ich lernte sehr schnell, und mehr als einmal war ich das Opfer ihres Schabernacks. Man ging eben nicht, beispielsweise, in einen koscheren Metzgerladen und verlangte »zehn Pfund Hühnerdung«, ebensowenig war es ratsam, dem Polizisten auf seiner Runde zu sagen: »Wachtmeister, Ihr Stall steht offen.« Georges Schwester Anna setzte manchen dieser Dummheiten ein Ende. Anna, die als Sekretärin bei Augustin arbeitete, war, wie ihr

Bruder es ausdrückte, »gut versorgt«. George muß aufgefallen sein, daß ich in ihrer Gegenwart ganz schüchtern wurde und ihr aus der Ferne mehr als einen flüchtigen Blick schenkte. »Du magst sie?« fragte er mich schließlich. Ich gab zu, daß ich sie wirklich gern mochte, daß ich mir aber nicht zutraute, die richtigen Worte zu finden. »Ach du lieber Himmel. Sag bloß nix vom Gernhaben oder so. Paß auf, was du tun mußt.« Er gab mir sehr ausführliche Anweisungen. Daraufhin nahm ich an der Vierzehnten Straße Ecke Union Square allen Mut zusammen und sagte ihr ins Gesicht: »Anna, ich hab' dich wirklich nicht gern. Ich liebe dich. Darf ich dich vögeln?« Zuerst rötete sich ihr Gesicht vor Empörung, sie starrte mich an und dann auf einen Punkt weiter weg, wo George und seine Spießgesellen standen und das Geschehen verfolgten. Und sie brach in Gelächter aus, packte mich bei den Schultern und gab mir einen langen, sinnlichen Kuß. Dann rannte sie hinüber zu der Bande, schrie »Ihr schmierigen Würmer« und schlug mit beiden Fäusten wahllos auf sie ein. George schlug zurück. Fluchend prügelten sie sich, und die Leute blieben stehen und starrten. Das alles geschah, während Massen von Büroangestellten und Käufern sich auf dem Weg zur Untergrundbahn oder zu S. Klein's drängten. Ich hätte mir am liebsten irgendwo ein Versteck gesucht, aber Anna, die ihre Rache gehabt hatte, hakte sich gelassen bei mir unter und nahm mich mit ins Kino. »Ich bring dir Englisch bei auf meine Art«, versprach sie.

Meine Begeisterung für Filme erwies sich als sehr nützlich. Die Kombination von sichtbarer Handlung und Dialog während dieser vielen Stunden im dunklen Kinosaal illustrierte nicht nur die Sprache selbst, sondern auch ihre Nuancen und ihre umgangssprachliche Vielfalt. Fast jeden Abend löste ich eine Eintrittskarte für eine Doppelvorstellung oder auch für Bingo-Spiele, eine mögliche Geldquelle, außer wenn sich herausstellte, daß es Schüsseln als Preise gab. Ich ließ das ganze Beiprogramm über mich ergehen, Wochenschauen, Zeichentrickfilme, Serien-Episoden, und jubelte mit dem springenden Ball auf der Leinwand. *Peter Ibbetson* mit Gary Cooper und Ida Lupino mußte ich dreimal durchstehen, bis ich die ziemlich matte Handlung zu begreifen begann. Daß Dick Powell sein Mädchen in einem Ruderboot auf dem See des Central

Park mit »You must have been a beautiful baby« besang, begleitet von einem ganzen Orchester, das nirgends zu sehen war, akzeptierte ich als völlig normal. Ich versprach mir selbst, mich zu bemühen, den eigentümlich sadistischen Humor der Three Stooges und die irrationalen Grotesken der Ritz Brothers zu verstehen. Der Columbus Circle und der Union Square waren Gegenstücke der Londoner Hyde Park Corner. Ich fand, daß man den Rednern am Union Square manchmal nur schwer folgen konnte. Meistens drehte sich ihre Rede um die »marxistische Dialektik«, die »Diktatur des Proletariats« und selbstverständlich um den »Klassenkampf«. Da waren immer viele kleine und wahrscheinlich nachdenkliche Grüppchen sehr ernsthafter älterer Männer in die Diskussion von Themen vertieft, die mit dem heftigen Austausch von Zitaten aus Engels, Stalin, Trotzki, Lenin, Earl Browder und Maurice Thorez für mich völlig unverständlich wurden. Der Columbus Circle bot da ein irgendwie weniger anspruchsvolles Themengemisch. Die diversen Straßenredner stellten zum Beispiel den König der Hobos dar, der das Leben auf der Straße pries, einer war ein indischer Swami oder zumindest so gekleidet und predigte die »Wiedergeburt«. Jeden Abend wieder konnte man Lobpreisungen oder Verdammungen von Christus, Gandhi, Jehova, Norman Thomas, Abraham Lincoln, Luther Burbank, Franklin Roosevelt oder Theodor Herzl hören. Die Skala war so breit, daß sie sogar eine langatmige Aufzählung der Leistungen von Don Ameche zuließ. Andere Sprecher machten schlicht ihren persönlichen Kümmernissen Luft, zum Beispiel über die Gemeinheiten eines bestimmten Hauswirts oder Chefs. Ein paarmal erging sich die »verrückte Hannah«, wie ihre stets gegenwärtigen Verleumder sie nannten, in würzigen Reden für mehr Frauenrechte. Von beleidigenden Zwischenrufen unbeeindruckt, spießte diese äußerlich matronenhafte Dame plötzlich irgendein unschuldiges männliches Wesen mit einem anklagenden Zeigefinger auf und verlangte zu wissen, warum zum Teufel er nicht zu Hause sei und seiner Frau beim Abwaschen helfe. »Wann hast du denn zum letzten Mal auch nur mit ihr geredet, du Arsch?«
Der Columbus Circle bot noch andere Attraktionen. An seiner Südwestseite, unter einem chinesischen Restaurant im ersten Stock

und neben der offenen Werkstatt eines Schlossers, befand sich ein heruntergekommenes Kino, The Circle. Hier gewann ich eines Abends beim Bingo endlich den Jackpot. Ich hatte meine volle Karte zur Bühne hinaufgebracht und das Kino um vier Dollars reicher verlassen. Daraufhin gönnte ich mir den Luxus des »One-Dollar Chop Suey Special«. Wer wagte zu behaupten, dies sei nicht das Land der unbegrenzten Möglichkeiten? Von meinem Fensterplatz aus hatte ich einem Blick auf den Eingang des Parks und das Standbild des Columbus, der auch ein Einwanderer war. Darunter, zur Rechten des Denkmals, sah ich im Lampenlicht die Gestalten von Rednern und Zuhörern, und an der Ecke der Neunundfünfzigsten Straße, direkt unter mir, zog eine Band von etwa neun jungen Schwarzen die Aufmerksamkeit einiger Fußgänger mit einem harten Sound auf sich. Ich ging hinunter, um genauer zuzuhören. Klang und Rhythmus waren mir vertraut, nicht aber die Melodien. Gar kein Zweifel, dies war Jazz, reine Improvisation auf einigen der seltsamsten Instrumente, die ich je gesehen hatte. Zwei Kazoos, ein Waschbrett, ein aus einer Zigarrenkiste gebasteltes Banjo, zwei Mundharmonikas, ein saitenbespannter Eimer, eine Baßgeige, aus einer Zinkwanne und einem Besenstiel gemacht, und eine echte Gitarre. Die Musiker hatten sich im Halbkreis um einen Hut auf dem Gehweg gruppiert. Hier und da hüpften kleine Jungen in schleppenden oder steppenden Tanzschritten. Der lange Schwarze, der den Saiteneimer spielte, erhob manchmal die Stimme zu einem Vokalgesang. Ich fand es aufregend und konnte mich gar nicht losreißen. Wer weiß, wo oder wann die Samen dieser neuen Blüten in meinen Garten gepflanzt worden waren. Selbstbewußt warf ich ein paar Münzen aus meinem Bingo-Gewinn in den Hut. Ich war immer noch da, als die Band aufbrach, nachdem sie die Abendkasse geteilt hatte. Ich bot an und man gestattete mir, die Zinkwanne für ihren Spieler zu tragen. Clarence wohnte, wie die meisten der Musiker, auf der Neunundfünfzigsten Straße westlich des Circle. Er hatte keine Arbeit, hoffte aber, irgendwann beruflich einen richtigen Baß zu spielen. Im Augenblick mußte er mit dem Kleingeld aus dem Hut zufrieden sein. Etwas hatten wir gemeinsam: Wir waren für Mercury Dispatch gefahren und gefeuert worden, weil wir zwei

Räder in zwei Wochen zu Bruch gefahren hatten. Er erzählte mir, daß er es damit gar nicht leicht gehabt hätte, weil seine Beine zu lang waren. Er fragte mich über Paris aus. Er hatte gehört, dort würde viel Jazz gespielt, vielleicht könnte er hingehen und dort arbeiten. Seine Vorbilder waren die Bassisten Wellman Braud, Pops Foster und Walter Page.

Von da an zog es mich an jene Straßenecke, wann immer mir das Dezemberwetter so mild vorkam, daß die Band spielen könnte. Clarence freute sich immer, wenn er mich sah, und er machte es sich zur Regel, in den Pausen mit mir zu plaudern. Nach einer gewissen Zeit muß er wohl das Gefühl gehabt haben, daß seine Freunde sich nun ausreichend an mich gewöhnt hätten, um mir das Privileg zuzugestehen, mit dem Hut in der Hand den Obolus der umstehenden Zuhörer einzusammeln. Anscheinend erhöhte das ein wenig die Einnahmen, weil der Hut kein passiver Gegenstand auf dem Gehweg mehr war. Etwas reserviert zeigten sich die anderen Musiker aber doch. Eine zeitlang gab es Gemurre über Clarences »weißen Pinscher«, manchmal hieß es sogar: »Guckt diesem welschen Weißling auf die Finger.« Erst als sie sicher waren, daß ich mich nicht an ihrem Häufchen Kleingeld vergriff, akzeptierten sie mich, wenn auch immer noch auf recht kühle Art. Das Schauspiel, daß ein junger Weißer für diese Musikanten Geld einsammelte, schien die Vorübergehenden zu verblüffen, aber sie blieben dadurch eher stehen und trennten sich vielleicht auch bereitwilliger von ihren Münzen. Zweimal packte mich Todesangst, als wir in alle Richtungen auseinanderstoben vor einem anrückenden Polizisten, der uns alle zur Wache mitzunehmen drohte, weil wir den Gehweg blockiert hätten. Beide Male war ich umständehalber der Bewahrer des Hutes mit dem wertvollen Inhalt. Ich hielt ihn fest, als ginge es um mein Leben, während ich die Straße hinunterrannte, und erhielt widerwilligen Beifall, weil ich nicht einen Cent daraus verloren hatte. Beim letzten Mal büßte Clarence die Waschwanne ein, die er im Weglaufen fallengelassen hatte; ein heranbrausendes Auto überfuhr sie. Die Einnahme dieses Abends ging zum guten Teil für die Ersatzbeschaffung drauf.

Meine Gefährten von der Lower East Side standen meiner neuen

Verbindung und meiner Musikbegeisterung ziemlich kritisch gegenüber. »Jazz ist was für diese schwarzen Affen.« Ihre Einwendungen ließen mich unbeeindruckt, selbst als sie begannen, mich »Niggerfreund« zu nennen.

Eines Abends bei einer späten Tasse Kaffee fragte mich Clarence, ob ich einmal richtigen Jazz hören wollte. Es fände ein Konzert in der Carnegie Hall statt. Zuerst wollte ich gar nicht glauben, daß solche Musik im Konzertsaal gespielt würde, und im übrigen hatte ich kein Geld für eine Eintrittskarte. »Oh, wir kommen schon 'rein. Überlaß das nur mir«, meinte Clarence. Sein Onkel arbeitete in der Putzkolonne der Carnegie Hall. Ein paar Wochen später, zwei Tage vor meinem ersten Weihnachtsabend in Amerika, saß ich eingeklemmt auf den Treppenstufen des oberen Zwischenstocks in der überfüllten Carnegie Hall, um *Spirituals to Swing* zu hören. Kein Platz blieb unbesetzt, sogar auf der Bühne hatte man noch Stühle aufgebaut. Um hier heraufzukommen, hatten wir verstohlen durch Hintertüren huschen müssen, unter der Bühne hindurch, an den Garderoben vorbei und auch vorbei an Türhütern, die in die andere Richtung schauten, als Clarence ihnen etwas zugeflüstert hatte.

Die Namen der Musiker auf der Bühne, vor allem der Solisten, die Clarence mir zeigte, sagten mir zu der Zeit noch wenig, aber ich war sicher, daß ich sie nie mehr vergessen würde. Vom ersten Ton an, den Count Basies Rhythmusmaschine mit »One O'Clock Jump« zur Decke der stattlichen Halle emporschickte, bis hin zu James P. Johnsons beinahe klagendem und dennoch eindringlichem »Carolina Shout« und den beschwörenden, vielleicht sogar anklagenden Stimmen, die aus einer Kirche im tiefen Süden gekommen waren, um trügerisch schlichte Spirituals zu singen, fühlte ich mich wie von einer Geisterhand umschlossen. Helen Humes sang den Blues »... I went up the mountain – looked down as far as I could see.« Der blinde Sunny Terry ließ seine Harmonika sprechen und weinen. Joe Turner schrie: »That's all right, baby, that's all right with me.« Und das Publikum erhielt noch weitere musikalische Weihnachtsgeschenke: Lester Young, Joe Jones und Walter Page. Sidney Bechet, Tommy Ladnier, Mead Lux Lewis, Pete Ammons, Leute, deren Sounds ich niemals müde werden sollte. Ich fühlte mich, als belauschte ich ein intimes Ereignis. Es war mehr als ein Auftritt - jeder Musiker schien sich weit über Instrument und Stimme hinaus mitzuteilen. Irgendwann wurde mir im Halbdunkel der Carnegie Hall die Tatsache bewußt, daß meine Haut weiß war und die Gesichter und Hände auf der Bühne dunkel. Noch nie war mir so aufgefallen, wie vielfältig die schwarze Farbe eigentlich war mit all ihren feinen Schattierungen. Die Reichhaltigkeit der Pigmentierung in diesen starken Gesichtern ließ alle möglichen Farben ahnen außer weiß.

Trotz des Schildes für »Coloreds«, das ich irgendwo am Highway 66 in einem Restaurant gesehen hatte, und der abscheulichen doppelten Trinkwasserbrunnen nebeneinander in jener staubigen und totenstillen Kleinstadt des Südens hatte ich eigentlich noch nicht viel nachgedacht über die inhumane Absonderung dieser Menschen in der amerikanischen Gesellschaft. Sie trugen schließlich keine Eberzähne an Schnüren um den Hals, keine Lendenschurze oder einen Pflock in der Unterlippe wie der Stamm, den ich im Kölner Zoo gesehen hatte. Sie kleideten sich wie alle anderen auch, arbeiteten in der Nähe ihrer Wohnungen und bewegten sich auf den Straßen, ohne so viel Neugier zu erwecken, wie Andersfarbige sie auf dem Kontinent meiner Kindheit erweckt hatten. Bis zu diesem besonderen Abend hatte ich die Geschichte der Lynchjustiz und der Rassentrennung, die mir durchaus vertraut war, bevor ich herkam, nur als übertriebene europäische Darstellung einer dunklen post-kolonialen Vergangenheit betrachtet. Diese Musik jedoch hatte etwas an sich, das an mein Innerstes zu rühren suchte. Einmal an diesem Abend tauchte der flüchtige Gedanke auf, daß da in den verworrenen Strukturen des Boogie-Woogie, des Kansas City, des New Orleans und, ja, des Blues der Schemen einer Architektur verborgen war. Ich entsinne mich, daß ich in meiner Phantasie das Bild eines Mannes mit gefesselten Händen sah, der auf einem Feldbett in seiner Zelle saß und versuchte, mit seiner Stimme ein Haus zu bauen. Ich fühlte mich zutiefst eins mit dem einzigen weißen Gesicht auf der Bühne, dem des Konzertorganisators John Hammond, der hingerissen schien von den Künstlern um ihn herum und sich sichtlich zur Ehre anrechnete, sie seine Freunde zu nennen.

Ich befand mich so weit vom grünen Fußballrasen meiner frühen Jugend, weil es in mir Strukturen gab, die mich zum Ausgestoßenen machten. Und plötzlich, auf dieser neuen Insel der Zuflucht, sah ich mich von Angesicht zu Angesicht dem Schmerz der Verschmähten gegenüber, ausgedrückt in einer Musik, die bis dahin für mich nur etwas mit Tanzen zu tun gehabt hatte.
Ich versuchte, diese Gefühle Clarence zu vermitteln, als wir nach der Veranstaltung am Columbus Circle Ecke Neunundfünfzigste Straße noch beisammenstanden. Er hatte sich schon halb abgewendet, um einen Block weiter nach Hause zu gehen, als er mich sichtlich verständnislos ansah. »Aber du hast doch genau hier gestanden bei meiner Band und hast die Pfennige für uns eingesammelt. Hast du denn nicht gemerkt, wie die Leute dich angeguckt haben? Die haben gewußt, daß du nicht zu uns gehörst, und wir wußten es auch.«
Ich kam noch oft an diese Straßenecke, aber es wurde sehr kalt in jenem Winter. Ich wanderte mehrmals um den Block. Vielleicht spielten sie irgendwo in einem Keller und warteten auf den Frühling. Aber niemals hörte ich etwas.
Mit Tausenden anderer sah ich auf dem Times Square zu, wie der rote Globus auf seine Achse fiel und das Jahr 1939 ankündigte. Ein sehr fröhlicher Betrunkener schlug mich auf den Rücken und schrie: »Heee ... Prost Neujahr ...« Aus irgendeinem Grund fühlte ich mich genötigt, ihm zu danken, und drückte ihm eine Münze in die Hand. Bevor er sich in der Menge verlor, hörte ich ihn noch, wie zu sich selber, murmeln: »Also, wozu denn nun das?«
Verschwommen war mir bewußt, daß ich etwas sehr Seltsames getan hatte. Das war jedenfalls keine Art und Weise, in dieser für mich neuen Welt akzeptiert zu werden. Als ich dem Jahr 1939 entgegenblickte, fühlte ich mich wie beim Wassertreten. Die plötzliche Erkenntnis, daß diese Neujahrsfeier zusammenfiel mit dem Beginn einer grundlegend anderen Phase meines Lebens, gab diesem Meer lärmender Menschen die Gestalt einer riesigen Woge, und ich war nicht sicher, ob ich ihren Sog durchschwimmen konnte. Wahrscheinlich hatte ich mein Leben gerettet, indem ich hierher kam, aber meine Zukunft und ihr Sinn lagen noch verbor-

gen hinter einer hohen Mauer. Ich fühlte mich allein. Mir ging auf, daß ich selten gleichaltrige Freunde gehabt hatte. In meinen Beziehungen zu Menschen, die älter waren als ich, hatte ich Freundschaft erlebt, und jetzt war ich eigentlich gar nicht mehr sicher, wie mein früheres Leben wirklich gewesen war. Immer hatte ich die verschwommene Vorstellung einer unumgänglichen Vereinbarkeit von Leben und Arbeit mit mir herumgetragen. Dieser idealistische Traum hatte sich nie in einem lebenden Beispiel konkretisiert. Vor wenig mehr als einem Jahr hatten meine Mutter und ich versucht, das Rätsel Max Ernst zu ergründen. Damit wir uns in den Verwicklungen jenes Lebens besser zurechtfänden, hatte sie mir, etwas mühsam, ein Gedicht von William Butler Yeats aus dem Jahre 1932 ins Deutsche übersetzt:

Der menschliche Verstand muß wählen
Vollkommenheit in Leben oder Werk,
und mit der Wahl verweigert er dem Zweiten
im Dunkeln rasend einen Himmelssitz.
Ist alles das getan, wo liegt der Sinn?
Glück oder nicht, die Plage grub ihr Zeichen:
Die alte Peinlichkeit der leeren Taschen,
des Tages Nichtigkeit, die Reue nachts.

Sie hatte mir den Yeats-Band als Weihnachtsgeschenk geschickt. Jetzt war er das einzige Buch, das ich besaß, abgesehen von einem Englisch-Deutschen Wörterbuch, das ich benutzte, um der Bedeutung der Worte in den Versen näherzukommen.

War es jetzt Zeit, diese Wahl zu treffen? Oder war sie etwas, das den Zufällen eines persönlichen Lebenslaufs überlassen blieb? Es war, als liefe ich durch einen Garten riskanter Entscheidungen: alles unter den Füßen zertrampeln in der hastigen Suche nach Überleben und Tröstung oder darauf bauen, daß die Ideenschößlinge zu lebensfähigen Bäumen heranwachsen werden. Die Alternative war klar.

Die wagnerianische Trivialität dieser Entscheidung blieb mir nicht völlig verborgen. Ich war schließlich weder Lohengrin, der Elsa per Schwan verließ, noch Tannhäuser, der zugunsten der eigenen Reinheit den köstlichen Versuchungen des Venusbergs widerstand. Deutlich erinnerte ich mich angesichts solch heroischer

Rührseligkeit an meine zwiespältigen Gefühle, als ich inmitten eines hingerissenen Publikums in der Kölner Oper saß. Meine Mutter hatte zustimmend gegrinst, als ich in der Pause der *Zauberflöte* den Tamino einen Schwächling nannte, weil er so tat, als falle er in Ohnmacht, während drei Frauen den bedrohlichen Drachen umbrachten. Papageno war weit mehr nach meinem Geschmack. Seine überlegene Intelligenz stand in schönem Kontrast zu der pompösen, pseudo-mystischen Welt, für die er Vögel lieferte. Den Papageno mußte ich mir etwas genauer ansehen. Eines war sicher: Ein Mensch, der vor der qualvollen Entscheidung zwischen der »Vollkommenheit in Leben oder Werk« stand, lief nicht herum und verdarb einem liebenswerten Betrunkenen einen durchaus angenehmen Silvesterabend, indem er ihm eine Münze in die Hand drückte.

Es war etwas Rätselhaftes an meiner Einsamkeit. Wonach ich eigentlich suchte, das waren Menschen, die Teil dieses Landes, dieser Stadt waren, Personen, die etwas mehr ausdrücken konnten als die Wut der jungen Schwarzen an der Ecke der Neunundfünfzigsten Straße, mehr als die sympathischen Raufbolde von der Lower East Side. John Hammond auf der Bühne der Carnegie Hall hatte in mir den Eindruck erweckt, daß er und Amerikaner wie er ein bereichernder menschlicher Kontakt wären. Nicht selten schaute ich abends zu erleuchteten Wohnungsfenstern empor und fragte mich, was wohl passieren würde, wenn ich einfach dort hinaufginge und an die Tür klopfte.

Es wäre leicht gewesen, in der Welt der europäischen Kunst zu versinken, die sich nach New York gerettet hatte. Ich sah keinen Grund, ihr den Rücken zu kehren, aber ich ging nie in ihr auf. Die relativ kleine Anzahl der Galerien auf der Siebenundfünfzigsten Straße, die zeitgenössische Kunst zeigten, war inzwischen durch Neugründungen emigrierter deutscher Kunsthändler gewachsen. Curt Valentin hatte die Buchholtz-Galerie eröffnet, J. B. Neumann führte seinen »Zirkel Neue Kunst« und Karl Nierendorf, der seinem Bruder in Köln nacheiferte, betrieb unter eigenem Namen eine Galerie. Sie machten ihre Geschäfte in ziemlich der gleichen Manier wie in Europa. Ihre Bestände enthielten vorwiegend Klee, Kandinsky, Jankel Adler, Marc Chagall, Beckmann,

Emil Nolde, Picasso, Braque, Juan Gris und andere Vertreter der Pariser Schule und des deutschen Expressionismus. Ironischerweise befanden sich einige der bedeutenderen Gemälde jener Periode mindestens zum zweitenmal in ihrem Besitz. Hitlers Wanderausstellung *Entartete Kunst* war nämlich am Ende doch nicht verbrannt worden, sondern brachte dem Dritten Reich über Auktionen in der Schweiz wertvolle Devisen ein. Jetzt ruhten die Gemälde wieder bei den ursprünglichen Eigentümern in den Gestellen an New Yorks Siebenundfünfzigster Straße. Einige von ihnen hatten bereits den Weg in die Sammlung des Museum of Modern Art gefunden. Ich weiß nicht, wie gut die Galeristen zurechtkamen, obwohl sie mich an behende kleine Strandläufer erinnerten, die auf Futtersuche am Meeresufer wie durch ein Wunder den Brandungswellen entkommen. Eine Interessengemeinschaft erzwang ein gewisses Maß an Zusammenarbeit zwischen diesen Konkurrenten. So mancher Paul Klee befand sich im ständigen Pendelverkehr von einer Hand zur anderen und zurück, bis er für ein paar hundert Dollars einen Käufer fand. Dies waren Leute, die mich von klein auf kannten, und ich war stets willkommen zum Kaffeeklatsch, nachmittags nach fünf, wenn emigrierte Künstler, Schriftsteller, Historiker und umherziehende Händler vorbeischauten, um einander zu erinnern, wie die Welt vor 1933 ausgesehen hatte. Es war für sie die Stunde der Klagen über Amerikas ungastliche Straßen, auf denen es keine Cafés im Freien gab, und über die augenscheinlich fehlende Bereitschaft des hiesigen Publikums, sich auf die Ästhetik der Moderne einzulassen. Sie hätten ein geeigneter Umgang im fremden Land sein können, aber ihre Anker waren in einer traurigen Vergangenheit festgehakt.

Max übertrieb, wenn er behauptete, daß in New York das Interesse für moderne Kunst gering sei. Lange vor diesen neu eröffneten Geschäften hatte es schon Galerien gegeben, die sich auf Malerei und Bildhauerei des Zwanzigsten Jahrhunderts spezialisiert hatten. Alfred Stieglitz's »291«, später »An American Place« genannt, hatte im Jahre 1909 eröffnet und Georgia O'Keeffe, Louis Maurer, Marsden Hartley, Marin, Walkowitz, Dove, Francis Picabia und Charles Demuth ausgestellt. Constantin Brancusi und andere bedeutende Bildhauer waren Ende der zwanziger Jahre von Joseph Brummer gezeigt worden. 1939 befaßten sich bereits Valentine Dudensing, Pierre Matisse, Paul Rosenberg und etliche andere aktiv mit europäischer und amerikanischer Malerei. Ich entsinne mich besonders der kraftvollen und ästhetischen Abstraktionen von John Ferren und der faszinierenden Imaginationen von Loren McIver. Im großen und ganzen allerdings waren die Amerikaner auf eine Nebenrolle verwiesen. Marion Willard, Edith Halpert, Frank Rehn, Antoinette Kraushaar und der Artists Gallery blieb es überlassen, den Geschmack eines Publikums zu verändern, dessen Blick starr auf Europa gerichtet war. Der interessanteste Platz war damals sicherlich Julien Levys Galerie in der Siebenundfünfzigsten Straße, 15 Ost. Levy gab sich mit einer Eleganz, die ständig an der Grenze zu einer irgendwie bedrohlichen Poesie schwebte. Sein Lächeln war mephistophelisch und seine Stimme floß mit einem penetranten tiefen Timbre dahin, wenn er wieder einmal einen weltschmerzlichen Witz intonierte. Er hatte sich früh einen eigenen Weg gesucht, weg von den Interessen einer prominenten Familie, die auf dem New Yorker Grundstücksmarkt tätig war, und er hatte sich Alfred Stieglitz und Marcel Duchamp zu seinen geistigen Vätern erkoren. Seine rundgemauerte Galerie eröffnete er, im Spätherbst des Jahres 1931, mit einer mutigen Retrospektive der amerikanischen Photographie, darunter Berenice Abbot, Walker Evans, Paul Strand, Charles Sheeler und Stieglitz, und im Januar darauf stellte er Surrealisten aus. Werke von Marcel Duchamp, Pablo Picasso, Max Ernst, Salvador Dali, Pierre Roy, Man Ray, Joseph Cornell, Jean Cocteau und anderen füllten die Räume. Diese Ausstellung sorgte in New York für beträchtlichen Wirbel und etablierte Julien Levys Galerie im großen Umschwung des amerikanischen Geschmacks. Obgleich der finanzielle Erfolg oder auch nur eine ausgeglichene Bilanz lange auf sich warten ließen, schuf Levy für diese Künstler in Amerika eine Basis, ebenso wie für Eugene Berman, Pavel Tschelitschew, Alberto Giacometti, René Magritte, Yves Tanguy, Giorgio de Chirico und Alexander Calder. Er hatte im November 1932 seine erste »Surrealismus«-Ausstellung mit Max Ernst organisiert. Kein Wunder, daß Max mir sagte, Juliens Galerie sei wahrscheinlich der einzig zivilisierte Ort in ganz New York und

ich müßte ihn ganz bestimmt besuchen!
Irgendwie gelang es mir, egal welche Jobs ich gerade hatte, Zeit herauszuschinden für einen Gang über die Siebenundfünfzigste Straße. Eine dieser Stellungen schien dafür ideal. Ich arbeitete von sechs Uhr morgens bis zwei Uhr nachmittags im Hintergrund eines Metzgerladens an der Neunundfünfzigsten Straße Ost, wo ich Fleisch von Kadavern ablöste, die vorher von der Vierzehnten Straße heraufgebracht worden waren. Irgendwie lernte ich nie, wie man eine Hammelkeule oder Schweinekoteletts zur Zufriedenheit des Chefs zurichtete. Ich schnitt immer viel mehr Fett herunter, als ich sollte. Durch das viele 'rein ins Kühlhaus, 'raus aus dem Kühlhaus war ich ständig erkältet, und meine Hände glichen frischgemahlenem Hackfleisch, weil ich mit den scharfen Messern unbeholfen umging. Mein einziges Paar Schuhe war voller Flecken vom Tierblut, und wenn ich in Marie Harrimans Galerie vor einem *Clown* von Walt Kuhn stand, muß ich für meine Umgebung eine Zumutung gewesen sein mit meinem Schlachthausgeruch. Etwas besser war es, als ich für einen Delikatessenladen in derselben Gegend Mittagessen in Büros zu liefern hatte, bis ich mit der Aufgabe betraut wurde, rechtzeitig vor dem Mittagsansturm sämtliche Zwiebeln im Hause zu schneiden. Ich vergoß eine Menge Tränen und der Geruch wich nie von meinen Händen.
Manche Leute, die ich in den Galerien kennenlernte, hatten offenbar gegen das wohlriechende, schwächliche Kerlchen, das ohne Zögern sein stetig besser werdendes Englisch an ihnen erprobte, nichts einzuwenden. Von Isamu Noguchi, George L. K. Morris, Eugene Berman und Julio de Diego hatte ich einige Arbeiten gesehen, aber von Louise Nevelson, Carl Holty, I. Rice Pereira, Ad Reinhardt, Charles G. Shaw, David Smith, Stephan Hirsch und Fritz Glarner wußte ich nichts weiter, als daß sie Künstler waren.
Carl Holty schien die spätnachmittäglichen Sitzungen bei Karl Nierendorf zu lieben, dort konnte er ausgiebig Deutsch sprechen. Er umgab sich mit einer Aura der Selbstsicherheit, und von seinen Lippen tropften Sprüche, die man Schnellurteile hätte nennen können, und zwar mit einer solchen Autorität, daß jede Erwiderung einfach unzulässig erschien. Gleichzeitig verwandelte sich ein

humorvolles Schielen seiner Augen in offenes Staunen, wenn die Herausforderung ihre Wirkung verfehlte. Er hatte bei Nierendorf eine Ausstellung gehabt und kennzeichnete die Publikumsreaktion so: »Es scheint, als hätte keiner aus der *Armory-Show** das Geringste gelernt. Wahrscheinlich sind alle hingegangen, weil sie dachten, sie könnten dort ganz offen ordinäre Bilder angucken.« Wir machten lange Spaziergänge auf den Gehsteigen der Siebenundfünfzigsten Straße, und ich wünschte, ich könnte mich all der Ratschläge erinnern, die er mir für das Leben in Amerika gab, und all der Wortporträts von Künstlern und Kunsthändlern, die er dabei zeichnete. Er nahm mich mit in sein Atelier weiter oben in der Stadt, wo er mich mit einem sehr stillen, aber streitlustig dreinblickenden jungen Mann bekannt machte, Ad Reinhardt. »Er ist Maler«, sagte er und fügte in Bühnengeflüster hinzu: »Einer meiner Schüler.« Zu Reinhardt wandte er sich in derselben Manier: »Sei nett zu dem Kleinen ... siehst du denn nicht, daß er gerade vom Dampfer kommt?«

Holtys Gemälde waren nichtfigürliche Abstraktionen in streng disziplinierten Farben. Mit meinen begrenzten Kenntnissen konnte ich sie nur an Kandinsky oder vielleicht Herbin messen. Ich hatte durchaus im Gedächtnis, daß ich André Breton mächtig gegen die Gruppe Abstraktion-Creation wettern hörte, diese »gedankenlosen Zirkusgaukler«, mit denen kein Surrealist von Selbstachtung irgendetwas gemein haben konnte. Holty war seit 1932 Mitglied dieser Gruppe gewesen, und als er mir stolz ein paar seiner Arbeiten zeigte, sagte er: »Nun, ... dein Vater und seine Freunde halten ja nicht allzu viel von uns ... aber ich will dir sagen ...« Mit diesen Worten begann er eine verbale Kompilation von Ästhetik, Geschichte und Karikatur, alles zu einer herrlichen Philippika verknüpft, die mit den Worten schloß: » ... und paß auf, das nächste wird sein, daß sie uns Faschisten nennen.«

---

* Name der ersten umfassenden internationalen Ausstellung der modernen Kunst in New York. Die am 17. Februar 1913 eröffnete Schau wurde in den angemieteten Räumen des Zeughauses (Armory) des 69. Infanterie-Regiments in der Lexington Avenue gezeigt.

Ein anderer Maler, den Nierendorf ausstellte, Julio de Diego, wurde von Ausbrüchen wilder Inbrunst gepackt, die wie ein vierhändiger Lauf auf einem Konzertflügel klangen, vom tiefen Baß aufwärts. Die kräftigen Linien seines Gesichts verharrten selten unbewegt; sie änderten unablässig die Richtung von vertikal zu horizontal rings um Augen wie glühende Kohlen. Er hatte die tröstliche Angewohnheit, mir den Arm um die Schultern zu legen, so als wollte er mir versichern, daß er nur zu mir redete. Das allerdings wurde mir ziemlich schwer gemacht durch sein spanisch akzentuiertes Englisch, denn meine Ohren waren noch nicht so geschult, um das richtig aufzunehmen. Seine Bilder, so etwas wie spielerische Robotergebilde, schwebend in einer Atmosphäre, die weder Luft noch Wasser war, glichen fast seinen rasch hervorsprudelnden Worten, die man nicht zu verstehen brauchte, um sie zu begreifen.

Louise Nevelson sah ich zum erstenmal, als sie mit königlichem Habitus in Karl Nierendorfs Büro schritt und diesen rundlichen kleinen Mann grimmig, fast nach Ritterart mit Blicken aufspießte, um ihn dann von oben herab zu fragen: »Was soll das heißen – meine Zeichnungen sind Ihnen lieber als meine Plastiken?« Und königlich war sie wirklich in ihren Kleidern aus grobem Tuch. Für einen Augenblick hatte sie das steinerne Gesicht eines Navaho-Schafhirten, dann besänftigte sie sich. »... also nein, meistens wißt ihr ja sowieso nicht, wovon ihr überhaupt redet...« Sie wechselte die Themen, als schwänge sie sich von Trapez zu Trapez. Und obwohl sie lachte, was tausend Fältchen um ihre Augen zauberte, behielten diese doch das grimmige Glühen... und dann nahm sie irgendwo mittendrin den Faden wieder auf: »Bitte hören Sie um Himmels willen auf, hinter meinem Rücken zu erzählen, ich wäre interessanter als meine Arbeit...«

Die besten Ausstellungen in der Stadt veranstaltete nach meiner Meinung Julien Levy. Bei ihm ging es sehr viel formeller zu als bei Nierendorf oder bei Neumann, es fehlte die Hinterzimmer-Gemütlichkeit. Die Atmosphäre war beinahe weihevoll. Es gab eine kleine Sitznische, und wenn Levy aus seinem Büro nach vorn kam und mich dort sitzen sah, schaute er zu mir herüber und verbarg nicht den Anflug leichter Mißbilligung, wenn er sein

»Hallo, Jimmy« zwischen den Zähnen hervorquetschte. Aber ebenso oft blieb er auch stehen, um mich zu fragen, wie es mit der Arbeit stünde. Manchmal machte er mich sogar mit Leuten in der Galerie bekannt, zum Beispiel mit James Thrall Soby, Alfred H. Barr jr., John Mc.Andrew und Allen Porter, der Julien irgendwie in der Galerie geholfen hatte. Bei Levy traf ich auch Gracie Allen, die Komödiantin, deren Malereien Levy im September 1938 gezeigt hatte, Harpo Marx, der insbesondere Salvador Dali und Max Ernst sammelte, und Billy Rose, der mit Levy an irgendeinem Vorhaben beteiligt zu sein schien; wie sich herausstellte, handelte es sich um barbusige Meerjungfrauen in einem riesigen Fischbassin, Dalis traurigen Beitrag zur bevorstehenden Weltausstellung. Ein freundlicher Tanzbär war Sandy Calder, dessen Zirkus mir in Paris trotz der Vorbehalte meines Vaters Spaß gemacht hatte. Eugene Berman, der neo-romantische Maler, beließ es nicht beim unverbindlichen »Freut mich sehr«, sondern plauderte mit mir in seiner sanften und empfindsamen Art über Icecream Sodas, zu denen er mich ein paarmal an Tiffany's marmorner Brunnenbar einlud. Der stille, beinahe düstere, magere Mensch in seinem abgetragenen Regenmantel brauchte eine Weile, bis er mehr tat als bloß in der kleinen Nische neben mir zu sitzen. Joseph Cornell dagegen fragte mich nach meiner Kindheit und über meinen Vater aus. Da keiner von uns beiden Geld für eine Soda hatte, machten wir gemeinsame Spaziergänge im Central Park-Zoo, der nur wenige Häuserblocks entfernt war. Er war sichtlich fasziniert von den Robben und den Vögeln, vor allem den Tauben und den Staren, die sich ungeniert von dem ernährten, was die Tiere hinter den Gattern übriggelassen hatten. Dann blieb er plötzlich stehen und schaute einen Baum an, als wartete er darauf, daß dieser in grüne Blätter ausbrechen werde. Wir kauerten uns in langem Schweigen auf eine Parkbank, und ich könnte schwören, daß ich anfing, die Szenerie um mich herum in langsamer Bewegung zu sehen. Einmal, als ich genügend Geld hatte, um uns beide zu einem Tee in die Zoo-Cafeteria einzuladen, machte Cornell daraus eine Art Zeremonie einfach durch die Art, wie er seine Tasse hob und wie er dasaß. An sein Haus am Utopia Parkway in Queens, zu dem er mich ein paarmal mitnahm, erinnere ich mich kaum. Nur seine Zauberkästen, die sich in verschiedenen Stadien der Fertigstellung in seinem Arbeitszimmer stapelten, haben einen Eindruck bei mir hinterlassen. Einmal hielt er mir einen kleinen hin, aber ich brachte es nicht über mich, ihn anzunehmen. Er schien so unendlich kostbar für ihn. Erst einige Jahre nach seinem Tod, er starb 1972, erfuhr ich, daß er dieses Werk gewissenhaft als Geschenk an mich verzeichnet hatte.

Die vielleicht wunderlichste Begegnung hatte ich im Frühjahr 1939. Julien bereitete eine Ausstellung neuer Werke von Salvador Dali vor. Dali, dereinst die große junge Hoffnung der Surrealisten, wurde nun von ihnen allen angeklagt wegen seiner stillschweigenden Billigung des Francoregimes, und weil er den Weg zur aalglatten Illustration surrealistischer Ideen gegangen war, der ihn zum finanziellen Erfolg geführt hatte. Seine Frau Gala war eben die Frau, die, damals noch mit Paul Eluard verheiratet, meinen Vater so becirct hatte, daß er 1922 Lou Straus-Ernst und mich verließ. Dieselbe Frau, von der Maja gesagt hatte: »Du solltest dieser Hexe dankbar sein, daß sie dir den Vater aus dem Haus gestohlen hat. Er war gar kein Vater, und Gott allein weiß, was deine Mutter je an ihm gefunden hat.« Dieselbe Frau, die meine Mutter als »dieses schleichende, glitzernde Geschöpf ... dieses fast lautlose, gierige Weibchen ...« beschrieben hatte.

Eines Nachmittags war ich in der Galerie, und aus dem Fahrstuhl traten Dali und seine Frau. Gala Dali ging an mir vorbei, blieb stehen und sagte etwas zu Julien über meine bemerkenswerte Ähnlichkeit mit Max Ernst. Julien machte uns mit kaum verborgenem Vergnügen miteinander bekannt. Siebzehn Jahre danach und Tausende von Meilen entfernt von jener ländlichen Szenerie in Tirol paßte die Frau mit dem kühlen Lächeln, die da vor mir stand, noch immer in jeder Beziehung zu der Beschreibung meiner Mutter. Auch jetzt hatte sie etwas Raubkatzenhaftes. Die tiefliegenden Augen ließen unter der Alabasterhaut einen Schädel ahnen, der Gefahr bedeutete. Dies war eine unkeusche Jagdgöttin Diana nach dem Töten, Gesicht und Körper abweisend, gleichgültig, dennoch in beständiger Erwartung namenloser Sinnenfreuden.

Die unvermeidliche Phrase: »Ich habe Sie als ganz kleines Baby gekannt« traf mich diesmal unvorbereitet. Die Existenz dieser

Frau hatte schließlich mein Leben drastisch verändert. Ich empfand keinen besonderen Groll, eher intensive Neugier. Irgendwo blitzte der Gedanke auf, das Böse könnte rein instinktiv und nicht vorsätzlich sein. Ich war deshalb nicht erstaunt über mich selbst, als ich mich einverstanden erklärte, Gala und Dali bei einem Einkaufsbummel durch New York zu begleiten. Meinen schwachen Protest, daß mein Englisch dafür eigentlich noch nicht reichte, wiesen beide lächelnd zurück. Zum ersten Male machte Dali den Mund auf und sagte sinngemäß etwa, daß diese Einkäufe sehr wichtig seien und daß er wisse, ich könnte dabei helfen.

Am vereinbarten Tage tauchte Gala allein in der Hotelhalle auf und erklärte, Dali fühle sich nicht wohl, aber sie wisse genau, was er wolle, und wir würden die Tour ohne ihn machen.

Sie erwies sich als eine merkwürdig ziellose Expedition. Wir hüpften aus einem Taxi in das nächste, wobei Gala ständig fragte: »Und wohin gehen wir jetzt?« Ihre Antwort auf meine Fragen, was sie denn eigentlich suchte, besagte etwa: »Dali möchte amüsiert werden. Wir wollen für ihn etwas auftreiben, das *outré* ist.« Wir erwarben schließlich einen Gay Nineties-Hampelmann aus Pappe, der durch Ziehen am Faden bewegt werden konnte, und ein paar medizinische Bücher mit Abbildungen deformierter Glieder und Rümpfe. In einer japanischen Boutique auf der Dreiunddreißigsten Straße West kaufte sie Origami-Papier und ein Trickspielzeug.

Wir bestellten ein verspätetes Mittagessen im Russian Tea Room, wofür sie ihre Muttersprache benutzte. Die berühmte Intimität des Russian Tea Room muß bis zu einem gewissen Grade an den Miniaturmöbeln gelegen haben, mit denen er eingerichtet war. Unablässige Berührungen von Knien, Schenkeln und Schienbeinen waren geradezu unvermeidlich. Ich genoß mein Beef Stroganoff und die Blinis mit saurer Sahne, und ich bemühte mich, den starken Eindruck zu ignorieren, daß das, was unter dem Tisch vor sich ging, mehr war als die absichtslose Folge der räumlichen Enge. Gala erzählte von der Zeit in Tirol, als Max und Eluard, wie sie sagte, so enge Freunde geworden wären, daß sie gewillt waren, jedes, aber auch jedes Erlebnis miteinander zu teilen. Sie erklärte, daß sie absolut nicht verstehen könnte, warum meine Mutter es abgelehnt hätte, Max zu uns zurückkehren zu lassen, nachdem er doch bloß ein Jahr weggewesen sei. Falls das ein Test meiner neunzehnjährigen Welterfahrenheit gewesen sein sollte, so habe ich ihn bestanden, wenn auch knapp. Als sie davon sprach, daß Dali beschützt und unterhalten werden müsse, entwarf sie das Bild eines ganz sonderbaren Kindes. Im Moment schliefe er wahrscheinlich im anderen Zimmer, sie sei sicher, denn er hätte eine schwere Erkältung, und sie schlug vor, ich solle mitkommen zu ihr ins Hotel. Dali würde uns nicht stören, und wir könnten beim Tee noch ein bißchen plaudern. Es war wohl mehr Angst als Empörung, die mir sagte, wie ich auf die Einladung reagieren sollte. Ich erhob mich, rückte den Tisch zur Seite und marschierte hinaus auf die Siebenundfünfzigste Straße.

Es war ein Abgang, von dem ich in den kommenden Jahren noch wiederholt hören sollte. Zuerst war es Julien Levy, der mir am nächsten Tag mitteilte, daß Gala äußerst verärgert sei über mein Benehmen. Lotte Barrit, seine Sekretärin, vertraute mir an, daß einige Leute der Siebenundfünfzigsten Straße, auch Julien, untereinander Wetten abgeschlossen hätten, daß es Gala gelingen würde, den Sohn zu verführen, so wie sie den Vater verführte. Ich sprach mit Julien darüber und sagte ihm, daß mir zwar bei meinem gegenwärtigen Status die Möglichkeiten für weibliche Gesellschaft weit entrückt seien, daß ich aber mit Sicherheit nicht so verzweifelt sei, um mich auf derartiges einzulassen. Im übrigen schienen mir seine Spekulationen nichts als Phantasterei zu sein.

In einem ihrer Briefe reagierte Lou Straus-Ernst auf meinen Bericht über diese Begegnung mit der Vergangenheit:

»Weißt du noch, wie wir vor ein paar Jahren über den Boulevard Montparnasse gegangen sind und du für's Mittagessen ein bestimmtes Restaurant vorgeschlagen hast? Damals habe ich dir gesagt, und ich unterstreiche es jetzt, einen Ozean weit weg, daß ich mich niemals in eine Entscheidung einmischen würde, die du für dein persönliches Leben triffst. Das Lokal, in das du gehen wolltest, kannte ich als Treffpunkt für Homosexuelle... Du hättest allein hingehen können ohne jeden Vorwurf von mir. Allerdings wirst du dich meiner Worte erinnern, daß ich verdammt sein wollte, wenn ich mit Dir auf den Marktplatz

ginge ... Jetzt erzählst du mir stolz, was du gemacht hast und wie du es gemacht hast, und du scheinst es ja angemessen erledigt zu haben. Aber ich klatsche nicht Beifall. Deine Schilderung der Begegnung mit dieser Frau, die unser Leben so gründlich negativ beeinflußt hat, widerstrebt meinem gut entwickelten Sinn für *savoir-faire*. Ich hoffe, daß ein wenig von dieser Weltklugheit auf dich abgefärbt hat, aber nicht so viel, daß es die Urteilsfähigkeit überhaupt aufhebt ... Ich mache mir keine Sorgen über deine Jungfräulichkeit. Ich weiß, daß dafür vor ein paar Jahren sehr nett gesorgt worden ist ...« Der Kommentar von Max war sehr viel knapper:
»Du lernst, aber nicht schnell genug. Ich war nicht beteiligt an deiner Erziehung, was wahrscheinlich auch ganz gut ist. Unter meiner Anleitung hättest du Dir einen ganzen kostbaren Tag deines Lebens sparen können ... Sie ist zur Parodie einer Frau geworden. Und er gleicht diesen widerlichen Gelees, die Amerikaner zum Nachtisch essen ... Laß die Finger von spanischen Oliven und russischem Wodka.«
Julien Levys abschließende Bemerkung zu dem Krach war: »Sie hätten mit ihr mitgehen sollen. Sie wissen gar nicht, was Sie verpaßt haben. Im Moment ist sie vollkommen rasend, und Dali ist enttäuscht.« Wie rasend Gala war, zeigte sich nur wenige Tage später, als ich den Dalis von Bonwit Teller zu einem Polizeirevier gefolgt war. Auf dem Weg zu meinem Arbeitsplatz im Delikatessengeschäft sah ich vor dem Laden eine Menschenansammlung. Und da war Dali, der in einem Schaufenster, das er tags zuvor für Bonwit gestaltet hatte, wild herumsprang. Er hatte etwas dagegen, daß man ein paar erotische Details verändert hatte, und war dabei, die Auslage in ihrer ursprünglichen Form wiederherzustellen. Damals wurden Zweifel laut, daß es wirklich ein Unfall war, als er in einer Wolke von Glassplittern auf den Gehsteig der Fifth Avenue krachte. Er hatte schließlich nicht einen Kratzer abbekommen. Mir kam das allerdings viel zu gefährlich vor, als daß es eine Publicity-Aktion für seine bevorstehende Ausstellung hätte sein können. Nachdem es Julien Levy gelungen war, Dali ohne Bestrafung freizubekommen, kam Gala auf mich zu und knurrte: »Tu es la merde ... monstre!«

Ich hatte keinen Anlaß, mich der verrückten Episode anders als mit Erheiterung zu erinnern, bis etwa vierundzwanzig Jahre später. 1963, am Abend der Eröffnung der großen Kandinsky-Ausstellung im Guggenheim-Museum, gab ich sehr zögernd der Neugierde meiner Frau Dallas nach und machte sie im Treppenhaus des Gebäudes mit den Dalis bekannt. Ich war ihnen seit 1939 erfolgreich aus dem Wege gegangen. Wir plauderten ein bißchen, und plötzlich unterbrach sich Gala mitten im Satz. »Ich bin sehr böse mit Ihnen. Sie haben sich damals sehr schlecht benommen. Wir hätten einen so angenehmen Nachmittag verleben können.« »Ja,« stimmte ihr Ehemann ein, »Sie waren gar nicht sehr nett. Ich erinnere mich gut. Ich war krank an dem Tag ... ich hätte Sie nicht gestört.«

Das Treffen endete mit einem weiteren Mißton. Die Dalis hatten mein Auto bestiegen in der Annahme, es sei ein Taxi, und sie unterhielten sich weiter über »ce mauvais fils de Max«, bis ihnen auffiel, wer sie da zum Hotel St. Regis chauffierte. Dali schien davon gehört zu haben, daß ich über den Kulturaustausch jüngst die Sowjetunion bereist hatte. »Kennt man dort den Dali?« Es war eine klägliche Frage. »Ah, gut ... welchen Dali kennen sie denn? Das frühe oder das spätere Werk?« Ich tippte, daß es ihm lieber wäre, wenn es die frühen Bilder wären, und ich tat ihm den Gefallen. »Ah, das ist gut. Da bin ich froh.«

Auf der Treppe des St. Regis drehte Gala sich noch einmal um. »Ich bin immer noch sehr böse.«

Ich habe den Verdacht, daß es Julien allmählich zu viel wurde, daß ich dauernd in seiner Galerie herumhing. Ein Vollzeit-Job würde mich aus dem Weg schaffen. Sein Bruder prüfte mich wegen einer Stellung als Liftführer in einem der Häuser der Familie. Er befand mich, was mich nicht überraschte, als ungeeignet. Danach sprach Julien mit seiner guten Freundin Iris Barry, der Kuratorin der Filmbibliothek des Museums of Modern Art. Ihr Ehemann, John E. (Dick) Abbott, Direktor der Filmbibliothek, sollte mich zum Vorstellungsgespräch in 485 Madison Avenue empfangen, wo die Geschäftsstelle bis zum vorgesehenen Umzug in das neue Museumsgebäude Dreiundfünfzigste Straße, 11 West, einige Räume angemietet hatte.

Salvador Dalis Mülltonne auf der Weltausstellung 1938, Pavillon. Dalis Traum von Venus – eine surrealistische Peepshow für die Massen.

Natürlich hatte ich optimistische Visionen aller Art über meine möglichen Tätigkeiten an einem solchen Ort. Schließlich hatte ich in Glückstadt eine Zeitlang Filmkritiken geschrieben, ich kannte die Namen so gut wie sämtlicher Stars und Charakterdarsteller in Deutschland und Frankreich, und in New York hatte ich fast jeden Abend in einem Kino zugebracht. Meine Phantasie sah mich als möglichen Experten für den deutschen Film mit eigenem Büro und sogar einer Sekretärin. Die Aussichten waren mehr als vielversprechend.

Abbott, ein schmächtiger, asketisch aussehender Mann mit kleinen Äuglein hinter randlosen Brillengläsern, befragte mich in sehr geschäftsmäßigem Ton. Er schien sich Mühe zu geben, den Eindruck eines Bankiers oder Richters zu machen statt den des

Direktors einer Institution, die sich mit Ästhetik und Geschichte der laufenden Bilder befaßte. Woher ich meine Vorstellung davon hatte, wie ein Angestellter auf diesem Gebiet beschaffen sein müßte, ist mir jetzt entfallen. Unbewegt lauschte er der zusammenfassenden Darstellung meiner »Erfahrungen«, in die ich dummerweise auch das Schreiben surrealistischer Gedichte und meinen kulturellen Hintergrund aufnahm. Er verharrte eine volle Minute, so schien es mir, in Schweigen, was den gewünschten Effekt hatte, meine Verlegenheit zu steigern. »Sehr gut. Sie sind eingestellt. Sie fangen am nächsten Montag an. Melden Sie sich bei Mike Collins, der Ihr Vorgesetzter in der Poststelle ist. Es wird eine Menge Arbeit geben, weil wir im nächsten Monat in das neue Haus umziehen werden. Collins wird Ihnen alles zeigen und ... keine Pannen. Der Lohn beträgt fünfzehn Dollar die Woche. Das heißt, es gibt dreißig an jedem Ersten und Fünfzehnten des Monats.«
Egal, von welchen grandiosen Vorstellungen ich auch geträumt hatte, wenn ich diesen Job halten konnte, war das bestimmt besser als Fleischreste und Mengen von Fett und Knorpel in den Fleischwolf zu stopfen für ein Pfund Gehacktes. Aus irgendeinem Grunde fühlte ich mich zuversichtlich genug, um auf die Suche nach einem Zimmer für mich alleine zu gehen. Ich hatte mich lange genug auf die Großmut J. J. Augustins verlassen. J. J. hegte ernsthafte Zweifel an der »Sorte von Künstlervolk«, mit dem ich mich einließ, und versicherte mir, daß ich jederzeit wiederkommen dürfte, wenn etwas schiefginge.
Ein paar Tage nachdem ich meine Stellung angetreten hatte, fand ich ein möbliertes Zimmer im achten Stock eines alten Wohnhauses an der Achtzigsten Straße Ecke Broadway; es kostete 8,50 Dollar die Woche. Es blickte auf einen Luftschacht und auf ein anderes Fenster, das wahrscheinlich zu einem ebenso deprimierenden Raum wie dem meinen gehörte. Ich konnte sehr deutlich das Radio meines Nachbarn hören. Es war meistens auf den WNEW eingestellt, der am frühen Abend Martin Block und seinen *Make Believe Ballroom* sendete. Später am Abend gab es drei Komödien: Im NBC, WJZ und WEAF, auch Benny Goodman für Camels oder Artie Shaw für Chesterfields. Ich hörte H. V. Kaltenborn abgehackt und eindringlich über Herrn Hitlers letzte Drohungen

gegen Polen und das Memelland sprechen: »... in Anbetracht der Versicherungen bei seinem Blitzsieg über die Tschechoslowakei, das Dritte Reich erhebe keine weiteren territorialen Ansprüche.« Oder über die Nachrichten aus Spanien: »... die Truppen des Generalissimus Francisco Franco haben Madrid eingenommen, und dieser traurige Krieg ist nun vorbei. Er erklärte die Wiederkehr von Recht und Ordnung für sein gepeinigtes Land. Herr Hitler hat bereits seine Glückwünsche telegrafiert.« Das Radio pflegte bis spät in die Nacht zu plärren, und die einzige Zuflucht vor dem Zimmer und seiner Bedrückung lag unten, auf der Straße. Ich entsinne mich, daß ich auf der Inselkette, die den Broadwayverkehr teilte, auf einer Bank saß. Die IRT der Westseite stieß heiße Luft durch eine vergitterte Öffnung, wenn sie unten vorbeifuhr, und nach einer Weile kannte ich den genauen Zeittakt, in dem die Verkehrsampeln umschalteten. Jetzt war ich zum ersten Mal in meinem Leben wirklich unabhängig. Ich hatte Arbeit, einen Platz zum Schlafen und, mit ein wenig wirtschaftlicher Jonglierkunst, genug Kleingeld, um mich zu ernähren. Es würde wohl einiger Verrenkungen bedürfen, damit alles glattging. Daß ich zweimal im Monat ausbezahlt werden sollte, wäre für mich nur im Februar von Vorteil, besonders wenn er achtundzwanzig Tage hatte. Nach Abzug der Miete blieben mir für alles andere noch dreizehn Dollar, gestreckt über fünfzehn Tage ... aber manchmal waren es auch sechzehn Tage ... Immerhin lag in der Tatsache, daß ich das ganze Verfahren selbst in der Hand hatte, ein eigenartiges Gefühl der Befriedigung ... wenn ... ja, wenn ich den Job behalten konnte.

Weit weniger zuversichtlich war ich, wenn ich an meine Mutter und an meinen Vater dachte. Die Senatoren Borah, Wheeler und Nye meinten, Europas Streitigkeiten gingen Amerika nichts an, und sie fanden für ihre Argumente viele aufgeschlossene Ohren. Es war alles so traurig. Warum hatte mein Held, Franklin Roosevelt, Spaniens Loyalisten den Rücken gekehrt? Die Deutschen hatten dort ihre Waffen erprobt. Ich dachte an Guernica, das immer wieder geschah. Weder J. J. Augustin noch ich waren imstande gewesen, Lou Straus-Ernst dazu zu bewegen, Europa zu verlassen. »Keiner in Europa glaubt, daß Hitler einen Krieg

gewinnen kann. Wenn er so etwas versucht, wird er sehr schnell erledigt sein, und ich will da sein, wenn es passiert ... So oder so, du wirst mich besuchen. Es dauert jetzt nicht mehr lange.«
Ich hatte an Max geschrieben, der inzwischen glücklich mit Leonora Carrington in Saint-Martin d'Ardèche bei Avignon lebte. Er antwortete nicht auf meine Beschwörungen, er solle Europa verlassen, bevor es zu spät sei. Statt dessen schickte er mir Fotos, die ihn zeigten, wie er die Wände und Eingänge der Häuser aus dem sechzehnten Jahrhundert, die er gekauft hatte, mit grotesken Zementreliefs und Plastiken schmückte.
Meine Abende an der Upper West Side waren selten erfreulich. Dieser Teil Manhattans war zu einer Enklave deutscher Flüchtlinge geworden. Es war sehr peinlich, das Benehmen von Leuten mitanzusehen, die sich aus denselben Gründen wie ich hierher geflüchtet hatten. Erlesen gekleidet und im Bewußtsein ihrer Überlegenheit machten sie nach dem Abendessen ihren Spaziergang über den Broadway mit schlecht verhohlener Geringschätzung auf den Gesichtern und in der Stimme, denn das hier kam ja nicht entfernt an Berlins Kurfürstendamm oder Kölns Hohe Straße heran. Sie waren deutlich zu verstehen, wie sie sich in ihrer Muttersprache unterhielten über schmutzige Gehsteige, unhöfliche Türsteher, mürrische Kellner, unfähige Hausgehilfinnen, allzu unregelmäßige Postzustellung, lärmende Untergrundbahnen, schlecht gefederte Busse, beleidigende Taxifahrer, zu viele Straßenbettler, La Guardias Vorliebe für Neger, den unangenehmen Klang des Jiddischen und die liederlichen Ostjuden, die schon in Deutschland die »respektablen« Juden in einem schlechten Licht erscheinen ließen und nun hier dasselbe Problem darstellten. In den Läden und vor den Kinos redeten ihre Ellenbogen die herrische Sprache ihres eingefleischten Überlegenheitsdünkels. Es war niederschmetternd, das zu beobachten, und es machte die unumgängliche Rückkehr in meine freudlose Kammer um so erbärmlicher.
Eine Ironie des Schicksals war, daß der Teil meines Lohns von der Filmbücherei, der mir zum Leben blieb, den Filmbesuch für mich zu einem seltenen Luxus machte, und so mußte ich wieder Unterhaltung und Information bei den Seifenkistenrednern am Colum-

bus Circle suchen. Ihre Sorge galt den Folgen der fortschreitenden Inflation in Amerika, den auf ihrer Schaufel lehnenden WPA-Arbeitern, den Flüchtlingen, die sich der Arbeitsplätze solider Bürger bemächtigten, den Gefahren einer neuen pseudo-religiösen »moralischen Wiederaufrüstung« und der Geldverschwendung für die New Yorker Weltausstellung. Interessiert lauschte ich den nächtlichen Beteuerungen, daß »der mächtige Beschützer der Unterdrückten, Joseph Stalin, Adolf Hitler und seine Verbrecher zerschmettern wird, wenn sie sich auch nur einen Zollbreit über die polnische Grenze bewegen.« Zum Glück schien mein Englisch sich rapide verbessert zu haben, und ich konnte jetzt der *New York Times*, der *Herald Tribune* und den vielen anderen Zeitungen, die mir in 485 Madison Avenue zur Verfügung standen, wenn die Filmkritiken ausgeschnitten worden waren, genauere und umfassendere Informationen entnehmen. Hitlers *Mein Kampf* war in englischer Übersetzung erschienen; britische und französische Diplomaten und Militärexperten waren in Moskau, um über eine Art von Bündnis mit den Russen zu verhandeln; Joliot-Curie hatte die Möglichkeit einer Kernkettenreaktion nachgewiesen; die Briten testeten große Sperrballons über London. *Life with Father* hatte Premiere am Broadway, *Pins and Needles* und *Tobacco Road* liefen noch, *God Bless America*, gesungen von Kate Smith, war jetzt der Spitzenschlager, dafür war *Bei mir biste scheen* verblaßt. Die flimmernde Lichtreklame über dem Columbus Circle warb für das jüngste Buick-Modell und seine letzte Neuheit: die automatische Kupplung.

Ich hatte entdeckt, daß es astronomischer Einsätze bedurfte, um beim Bingo im Kino einmal zu gewinnen. Es machte mir eigentlich gar nichts aus, diese Unterhaltung einsparen zu müssen, weil jetzt jeder Arbeitstag mit Kino ausgefüllt war. Viele Kultureinrichtungen liehen die zu Sätzen zusammengestellten 16-Millimeter-Programme der Filmbibliothek aus, und die Päckchen mußten zusammen mit der richtigen Literatur verschickt werden; im übrigen bestand meine Arbeit hauptsächlich darin, alles für den Umzug zu verpacken und zu etikettieren. Dosen mit 35-Millimeter-Filmen, Kopien und Negative, mußten in die Stahlkammern der Flushing und DeLuxe-Labors auf der West Side und zurück gebracht werden. Hin und wieder einmal durfte ich einen Film sehen, den ich zur Vorführung zum Projektionsraum in 420, Lexington Avenue gebracht hatte. Einmal gab es Stummfilme zu sichten, und ich sah eine Menge bekannter Gesichter wieder. Die Post, die ich im ganzen Haus verteilte, trug als Absender die Adressen bedeutender Filmstudios aus aller Welt. Mein unmittelbarer Chef war Mike Collins, ein kleiner, sehniger Ire, der auf den Ballen seiner Füße zu hüpfen schien. Sein Mund befand sich in ständiger Bewegung, wobei er meistens atemlos vor sich hin grummelte über irgendeine enorme Ungerechtigkeit, die ihm gerade in einem der Büros widerfahren war. Er beruhigte seine Nerven damit, daß er sich mit der einen Hand über sein nicht vorhandenes Haar strich, während er die andere Hand brauchte, um sich mit einem Schluck aus seiner Taschenflasche zu stärken. Ihm gefiel sein neuer Status als Chef, wenn er auch der Meinung war, es wäre immer noch zu viel Arbeit und er würde von diesen »hochbezahlten Primadonnas da oben« ausgebeutet. Er schickte mich zu meinem ersten Außenauftrag, Filme bei DeLuxe abholen, mit der rätselhaften Bemerkung los: »Das wird mich Geld kosten.« Die Bürovorsteherin gab mir fünf Cents für den Stadtbus und sechzig Cents für ein Taxi zurück. Sie erklärte, das Taxi sei unumgänglich, weil man 35-Millimeter-Filme nicht mit einem öffentlichen Transportmittel oder mit einem Personenaufzug befördern durfte. Sie waren zu leicht entflammbar. Collins hatte mir gesagt, ich sollte die Anweisung vergessen. Als ich wiederkam, verlangte er von mir einen 40-Cent-Anteil am vermuteten Profit und war wütend, daß ich beschlossen hatte, der Feuerschutzverordnung zu gehorchen. Als ich ihm sagte, daß ich kein amerikanischer Bürger sei und nicht gegen Gesetze verstoßen wolle, blies er sich noch mehr auf. »Warum in Gottes Namen muß ich einen lausigen Flüchtling am Hals haben?«

Der gefährlichste Zwischenfall passierte, als ich zum Vorführraum in 420, Lexington Avenue geschickt wurde, um dort die Korbsessel von den metallenen Klappstühlen zu trennen. Ich sollte die Korbsessel in den Eingangsflur stellen, damit ein Lastwagen sie abholen und zu John Hay Whitneys Grundstück auf Long Island bringen konnte, wo sie für eine Gartenparty am Wochenende gebraucht wurden. Ich hatte nicht gewagt zu fragen, welche

Korbsessel gemeint waren, und prompt wählte ich die falschen. Whitney war einer der Halbgötter der Filmbibliothek, und die Büroleiterin erteilte mir eine ernste Rüge, weil ich ihn, seine bedeutenden Gäste und das Museum of Modern Art in Verlegenheit gebracht hatte. Es herrschten im Hause erhebliche Befürchtungen, was Größe und Dauer der Verärgerung Mr. Whitneys anging. Nach ein paar sehr angstvollen Tagen wurde mir mitgeteilt, daß ich nicht entlassen würde ... diesmal. Collins wiederholte seine Ansichten über Flüchtlinge, die »kein Englisch verstehen«.

Es hätte mir wirklich das Herz gebrochen, wenn ich diese Stellung durch eine Dummheit dieser Art verloren hätte. Ich erkannte schon am ersten Tag, daß ich reichlich wenig vom Film als Kunst wußte, und ließ alle Horatio Alger-Hoffnungen, mich von unten in eine hohe Position vorarbeiten zu können, fahren. Ich war nicht einmal in den Knifflichkeiten der Büropraxis versiert genug, um mich für meinen derzeitigen Job wirklich zu qualifizieren. Daß man mir Narrenfreiheit einräumte, lag wahrscheinlich daran, daß die Filmbibliothek nicht unter dem Zwang stand, Profit zu machen. Sie war damals eine ganz einmalige Organisation von Gelehrten, Schriftstellern und Filmpionieren, die Iris Barry um sich geschart hatte, um diese Kunstform des zwanzigsten Jahrhunderts in allen ihren Spielarten zu bewahren und auszuwerten, so wie Museen sich mit Malerei und Skulptur befaßten. Die einzelnen Persönlichkeiten hinter ihren Schreibtischen interessierten sich weit mehr für ihre eigenen Ideen und für die Aufgaben ihrer noch jungen Institution als für die Forderung, dem neuen Poststellenjungen müsse klar gemacht werden, wo sein Platz sei.

Iris Barry hatte seit langem eine intellektuelle Beziehung zum Kino, so war sie 1925 eine der ersten Filmkritikerinnen der britischen Presse für die Londoner *Daily Mail* gewesen. Sie gehörte bereits zur Londoner literarischen Szene, als Charles Laughton und Elsa Lanchester sie nach New York holten. Ihre Ideen und Kenntnisse paßten recht gut in Alfred H. Barr juniors Konzept einer »Filmothek« für das Museum of Modern Art. John Hay Whitney nutzte seinen Einfluß, um das Projekt zu realisieren. Es gelang ihm, die Leiter großer Studios und ein paar Stummfilm-

größen dazu zu bringen, rollenweise Filmnegative und seltene Kopien klassischer Streifen zu stiften. Wahrscheinlich war es gerade die Unterschiedlichkeit der um Iris Barry versammelten Persönlichkeiten, die vor allem für ein Klima der freundschaftlichen Zusammenarbeit bei einem Minimum von Bürokratie verantwortlich war. Jeder übernahm instinktiv ihren Gedanken, daß seine oder ihre Kenntnisse ein Mosaiksteinchen in einem größeren Ganzen seien. Sie stammten aus den Kindertagen der Filmindustrie, die sich aus dem »nickelodeon« von Edison und Porter entwickelte und zur Traumfabrik Charlie Chaplins und Buster Keatons wandelte. Sie hatten mit D. W. Griffith, Frank Capra und John Ford zusammengearbeitet. Als junge Leute hatten sie in der Dunkelheit der Filmpaläste und des benachbarten »Bijou« gelebt. Sie machten Jagd auf die Negative verlorengegangener Meisterwerke, und sie spürten vergessene Pioniere auf.
Ich fühlte mich wohl in dieser Umgebung bedächtiger und empfindsamer Menschen, die meistens in meiner khakifarbenen Arbeitsjacke kein Hindernis für ein nettes Wort oder eine freundliche Geste sahen. Ich erinnere mich besonders an Jay Leyda, früher Schüler und Assistent des großen russischen Regisseurs Sergej Eisenstein; er war im russischen und chinesischen Film ebenso zu Hause wie bei Herman Melville und Emily Dickinson. Seine Güte und Fürsorglichkeiten kamen immer spontan, aber doch so, als hätte er einen stillen Hilferuf gehört. Ich spürte die Wärme einer Freundschaft in der Bereitschaft des Filmhistorikers Arthur Knight, seine Leidenschaften und seine Kenntnis einfach jeder Phase der amerikanischen Kultur mit mir zu teilen. Mein Chef Mike Collins fand, ich »hätte es zu dicke mit diesen Eierköpfen«, und Dick Abbotts Sekretärin übermittelte mir in regelmäßigen Abständen die Ermahnungen des Direktors, »am Arbeitsplatz zu bleiben.«
Frohsinn und Zusammengehörigkeitsgefühle sollten die Veranstaltungen nach Dienstschluß bringen. Musik aus Filmen und Reminiszenzen an Filme standen dabei im Mittelpunkt. Die beiden Pianisten Ted Huff und Arthur Kleiner, die Begleiter bei den Stummfilmvorführungen des Museums, und D. W. Griffiths Lieblingskameramann, Billy Bitzer, stellten diese heiteren Stunden

Jimmy bei der Arbeit in der Filmbibliothek des Museum of Modern Art, einem Ruhepunkt im Zeitenlauf, 1939 *(das Foto stellte Alfred Kleiner zur Verfügung)*.

zusammen. Huff, groß, fett, nervös, liebte Chaplin und ging in dieser Anbetung auf. Seine Wurstfinger eilten über die Tasten des Klaviers und beschworen neben seinem Idol auch Mabel Normand, Theda Bara und Buster Keaton. Das war der Ton, den man zuerst hörte, wenn Mack Sennetts Polizisten vor der Ladenfront in ihrer flackernden Hast die Löschschläuche aus den Hydranten zogen. Wenn Kleiner die Musik zu *Broken Blossoms* spielte, konnte man den Hilfeschrei der auf dem Eis dahintreibenden Lillian Gish beinahe hören.

Billy Bitzers Posten in der Filmothek, wo er Kameras reparierte, hatte Iris Barry ihm eingerichtet; sie wollte diesem Filmpionier, dem mehrmals ein Vermögen unter den Fingern zerronnen war,

helfen, ein paar Dollars zu verdienen. Der Alkohol hatte ihm schwer mitgespielt. Wie ein etwas aufgeblasenes Rumpelstilzchen stand er da und ließ die Tage von *Birth of a Nation* und *Intolerance* vor uns aufsteigen. Seine lebendige Schilderung ließ wenig Raum für eigene Vorstellungen von den Gish-Sisters, Erich von Stroheim, Douglas Fairbanks, Mae Marsh, Richard Barthelmess oder Lionel Barrymore. Er verfügte über ein reichhaltiges Repertoire an alten Thekenwitzen und schockierte den aristokratischen Kleiner mit seiner wollüstigen Version des »Einarmigen Geigers«.
Die Seele der Filmbibliothek war Iris Barry. Mit Witz und Entschlossenheit gab sie darin den Ton an. Attraktiv, klein, zu milder Ironie neigend, fand sie stets aufmerksame Zuhörer, ohne je laut werden zu müssen. Sie behandelte mich auch nicht wie einen kleinen Angestellten, sie war sogar so fürsorglich, selbst nachzusehen, wo und wie ich wohnte, nachdem ich es ihr erzählt hatte. Sie bat Alfred und Marguerite Barr, mir aus dem erstickenden Loch an der Achtzigsten Straße herauszuhelfen. Mrs. Barr bewog ihre Putzfrau, Mrs. Jordan, eine freundliche irische Witwe, mir ein Zimmer in ihrer Wohnung auf der Fünfundsechzigsten Straße West für sieben Dollar pro Woche zu vermieten. Zwar nahm mein Bett den größten Teil des Zimmers ein, und das Fenster lag wieder an einem dunklen Luftschacht, doch irgendwie fühlte sich der Raum anders an. Mit den ersparten 1,50 Dollar in der Woche wurde mein Leben fast luxuriös, und zu allem Überfluß lieh mir Iris Barry ein kleines Radio, das zum Mittelpunkt meiner gemütlichen Abende wurde. Der Rundfunk war ein guter Gesellschafter. Norman Corwin und Arch Oboler inszenierten manchmal moderne Dramen; die NBC brachte ihre von Toscanini dirigierte Symphonie. Es gab eine Menge komödiantischer Programme, zum Beispiel *Duffy's Tavern*. Ich hörte den Witzen von Bob Burns, Joe Penner, Jack Benny, Edgar Bergen und vor allem Fred Allen zu. Ich brauchte eine Weile, um die Verrücktheit Jerry Colonnas in der Bob Hope-Show zu ergründen. Die Stars unter den Big Bands waren Benny Goodman, Artie Shaw, Harry James, Glenn Miller und Bob Crosby, die meistens ihre eigenen Shows hatten oder von den diversen Diskjockeys häufig gebracht wurden. Einer meiner Favoriten war die Kammermusik-Gesellschaft

der Lower Basin Street mit Sidney Bechet und Dinah Shore. Es fiel mir ein bißchen schwer, die Machart und Menge der Werbespots zu akzeptieren, aber ich stellte fest, daß man jetzt, da eine Krise nach der anderen die Welt erschütterte, immer öfter Nachrichtensendungen und Kommentare einblendete, und diese ohne Anpreisung von Zahnpasta oder Kaugummi sendete. Leider war internationale Vernunft noch nie ein kommerziell verwertbares Produkt. Die Träume vom Ruhm oder auch nur vom Aufstieg in der institutionellen Kultur mußten offensichtlich für mich Träume bleiben. Außerdem paßte der gewaltige Strom von Memoranden und Korrespondenzen, dem ich meinen Job verdankte, nicht so ganz in meine etwas verschwommene Vorstellung von Kunstproduktion. Einen Aufbruch zu potentiellem Ruhm sollte es allerdings geben. Ich wurde Filmstar. *The March of Time* filmte mich beim Verpacken von Programmzetteln in der Poststelle des neuen Gebäudes für eine Reportage über die Filmbibliothek. Ich beschloß, mir das Geld für ein Abendessen zu leisten, um mich in der Radio City Music Hall selbst zu sehen. Und richtig, da war ich, ein paar sensationelle Sekunden lang, ganz allein auf dieser Riesenleinwand in diesem ehrfurchtgebietenden Theater vor einer Masse von Touristen, deren Blicke an der Leinwand klebten. Ich erinnere mich nicht, welche Hauptattraktion sonst noch gezeigt wurde. Ohne Zweifel, die dort in langer Reihe vor dem Kassenschalter warteten, waren gekommen, um mich in *The March of Time* zu sehen. Erinnern kann ich mich noch an die Rockett-Tanzgruppe und ihre Beine. Collins war ganz außer sich, und da half es auch nichts, daß ich bemerkte, wahrscheinlich wäre ich photogener als er.

Der vierte Stock des neuen Gebäudes an der Dreiundfünfzigsten Straße war geradezu luxuriös gegen die beengten Räume an der Madison Avenue. Auch Collins war zufriedener, denn die White Rose Bar lag viel näher. Abbott war nun auch nach außen hin der Direktor; er brauchte sein Büro nicht länger mit seiner Sekretärin zu teilen, die ihrerseits von ihrem neuen Reich aus all die Hoheitsrechte der »Direktionssekretärin« ausüben konnte. Die Filmbibliothek wurde in die Museumsbibliothek und in die Abteilung Photographie eingegliedert.

Ein paar Wochen später, nachdem überall die Namen an den Türen standen, wurde das Museum mit einer großen Ausstellung »Art in Our Time« eröffnet. Ihr gingen Festveranstaltungen und Empfänge voraus. Kurz vor der Eröffnung fand eine Feier für die Kuratoren des Museums im Penthaus auf der sechsten Etage statt. Beim Aufräumen am anderen Morgen kam ich nicht umhin festzustellen, daß jede der vielen leeren Champagnerflaschen mehr gekostet hatte, als ich in der Woche verdiente. Es ging auch das Gerücht, daß eines der meistdiskutierten Themen der Bericht eines Teams von Rationalisierungsexperten gewesen sei, merkwürdig finstere Männer, die wochenlang geheimnisvoll durch die Büroräume ein- und ausgeweht waren. Es war das erste Mal, daß ich den Begriff »pink slip« hörte.

Ich ignorierte die Tatsache, daß ich als Dienstbote natürlich nicht zur Eröffnung eingeladen war, indem ich nach Feierabend im Büro blieb und mich später am Abend zu den Galerien hinunterschlich. Schließlich hingen drei Werke meines Vaters in der Ausstellung: *Zwei Kinder werden von einer Nachtigall bedroht, Frau, alter Mann und Blume* und *Lunar Asparagus,* ganz zu schweigen von den Werken vieler Künstler, auf deren Schoß ich einmal saß. Der einzige Mensch, der offene Verärgerung über meine ungebetene Anwesenheit zeigte, war Abbott, der mir mit zusammengebissenen Zähnen zuflüsterte: »Wer zum Teufel hat Sie denn eingeladen?« Allen Porter, ein alter Freund von Julien Levy und Iris Barry, der spätere zweite Direktor des Museums, blinzelte mir zu und grinste, als wollte er sagen: »Nimm ihn bloß nicht so ernst.« Abbott war ziemlich rot im Gesicht, ich glaube, er war betrunken. Ich habe den Abend intensiv genossen. Ich beobachtete Fiorello LaGuardia, der hörbar bemerkte, daß ihm bisher die Seurats als einzige etwas sagten. Ich quetschte mich unten ins Publikum, um Franklin Delano Roosevelt zuzuhören, der über die Hauslautsprecher das Museum als eine »Zitadelle der Demokratie« bezeichnete. Damit hatte er vollkommen recht, denn die Klassenunterschiede waren in diesem Auditorium aufgehoben. Der mächtige Nelson Rockefeller war da – und auch einer seiner Laufburschen . . . ich. Nicht lange nach der Eröffnung begann die Rationalisierungsaxt niederzusausen. Zu den Entlassenen zählten viele vom Wach- und

Pförtnerdienst. Es war ein frostiger Morgen, an dem noch mehr Bestürzendes geschah. Die Ausstellung im Hauptgeschoß hatte eine Abteilung Industrie-Design, und dort wurde unter anderen Kunstobjekten ein von Buckminster Fuller entworfener Pullmann-Waschraum gezeigt. Obwohl er mitten im Raum stand, war es irgend jemandem, wahrscheinlich einem Besucher, gelungen, in diesem Ausstellungsstück seinen Darm zu entleeren. Es war niemand da, um die Schweinerei zu entfernen. Die Wächter wiesen den Superintendent Ekstrom empört ab, und Charlie Fischer, der aus Deutschland stammende festangestellte Maler des Hauses, erwiderte: »Ich soll hier Wände beschmieren. Ich werde niemandem seine Scheiße wegräumen.« Es gab nur einen einzigen Menschen, der sich sehr schlecht weigern konnte, dem Befehl zur Freiwilligkeit zu folgen. An diesem Tag lernte ich wieder ein Gewerbe.

Innerhalb weniger Tage nach der Eröffnung von »Art in Our Time« trug ich jedem Mitarbeiter auf der vierten Etage einen Briefumschlag ins Büro, der allen ein Lächeln und freudige Überraschung entlockte. Es war ein Brief von Abby Rockefeller, Nelson Rockefeller und Stephen C. Clark, der jedem für ihre oder seine bisherige Arbeit dankte. Besonders hervorgehoben wurde die erfolgreiche Eröffnung des neuen Hauses und der großen Ausstellung. Jeder Brief enthielt als Prämie ein Monatsgehalt. Als alle Briefumschläge verteilt waren, war ich der einzige, der keinen bekommen hatte. Vielleicht weil ich diesen Job noch nicht lange genug inne hatte – oder war es möglich ... ob Dick Abbott mich für mein unerlaubtes Erscheinen bei der Eröffnung bestrafte? Ich war so glücklich, diesen Job zu haben, und beschloß, nicht nachzuforschen, ob da vielleicht ein Versehen passiert sei. Etwa eine Woche später merkte Allen Porter, der mir mit Erfolg gezeigt hatte, wie man eine Fliege bindet, daß ich eine neue trug, und er dachte laut, ich hätte meine Prämie auf intelligente Art ausgegeben. Als ich ihm erzählte, daß ich keine bekommen hätte, blickte er ganz bestürzt drein. Eines Morgens lag da ein Brief für mich mit 60 Dollars in bar, aber ohne das Schriftliche. Porter sagte: »Ach, das ... es muß wohl irgendwo im Gewühl hängengeblieben sein.« Es hat sehr lange gedauert, bis ich herausfand, daß er und

Iris Barry die Köpfe zusammengesteckt und unter den Kollegen des vierten Stocks eine Sammlung für mich organisiert hatten.
Mit diesem warmen Regen hatte ich besseres zu tun als neue Fliegen zu kaufen. Ich wurde stolzer Besitzer von drei weißen Hemden, die Schultes Zigarrenladen für 99 Cents verkaufte. Auch so ein One-Dollar-Special in jenem Chinarestaurant hätte ich mir leisten können, aber ich hielt es für klüger, meinen Reichtum über eine längere Zeit zu strecken, zumindest was das Essen betraf, und so verrückt nach endlos vielen Schalen Reis mit Sojasoße war ich nun auch wieder nicht. Außerdem wollte ich einmal eine anständige Reihe von Zweiwochenperioden ohne ein Defizit von zwei oder drei Dollars vor mir haben.
Immerhin, ich gönnte mir zwei bescheidene Ausschweifungen. Für 1.75 Dollar kaufte ich mir drei Schachteln eingetrockneter Plakafarben, die ich in einem Papierladen auf der Sixth Avenue als Sonderangebot fand. Es waren die Farben grün, gelb und blau. Ohne mir Gedanken darüber zu machen, was ich am Ende damit anfangen würde, machte ich sie mit Wasser wieder frisch und stellte sie nebeneinander auf meine Kommode. Ich kaufte auch ein großes, dickes Buch. Es war eine Modern Library Giant-Ausgabe von James T. Farrells *Studs Lonigan*-Trilogie, und es kostete mich 2.50 Dollar. Meine Neugier war von einem Redner am Columbus Circle geweckt worden, der sein etwas unaufmerksames Publikum in einer aufrüttelnden Attacke gegen den römisch-katholischen Klerus gewarnt hatte: »Wenn ihr nicht einmal eure Ohren aufknöpft und euren Schädel aufmacht für das, was euch wirklich angetan wird, dann ertrinkt dieses Land in einem Meer von Studs Lonigans. Diese hurenden... und saufenden... und aus dem Hals riechenden... und ungewaschenen... und analphabetischen... die scheinheilig beichten gehen... zweibeinig... mit eingeklemmtem Schwanz... schwarze Engel der finsteren Straßen Chicagos... wachsen heran zu heuchlerischen, pickeligen Flegeln, deren Seele mit jedem Jahr ihres Lebens dreckiger wird, auf ewig gefangen in schalen Bierkneipen und in einem Ehebett, das uns knarrend nur eins verspricht, meine Freunde, nur eine Lawine von Studs Lonigans, denen eure Kinder nacheifern können... Nun, ich sage euch...«

Studs Lonigan erhielt seinen Platz neben dem schmalen Gedichtband von Yeats und dem englisch-deutschen Wörterbuch, das nun immer weniger gebraucht wurde. Das Lesen wurde mit jedem Tag leichter, und mein Chef Collins hatte schon etwas argwöhnisch gefragt: »Sie gehen wohl auf eine Abendschule oder sowas? Sie sprechen jetzt schon fast so gut wie ich.« Allerdings blieb das Schreiben in der Sprache meines neuen Lebens weitgehend unerprobt, weil es niemanden gab, dem ich hätte schreiben können, außer jenen, die ich im anderen Teil der Welt zurückgelassen hatte.

Während ich mich durch Studs Lonigan kämpfte, zweifelte ich nie daran, daß ich von Menschen und Situationen las, die es wirklich gab. Bilder meiner eigenen Vergangenheit waren nie ganz fern, wenn ich bei Farrell las, wie zwölf- und vierzehnjährige Jungen ein Negerkind auszogen, die Kleider verbrannten, seinen Hintern mit Streichhölzern versengten und auf seinen hingestreckten Körper pinkelten. Ein feuchter Sonntagnachmittag im Washington Park ist die Szenerie für den Judenjungen Schwartz, der einen so eindrucksvollen Sprint hinlegte und dem Spielführer von Lonigans Cardinals-Gang von der Achtundfünfzigsten Straße den Ball so souverän vor der Nase wegschnappte, daß es nur die eine Möglichkeit gab, »dem Itzig« eine Lehre zu erteilen – ihn totzuschlagen. Körper und Geist Studs Lonigans nehmen solche Bilder auf als Teil des normalen Verlaufs von Tagen und Nächten während der neunundzwanzig Jahre, die er ziellos an Straßenecken herumhängt, in der Schule mit den Nonnen Krach hat, morgens krank vom Fusel aufwacht, sich stellvertretend durchsetzt gegen Al Capone oben auf der Leinwand eines prunkvollen Filmpalastes oder an einem »gang shag« teilnimmt. Trotzdem ist er nicht ohne schöne Träume und Hoffnungen. Er ahnt, daß Intimität zwischen Menschen mehr sein kann als unbeholfenes Gefummel im Unterholz eines Parks. Eines Tages wird er in einer Umgebung voller Sonnenschein und guter Nachbarn leben. Er stellt sich vor, daß er sich die Art von Großzügigkeit leisten kann, die ihm den ungeteilten Respekt seiner Zeitgenossen eintragen wird. Nie kommt ihm der Gedanke, weder als Junge noch als junger Mann, daß seine Seele anders ist oder verkrüppelter als die Seelen anderer, gewöhnlicher Sünder, die doch alle gar nicht anders können als dieselben Gesetze zu brechen und unausweichlich gegen höhere Gebote zu verstoßen. Instinktiv scheint er zu wissen, daß Gott nicht alle auf ewig strafen kann und daß er, Studs, zu den Glücklichen gehören wird.

Nacht für Nacht verbrachte ich mit Studs Lonigan, mein Radio war abgeschaltet. Die Nachrichten über Hitler, Daladier und Chamberlain waren herabgeregnet wie Konfetti. Die Tschechoslowakei gab es nicht mehr. Ein faschistisches Spanien war von England und Frankreich anerkannt worden. Charles Lindbergh und Burton Wheeler redeten von einer Neuordnung der Beziehungen Amerikas zu Europa, und auf Autofenstern klebte die Parole: »Die Yankees kommen nicht.« Es gab Abende, an denen ich meinte, die Nachrichten wären am Morgen leichter zu ertragen. In Farrells Buch lag Traurigkeit genug, um Schlafen schwer zu machen. Mit der Überwindung meiner Leseschwierigkeiten entdeckte ich so etwas wie Logik in dem, was ursprünglich nach chaotischem Gassenjargon klang, ich spürte, daß Lonigan von Anbeginn seines Lebens verdammt war. Er – und ich mit ihm – wartete immer auf irgendwas, doch Tag um Tag verging ohne Offenbarung. Mephisto folgte ihm in die Kirche und zur Beichte, und der Erzengel hielt ihm das Queue im Billardsaal. Er muß dieses unbestimmbare Leuchten bis zu seinem letzten Atemzug erwartet haben: Es war, als müsse er ersticken. »Mutter, es wird so dunkel«, rief er schwach.

Der Luxus des Trauerns

Der 24. August 1939 versprach ein feuchter Tag mit Regenschauern und Temperaturen um dreißig Grad zu werden. Ich beschloß, wie ich es oft tat, mich sehr früh auf den Weg zur Arbeit zu machen und mich noch ein Weilchen mit einer Extratasse Kaffee auf die Terrasse der Cafeteria im Central Park Zoo zu setzen. Irgendeiner ließ dort immer eine Zeitung liegen. Was ich so einsparte, einschließlich U-Bahn-Geld, reichte schon wieder für eine Portion Cornflakes. Und dann sah ich sie, in der *Times*, die allerletzte Frivolität: »Von Ribbentrops Wagen mit flatterndem Hakenkreuz fährt unter der Roten Fahne am Kreml vor.«
Es sprang mir aus dem Blatt entgegen, noch ehe ich die Schlagzeile gelesen hatte: Deutschland und Russland unterzeichnen Zehn-Jahres-Nichtangriffspakt. Der Irrsinn meiner Zeit war auf dem Gipfel angelangt. Jetzt hatten wir, was Rimbaud in seinem Gedicht »Parade« so formuliert hat: »Ein Paradies der Gewalt, der Fratzen, des Wahns.«
Mein erster Gedanke war der an den Tod. Meine Mutter, mein Vater, Maja, die Gesichter stiegen auf. Damals, an diesem Tage wußte ich, wenn einem von ihnen etwas zustoßen sollte, würde ich niemals vergessen, daß die Mordbefehle hinter diesen Mauern am Roten Platz gegengezeichnet wurden.
Das rauhe Gebell der Robben nebenan verwandelte sich plötzlich in aufgeregtes Gelächter. Aus unerklärlichen Gründen erinnerte ich mich an eine Szene, die ich als Elfjähriger erlebt hatte, als ich vom Krach einer zuschlagenden Tür im Flur aufgewacht war. Ich sah einen jungen Schauspieler von einem Kölner Repertoiretheater an dieselbe Wohnzimmertür hämmern, durch die er kurz zuvor herausgestürmt war. Es hatte wohl nach einem gemütlichen Abendessen unter Freunden und Verwandten eine hitzige Diskussion über Trotzkis Verbannung aus der Sowjetunion gegeben ...
»Ihr könnt mich alle mal am Arsch lecken, ihr verfluchten Hyänen.« Er sprach zu der Tür, als stünde er auf der Bühne:
»Wir wären besser bei den Toten,
   die wir, um Schlaf zu finden, schlafen schickten,

als mit Gewissensqualen dazuliegen
in ruhelosem Rausch ...«
»Wie viele Helden der Revolution wollt ihr denn ›schlafen schikken‹ mit eurem albernen Geschwätz? Euch haben die Beschützer des Proletariats gehätschelt. Glaubt ihr wirklich, daß euer Gewissen rein ist, weil Rosa Luxemburg und Karl Liebknecht euch nicht hören können? Sie sind durch Mörderhand an ihrem eigenen Blut erstickt, sie sind gestorben für die Idee, die ihr verratet. Und erzählt mir bloß nicht, Majakowski wäre in einem Moskauer Trolleybus an einem Herzanfall gestorben. Zementhirnige Ideologen wie ihr haben ihn zum Selbstmord getrieben. Und dann geht ihr mit, wenn die Arbeiter zu Grabe getragen werden, ihr mit euren roten Armbinden, dann weint ihr um die Racheopfer dieses nazistischen Märtyrers Horst Wessel. Ich sehe euch schon diesem Schweinehund nacheifern, aber dann, wenn die Zeit kommt, eure elenden Hälse vor dem Wahnsinn eurer eigenen Idole retten ...
»... doch ist es Sünde, Ehre zu erstreben,
bin ich der sündigste der Lebenden ...«
Er rannte das Treppenhaus hinunter und schrie von unten herauf: »Leckt mich alle am Arsch!« Die ganze Szene hätte von Shakespeare sein können.
Sie führte mich weit in die Erinnerung zurück, aber sie schien zu meiner eigenen Wut zu passen. Ich konnte nicht mit Fäusten auf die Bäume des Central Parks losgehen oder auf das Plaza Hotel, als ich die Dreiundfünfzigste Straße entlang zum Museum ging. Daß Frankreich und England sich in München Hitler unterworfen hatten, war deprimierend genug, nun aber war der Damm vollends gebrochen. Die selbsternannten Verteidiger der Masseninteressen, die Bannerträger der demokratischen Reinheit, die Feinde der Tyrannei überall, deren »Internationale« die Menschheit aufrief, sich zum letzten Gefecht bereitzumachen, um das Menschenrecht zu erkämpfen, sie hatten sich zu den blutigen Händen der »Herrenmenschen« gesellt. Sie hatten einen Pakt geschlossen mit demselben Offizierskorps, dem sie das heimliche Exerzieren auf russischem Boden gestattet hatten. Dieselben Stimmen von Radio Moskau, die ich unter der Bettdecke Ludwig van Beethoven preisen hörte, der den Mut gehabt hätte, der »Eroica« einen

Trauermarsch anzufügen, als er erfuhr, Napoleon habe sich selbst zum Kaiser gemacht. Dieselbe Welle, die die Botschaft verbreitet hatte: »Arbeiter von Deutschland, ihr habt die Pflicht, bis zum letzten Mann gegen die braunen Feinde des Proletariats zu kämpfen.« Ich hatte Leichen derer gesehen, die diesem Ruf gehorcht hatten, im Sandkasten eines Kinderspielplatzes. Ob sie stolz darauf wären, ihr Leben hingegeben zu haben, damit über Moskaus Flughafen fünf große Hakenkreuzfahnen wehen konnten?
Aber nun war es geschehen. Und vielleicht fiel es den Männern, deren Bildnisse überall auf der Welt in den Umzügen am 1. Mai mitgeführt wurden, nicht einmal schwer, heute nacht ebenso ruhig zu schlafen wie zuvor. Allmählich verließen mich Wut und Selbstmitleid, und an ihre Stelle trat eine seltsam besänftigende Trauer. Es war nicht Rührseligkeit, nicht Sentimentalität oder Niedergeschlagenheit. Es war mehr das beruhigende Sich-Abfinden mit einem großen Verlust, einem Verlust, der in gewisser Hinsicht ein Gewinn war, ein Gewinn an Selbstgewißheit, der aus der Erkenntnis der wahren Natur eines frühen Kindheitstraums kam, aus dem Wissen, daß langgehegte Wünsche nicht von irgendeiner erdachten Abstraktion erfüllt werden, sondern daß wir sie uns verdienen müssen, immer und immer aufs neue, damit sie in unserem Leben bleiben.
Ich entsann mich eines anderen kleinen Zwischenfalls in meiner Jugendzeit. Der große Photograph August Sander, dessen Lebensziel es war, ein Porträt von Deutschland zu zeigen, war ein enger Freund von Lou Straus-Ernst. Er war ein reizbarer, hochgewachsener, schlanker Mensch mit buschigem Haar und brennenden Augen hinter einer randlosen Brille, der hin und her durch die Wohnung lief, wenn er über ein neuentdecktes Bild sprach. Eine Menge Abzüge von ihm, darunter ein Foto von meiner Mutter und mir, lagen in hohen Stößen in Lous Arbeitszimmer. Seinen Lebensunterhalt verdiente er überwiegend mit kommerziellen Aufträgen. Lou bat den Leiter eines Frankfurter Verlages, zu kommen und sich Sanders Arbeiten anzusehen. Der Mann war gelegentlich Teilnehmer der unvermeidlichen Diskussionsrunden an unserem Eßtisch gewesen und hatte nie versäumt, als puritanischster Verfechter der Parteilinie aufzutreten. Lou dachte, er

könnte vielleicht auf die bissige Offenheit anspringen, mit welcher Sander die deutschen Bürokraten, das ach-so-anständige Bürgertum und den rebellischen Geist der Intellektuellen porträtiert hatte. Ich beobachtete den Verleger, wie er die Photographien sorgfältig musterte. Er hatte das Gesicht einer angriffslustigen Schildkröte, fand ich. Dann entstand ein langes Schweigen, während der fallengelassene Kneifer an seiner seidenen Schnur baumelte. Die Worte kamen in kurzen, abgehackten Ausbrüchen. »Ja, für mich – da gibt es hier zu viel Traurigkeit. Wir dürfen sie nicht fördern. Sie ist ein Luxus, der Gift ist für das Proletariat. Wir haben keine Zeit für Trauer. Sie ist ein Luxus, der uns von unseren Aufgaben ablenkt«.

Das Erinnerungsbild schwand, als ich vor einer Confiserie an der Fifth Avenue, Altmann und Kuhn, stehenblieb und im Schaufensterglas mein Spiegelbild sehen konnte, genau wie im Zug von Paris nach Le Havre. Damals war ich sehr wütend gewesen und hatte keine Linderung gefunden in den Bildern, die meine Wut heraufbeschwor. Jetzt aber leistete ich mir den »Luxus der Trauer«. Ich wußte, daß ich mir Selbstmitleid nicht erlauben konnte, dies aber war eine völlig andere Empfindung. Der Luxus verlieh mir die Fähigkeit, mich diesem heutigen Tag mit all seinen Widersprüchen zu stellen. Die Kosten dieses Luxus waren bei weitem erträglicher als die der anderen Möglichkeiten – der Empörung oder der Beschwichtigung. Was das Materielle anging, so fand ich, daß auch bei einem Gehalt von zwei Dollar am Tag diese Üppigkeit nicht übertrieben wäre. Gewiß, es bestand ein deutlicher Unterschied zwischen Luxus und Extravaganz. Zweifellos würde ich Zeiten äußerster Wut nicht vermeiden können, aber die Ursachen für eine solche Reaktion würden, wie vorhin, rechtzeitig vorbeigehen. Diese Tragödie jedoch, und das wußte ich schon damals, wäre mit blutiger Säure für immer eingeätzt. Ich konnte sogar diesen hochtrabenden kleinen Mann im Arbeitszimmer meiner Mutter und seine Abneigung gegen Traurigkeit ungefähr verstehen. Sie war, anders als eine in Worten ausgedrückte Wut, eine vernichtende Waffe, gespickt mit den Widerhaken der Verachtung.

Innerhalb von knapp sechs Tagen zeigten sich die ersten Erfolge

der Bündnispartner. Fast zur gleichen Stunde, in der der Oberste Sowjet den Vertrag ratifizierte, rückten deutsche Panzer, Flugzeuge und blanke Stiefel nach Polen ein. Ein Handel wurde vollzogen; binnen kurzem flatterte die Sowjetflagge über Polens Osten. Dieser Teil der schauerlichen Posse war vorüber.
Vielleicht hatten Lou und Max es sich jetzt anders überlegt und gaben die Hoffnung auf, die Sache in ihrem Europa durchstehen zu können. Es sah nicht danach aus, als wäre das noch lange ihr Europa. Ich versuchte, sie mit langen Briefen zu überzeugen und, ohne ihre Antworten abzuwarten, Bürgschaften für sie zu bekommen. Ich wandte mich an jeden, der mir zuhören wollte. Wenn ich im Museum die Morgenpost verteilte, hielt ich in jedem Büro mit einem Auge Ausschau nach Leuten, die ich bis dahin vielleicht übersehen haben könnte. Man wies mich nicht ab, aber die Antworten liefen regelmäßig darauf hinaus, daß diejenigen, die in der Lage wären, zu helfen, bereits überbeansprucht seien. J. J. Augustin sah sich bei seinen Bemühungen in gleicher Weise enttäuscht. Seiner Verpflichtung, meine Mutter zu heiraten, versagten die Einwanderungsbehörden die amtliche Genehmigung. Als endlich Antwort von Lou und Max kam, klang sie zwar etwas aufgeschlossener gegenüber dem Gedanken, brachte aber zugleich sehr positive Hoffnungen zum Ausdruck, daß Hitler schließlich doch noch scheitern werde.
Ende November 1939, als ich die Nachmittagspost des Museums sortierte, fand ich darunter eine mit Bleistift geschriebene Postkarte für mich. Sie trug das Datum 27. Oktober, und der Absender lautete: Camp de les Milles, (B. J. Rh.), Les Milles (p. Aix en Provence). Auf der Karte stand:
Mon cher Jimmy,*
Merci de ta lettre. Je suis détenu ici. Tu pouvrais m'aider (à ma libération) par tes excellentes relations. Fais quelque chose.

---

* Mein lieber Jimmy,
Danke für Deinen Brief. Ich bin hier interniert. Du kannst mir helfen (zu meiner Befreiung) durch Deine ausgezeichneten Verbindungen. Tu etwas. Frag' wichtige Leute.
Ich umarme Dich. Dein Vater Max.
P. S. (Ich habe eine Postkarte geschrieben, weil Briefe verboten sind.)

Demande aux personnes influentes. Je t'embrasse, ton père Max
P. S. (J'écris une carte postale, car les lettres sont interdites!)

Max, der sich seit dem Augenblick seiner Ankunft in diesem Lande darum bemüht hatte, französischer Staatsbürger zu werden, war im Département Alpes-Maritimes zusammen mit anderen Personen, die formal noch Deutsche waren, interniert worden. Ich fürchtete, daß Lou dasselbe widerfahren war. Woher Max den Eindruck von meinen »excellentes relations« hatte, war mir einigermaßen rätselhaft. Alfred Barr, der Museumsdirektor, hatte mir ein paarmal herzlich, aber sehr scheu zugelächelt, wenn er nicht zu sehr beschäftigt war, um von der Arbeit auf seinem Schreibtisch, in die er gerade vertieft war, aufzuschauen. Trotz seiner natürlichen Entrücktheit hatte ich zu diesem schlanken, geradezu zerbrechlichen Tagträumer, dessen Augen nie ohne nachdenkliche Neugier blickten, echte Zuneigung gefaßt. Mit der Postkarte in der Hand raste ich hinauf zum fünften Stock und in Barrs Büro. Obwohl seine Tür, ein zutreffendes Symbol dieses Mannes, immer offen stand, haben sich nur wenige ohne Zögern über die Schwelle gewagt, um ihn nicht aus einem tiefen Gedankengang zu reißen. »Ich werde sofort jemanden anrufen«, sagte er, nachdem er die Nachricht gelesen hatte. »Das Emergency Rescue Committee bearbeitet Probleme wie dieses über Frances Perkins und die Einwanderung. Sie bemühen sich, so viele Intellektuelle wie möglich aus Europa zu retten. Sie helfen Chagall, Masson und unter anderem auch Menschen wie André Breton, und ich bin sicher, sie werden ihr Möglichstes tun, Ihren Vater herauszuholen, ohne daß all diese eidesstattlichen Erklärungen notwendig sind.«
Ein Brief von Lou kam ein paar Tage später aus Marseille. Auch sie war interniert worden, in Gurs, etwas entfernt von Les Milles, aber man hatte sie nach ein paar Wochen wieder entlassen. Sie wartete an der Küste auf die Freilassung ihres engen Freundes und Mitarbeiters Fritz Neugass, der ebenfalls in Les Milles interniert worden war. Sie hatte Max dort getroffen, wenn sie Fritz besuchte. Für Max war es niederdrückend, schrieb sie, auch wenn er dort mit vielen Freunden zusammen war, zum Beispiel dem Surrealisten Hans Bellmer. Max schien auch ziemlich aufgeregt

Im Büro des Emergency Rescue Committee in Marseilles, 1939. Jacqueline und André Breton, André Masson und Varian Fry bereiten ihre Überfahrt nach Amerika vor.

wegen schrecklicher Komplikationen mit seinem Atelier in Saint-Martin d'Ardèche und wegen der Ungewißheit über den Verbleib Leonora Carringtons. Die letzte Zeile ihres Briefes lautete diesmal: »Ja, ich denke, es ist nun Zeit, hier zu verschwinden. Ich hoffe, Du kannst etwas tun.«

Ohne zu wissen, wohin ich mich wenden konnte, und ermutigt durch den scheinbaren Optimismus Alfred Barrs in Bezug auf Maxens Problem trat ich erneut den Gang in sein Büro am Ende der fünften Etage an, um die Hilfe des Komitees zu erbitten. »Leider«, teilte er mir ein paar Tage später mit, »haben mir die Leute vom Komitee gesagt, daß sie gegenwärtig all ihre Kräfte auf die prominenteren Intellektuellen in Europa konzentrieren. Sie wollen Ihnen eine Liste anderer Organisationen schicken, die vielleicht helfen können.« Ich entsinne mich noch der Sorge in Barrs Stimme.

»Ich weiß, daß das hart für Sie sein muß, Jimmy; setzen Sie sich einen Augenblick. Ich wünschte, ich könnte Ihnen auf der Stelle helfen.« Er schenkte mir einen dieser eindringlichen Barr-Blicke, wobei er sein Gesicht mit den Fingerspitzen beider Hände stützte. Ich wäre nicht überrascht gewesen, Tränen in seinen Augen zu sehen. Ich glaube, der Gedanke, jemand sei nicht berühmt genug, um vor dem möglichen Tode gerettet zu werden, entsetzte ihn. Nie werde ich die sichtbar tiefe Anteilnahme dieses großen Mannes am Leid eines neunzehnjährigen Laufburschen vergessen. »Sie waren geschieden, nicht wahr?« hörte ich ihn in das lange Schweigen hinein fragen.

In meinem Kopf nahm ein Gedanke Gestalt an. »Oh ja, wissen Sie, er war etwa sechs Jahre lang mit Marie-Berthe verheiratet, und ich habe die Urkunde über Max' Scheidung von meiner Mutter. Sehen Sie, diese Papiere sind wahrscheinlich nie ins Französische übersetzt worden, wie es eigentlich von Rechts wegen nötig gewesen wäre. Max und auch Marie Berthe waren römisch-katholisch, und vielleicht hat man die erste Ehe als nicht existent betrachtet. Max war schließlich illegal nach Frankreich gekommen und wollte nicht mit einem deutschen Dokument zum Bürgermeister irgendeiner Kleinstadt gehen.«

Ich griff nach Strohhalmen und trat Wasser zur gleichen Zeit. Es war, als hätte Barr auf den Vorschlag gewartet. »Sie meinen, Sie sind bereit, das Risiko auf sich zu nehmen und sie als Mann und Frau herüberzuholen? ... Ich will es beim Komitee versuchen. Es ist den Versuch wert.«

Ich weiß nicht, in welcher Form Barr den Emergency Rescue-Leuten den Vorschlag unterbreitet hat. Er ließ mich lediglich wissen, daß die Papiere für Max Ernst und seine Frau Amalia-Louise vorbereitet würden, und nun müßten wir abwarten. Ich schrieb eilends ein paar Briefe an meine »wiedervereinigten« Eltern, um ihnen von der kühnen Idee zu erzählen. Da man durchaus damit rechnen konnte, daß die Post auf der anderen Seite zensiert wurde, waren die Briefe lang und verklausuliert. Aber ich war sicher, daß meine Botschaft verstanden werden würde. Nach etwa einer Woche traf aus Europa für mich ein kleines Päckchen ein. Es waren beinahe sechs Monate vergangen, seit meine Mutter es für meinen Geburtstag im Juni zur Post gebracht hatte. Es enthielt, sehr sorgfältig in Seidenpapier gewickelt, eine schöne Meeresmuschel. Sie war auf dem Transport zerbrochen und offenbarte ihr wunderbar anmutiges Inneres. Es ging von ihr eine magisch surrealistische Wirkung aus. Als ich am nächsten Tag Post austrug, legte ich sie Alfred Barr als Geschenk auf den Schreibtisch. Er dankte mir und plazierte sie auf einem Regal neben dem Schreibtisch, und dort lag sie noch Jahre später, lange nachdem ich das Museum verlassen hatte, als ich ihn in seinem Büro besuchte. In dem möblierten Zimmer auf der Fünfundsechzigsten Straße gab es oft Wutausbrüche und heimliche Tobsuchtsanfälle. Es war schwierig, stoische Gelassenheit zu bewahren, wenn man, wie eines Abends, im WQXR lange Auszüge aus dem »Rheingold« hörte. Ich war sicher, daß zwischen den wogenden, schwitzenden Brüsten der Lorelei ein kleines goldenes Hakenkreuz baumelte, während sie das Stroh striegelte, das ihr nordisches Haar sein sollte. Die rasende Walküre blökte: »Siiieg Heiiiil, Siiieg Heiiil!«, und mein schöner Rhein war ein schmutzig-brauner Morast, der von schuppigen, abstoßenden, glotzäugigen arischen Gnomen wimmelte. Richard Wagners kakophoner Brunftschrei zur rassistischen Ekstase war die perfekte Begleitmelodie für sechzig Millionen simultane Masturbationen in teutonischen Federbetten: Siiieg

Heiiil, Siiieg Heiiil – ach, das ist doch so schön ... Ich entdeckte, daß meine angeborene Abneigung gegen alles Militärische im Begriff war, Platz zu machen für Visionen, in denen ich mich mitten unter meine früheren Peiniger treten sah und mit knatterndem Maschinengewehr Hitler eigenhändig umbrachte.
Zugleich gab es in den Büroräumen des Museums auch eine Reihe von Leuten, die kein Geheimnis daraus machten, daß es ihnen lieber wäre, wenn ein anderer als »dieser kleine Deutsche« käme, um Briefe und Schriftsätze zu bringen und abzuholen. Trotz der von Franklin Roosevelt verkündeten Neutralität gab es in New York französische, kanadische und britische Rekrutierungsbüros, wo ich lange Fragebögen ausfüllte, um mein Gefühl der Hilflosigkeit zu mildern. Doch ungeachtet der zahllosen Methoden, mit denen ich in meiner Phantasie den gesamten deutschen Generalstab umbrachte, schreckte ich davor zurück, mich bei der französischen Fremdenlegion zu bewerben. Da mußte es noch weitaus schlimmer kommen, bevor ich bereit war, Gary Cooper oder Boris Karloff nachzuahmen.
Überhaupt war die Zeit nicht ohne Ironien. Bei einem Feierabend-Kaffeeklatsch in Karl Nierendorfs Galerie diskutierten er und J. B. Neumann mit Vehemenz über die Tatsache, daß ihr befreundeter Konkurrent Curt Valentin (Buchholtz-Galerie) auf dem Weg nach Lausanne war, um mit Pulitzer-Geldern, wie zu hören war, für hundertundsoundsoviel Gemälde der *entarteten Kunst* zu bieten, die die Deutschen zur Versteigerung dort hingeschickt hatten.
Eben der Gedanke, daß all die kostbaren Devisen der Kriegsmaschinerie der Nazis zufließen würden, hatte ein Dilemma geschaffen. Die Ethik sei »falsch«. Der Feind bekäme das Geld ... Aber was sei mit der Ästhetik? Zum mindesten könnte Curt, so meinten sie, doch auch sie an dem möglichen Goldregen teilhaben lassen, indem er ihr bisheriges Geschäftsverhältnis respektierte, einander Kunden zu schicken. Sie gaben zu, es war etwas Alptraumhaftes an der Situation, daß sie und zugleich die Nazis an Kunstwerken verdienen könnten, die sie selbst an deutsche Museen verkauft hatten, bevor Hitlers verrückter Geschmack Gesetz wurde. Sie gaben der Hoffnung Ausdruck, daß jeder, der so gemein war, an

der Auktion teilzunehmen, den Anstand hätte, nicht die Preise hochzusteigern.

Am Arbeitsplatz begegnete mir unerwartet ein kleiner Alptraum. Im Verlauf der fortschreitenden Rationalisierungsmaßnahmen des Museums wurde ich von der Filmbibliothek weg ins »feindliche Territorium« der Poststelle im fünften Stock versetzt. Die Stammtisch-Vorurteile von Collins hatten mich nie besonders getroffen, aber ich entdeckte sehr schnell, daß ich es ab sofort an jedem Arbeitstag mit den Pöbeleien des demagogischen Radiopriesters Father Coughlin zu tun haben würde. Ganz bestimmt würde ich mir keine zweifelhafte Gunst damit erkaufen, daß ich bei ». . . . die Juden haben Jesus ermordet, wie du weißt« still bliebe. Ich würde es ignorieren, »dieser heidnische Itzig« zu sein. An die Atmosphäre in diesem Teil des Museums, die sich ziemlich unterschied von der Kameraderie auf der Etage darunter, mußte man sich auch erst allmählich gewöhnen. Nichts erwies sich als zu schwierig, weil ich anfing, in meiner Freizeit nach Feierabend etwas geheimnisvoll Faszinierendes zu entdecken.

Wenn die Museumskataloge von der Druckerei in die Poststelle kamen, waren sie gewöhnlich so verpackt, daß nach jedem fünften oder zehnten Exemplar zum Schutz ein Stück robuste weiße Pappe kam. Jeden Abend holte ich mir aus dem Papiermüll einen Stoß davon, um ihn mit nach Hause zu nehmen. Ich zeichnete und kritzelte darauf herum, während ich Burns und Allen, Tommy Dorsey aus dem Ballsaal des Hotels Pennsylvania, Arch Oboler, Lux Radio Theatre, Edward R. Murrow oder William Shirer hörte. Ich begann, meine wiederaufbereiteten Plakafarben auszuprobieren. Die Farbskala war begrenzt, aber ich fand heraus, daß man beinahe unendliche Variationen von Grün durch Hinzufügen von Blau und Gelb erzielen konnte. Das reine Blau verwendete ich anstelle von Schwarz. Die ersten in sich geschlossenen Bilder, die dabei entstanden, waren tanzende Gestalten, aus länglichen, grünen Blättern gebildet. Das Repertoire meines Balletts schien grenzenlos, und ich war überrascht von der Leichtigkeit, mit der ich meine kostbaren Materialien handhaben konnte. Ich stieß vor zu Fauna- und Flora-Landschaften, belebt von meinen tanzenden Figuren im Kampf mit Rieseninsekten und den seltsamen Fabeltieren, die mir vom Grünewald-Altar in Colmar quer über den Atlantik gefolgt waren. Zugegeben, auf den Bildern drängte sich ein Übermaß von Grün, Gelb und Blau. Die Entdeckung der chinesischen Tusche schuf da etwas Abhilfe. Die abendliche Heimkehr in mein Zimmer wurde etwas, auf das ich mich freuen konnte, und ich wurde unbescheiden. Ich nahm einige meiner »Werke« mit zur Dreiundfünfzigsten Straße West, um sie mit einigem Zittern und Zagen den Leuten zu zeigen, die dem Laufburschen gegenüber mehr als interesselose Höflichkeit gezeigt hatten.

Stanton Catlin, frischgebackener Dr. phil. vom Fogg-Museum, der neu in der Ausstellungsabteilung angefangen hatte, reihte die »Tänzer« auf dem Schreibtisch auf und fand, nachdem er sie eine Weile betrachtet hatte, ein paar sehr ermutigende Worte. Jay Leyda zog eine Fünfdollarnote aus der Tasche und befahl mir, noch »ein paar von den anderen Farben zu besorgen.« Victor D'Amico, Leiter der Bildungsabteilung, schenkte mir einen Satz Ölfarben und ein paar Pinsel, die ihm als Muster vom Hersteller zugeschickt worden waren. Er versorgte mich von nun an ständig. Ich hatte nach entmutigenden Kämpfen mit dem Katalogsystem die Reichtümer der Öffentlichen Bibliothek auf der Zweiundvierzigsten Straße entdeckt und konsultierte *Malmaterial und seine Verwendung im Bild* von Max Doerner. Ich schlug das Kapitel mit der Überschrift »Malen mit Ölfarben« auf, das so beginnt: »Es empfiehlt sich, daß der Maler sich die Farben selber reibt ...« Ich sah mich schon in meiner 2x3 Meter-Kammer bei dieser Beschäftigung. Ich las weiter bis: »Die Pinsel müssen nach Beendigung der Arbeit gut gesäubert werden«, ohne das Geringste verstanden zu haben, und ich beschloß, daß ich, der so viele Ateliers besucht und genügend Künstler bei der Arbeit gesehen hatte, am besten alles selbst herausfände.

Mit den Ölfarben hatte ich anfangs einige Probleme. Anstelle der unerschwinglichen Leinwand holte ich mir für zwanzig Cents in einer Holzhandlung auf der Siebenundsechzigsten Straße soviel Furnier- und Sperrholzabfälle, wie ich nur tragen konnte. Während ich mit dem Prozeß des Malens herumexperimentierte, stand in meiner verhältnismäßig schlecht belüfteten Kammer eine übelriechende Dunstwolke aus Terpentin, Leinöl und Firnis. Der Stuhl diente mir als Staffelei, was mich zwang, auf dem Bett sitzend zu arbeiten, rings um mich her meine kostbaren Farben, Pinsel und Lappen. Eine verständnisvolle Wirtin gab mir ein altes Laken, um das Kopfkissen und die Bettdecke zu schützen. Die nur langsam trocknenden Gemälde machten das Ankleiden morgens zu einem gymnastischen Abenteuer, wenn ich über den mit Zeitungspapier abgedeckten Fußboden zwischen ihnen lavierte. Wie es die gute Mrs. Jordan fertiggebracht hat, ohne Katastrophen mein Bett zu beziehen, schien mir ein Wunder. Der befriedigte Blick auf das abendliche Werk vor dem Einschlafen reichte manchmal aus, um düstere Rundfunknachrichten, zum Beispiel den russischen Einmarsch in Finnland, beinahe erträglich zu machen. Stück für Stück entdeckte ich Bausteine, die ich in das Gefüge meiner ganz persönlichen Welt einsetzen konnte. Sie war vielleicht kein »Sitz der Götter«, aber sie war mein. Auch war die Kammertür kein Schutzwall gegen das Überraschende. Eines Abends klopfte Jay Leyda an. Er wollte nachsehen, was ich so machte. Es war kein Platz für ihn, weder um sich zu setzen noch um einzutreten. Da stand er auf dem papierbedeckten Fußboden und drehte sich auf dem Absatz um sich selbst, um die verschiedenen, im Werden begriffenen Bilder anzuschauen. Er sei bloß auf dem Wege irgendwohin für einen Sprung heraufgekommen, sagte er, um mir seine Wohnung für die Wochenenden anzubieten, an denen er und seine Frau, die Tänzerin, nicht da seien. So kam es also, daß ich an manchem Freitagabend meine Utensilien zusammenschnürte und bis zur späten Sonntagnacht in dem sonnigen und geräumigen Domizil der Leydas mit Blick auf den East River arbeitete.

Diese Wochenenden wurden meine »Arbeitsferien«. Ich kochte mir selbst mein Essen, machte Spaziergänge am Fluß entlang und malte an schönen Tagen auf dem Dach des niedrigen Gebäudes. Ich glaube nicht, daß die Arbeit im Freien das Gemalte irgendwie beeinflußt hat, abgesehen von einem disziplinierten Gebrauch der Farbe. Ein Problem war jedoch, mit dem noch nassen Werk zurück in die Fünfundsechzigste Straße zu kommen. Ich pflegte bis spätnachts zu warten, bis die Busse ziemlich leer waren und ich die Tafeln um meinen Platz herum ausbreiten konnte. Ich erinnere mich an einen Betrunkenen, der auf meine Einmann-Stegreifausstellung stierte, eine weite Fahrstrecke lang, bis er an seiner Haltestelle hinausstolperte, kopfschüttelnd, so als wollte er meine Hieronymus Bosch-Ungeheuer und Giovanni Bracelli-Tänzerinnen wegbeschwören.

Eine meiner angenehmeren Pflichten im Museum war es, zweimal wöchentlich während der Mittagszeit für den Empfangschef der vierten Etage einzuspringen. Der Fahrstuhl gegenüber dem Tresen wurde außer von den Mitarbeitern in der Filmbibliothek noch von mehreren anderen Abteilungen benutzt. Beaumont Newhall, ein großer, professoraler Typ, Leiter der Photographie; Bernard Karpell, der Bibliothekar mit der randlosen Brille, die sein nie fehlendes freundliches Zwinkern zu betonen schien; Paul Magriel vom Tanz-Archiv, schnurrbärtig und mit kaum gebremster Überschwenglichkeit, sie und ihre Kollegen pflegten die Fahrt auf einen Sprung zu unterbrechen, um mir über die Schulter zu blicken, was ich denn gerade machte, ohne allzu kritisch zu sein. Das war eine Stunde, in der ich zeichnen und mit einer Rasierklinge an alten Linoleumfliesen herumschnippeln konnte, die ich in einem Lagerraum gefunden hatte und mit denen ich zu Hause Impressionen auf Pergamentpapier drucken wollte. Eine Telefonvermittlung gab es nicht zu bedienen, und oft konnte ich Besucher zu dem gewünschten Büro dirigieren, ohne meine Arbeit zu unterbrechen. Wenn sich jemand über meine Beschäftigung beschwerte, sagte Allen Porter (wie ich gehört habe), »... das ist doch eine durchaus normale Tätigkeit in einem Museum für moderne Kunst.«

Eines Tages, mittags am Tresen, schreckten mich ein Mann und eine Frau mit den Worten auf: »Vielleicht sind Sie es, den wir suchen. Sind Sie Jimmy Ernst?« Ich war wie betäubt bei dem Gedanken, daß da zwei Fremde aus einem New Yorker Aufzug traten und mich suchten, und ich brachte kaum ein Kopfnicken zuwege. Die junge Frau war klein und trug einen ähnlichen Haarschnitt wie ich. Sie hinkte stark und mußte anscheinend schielen, um richtig sehen zu können. Dabei reckte sie den Kopf vor wie ein neugieriges Fohlen. Die rotblonden Locken des schlanken Mannes deuteten auf ein beherrschtes Temperament, seine Augen würden auch ruhend noch wachsam blicken, und sein Gesichtsausdruck ließ auf furchtlose Vertrautheit mit Träumen schließen.

Jane und Paul Bowles hatte bei Julien Levy von mir gehört. Wir schwatzten, ein bißchen verlegen, über gemeinsame Freunde und Bekannte, vor allem die aus den Pariser Vorkriegstagen. Sie hatten ein paar interessante Stunden bei meinem Vater verbracht und »wollten einfach mal sehen, wie sein Sohn ist«. Als sie im Begriff waren, zu gehen, und Jane Bowles schon auf den Aufzugsknopf gedrückt hatte, drehte sie sich noch einmal zu mir um. »Haben Sie denn abends einmal Zeit?« Ich stolperte über meine eigenen Worte, als ich ihnen versicherte, daß ich Zeit hätte, auch heute abend. Sie notierte eine Adresse. »Kommen Sie doch einfach 'runter, wenn Sie hier fertig sind.«

Sie hatten eine Gartenwohnung auf der Elften Straße West in einer Häuserreihe nicht unähnlich jener, die ich in den Südstaaten gesehen hatte. Der Abend entfaltete sich wie ein Schauspiel, bei dem schwer zwischen Publikum und Akteuren zu unterscheiden ist. Die Darsteller machten ihren Auftritt, als beträten sie zufällig das Hinterzimmer irgendeiner obskuren Kneipe, die nur sie allein kannten. Der Grad der Vertrautheit schien zu variieren, aber die Gespräche klangen, als die Wohnung sich allmählich füllte, als hätte man sie nach einer unbestimmten, aber nicht sehr langen Unterbrechung wieder aufgenommen. Unsichtbare Scheinwerfer richteten sich hier auf eine Nebenfigur und schwenkten da zu einer anderen hinüber, die sichtlich eine tragende Rolle hatte, und das Gespräch drehte sich um den einen oder anderen. Der Ton der Bekenntnisse, Meinungen und Erwiderungen ging nie über einen gemäßigten Lautstärkepegel hinaus, selbst wenn die Stimmen spitz oder schneidend wurden. Viel von der Unterhaltung, witzig oder ernst, lief an mir vorbei, weil sie zu schnell war oder zu ungewohnt für meine Ohren. Aber unwillkürlich rief mir diese Aura die kleine Welt der Lou Straus-Ernst in Erinnerung. Diese Freunde hier, nicht alle jung, aber alle in dieser oder jener Form als Interpreten oder Schöpfer von Kunst tätig, fanden zueinander wie die Speichen eines Rades, das sich um seinen Mittelpunkt dreht. Dieser Mittelpunkt war ein Schutzdach vor den ästhetischen und moralischen Ansprüchen einer Gesellschaft, die vor dem Neuen Augen und Ohren verschloß und jede Abweichung von den vermeintlichen Normen fürchtete. Er war auch ein Kraftspender, ein Kern von Sicherheit, daß niemand, der anders dachte oder anders war, allein bleiben müsse. Ich erkannte das fein gesponnene Gewebe der Gemeinsamkeit und mochte seine Struktur. Was vielleicht wie ein bloßer Flickenteppich aussehen mochte, war in Wirklichkeit ein farbenfroh geknüpfter Stoff mit manchem unerwarteten Glanzlicht.

Ohne wirklich zu wissen, ob ich willkommen war, kehrte ich regelmäßig in die Elfte Straße zurück, als gehörte ich dazu. Irgend etwas war immer los. Gelegentlich zog die ganze Gesellschaft in John LaTouches jüngst gemietetes Doppelhaus auf dem Minetta Lane. Er konnte es sich jetzt leisten, weil er mit der *Ballad for Americans* seinen ersten Erfolg als Lyriker gehabt hatte. Das Haus an der Elften Straße gehörte Mary Oliver, einer ziemlich auffallenden Gestalt selbst in dieser schillernden Versammlung. Sie war eine Dame in den Vierzigern mit einem leicht unbedarften Gesicht unter blonden Colee Moore-Ponyfransen und einem ewigen Lächeln auf den Lippen; nie sah man sie ohne ein hohes Glas, randvoll mit einer Flüssigkeit, die bestimmt kein Wasser war.

Es schien zur Tradition dieser dahinplätschernden geselligen Abende zu gehören, daß John LaTouche ohne Ende nach adäquaten Übersetzungen für Bert Brechts Lyrik in Kurt Weills *Dreigroschenoper* suchte. Man konnte ihn nie lange ignorieren, denn Touche, koboldartig in Größe und Gesichtsausdruck, schwang sich auf den Klavierstuhl und spielte Weills Musik, wobei er laut nach englischen Entsprechungen für Brechts bissige Originaltexte suchte. Das alles bot er mit quäkender Fistelstimme dar, die wohl den Sarkasmus der Songs einfing, aber kaum je dem Biß der Worte nahekam. Am Schluß seiner Improvisation lehnte er sich mit schöner Regelmäßigkeit zurück, preßte seinen Mund zu einem schmallippigen Lächeln von Ohr zu Ohr zusammen und wartete auf Beifall und Bestätigung. Statt dessen wurde er zum Gegenstand kritischer, gutmütiger Hänseleien. Jane Bowles zum Beispiel sah voraus, daß sie irgendwann in zwanzig Jahren in eine Seemannskneipe in Rabat kommen werde und da würde Touche hocken, immer noch mit Polly Peachums Liebeslied ringend. Elsie Huston, eine atemberaubend schöne Sängerin, die damals bei Tony auf der Zweiundfünfzigsten Straße auftrat, karikierte LaTouche, indem sie dasselbe Lied in einer offenbar improvisierten portugiesischen Fassung sang. Marianne Oswald, eine wunderlich aussehende, rothaarige Chansonette aus Berlin, probierte es auf Französisch und wechselte unvermittelt über auf *Surabaja Jonny* aus ihrem Repertoire. Ich wagte noch nicht, in die Satiren, die sich da abspielten, mit einzusteigen, aber ich hatte das Gefühl, daß an Brechts Jargon wirklich etwas war, was sich der Übersetzung entzog.

LaTouche verfolgte sein Traumprojekt beharrlich viele Jahre lang. Erst Ende der vierziger Jahre räumte er ein, daß er gescheitert sei. Auch ein herrliches Arrangement von Duke Ellington konnte die Mängel von Buch und Text nicht wettmachen, *Beggars' Holiday* war ein üppiges Broadway-Musical, das mit der originalen *Dreigroschenoper* kaum Ähnlichkeit hatte. Ich sah es in New Haven im Shubert und habe LaTouches vergebliches Ringen mit zahllosen Mitarbeitern und Theaterdoktoren miterlebt. Die Inszenierung schaffte es nie bis nach New York.

Ein Cicerone von körperlich kleiner Statur half mir, mich in den unendlich vielen Nuancen dieses für mich neuen und stets überraschenden Mikrokosmos zurechtzufinden. Abwechselnd gab er sich als ein boshafter kleiner Kobold und als ernster Philosoph, aber er wirkte absolut selbstsicher in seiner übernommenen Rolle als Vaterfigur. Diese Position hätte ebenso leicht einem der liebenswürdigen und bewunderten Avantgarde-Komponisten Aaron Copland und Edgard Varèse zufallen können. Aber der erwählte Kommentator und disziplinierende Seraph war Frederick Kiesler, der mich unter seine Fittiche nahm und begann, mich in die sich entfaltende Vielfarbigkeit der Charaktere und Situationen einzuführen. Dabei verabreichte er mir Geschichte eigener Provenienz in kleinen Dosen.

In der Architekturabteilung des Museum of Modern Art hatte ich ein paarmal seinen Namen gehört und das nicht immer in sehr schmeichelhafter Form. Er fühlte sich vom Schicksal betrogen und von einigen seiner europäischen Architektenkollegen verleumdet;

er warf ihnen vor, mit ihrer Hilfe werde ihm der Platz in der amerikanischen Szene vorenthalten, der ihm eigentlich gebührte. »Mit der ›letzten Brise‹ kamen sie nach Amerika, lärmten laut und propagierten ihre Bauhausideen. Und nun benutzen sie ihre erhabenen Stühle in Harvard und Yale, um die Architektur in Amerika zu dominieren. Sie bauen und sie planen und sie planen und sie bauen. Voll Arroganz kopieren sie sich gegenseitig, und sie sagen: ›Kiesler . . . was hat er denn zuletzt gebaut?‹ Mein Problem war, daß ich zu früh aus Österreich gekommen bin. Alle meine Projekte sind mit der Depression gescheitert. Hätte ich gewartet wie Mies oder Gropius oder Breuer, dann hätte ich es nicht nötig gehabt, für Saks Fifth Avenue Schaufenster zu dekorieren oder für das Playhouse Achte Straße die Inneneinrichtung zu schaffen, um Geld für die Miete und das Essen zu verdienen. Ich war allen anderen zu weit voraus mit meiner Erfindung des Rundum-Projektionsschirms für Weitwinkelfilme, die mit Sicherheit kommen werden. ›Niemals‹, haben sie gesagt.« Er fühlte sich ganz behaglich, aber kaum ausgefüllt als verantwortlicher Bühnenbildner bei Julliard und mit seinen Vorlesungen an der Columbia-Universität. »Aber ich werde mein Endloses Haus noch bauen. Ein vollkommen neues Konzept: Das wird die neue Architektur sein! Ihre Wohnmaschine? Eine Verirrung ... eine inhumane Nötigung, die jedermann zwingt, in Schachteln zu leben und zu arbeiten, die sich nur dadurch von Gefängniszellen unterscheiden, daß es keine sichtbaren Gitterstäbe hinter diesen erbarmungslosen Glasscheiben gibt.«
Diese kleinen Lektionen und Charakterbilder wurden mir in unregelmäßigen Abständen in präzisem, leicht nasalem, wienerisch gefärbtem Englisch zuteil, wobei ein mahnend erhobener Zeigefinger auf Wichtiges hinwies, gekräuselte Lippen ein Ausrufungszeichen hinter eine Beschwerde oder eine spitze Bemerkung setzten und sein gebieterisches Wesen und Mienenspiel jeden Gedanken an seine winzige Gestalt auslöschten. Und ich erhielt sie nicht nur an den Abenden in der Elften Straße oder am Minetta Lane, sondern auch, wenn ich – ein bißchen in der Art eines Maskottchens – zu den häufigen Expeditionen in die Nachtclubs mitgenommen wurde, wo Marianne Oswald, Elsie Houston oder

Mabel Mercer auftraten. Zu Jimmy Daniels Lokal in Harlem oder zum Café Society unten im Village gingen wir, um Billy Holliday, Teddy Wilson, Mead Lux Lewis und Zero Mostel, einen neuen, kleinen dicken Komiker zu hören. Eines Abends im Mecca-Temple, ich glaube, es war eine Veranstaltung zugunsten der spanischen Flüchtlingshilfe, hörte ich zum ersten Mal Touches *Ballad for Americans* im Konzert, und Kiesler erklärte: »Touche hat damit seine Probleme. Er haßt den Gedanken, daß man es als patriotische Hymne interpretiert. Er kann die Leute einfach nicht überzeugen, daß es als Satire über den Amerikanismus gedacht war. Schwierigkeiten dieser Art hat er mit vielem, was er macht. Es geht immer knapp daneben. Ich persönlich meine, er hätte sich die Musik zur ›Ballade‹ von Paul Bowles schreiben lassen sollen. Paul ist ein guter Komponist, weißt du, aber er hat auch einen sehr analytischen, einen beinahe chirurgischen literarischen Verstand.« Auf diese Art lernte ich in Häppchen die Biographien meiner neuen Freunde kennen, einige davon intimer, als nötig gewesen wäre.

Kiesler zeichnete für mich ein Gruppenporträt: »Virgil Thomson hat beschlossen, daß wir uns die ›Kleinen Leute‹ nennen sollten. Ist es nicht eigentümlich, daß wir alle nicht sehr groß sind? Genie und Talent ist den Langen kaum je gegeben. Mit Ausnahme vielleicht von Aaron Copland und Oliver Smith sind alle hier klein ... du bist klein.« Ich fragte nicht nach, ob das heißen sollte, daß ich Talent hätte oder daß ich mich tatsächlich als zu den »Kleinen Leuten« gehörig betrachten durfte. Ich erhielt meine Antwort aber noch am selben Abend. Jane Bowles und La Touche saßen nebeneinander auf der Klavierbank, umarmten einander und weinten hemmungslos. Sie erklärten ihre plötzliche Traurigkeit: »Jetzt, da Jimmy bei uns ist, sind wir nicht mehr die jüngsten Kleinen Leute.«

Da ich nun wußte, daß es für mich einen Platz in der Gemeinschaft geistvoller Menschen gab, die mich ohne Vorbedingungen oder Verhöre akzeptiert hatten, fiel wieder eine Schicht meiner Isolierung von mir ab. Die nötige Zeit verschaffte ich mir, indem ich weniger schlief, bis weit in die frühen Morgenstunden malte und manchmal noch mit Farbe an den Händen im Museum ankam.

Diese flüchtigen Stunden bedeuteten mir sogar mehr, als mit den Freunden zusammenzusein, und ich erinnere mich ihrer weniger wegen der Bilder, die ich produziert habe, als vielmehr wegen des ebenso flüchtigen Gefühls der Erfüllung; es waren Spaziergänge, wie kurze auch immer, in Richtung einer möglichen Entdeckungsreise. So ungreifbar die Befriedigung war, ich entsinne mich eines sehr ähnlichen Gefühls als achtjähriger Junge, als ich in meinem Zimmer in der Emmastraße aufwachte und mir vorstellte, daß in dem bizarren Wolkenkratzer, den ich aus Bauklötzen aufgetürmt hatte und der wunderbarerweise mehr als zwei Wochen lang zuknallenden Türen und anderen Gefahren eines Kinderzimmers getrotzt hatte, Leben wäre. Ich erinnere mich daran als an das Erlebnis, im Einklang mit mir selbst zu sein. In der Abgeschiedenheit von Mrs. Jordans möbliertem Zimmer hinderte mich nichts, in den zügellosesten Eitelkeiten und Vergleichen zu schwelgen, wann immer ich nahe daran schien, den Grund für das seltsame Leuchten in den Augen der großen Künstler um mich herum zu verstehen. Immer wieder fiel mir der trunkene Dichter-Matrose Joachim Ringelnatz ein, der William Blakes Vers deklamierte: »Kein Vogel steigt zu hoch empor, der sich auf eigenen Schwingen erhebt.«

Besonders Frederick Kiesler interessierte sich für meine Malerei und meine Arbeit, und er machte mich mit anderen jungen Künstlern bekannt. Er und seine kleine, reizende, aber gewitzte Frau Steffi nahmen mich in ihrem Penthaus Ecke Seventh Avenue und Vierzehnte Straße herzlich auf. Mein Eindruck von dem kleinen Mann stand der Meinung seiner Verleumder entgegen, er vergeude seine Fähigkeiten mit seinen allzu breit gestreuten Interessen an Architektur, Malerei und Bildhauerei, Literatur und Theater. Mich faszinierte es, wie er es schaffte, all diese Elemente zu verbinden und zur philosophischen Grundlage seiner größten Liebe zu machen: der Architektur. Aber ich konnte auch sehen, daß diese Breite seines Denkens zu Schwierigkeiten in seinem Beruf führte, der eine sehr materialistische (mathematische) Auffassung verlangt. Als er mir sein Modell des »Endlosen Hauses« und die Zeichnungen dazu zeigte, unterbrach Steffi die Vorlesungen ihres Mannes: »Dieser Junge kriegt nicht genug zu essen. Er ist zu dünn. Von jetzt an gehst du sonntags mit uns zu Pappas zum Abendessen.« Das sollte meine wöchentliche »ordentliche Mahlzeit« in dem gemütlichen Restaurant nahe der Eighth Avenue werden, und ich wurde scharf beobachtet und mußte meinen Teller leeressen.

Niemals wäre mir eingefallen, mein Leben nach Bertolt Brechts zynischem Spruch »Erst kommt das Fressen, dann kommt die Moral« einzurichten. Ich hatte die Ökonomie zur Ernährung meines Körpers vereinfacht – nach einer Reihe ermüdender Experimente mit abgelegenen kleinen Lokalen, Cafeterias und Würstchenbuden – und hatte herausgefunden, daß »Hash'n'Eggs« das amerikanische Nationalgericht war, nämlich überall dasselbe. Soziologische Studien am Wunderlichen waren das zeitraubende Nebenprodukt der trübseligen Abenteuer, und im übrigen war ich jetzt ein sehr beschäftigter junger Mann. Es war nun unter meiner Würde, an den Automaten zu gehen, weil ich schnell vergessen hatte, daß die englische Sprache einst ein Problem für mich war. Wenn ich in einem Lebensmittelgeschäft »Heja, Landsmann« hörte oder »gehackte Leber«, dann wußte ich, daß es ein jiddisches Gemisch war und kein Deutsch. Für einige meiner kulinarischen Absonderlichkeiten mußte ich allerdings büßen. Im Drugstore nicht weit vom Museum hatte ich den Mann hinter der Theke gefragt, ob er mir nicht statt meines täglichen Roggenbrotes mit amerikanischem Käse auch ein Roggenbrot mit Camembert machen könnte. Er willigte ein, nachdem ich versprochen hatte, nun auch jeden Tag zu kommen und es zu essen. Zu meinem großen Leidwesen muß er von dem rasch reifenden Käse mindestens einen Jahresvorrat bestellt haben, und ich merkte, daß mir meine Nachbarn auf den Hockern an der Theke im Laufe der Monate immer reichlichere Ellenbogenfreiheit einräumten. Nur hin und wieder wagte ich es, mein Versprechen zu brechen und zum Mittagessen in eins der kleinen französischen Restaurants an der Sechsundfünfzigsten Straße West zu gehen, wo ich die ziemlich hohen Menuepreise umging, in dem ich »*. . . votre merveilleuse soupe à l'oignon*« bestellte und dem Kellner, der wahrscheinlich gar kein Französisch verstand, dann erklärte, daß »*je n'ai pas beaucoup de faim*«. Meine einzige wirkliche Extravaganz war rein visuell. Fast jeden Abend, wenn ich drei oder vier große Postsäcke durch den Stoßverkehr zum Postamt geschleppt hatte, stand ich wie hypnotisiert vor der grandiosen Dessert-Auslage im Broadway-Schaufenster von Lindy's Restaurant. Eines Tages – ich konnte es mich fast denken hören – »werde ich ein Stück von dieser unglaublichen Käsetorte mit schwarzen Kirschen essen.«

Der Trend zur Veränderung der gleichgültigen, wenn nicht ablehnenden Einstellung Amerikas zur modernen Kunst, den die *Armory-Show* von 1913 ausgelöst hatte, erhielt einen kräftigen Impuls durch Alfred H. Barrs »Picasso, Forty Years of His Art.«. Ich weiß nicht, ob es bloßer Zufall war, daß diese Entwicklung parallel zu dem Rückgang des politischen Isolationismus des Landes verlief. Wie immer die Öffentlichkeit auch zu Picasso und seiner Generation der Neuerer gestanden haben mag, diese Ausstellung war die erste für das Museum of Modern Art und für die Vereinigten Staaten überhaupt, bei der es täglich Warteschlangen von der Länge eines ganzen Häuserblocks gab. Die Öffnungszeiten wurden bis neun Uhr abends ausgedehnt, was für mich finanziell ein wahrer Segen wurde. Man bat mich, an bestimmten Abenden und an ganzen Wochenenden im Hauptgeschoß am Informationsschalter auszuhelfen. Ich nahm es als Bestätigung dafür, daß meine Fertigkeiten im Englischen für so verläßlich gehalten wurden, daß man mich Eintrittskarten, Kataloge und Reproduktionen verkaufen und auch allgemeine Auskünfte erteilen ließ. In Konkurrenz zur Picasso-Ausstellung veranstaltete das Museum noch ein »Russisches Filmfestival« im großen Saal des Erdgeschosses, wozu viele Leute aus der Filmindustrie kamen. Ich war richtig beeindruckt von der Tatsache, daß Burgess Meredith mich fragte: »Was ist an russischen Filmen denn so besonders? ... Meinen Sie, die hätten keine Verfolgungsjagd in der siebten Rolle?«

Solange die Ausstellung lief, schwamm ich im Geld durch die Überstunden, die meinen Monatslohn ungefähr verdoppelten, und so beschloß ich, zu erkunden, was es mit dem Broadway-Theater auf sich hatte. Ted Huff, diese Seele von Mensch, half mir. Er hatte so seine Methoden, um an ermäßigte Karten zu kommen, sogar für die billigsten Plätze. Mein erstes Stück war *Outward Bound* mit Laurette Taylor. An diesem besonderen Abend wurde die jugendliche Naive von der zweiten Besetzung gespielt, von Diana Barrymore. Da ich vor gar nicht so langer Zeit auf einem Überseedampfer gefahren war, konnte das Drama der wandernden Seelen auf der Reise zu einem geheimnisvollen Bestimmungsort mein Sentiment leicht rühren. Ich glaube, die männliche Hauptrolle spielte Kent Smith. Das *Hellzapoppin* von Olsen und Johnson hätte ich laut und klar verstanden, auch wenn ich an eben diesem Abend vom Schiff aus Europa gekommen wäre. Mir gefiel die unerhörte Frechheit und das atemberaubende Tempo, in dem ein szenischer Gag auf den anderen folgte. Die Wochenschau zu Beginn mit einem rasenden Hitler und einem posierenden Mussolini, die jiddisch auf ihre Massen einbrüllten, war für mich wahrscheinlich das einzige Mal, daß ich darüber lachen konnte. Mein Geld reichte noch aus, um Walter Huston in Kurt Weills *Knickerbocker Holiday* den »September-Song« singen zu hören. Außerdem erlebte ich die bittersüße Zärtlichkeit von Julie Haydon und Eddie Dowling in Willam Saroyans *The Time of Your Life* und sah, wie Tallulah Bankhead in *The Little Foxes* die unwirtlichen Räume eines Hauses im Süden in ein entsetzliches, wenn auch unblutiges Schlachtfeld verwandelte. James Bartons Jeeter Lester in *Tobacco Road*, einem jahrelangen Broadway-Renner, schien für mein immer noch begrenztes Wissen über Amerika doch ein bißchen grotesk. Ein paarmal weihte Huff mich in Methoden ein, wie man sich unter ein Pausenpublikum mischte, um so den letzten Akt von »... Aufführungen, die man gesehen haben muß«, mitzubekommen. Es wäre hübsch gewesen, hinterher durch die Straßen New Yorks zu bummeln, den Arm um die Taille eines Mädchens gelegt, vielleicht auch bloß um ihre Schultern. Letzteres würde natürlich voraussetzen, daß sie von meiner Größe wäre oder kleiner, aber zur Zeit hatte ich überhaupt keine Wahl. Für eine bestimmte Zeit hing »Guernica« im selben Haus, in dem ich arbeitete, und ich mußte jeden Tag einmal hingehen und es ansehen, und wenn nur für ein paar Minuten. Der Krieg in Spanien war zu Ende. Das Leiden seines Volkes war nun eine Erinnerung, die Picasso uns niemals vergessen ließe. Tapfere

Soldaten hatten unter den unsichtbaren Fahnen des Verderbens umsonst gekämpft. Die Bewahrer des humanistischen Glaubens hatten sie feige verlassen und verraten. »Guernica« wies mit anklagendem Finger nicht nur auf monströse fliegende Maschinen am Himmel, sondern auch auf meinen eigenen Helden, auf Franklin Roosevelt. Es stellte sich heraus, daß die gelassen hingenommene Tragödie nur eine Probe für die futuristischen Gemeinheiten im Himmel über Polen gewesen war. Es blieb nur eine, wenn auch düstere, Befriedigung: das Auge des Künstlers würde uns weiter anblicken, wenn all die hinhaltenden Rechtfertigungen und die Berge von Dokumenten und Photographien längst ins Alltägliche entschwunden wären. Ob Spanien jemals so frei sein würde, um die würdige Heimat von »Guernica« zu sein?

Mit seinen Wanderausstellungen, die weit ins Land hinein ausstrahlten, mit Katalogen von einmaliger wissenschaftlicher Qualität, mit einer rasch wachsenden Mitgliedschaft und der zunehmenden Popularität des Museums als einer der wichtigsten Touristenattraktionen New Yorks sah sich das tapfere Häuflein origineller Träumer dem wachsenden Druck der konkurrierenden Machtgruppen in Vorstand und Verwaltungsspitze ausgesetzt. Erfolgreiche kulturelle Institutionen bekommen es unausweichlich mit jenen Buchhaltern zu tun, die überzeugt sind, daß ihre Art, »das Produkt zu verkaufen«, die Besucherzahlen auf dem hohen Stand halten wird. »Entwickelt ihr nur eure Ideen, wir entscheiden dann, ob es geht.«

Es bezweifelte wohl niemand, daß die schnell wachsende Institution ihre administrative Seite stärker ausbauen mußte, aber meist brachten die Veränderungen weitere Eingriffe in die Freiheit der wissenschaftlichen Arbeit mit sich. Dick Abbott war berufen worden, um Alfred Barr von ein paar wichtigen Aufgaben »zu entlasten«. Die Wahl der Ausstellungen zeigte den Einfluß von Nelson Rockefeller als US-Koordinator für lateinamerikanische Angelegenheiten. Ein paar Entlassungen oder Versetzungen schienen einer Laune zu entspringen oder waren für das Machtgefüge nötig, das eine neu gekommene Figur sich aufbaute. »Besser und besser« hieß in Wirklichkeit »größer und größer«, den Rationalisierungsexperten zum Trotz. Ich spürte die Spannungen in den

Verwaltungsabteilungen, wenn ich meine tägliche Postwanderung durch das Haus machte, und ich bewunderte diese intelligenten und sensiblen Menschen, die meistens mit Erfolg ihren Standpunkt verteidigten.

Wie die Dinge standen, hatte ich auch selbst Probleme, wenn auch vergleichsweise geringfügige. Oft war ich nicht ganz unschuldig, wenn ich wegen eines Verstoßes gegen die Büroetikette oder wegen einer Meinungsäußerung, die einem Laufburschen keineswegs zustand, nach unten zitiert wurde. Ich war eben zu sehr daran interessiert, was das Museum tat, besonders wenn es an Ideen rührte, mit denen ich aufgewachsen war. Ich kann mir vorstellen, wie irgendein Kuratoriumsassistent reagiert hat, als er »diesen Bengel« geringschätzig über die Gemälde von Candido Portinari reden hörte, während man sie aufhängte. Sie waren wirklich ziemlich schlecht. Manchmal beschuldigte man mich, herumzuschnüffeln. »Nein, Miss West, ich habe diesen vertraulichen Aktenvermerk über die Mexikaner-Ausstellung nicht gelesen. Ich habe nur laut gedacht, daß sie logischerweise als nächstes kommen müßte.« Es bestand auch kein Zweifel daran, daß ich in meiner Arbeit effizienter hätte sein können. Es konnte schon vorkommen, daß ich auf meiner Runde durch das Haus plötzlich vor einem Matisse meinen Auftrag vergaß oder einem Spezialisten bei der Arbeit zusah, der Max Ernsts *Lunar Asparagus* oder *Zwei Kinder werden von einer Nachtigall bedroht* restaurierte. Als Europas Krieg mehr und mehr Künstler aus Paris nach New York vertrieb, muß es für Museumsbeamte ein beunruhigender Anblick gewesen sein, als Yves Tanguy mich im Aufzug freudig umarmte, als Miró eine geschäftliche Besprechung unterbrach, um mir liebevoll den Kopf zu tätscheln − »ich kannte ihn schon als kleinen Jungen« −, oder als André Masson quer durch den Raum schrie: »Ah, da ist ja das Söhnchen von Max!« Ich erneuerte meine Bekanntschaft mit Luis Buñuel, der durch Iris Barrys Einfluß den dringend nötigen Job bekommen hatte. Zu tun gab es offenbar nichts für ihn, und beim ersten Mal sah ich ihn brütend und niedergeschlagen an seinem Schreibtisch sitzen, der leer war bis auf sein ungerahmtes Porträt von Dali aus dem Jahre 1936. Manchmal trotzte er dem Camembert-Duft meines Mittagsmahls im Drugstore und erzählte mir herrliche Geschichten von den Dreharbeiten zu *L'Âge d'Or* und *Der andalusische Hund* (Un Chien Andalu).

Ich gab mir sehr viel Mühe, die Irritationen auf ein Minimum zu beschränken, obwohl ich, hätte nicht meine Neugier von Zeit zu Zeit die Oberhand gewonnen, Großes verpaßt hätte, etwa Charles Laughton, der seiner Begeisterung über Picassos »Mädchen vor dem Spiegel«, das gleich am Eingang des Museums hing, szenischen Ausdruck verlieh. Vor demselben Gemälde wurde ich Zeuge einer anderen denkwürdigen Vorstellung, in deren Mittelpunkt ein gewichtiger junger Mann stand, ein WPA-Kunstlehrer, der regelmäßig Gruppen schwarzer Grundschulkinder durch das Museum führte. Seine gestikulierenden Arme schienen zu kurz für seinen Körper, seine Augen waren wie lose befestigte Ebenholzknöpfe, und seine Nasenflügel bauschten sich dramatisch über einem elastischen Mund in dem teigig-weißen Gesicht. Ich hatte ihn schon einmal gesehen; er trat im Café Society unten in der Stadt als Komiker auf. Jetzt hatte Zero Mostel die ungeteilte Aufmerksamkeit seines kindlichen Publikums, als er den Zeigefinger auf das große Bild richtete.

„Also seht mal, da... paßt auf und haltet den Mund! Das da ist Picasso. Er ist Spanier... aber er lebt nicht in Spanien... er kann diesen verdammten Diktator Franco nicht leiden... wer kann das schon? Oben gibt es ein großes Gemälde, darauf ist ein ganzes Dorf von armen Bauern, die von deutschen Bombern umgebracht werden. Könnt ihr euch vorstellen, wie das ist? Aber er weiß auch über Frauen Bescheid. Dieses Bild heißt »Mädchen vor dem Spiegel«... habt ihr sowas schon mal gesehen?... Halt die Klappe... du sollst nicht hingucken, wenn deine Schwester nackt ist, dafür bist du noch zu klein. Dein Alter sollte dir eine scheuern... also jedenfalls... das hier ist ein Mädchen vor einem Spiegel. Aber nun sagt mal, ist das ein Mädchen oder ist das etwa kein Mädchen? Klar doch, das ist eine Frau... und was für eine Frau... saftig! Was soll das heißen, es sieht nicht aus wie eine Frau? Das da ist ganz klar eine Frau, das kannst du mir glauben. Guckt sie euch doch an. Guckt, was sie hat... mehr als nur eins von allem. Seht ihr die *tokus* hier? Davon hat sie zwei. Die

eine sieht mehr wie ein *tuschi* aus ... das ist ein Arsch, du Blödmann. Nee ... er hat die Muschi nicht vergessen ... da ist sie und da nochmal. Du kannst eine Brust nicht mal erkennen, wenn du drüber fällst, aber Titten, die kennst du, was? Picassos Mädchen hat aber vier davon. Warum auch nicht? So hat er sie eben gesehen, und er hat das gute Recht als Weltbürger, alles so zu sehen, wie er will ... Alle mitsingen: ›Amerika, Amerika ...‹ So, das reicht ... haltet den Mund ... Also los, gehen wir ... wir sehen uns mal die schweinischen Bomber an.«
Zuerst beriet man etwas nervös, wie der Wilde wohl zu zähmen sei, aber da von den entzückten Besuchern keine Beschwerden kamen, verbreitete sich, wann immer er kam, die Nachricht rasch in den Galerien, und mancher Angestellte ließ die Arbeit Arbeit sein, um ihn in Aktion zu erleben. Nicht jeder seiner Auftritte endete in Gelächter. Während der Ausstellung »Zwanzig Jahrhunderte mexikanischer Kunst« brachte er seine kleinen Schützlinge mit, um Clemente Orozco bei der Arbeit an seinem Fresko *Dive Bomber and Tank* zuzusehen. Mostel, der die stramm rechte politische Einstellung Orozcos kannte, ermutigte seine Kinder, dem Maler mit frechen Sprüchen und Fragen einzuheizen. Plötzlich drehte sich der erbitterte Orozco zu seinen kleinen Peinigern um. Die heftige Bewegung riß seinen künstlichen Arm aus der Tasche des Arbeitskittels, und die Holzhand klatschte, wie von selbst, schmerzlich in ein erschrockenes schwarzes Gesicht.
Ich hatte keine Ahnung, was ich, der geringste aller Mitarbeiter, an mir haben mochte, daß die Allgewaltigen in den oberen Büros mir so viel unangenehme Aufmerksamkeit zuteil werden ließen. Vierzig Jahre und mehr habe ich schon herumgerätselt, mit welchem Vergehen ich möglicherweise die Episode provoziert haben könnte, die bei all ihrer scheinbaren Trivialität für mich doch ein schrecklicher Rückfall in die kindliche Hilflosigkeit angesichts der braunen Feindseligkeit war. Ich wurde im Büro des Aufsichtsbeamten vor einem Ausschuß leitender Herren des Museums einem stundenlangen Verhör unterzogen. Die Anklage: Ich hätte versucht, meinem Vorgesetzten in der Poststelle vier Zehn-Cent-Briefmarken zu verkaufen, die ich vermutlich aus der Portokasse gestohlen hätte. Ein Amateur-Philatelist unter den Inquisitoren

war nämlich überzeugt, daß ich schon seit langem gestohlen hätte, denn jede der Marken stammte aus einer anderen Serie. Meine Erklärung, daß ich mir Zehn-Cent-Marken kaufte für meine Briefe nach Europa, wenn ich gerade mal einen Zehner übrig hätte und das ich deswegen die Marken verkaufen wollte, weil ich kein Geld fürs Abendessen gehabt hätte, änderte nichts. Während der peinlichen Offenbarung meiner sämtlichen Fehler hatte ich den leicht beruhigenden Eindruck, daß es in dem Museum irgend jemanden gab, der sich die Mühe gemacht hatte, mich zu beschützen. Deshalb die Anstrengung, einen guten Grund für meine Entlassung zu finden. Am Ende gab es ein bedrückendes Unentschieden. Die Beschuldigungen waren nicht zu beweisen. Ich würde meinen Arbeitsplatz jetzt nicht verlieren. Aber ein paar Monate später habe ich dann die versprochene Gehaltserhöhung von drei Dollar nicht bekommen.

Frederick Kieslers waches Interesse an meiner Malerei und auch an meinem Wohlergehen brachte mir neue Freunde. Schon früh hatte Kiesler die große künstlerische Begabung des jungen chilenischen Malers Matta Echaurren erkannt. Ich hatte Mattas Arbeiten im Hinterzimmer von Julien Levys Galerie gesehen und war von seinen explosiven Bildern stark beeindruckt gewesen. Er trug seinen Surrealismus in eine Welt hinein, die zuerst von den Malern Yves Tanguy und André Masson erahnt wurde. Es war ein biomorphes Universum, das jenseits der erkennbaren Darstellung ins Innere der organischen Materie und Formen vorstieß. Der einstige Schüler von Le Corbusier hatte pulsierende Phantasiegebilde geschaffen, die mit subtilen linearen Implosionen koexistierten und deren Teil wurden. Eine wachsende Zahl junger amerikanischer Künstler fand in den Unendlichkeitsvisionen, die sie in Mattas Gemälden und Zeichnungen sah, viel von ihrem eigenen Denken wieder. Dieses jüngste Mitglied der Pariser Gruppe, das den anderen Surrealisten zur gleichen Zeit wie Tanguy nach New York vorausgeeilt war, unterschied sich von ihnen dadurch, daß es sich in der New Yorker Kunstgemeinde spontan engagierte. Matta, klein, geistreich, intensiv, behandelte mich von Anfang an als Gleichen. Er war keineswegs darüber erhaben, jungen, strebsamen Künstlern, die, wie ich, mehr an dem Akt des Malens als an den oft verwirrenden Theorien interessiert waren, technische oder ästhetische Ratschläge zu geben. Viele der Künstler, mit denen er in Kontakt kam, hatten keine Ahnung, daß Mattas nichtgegenständliches Werk von einigen Surrealisten als eine Art Verirrung betrachtet wurde. Diese Auffassung war ein Symptom dafür, daß die Schlagadern dieser wagemutigen Bewegung zu verkalken begannen. Falls die moderne Kunst auf dieser Seite des Atlantiks überhaupt einen eigenen Charakter entwickelte, wäre dieser in dem zu entdecken, was die Abstrakten in Amerika bereits jetzt formulieren: freie Expression, freier persönlicher Ausdruck und der autobiographische Charakter in den Bildern. Die Schritte waren zunächst stockend und nicht ausgereift, aber sobald sich die Idee genügend gefestigt haben wird, dürfte es allen klar sein, daß Matta zu denen gehörte, die die Grundlagen für eine eigenständige amerikanische Malerei gelegt haben.

Das Leben in den Pariser Cafés war ein natürlicher Garten für Gedankenblüten und die zwanglose Begegnung Gleichgesinnter. New York mußte sich da mit Treffpunkten begnügen, die weniger leicht zugänglich waren und sich weniger schnell herumsprachen. Ein solcher Platz war Francis Lees Dachboden auf der Zehnten Straße Ost. Lee war Photograph und hoffte, eines Tages Experimentalfilme zu machen. Verglichen mit seinen Freunden war seine tägliche Existenz etwas sicherer, obwohl auch er immer wieder Probleme hatte, die Monatsmiete von 18 Dollars aufzubringen für einen Raum, von dem wir anderen meistens nur träumen konnten. Jerome Kamrowski wohnte im Village in einem Keller, Peter Busa in kleinen Kämmerchen auf der Vierzehnten Straße, und William Baziotes, der an einem WPA-Malprojekt mitarbeitete, wohnte mit seiner Frau Ethel in einer winzigen Mietwohnung auf der Dreizehnten Straße, gleich um die Ecke von Kiesler. So war der Dachboden Mittelpunkt der meisten Geselligkeiten. Zwanglos schaute man am Abend herein, und dann wurde plötzlich ein Gemeinschaftsessen zubereitet, unter Anleitung von Ethel Baziotes und Lees Freundin Lydia.

Das Dachbodenleben im Jahre 1940 war ein ständiges Abenteuer mit den Behörden und der Consolidated Edison. Die Nutzung zu Wohnzwecken war gesetzwidrig, und ein Häufchen Kleingeld

wurde immer für launische Inspektoren vom Amt für Feuer- und Gebäudeschutz in Reserve gehalten. Sie bekamen gewöhnlich ihren Zweidollar-Tribut in Fünfern und Zehnern, die jeder, der zu Besuch kam, in stillschweigendem Einverständnis beisteuerte. Wenn der Topf überlief, wurde der Überschuß in mehr Spaghetti, Tomaten, Knoblauch oder Wein angelegt. Die Küchengeräte waren hinter Falltüren versteckt, und immer wenn ein Schnüffler von der Stadt wissen wollte, was es mit all den vielen Betten und Couches auf sich habe, erfuhr er, daß sie für die Modelle zum Ausruhen da seien. Die Strom- und Gasuhren in solchen Wohnungen« waren meist trickreich »nachgebessert« – mit Umleitungen. Mieter wie Francis Lee waren pflichtvergessen mit ihren Rechnungen, und die Umleitung war für sie absolut notwendig.
Und so verlief ein nicht untypischer Abend: Gene Varda, Collagekünstler aus San Francisco, war der Ehrengast, und etwa zehn von uns, darunter Louise Nevelson, Kamrowski, Busa, die Baziotes, Lee und der Schriftsteller Harry Roskolenko, gruben sich durch einen Riesenberg Nudeln, als ein scharfes Klopfen an der Tür ertönte. Die Alarmvorrichtung auf der Treppe hatte nicht funktioniert. »Con Edison! – Machen Sie auf ... Zählerkontrolle!« Es war unglaublich. Um zehn Uhr abends? Aber Francis kannte den Dreh. Ohne Erklärung für uns schrie er: »Augenblick bitte ... muß mir grad was anziehen!« Er raste zum Stromzähler und entfernte die Umleitung. Der Kontrolleur ließ den Strahl seiner Taschenlampe über die essende Gruppe gleiten, die im Dunkeln um den Tisch saß und nur von einer riesigen Dachreklame an der Ecke, die von den spitzenbedeckten Brüsten Rita Hayworths beherrscht wurde, ein wenig Licht bekam. Auch als der Kontrolleur gegangen war, nachdem er sich vergewissert hatte, daß an der Plombe des Zählers nicht herumgefingert worden war, genossen wir unsere Mahlzeit weiter ohne Strom. Gewöhnlich trieb sich der Bursche noch eine Weile auf der Straße herum und beobachtete die Fenster, um illegaler Inanspruchnahme der Dienste Con Eds auf die Spur zu kommen. Wir legten ein bißchen Geld zusammen, und ich wurde beauftragt, zur Vierzehnten Straße zu laufen und ein paar Kerzen zu kaufen. Ich fand welche in einem altmodischen Bonbonladen. Er hatte hebräische Buchstaben auf der Scheibe.

Es war kein geschlossener Kreis. Das eine oder andere Mal mochte Kiesler mit einem großen Gefolge von Besuchern aus Europa oder Kalifornien hereinschneien. David Smith, Willem de Kooning, Arshile Gorky, Esteban Frances, David Hare, John Graham oder Harold Rosenberg waren ein paarmal da und ließen sich dann lange Zeit nicht wieder sehen. Louise Nevelson, die einen Dachboden gegenüber hatte, war ziemlich oft da, schien aber wenig beeindruckt von ehrfürchtigen Reden über »biomorphe Räume« oder Zitaten aus André Bretons jüngstem Diskurs. Louise hatte zweifellos ihre eigenen Ideen und zeigte Ungeduld nur mit einer Welt, die ihr die materiellen Mittel vorenthielt, an ihre Arbeit zu gehen. »Ich will ja niemanden verärgern«, vertraute sie mir an, »aber ich kann ebensogut abwarten und sehen, ob irgendwas von diesen Verkündigungen im Bauch eines Schiffes über den Ozean kommt. Und wenn es dann hier ist, sagt es mir vielleicht nicht mal was.« Auch über einen anderen Skeptiker wurde geredet, über Jackson Pollock, den ich zwar bei Francis Lee nie gesehen habe, aber einige Male bei Matta traf. Die Atmosphäre dort war etwas anders, man sprach konzentrierter über den Surrealismus und über die Notwendigkeit, vielleicht eine junge Bewegung weg von seinen literarischen Dogmatismen ins Leben zu rufen. Weder Busa, Kamrowski, Baziotes noch ich verspürten Neigung, an einer Palastrevolution teilzunehmen, solange der Palast selbst für uns ein so verschwommenes Gebäude war.

Es gab keinen Zweifel an unserer Bewunderung für Matta und an der befreienden Natur seiner Gemälde, aber wir hatten auch mit Gorky und nicht zuletzt mit Stanley William Hayter gesprochen und festgestellt, daß sie persönlich überhaupt nicht bereit waren, sich auf eine neue Orthodoxie Art einzulassen. Bill Hayter, einer der Großen unter den Graphikern, hatte sein Atelier 17 aus Paris in die New School of Social Research mitgebracht. Er, ein entschlossener Geist mit der Gemütsruhe eines weisen Raben, schnitt allzuviel Theorie prompt ab, indem er uns kurz und bündig erklärte, man könnte »es probieren ... aber man muß es nicht mit Haut und Haar schlucken ... Furchtbar viele laufen mit Magendrücken herum.«

Ich fand es bei Ethel und Bill Baziotes sehr gemütlich. Ich konnte mich leicht mit ihnen unterhalten, und es bestand von Anfang an kein Zweifel, daß beide, besonders Ethel, sich sehr als meine Beschützer fühlten. Es war beinahe unmöglich, sich die beiden getrennt voneinander vorzustellen. Wenn man sie nur über die Straße gehen sah, gekleidet wie ein stolzes Arbeiterpaar auf einem tristen Sonntagsspaziergang, war ganz unverkennbar, daß sie »ein Herz und eine Seele« waren, fürs Leben verbunden und vielleicht darüber hinaus. Ethels Gesicht, das einer byzantinischen Ikone glich, verlor selten seine Gelassenheit, es sei denn, ihre Augen weiteten sich vor Staunen oder ihre zarten Lippen kräuselten sich, als bereiteten sie die Madonna auf ein breites Lächeln vor. War ihr Lachen gesittet, so verformte sich Bills gewöhnlich ernste und prüfende Miene, die Miene eines auf die Straße achtenden Lastwagenfahrers, zum Klang des dröhnenden Gelächters in einer gleichzeitigen Dehnung sämtlicher Gesichtsmuskeln. Er war eine seltsame Mischung und erschien abwechselnd erdverbunden und vergeistigt. Er hielt seinen Kopf, als sei sein Kragen hoch und gestärkt. Sein zerfurchtes Gesicht hätte in dem griechischen Dorf seiner Vorfahren durchaus nicht fremd gewirkt. Seine Freunde verglichen ihn mit einem etwas klein geratenen Humphrey Bogart, den Hut unbekümmert auf dem Kopf, eine wippende Zigarette im Mundwinkel, eine Hand, als wäre sie stets bereit, trotzig in die Manteltasche gesteckt. Was nicht zu diesem Bild paßte, das war eine leicht knollige Nase und der unvermeidliche Schirm, den er gegen jedes Wetter bereitzuhalten schien, sogar im Hause. Es war durchaus glaubhaft, daß er als Jugendlicher in Reading, Pennsylvania, einmal Aufpasser gegen Steuereinnehmer und rivalisierende Gangster bei Dutch Schultz's Trucks gewesen war und daß er per Anhalter den langen Weg nach Philadelphia gemacht hatte, um sich *Une Semaine de Bonté* (Die weiße Woche – Ein Bilderbuch von Güte, Liebe und Menschlichkeit), Max Ernsts Collagen-Roman, anzusehen. In New York hatte er sich seinen Weg durch die National Academy of Art erarbeitet als Schüler von Leon Kroll, den er bewunderte, den er aber auch auf verheerende Weise imitieren konnte. Bill war ein hemmungslos dichtender Erzähler, dessen Geschichten nichtsdestoweniger von den Freunden nie völlig bestritten werden konnten, weil sie immer in der Sache

einen wahren Kern hatten. Ich jedenfalls glaubte ihm alles, immer, und erzählte es mit großem Vergnügen weiter.
Er hatte auch eine Art, über Malerei zu reden, die den extrem komplizierten Wortschatz der literarischen »Päpste« vermied. Bei einem sonnabendlichen Rundgang durch die Galerien der Siebenundfünfzigsten Straße trafen wir den sozialistisch-realistischen Maler Sol Wilson, der die gesamte nichtgegenständliche Kunst als absolut unerheblich für die sozialen und wirtschaftlichen Notwendigkeiten der Zeit bezeichnet hatte. »Ihr könnt machen, was ihr wollt, aber ihr werdet nicht das Mindeste für die Masse der Menschheit tun. Ihr redet zu ein paar Ästheten, die selber nicht wissen, wie spät es ist. Ich male Menschen ... hungrige Menschen oder arbeitende Menschen ... meine Bilder sind Bilder von Menschen und für Menschen ...« Bei einer Tasse Kaffee konzentrierten wir uns nicht auf Wilsons speziellen Standpunkt, der nur allzu bekannt war, sondern Bill versuchte, über das umfassendere Thema, die »sinnerfüllte Kunst« zu sprechen. Das, meinte er, könnte es nur innerhalb von Gruppen mit völlig übereinstimmenden gemeinsamen Erfahrungen geben. Oder in einer Zeit, vielleicht wie der Renaissance, in der sich die Themen der Künstler mit dem herrschenden Glauben weitgehend decken.
»Ich denke mir ein Städtchen, das durch eine weltweite Katastrophe isoliert ist. Die Menschen werden versuchen, am Leben zu bleiben, sich zu ernähren und ihre Häuser wieder aufzubauen. Irgendwann werden sie dann an stehengebliebene Wände all das anpinnen, was an Zeichnungen und anderen Bildern zu Papier gebracht oder in Tafeln geritzt wurde, seit sie in ihren Unterständen leben. Ich wette, sie werden jedes Fetzchen verstehen, das sie anschauen. Das ist etwas, was sie alle miterlebt haben, einschließlich der Träume. Aber laß ein Pärchen oder einen Jungen auf die Gipfel jener Berge im Verbotenen Land steigen, um auf einen anderen Horizont zu blicken und über ein zukünftiges Leben zu phantasieren; sie werden mit Bildern wiederkommen, die für die anderen Menschen fremd sind ... bis auch sie das Risiko auf sich nehmen, zu schauen ... dort hinüber.«
Und wir schauten »dort hinüber«. Mattas noch unvollendetes Gemälde *The Earth Is a Man* war genau das, was es ahnen ließ —

kosmische Nebel in atmendem Bersten von Detonationen und Implosionen. Es war das Innere von Eingeweiden, grenzenlos wie jedes denkbare Universum. Mit der Neugier eines Chirurgen, die an Besessenheit grenzte, war Matta in eine der rätselhaften Fleischmaschinen von Yves Tanguy eingedrungen und hatte eine kosmische Totalität entdeckt, die tatsächlich beides war, Mensch und Erde.

In seinem Atelier an der Vierzehnten Straße sahen wir Bill Hayters große Leinwände, auf denen der Pinsel die Schwerarbeit des Gravurstichels übernommen hatte. Das Gesichtsfeld, zwar noch linear, war zum Schlachtfeld in einem bisher ungesehenen Reich der Energie geworden.

Arshile Gorky gestattete hin und wieder einen Blick auf seinen angestrengten Kampf, sich von Picasso und dem Kubismus zu befreien und sich von den eigenen Augen leiten zu lassen. Die grob gestrichenen Oberflächen und wuchtigen Umrisse der Formen machten einem spontaneren Fluß der Farben und Strukturen Platz. Ihn schien es nicht zu kümmern, daß da jetzt mehr als bloß ein Hauch von Miró an seiner Morphologie war. Es hatte den Anschein, als ob er sich ähnlichen Strukturen näherte wie Matta. Die unverkennbare Leidenschaft in den Gemälden jener Periode, zum Beispiel *In the Garden* und *Garden in Sochi*, und in den Zeichnungen wirkten auf mich peinlich persönlich. Gorky konnte unter seinem herabhängenden Schnurrbart lachen, aber das Lachen trieb die Melancholie seiner dunklen Augen nicht aus. Sein hagerer Körper war leicht vornübergebeugt, was wohl weniger eine Gefälligkeit gegenüber kleinwüchsigeren Freunden, sondern eher der Ausdruck eines permanent Suchenden war. Manchmal überraschte er uns mit einem Anflug von Überheblichkeit, die auch einfach Schüchternheit gewesen sein könnte. Wir argwöhnten, daß er seinen starken Akzent ganz bewußt beibehalten hatte, warum, das ahnten wir nicht. Er war schließlich schon als Vierzehnjähriger im Jahre 1920 aus Armenien nach Amerika gekommen. Spekulationen darüber, warum er es Alexej Maximowitsch Peschkow gleichgetan und den Namen Gorki – leicht variiert – angenommen hatte, führten zu nichts, man konnte höchstens vermuten, daß er den Namen, der »bitter« bedeutet, ganz passend

für sich fand. Ablehnende Stimmen wollten ihn als bloßen Nachäffer abtun, der immer »ein paar Schritte hinterherhinkt«. An der Spitze einer solchen ästhetischen Hackordnung zu stehen, das war auch damals für manchen ein erstrebenswertes Ziel, aber Bill Baziotes lehnte solche Streber ganz treffend als »Kulturpimpfe« ab. Gorky galt weithin als Einzelgänger, doch er genoß unseren tiefen Respekt, und wir identifizierten uns mit ihm.
Baziotes, den ich am besten kannte, war das lebende Beispiel eines Amerikaners, der, anders als seine europäischen Kollegen, zum Künstler wurde, ohne im Schatten griechischer, römischer, gotischer oder barocker Bauwerke aufzuwachsen. Seine Landschaft und die anderer Amerikaner war geprägt von den Liftkäfigen der Kohlenkumpel, von Erdölpumpen und Getreidesilos, von Wolkenkratzern, neu-englischen Kirchenspitzen und Wassertürmen. Das Land wogte wie Ebbe und Flut in unendliche Ebenen hinein, gezeichnet von mächtigen Strömen, endlosen Wäldern und Wildnissen. Dabei erforschte Bill in seiner kleinen Kammer das Innere einer ganz anderen Landschaft. Er hauchte Träumen Leben ein und erahnte intuitiv, was in den geheimen und verschlossenen Räumen der Natur verborgen lag. Seine Visionen gingen von erkennbaren Bildern aus, die sich zu träumerischen Symbolfiguren aus einem Pantheon der Gnome, Schlangen und Vögel verwandelten. Spontane, kräftige Ausschläge des Pinsels ballten sich zu einer deutlich beabsichtigten Sinnlichkeit. Zartes Fleischrosa als Fragment eines indirekt im Spiegel betrachteten nackten Körpers schwamm ins Blickfeld. Seine Venus, so sagte er mir einmal, strahle die meiste Glut und Erotik aus, »wenn ich sie ansehe, während ich nach der Liebe die Bettlaken glattziehe.«
Tag für Tag wurde ich reicher. Daß ich mich in einem wachsenden Kreis von Menschen befand, deren Augen in dieselbe Richtung blickten wie meine, bedeutete weit mehr als die Befreiung aus der Einsamkeit. Wir Freunde waren alle *objets trouvés*, Bestandteile einer wachsenden Collage, die unabhängig von ihrem Ursprung ein eigenes Leben gewann. Unsere Väter waren Arbeiter, Händler, Bergleute, Bauern, Handwerker oder Künstler. Die Tatsache, daß meiner ein Idol war, rief ganz natürliche Neugier hervor, aber ich merkte unmißverständlich, daß zumindest meinen Freunden der

Gedanke an die Erblichkeit von Status oder Anlagen fern lag. Der Neue in ihrer Mitte war ein verlassenes Kind in einer großen Stadt, das wie sie mehr an Ideen als an materiellem Erfolg interessiert war. Ganz im Einklang mit meinem neuen Dasein führte ich ein Leben, das meiner Vergangenheit wenig verdankte. Das hier waren meine Freunde, und genau so würde ich sie, wenn die Zukunft es gestattete, meinen Eltern vorstellen.

Ich kann mir keinen jungen Künstler denken, der sich in der Abgeschiedenheit seines Arbeitsraumes einem Übermaß an Bescheidenheit hingäbe. Er muß glauben, daß er »auf der richtigen Fährte« ist oder sogar unmittelbar im Begriff, das Entdecktwerden zu verdienen. Ich hatte, anders als manche jungen Maler, nicht einmal sehr viel Schwierigkeiten, die Beherrschung meiner Werkzeuge zu lernen. Es schien, als hätte ich in den Ateliers von Ernst und anderen weit mehr beobachtet und behalten, als mir bewußt war. Ich war zwar nicht blind gegen die vielfältigen Einflüsse, die sich in allem, was ich malte, bemerkbar machten, aber ich fühlte mich doch gerechtfertigt, wenn ich sah, wie sich kräftig heranwachsendes Eigenständiges durchsetzte. Tatsächlich kam es häufig vor, daß ich mir einbildete, die Kulturweisen seien im dämmernden Morgen schon zu mir unterwegs, um das neugeborene Meisterwerk der Nacht zu enthüllen. Doch dann, im Licht des frühen Tages und mehr noch ein paar Tage später, mußte ich zugeben, aber nur vor mir selber, daß mein Talent immer noch von surrealistischen Geistern gefangengehalten wurde. Es war auch an der Zeit, daß ich die anderen Mauern niederriß, die ich als Kind gegen die Kunst und die Künstler aufgerichtet hatte. Ich entsann mich eines jungen Bildhauers und Freundes meiner Mutter, der bei einem Spaziergang durch Wälder und Wiesen meine zwölfjährigen Augen für erstaunliche Dinge geöffnet hatte. Eine kleine Eidechse, deren Schutzfärbung sie fast unsichtbar machte, einen schwarzgrünen Käfer mit Fühlern wie das Geweih eines ausgewachsenen Hirsches. Wir zählten, wie oft ein großer schwarzer Vogel mit den Flügeln schlug, bis er wieder mühelos schwebte. Zum ersten Mal sah ich das zarte Filigran der Adern in einem längst abgestorbenen Eichenblatt und die majestätische Ordnung der Samenhülsen, die einen Halm des wilden Weizens krönte. Ich hatte diese Erinnerung wahrscheinlich ins Dunkel verbannt, weil der Künstler, Arno Breker, später einer der ersten Nazianhänger war und von Hitler und Albert Speer mit zahlreichen Architektur- und Skulptur-Aufträgen belohnt wurde. Ich vergaß die Quelle, die weit weniger wichtig war als das Ergebnis, und ich erkannte, daß es unproduktiv wäre, dem Diktat einer vorgefaßten Philosophie des Malens zu folgen. Genau genommen fängt alles bei den Augen an, und was alle Künstler gemeinsam haben dürften, das ist eine intensive visuelle Neugier als Wegbereiter jeder subjektiven Idee.

Das künstlerische Klima in Amerika schien mir relativ frei von bitterer Konkurrenz der Gruppen oder Bewegungen. Die ideologischen oder stilistischen Varianten, die wohl vorhanden waren, wurden glücklicherweise nicht von ästhetischen Autokraten beherrscht. Jedenfalls damals noch nicht. Wettstreit gab es zum Glück, aber in einem völlig anderen Zusammenhang als in Europa. Es gab mehr als nur eine Spur von Feindseligkeit innerhalb oder außerhalb der Künste gegen alles Moderne. Selbst die *Armory-Show* 1913 in New York war für solche Gemüter die Bazillenträgerin einer grassierenden Seuche. Mancher Künstler, ganz in politischer Ideologie befangen, bekannte sich zum sozialistischen Realismus und betete die Parteimeinung nach, daß jede nichtgegenständliche Kunst entweder ein Angriff auf das Volk oder das Werk von Scharlatanen sei. Es bestanden deutliche Unterschiede sogar zwischen den relativ wenigen Avantgardisten dieser frühen vierziger Jahre. Nach meinen eigenen Beobachtungen war eine Gruppe wie die American Abstract Artists zwar sicherlich auf bestimmte formale Konzepte eingeschworen, aber doch nicht vollkommen unempfindlich gegenüber anderen Ideen. Kiesler hatte mich zur Eröffnung ihrer Ausstellung ins Riverside Museum mitgenommen, wo ich den Eindruck gewann, daß ihre Ausdrucksskala bei weitem nicht so beschränkt war wie die ähnlicher Gruppen in Europa. Ich sah mehr als subtile Unterschiede zwischen Josef Albers, Carl Holty, Ilja Boltowsky, George McNeil und David Smith. Besonders beeindruckte mich Balcomb Greenes *Ancient Form*. Wenn es da Anpassung an ein vorgeschriebenes Konzept gegeben hat, so war das bei Persönlichkeiten wie Ibram Lassaw, Byron Browne, Ad Reinhardt, Vaclav Vytlacil, Fritz

Glarner, Gertrude Greene oder Giorgio Cavalon bestimmt nicht erkennbar. Der bekannteste dieser Gruppe war wohl John Ferren. Sein elegantes und dynamisches Werk, immer noch ein wenig unter dem Einfluß des französischen Abstrakten Jean Hélion, war in der Pierre-Matisse-Galerie ausgestellt worden. Werke von einigen dieser abstrakten Maler befanden sich zwar schon in verschiedenen Sammlungen und waren in Museen und kleineren Galerien New Yorks zu sehen gewesen, aber die kärgliche Reichweite dessen, was dort die »Kunstwelt« darstellte, schränkte ihre Akzeptanz doch sehr stark ein. Nach der Eröffnung gab es ein gemeinsames Essen an einem großen Tisch in einem italienischen Restaurant im ersten Stock am oberen Broadway. Ich saß neben Balcomb Greene, der mich in sein Atelier einlud. Greene paßte gar nicht in Kieslers Bild von den »genialen kleinen Leuten«. Selbst im Sitzen mußte ich mir den Hals verrenken, um mit ihm zu sprechen. Kiesler gab zu, daß es ein paar Ausnahmen von seiner Regel geben könnte.

Die Unterhaltung rund um den Tisch drehte sich weniger um die Kunst selbst als vielmehr um Mittel und Wege, das bescheidene WPA-Stipendium zu strecken, das manchen dieser Künstler in die Lage versetzte, seiner Berufung zu folgen und nicht von der Wohlfahrt abhängig zu werden. Die »Works Project Administration« (so etwas wie ein staatliches Arbeitsbeschaffungsprogramm) war eine von mehreren Behörden, die mit dem New Deal als Alternative zur Arbeitslosenunterstützung geschaffen worden war. Franklin Roosevelt soll der Auffassung gewesen sein, daß der Beitrag von Künstlern, Schriftstellern, Komponisten und anderen kreativen Menschen von der gleichen Bedeutung für die geplagte Nation sei wie Straßen, öffentliche Parks, Postämter und Landgewinnung. Konservative Kräfte im Kongreß und in der Presse hatten beharrlich die unausweichlichen Mißbräuche und Mißerfolge des Programms überdimensional aufgebauscht. Der Gedanke, daß in einer nationalen Krise die Künstler ebensoviel Beachtung durch ihre Regierung verdienten wie die Tagelöhner, war fast in gleichem Maße Gegenstand von Hohn und Spott wie das immer gegenwärtige Foto von dem öffentlich bediensteten Straßenarbeiter, den man auf seiner Schaufel lehnend angetroffen

hatte. Aber dieser Gedanke verwandelte bereits die Eintönigkeit des kommunalen Wohnungsbaus, der Postämter, der staatlichen Verwaltungsgebäude, Flughäfen und Schulen durch Wandmalereien und Plastiken. Die Phantasie des Bildhauers veränderte Kinderspielplätze, Parks, Gerichte und andere öffentliche Gebäude. Jetzt aber waren die Künstler beunruhigt, denn Roosevelt hatte, um der Kritik die Spitze abzubrechen, all diese Programme zusammengefaßt und einem Amt unterstellt, dessen Untersuchungsbeamte und Kontrolleure sich nun ermutigt fühlten, einzelnen Künstlern in Inhalt und Qualität ihren persönlichen Geschmack aufzuzwingen. Es war nichts Ungewöhnliches, daß ein Maler unter Androhung seines Ausschlusses zu einem Disziplinartermin beordert wurde, weil irgend jemand sich einbildete, in einem abstrakten Gemälde das versteckte Bild von Hammer und Sichel oder eine rote Fahne entdeckt zu haben.
Baziotes hatte mir viel über seine persönlichen Erfahrungen als Maler in einem WPA-Projekt erzählt. Wenn er freitags mit Kollegen wie Louise Nevelson und Stuart Davis Schlange stand für einen Scheck über 23,86 Dollar, dann hieß das wieder eine Woche ausreichender Ernährung und Unterkunft. Um mir zu zeigen, was vor sich ging, lieh er sich den Wagen eines Freundes aus, und wir besichtigten einen ganzen Tag lang Freskenprojekte in ganz New York. Die Gorky-Fresken am Newark Airport waren 1937 angebracht worden. Diese heroischen, aerodynamischen Abstraktionen beeindruckten mich als sehr individuelle Verarbeitung von Miró, Hélion und Leger. Im Luftfahrtgebäude der Flushing World's Fair waren seine Silhouettenformen weniger wuchtig und manchmal geradezu schwebend, als wären sie von der zweidimensionalen Wand befreit. Wir fuhren hinüber zum nahegelegenen Marine-Terminal des La Guardia-Airport, wo James Brook begann, in diesem domartigen Gebäude eine mächtige Kollektion abstrakter aero-industrieller Formen zu schaffen. Jim, ein herzlicher und nachdenklicher Mensch, wirkte beinahe schüchtern vor seinem Werk, und doch konnte man eine wohlgebändigte Kraft in ihm spüren, als er mit uns sprach. Philip Guston war dabei, ein Wandgemälde für das Gemeinschaftszentrum des Wohnprojektes Queensbridge zu vollenden. Ein Hauch von Melancholie war um

den Mann und seine Bilder. Die leicht stilisierten Figuren in dichter urbaner Umgebung deuteten in der stoischen Hinnahme der individuellen Isolation auf spätere Werke De Chiricos hin. Gustons eigenes Gesicht, besonders die Augenpartie, hätte aus einem romanischen Mosaik stammen können. Er zeigte sich besorgt und ungeduldig über den Fortschritt der Arbeit. Sein Gesicht konnte in einem breiten Lächeln aufleuchten, doch dann nur, als wüßte die Sonne, daß sie im Begriff war, den Kampf mit den Wolken zu verlieren ... Das war der Künstler in Amerika – eine Nußschale auf rauher See.

Mein erster eigener »Fresko«-Auftrag war die Folge der Klagen John LaTouches, das riesige Badezimmer in seinem Häuschen am Minetta Lane in Greenwich Village sei »einfach so verdammt öde«. Vernon Duke, aus dessen Zusammenarbeit mit Touche später das Musical *Cabin in the Sky* entstehen sollte, machte den Vorschlag: »Laßt doch Jimmy ein Fresko auf diese schrecklichen Wände malen.« »Fresko« war, nach all dem, was Bill Baziotes mir gezeigt hatte, ein mich eher hemmendes Wort. Der Ort eignete sich weder für Tiefsinniges noch für dumme Witze. Ich würde so tun müssen, als wäre ich zu Hause, würde ein ausgedehntes Bad nehmen und dann entscheiden, auf was ich dabei gern schauen würde. In echter Theatermanier rief Touche eine »Jimmy-Verschönerungs-Gesellschaft« ins Leben, um die nötigen Mittel für Autolacke, Pinsel, Terpentin und Lappen zu sammeln, die ich für mein Projekt benötigte. Beiträge zu dem Fonds spendeten alle, die an der Einweihungsparty des Hauses teilnahmen, und dazu gehörten Teddy Griffis, Touches Verlobte, Bob Faulkner, sein Kompagnon und Zimmergenosse, Aaron Copland, Oliver Smith, Paul und Jane Bowles, Julien Levy, Virgil Thomson und Frederick Kiesler. Das Werk schritt in einer Reihe von langen Wochenenden fort. Freitagabends hatte ich gewöhnlich das Haus für mich allein, weil »jeder« in New York zu Constance Askews Salon auf der East Side ging. Touche hatte mich einmal dahin mitgenommen, aber Mrs. Askew, Gattin des prominenten Kunsthändlers Kirk Askew, hatte ihm bedeutet, daß ich noch nicht ganz reif wäre für die Gesellschaft von Nancy Cunard, Noël Coward oder wer sonst gerade in der Stadt war. Ich hatte aber das Vergnügen, von Touche ausführlich über die Ereignisse, über die Wortplänkeleien und die intellektuellen Ringkämpfe der Abende unterrichtet zu werden, wenn er und seine Freunde endlich spät in der Nacht heimkamen. Es wäre sicherlich falsch gewesen, wenn ich dabeigesessen hätte, als Dick Abbott, nun leitender Direktor des Museum of Modern Art und mein oberster Chef, sich sinnlos betrunken auf dem Teppich wälzte und lauthals jede Hilfe zum Aufstehen ablehnte. Oder als eine begabte Ersatzspielerin sicherstellen wollte, daß ihr Star es bei der nächsten Vorstellung nicht bis auf die Bühne schaffen würde, indem sie die alkoholisierte Dame zu einem Taxi geleitete und dabei belauscht wurde, wie sie den Fahrer anwies, seine Fracht zu einem Hotel in Albany zu bringen.

Als das »Fresko« Gestalt annahm, wurde für mich sehr deutlich, daß sich die Bilder und Räume in dieser Arbeit grundlegend von den biomorphen Ideen Mattas, Gorkys und Baziotes (dieser extraterrestrischen Biologie) unterschieden, denen ich mich in meinen »seriöseren« Werken anzunähern suchte. Die Flora und Fauna, die da aus der Badewanne heraus an den Wänden emporwuchs, Spiegel umwucherte, in die Toilettenschüssel tauchte, durch die Handtuchhalter stürzte und das Medizinschränkchen verdeckte, verdankten ihr visuelles Leben zum großen Teil dem Tag, an dem ich zu meinem Vater ins Atelier gestürmt war, nachdem ich das *Guernica* zum ersten Mal erlebt hatte. Abgesehen von einer ganzen Menge technischer Unvollkommenheiten, bequemer Vereinfachungen und der Unerfahrenheit des Anfängers waren das hier die fleischfressenden Pflanzen und Insekten aus Max Ernsts *Die Nymphe Echo* von 1937, die schwimmenden Menschenfresser des *Hausengel* (L'Ange du Foyer) aus dem gleichen Jahr und die langschnäbeligen Vögel mit katzenartigen Körpern aus noch früheren Gemälden. Die Tatsache, daß ich diese Bilder verborgen in mir herumgetragen hatte, und die Selbständigkeit, mit der sie meinem Unbewußten entschlüpft waren, genügten mir, um sie frei laufen zu lassen.

Hätte ich vorgehabt, diese Kreation nur dem Blick eines ganz auserlesenen Publikums zu präsentieren, ich hätte mir keinen besseren Platz dafür aussuchen können. LaTouche hatte einen eigenen Salon etabliert, der große Anziehungskraft für dieselben

Gruppen besaß, die die Askew-Soirees bevölkerten, der aber auch jüngere Künstler lockte wie Truman Capote, Tennessee Williams, Leonard Bernstein und Judy Holliday. Diese gesellschaftlichen Ereignisse fanden gewöhnlich statt, während ich die Wände bearbeitete, und da Autolack sehr rasch zähflüssig wird, hatte ich keine Zeit, an Parties teilzunehmen, sondern machte weiter. Hier und da schneite jemand herein, etwa Pawel Tschelitschew oder der Schriftsteller Charles Henry Ford oder auch Julien Levy, Virgil Thomson, Kurt Kasznar, Maurice Grosser, Oliver Smith, Bugene Berman, Sylvia Marlowe mit Leonid, e. e. Cummings oder Gypsy Rose Lee. Ich wußte nie, ob sie die »WC-Verschönerung« sehen oder bloß von der Einrichtung Gebrauch machen wollten. Ich mußte buchstäblich »nach Gehör« den Raum verlassen, woraus sich Bühnengags ergaben wie: »Sie werden mich einen Augenblick allein lassen müssen, mein Lieber. Diese Dame muß Pipi ...«, deklamiert von einer umwerfend schönen Frau in einem wagenradgroßen Blumenhut, Stella Adler.

Meiner Bescheidenheit tat es gar nicht gut, als die Illustrierte *Look* entschied, das Wandgemälde ergäbe einen höchst aufregenden Hintergrund für ein Bild »LaTouche bei der Arbeit«. Also zog dieser mit seinem Schreibtisch ins Badezimmer um. Und da saß Touche auf der verdeckten Toilette, den Stift in der Hand, und betrachtete nachdenklich einen Globus, halb umschlungen von einem Vogelwesen... sichtlich im Begriff, die harte Nuß der Übersetzung von Brechts *Soldaten wohnen auf den Kanonen...* oder *Ja, da kann man sich doch nicht nur hinlegen...* zu knakken. Oder als ein Reporter des *World Telegram* den Protest LaTouches – daß der Plan der Republikanischen Partei, auf ihrem bevorstehenden Parteitag die *Ballade für Amerikaner* zu intonieren, eine Mißdeutung des wahren Charakters des Liedes sei – kurzerhand abschnitt mit einem kategorischen »Hör zu, Junge, ich erkenne einen Flaggenschwenker des Vierten Juli beim ersten Ton, den er von sich gibt«, seine Meinung dann jedoch rasch ergänzte: »... allerdings, nachdem ich dieses Badezimmer gesehen habe ... ich weiß nicht, was ich davon halten soll.«

Eine nützliche, wenn auch nicht sehr willkommene Reaktion kam von Julien Levy. »Ich wünschte, Sie hätten mich nicht gefragt,

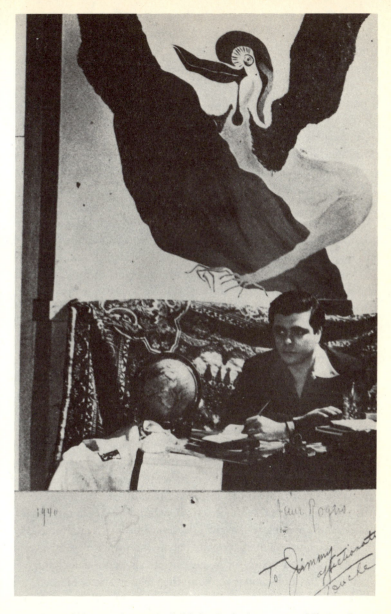

John LaTouche vor dem Wandbild des Badezimmers am Minetta Lane, Jimmys erster Auftragsarbeit, 1939.

Jimmy, aber ich finde es entsetzlich. Wenn Sie wirklich meinen, Sie müßten malen, dann sollten Sie keine stehenden Ovationen verlangen, bevor Sie etwas gemacht haben, das des Anschauens wert ist.« Leo Lehrmann, sehr viel netter, reagierte auf meine Dreistigkeit mit einem ganz breiten, aber diabolischen Lächeln, das ich eigentlich nicht willkürlich als wohlwollende Zustimmung hätte auslegen dürfen.
Die positive Bilanz meiner Arbeit war ein Honorar in Form eines Fünfzig-Dollar-Kredits bei Brentano's, einem der weniger bedeutenden Vermögensbestandteile von Teddy Griffis' Vater.
Weniger zufriedenstellend war eine Situation, die ich mir mit meinem Glauben, hoffnungslos in Jane Bowles verliebt zu sein, selbst geschaffen hatte. Das mag durchaus daran gelegen haben, daß ich in aller Unschuld ihre sexuelle Vorliebe mißdeutet habe. Immerhin war ich nicht ohne jede reale Romantik. Bei einer von Francis Lees Dachbodenpartys hatte ich eine Brünhildengestalt kennengelernt, Helga, die durchaus willig war, die heterosexuellen Möglichkeiten ihrer Libido gründlich zu erforschen. Dort traf ich auch Bettina, eine Studentin der Kunstgeschichte von vielversprechendem mediterranem Temperament, das sich allerdings erst nach einem Essen bei Longchamps durchzusetzen pflegte. Mir war es sehr peinlich, als ich das Gesicht des Kellners sah, bei dem ich ein Menue »nur für die Dame« bestellte, weil ich gar keinen Hunger hätte. Aber Jane Bowles war herzlich, oft entzückend verträumt und trotz ihrer koboldhaften Züge ausgesprochen weiblich. Wenn sie Elsie Huston oder Mary Oliver mit einem seelenvollen Ausdruck ansah, schrieb ich das bereitwillig ihrer Kurzsichtigkeit zu, vergaß das aber zu tun, wenn diese Augen in gleicher Weise auf mir ruhten. Die wenigen Male, die sie mir erlaubte, ihr zu Füßen an ihrem Schreibtisch zu sitzen, konnte sie mir geistesabwesend übers Haar streichen, während sie an ihrem Manuskript arbeitete. Und mehr war nicht dabei. Wenn ich also meinte, in solchen Gesten mehr sehen zu dürfen als echte Zuneigung, so hatte ich das nur meiner romantischen Natur zuzuschreiben.
Der »Fresko«-Auftrag war erledigt, und aus meinen früheren Wochenendausflügen mit langen Busfahrten zum Haus von Jay Leyda waren Fahrten mit der West-Side-U-Bahn zur neuen Woh-

nung von Bill und Ethel Baziotes, Ecke Hundertvierte Straße und Broadway, geworden. Bill malte in einem der Schlafzimmer, und er bot mir für sonnabends und sonntags ihr Wohnzimmer an. Ich brachte mein kleines Radio mit und arbeitete zum ersten Mal zufrieden bis zur Mittagszeit auf einer gut instandgesetzten Freiluft-Aquarellstaffelei, die Bill gehörte. Ethel servierte liebevoll zubereitete Mahlzeiten, und oft machte sie mein Lieblingsessen, Knackwurst mit Sauerkraut. Bei Tisch diskutierten wir die Nachrichten, die ich im Radio gehört hatte. Als Paris gefallen war, wurde meine Angst um das Schicksal meines Vaters und meiner Mutter und das Gefühl der Hilflosigkeit fast zur Besessenheit, und der Sonntag war immer die sprichwörtliche Zeit der dunklen Gerüchte aus Europa. Aber ich war trotzdem noch fähig, mich am Klatsch über die Siebenundfünfzigste Straße zu beteiligen und zu erzählen, was wir die Woche über alles erlebt hatten. Manchmal berichtete Bill von den schrecklichen Straßenszenen auf dem Höhepunkt der Wirtschaftskrise, als die protestierenden Arbeitslosen zu ihrer Verteidigung nur die Murmeln hatten, mit denen sie versuchten, die Pferde der berittenen Polizisten vor der Hauptpost in Aufregung zu versetzen. Der Sonntagabend schloß mit einer Doppelvorstellung irgendwo am oberen Broadway ab.

Die Tatsache, daß ich im Museum of Modern Arts arbeitete, kümmerte keinen meiner Freunde, auch wenn sie die Favoritenrolle, die das Museum der europäischen und nun auch der lateinamerikanischen Kunst zubilligte, sehr kritisch sahen. Seine ständige Sammlung der amerikanischen Avantgarde wuchs nur langsam. Was davon da war, verdankte sein Dasein der kämpferischen Voraussicht von Alfred Barr und Dorothy Miller. Es gab schließlich noch andere, früher unbeachtete Amerikaner, die zunächst Berücksichtigung verdienten. Das Museum besaß zum Beispiel vier herrliche Gemälde von Edward Hopper. Sein unheimliches *House by the Railroad* war als eine der größeren Farbreproduktionen für den Empfangstresen ausgewählt worden, wo es sich so gut verkaufte, daß es nur von Picassos *Frau in Weiß* übertroffen wurde. Zu den übrigen Amerikanern gehörten Maurice Prendergast, John Marin, Charles Sheeler, Charles Demuth, Charles Burchfield, Alexander Calder, John Flanagan, Walt Kuhn und Loren McIver. Damals gab es keinen Zweifel, daß die wachsende Institution bereit war, sich nicht nur am Rande für die Experimente jüngerer Amerikaner zu interessieren. Nach Meinung dieser Künstler war das Museum zunächst rückwärts gegangen, indem es seine Tore für Botticellis *Geburt der Venus* und einen reichen Schatz weiterer alter Meisterwerke Italiens geöffnet hatte. Die neue Zeitung »PM« druckte einen kaum verschleierten Reklameartikel unter der Überschrift »Der Künstler als Reporter«. Danach zeigte das Museum eine große Ausstellung mexikanischer Kunst und veranstaltete eine nicht gerade begeisternde Präsentation des brasilianischen Malers Portinari. Die beiden letzten Ausstellungen machten deutlich, daß das Museum zum verlängerten Arm des Koordinators für lateinamerikanische Angelegenheiten, Nelson Rockefeller, werden sollte. Kurz nachdem die Ausstellung »Italienische Meister« ihre Tore geschlossen hatte, mußte ich bestürzt erleben, daß ich Spießrutenlaufen sollte durch ein Spalier, in dem ich manches Gesicht meiner neuen Bekannten und Freunde von der »American Abstract Artists« entdeckte. Sie protestierten mit Flugblättern gegen die »Drei-Manegen-Atmosphäre« des Museums und zogen seine Urteilskraft in Zweifel, indem sie fragten, wie weit hinaus denn eigentlich die »Art in Our Time« gestreckt werden könnte. Einer der Teilnehmer, Ad Reinhardt, der mein persönliches Dilemma spürte, stoppte seine emsigen Kollegen für einen Augenblick, und ich wurde mit einer Runde Beifall ermuntert, hindurchzugehen.

Weitere große Gestalten der europäischen Kultur entschlossen sich, ihre Arbeit in einem sicheren Amerika und speziell in New York fortzusetzen. Für die Einwanderung war zu der Zeit das Arbeitsministerium unter Frances Perkins zuständig, der sehr früh erkannt hatte, daß Menschen wie Jacques Lipschitz, Marc Chagall, Ossip Zadkine, Walter Gropius, Mies van der Rohe, Franz Werfel, Kurt Seligmann, Marcel Breuer, Fernand Léger, Piet Mondrian, André Breton, Max Ernst und viele andere – nicht nur aus dem Bereich der Kunst – unersetzliche Persönlichkeiten waren, die es vor dem Wahnsinn drüben zu retten galt.

Das war keine leichte Aufgabe für den Minister Perkins in Anbetracht der vielen verqueren Vorschriften und Auslegungen der

Einwanderungsgesetze, die zumeist im Grundsatz gegen die Menschen gerichtet waren, deren Auffassungen von Sex, Ehe, Vaterlandsliebe und Politik der landläufigen Moral zuwiderliefen. Mit Hilfe von Varian Fry, Frank Kingdon, Alfred und Margaret Barr, Eleanor Roosevelt, Leo Cherne und vielen anderen in Kunst, Lehre und Forschung, nicht zuletzt Minister Perkins damaligem Schwiegersohn, dem Bildhauer David Hare, wurde Amerika Gastgeber und Wohltäter für einige der besten Köpfe des zwanzigsten Jahrhunderts. Für manchen war es ein quälendes, schwieriges Unternehmen. Franz Werfel hatte sich zu Fuß über die Pyrenäen durchgeschlagen; andere kamen auf dem Umweg über Kuba, Chile oder Brasilien. Während ich in der Zweiundfünfzigsten Straße mit Henri Langlois, einem jungen französischen Kinosüchtigen, an der Bar der »Famous Door« saß und Count Basie hörte, wartete Max Ernst einigermaßen bequem darauf, aus Marseille herauszukommen, und Lou Straus-Ernst schrieb irgendwo an dieser Küste ihre kaum verschlüsselten Memoiren, während sie – wie ich Jahre später von dem Schriftsteller Kay Boyle erfahren sollte – ihren täglichen Hunger durch gelegentliches Anstehen in einer Flüchtlings-Suppenschlange stillte.

Unter den Einwanderern in New York befand sich der achtundzwanzigjährige englische Maler Gordon Onslow-Ford. Erzogen in britischen Eliteschulen einschließlich des Royal Naval College, hatte er als Leutnant in der Mittelmeer- und der Atlantikflotte gedient, bis er im Jahre 1937 beschloß, Maler zu werden. In Paris hatte er enge Freundschaft mit Matta geschlossen und war von André Breton formell in die Surrealistengruppe aufgenommen worden. Baziotes und ich machten uns oft Gedanken über ihn und stimmten darin überein, daß Onslow-Ford eigentlich genau das war, was man als Ergebnis dieses Hintergrundes erwartete – adrett, verbindlich, redegewandt. Aber er war noch weit mehr: Anregend, großmütig, ohne einen Hauch von Herablassung gegenüber der kleinen Schar von Künstlern, die einen Freundes- und Zuhörerkreis um ihn bildete, als er anläßlich eines Vortrages über Surrealismus in der New School for Social Research von Matta vorgestellt wurde. Er trug seine Gedanken zwar etwas förmlich vor, aber denen unter uns, die wußten, was sie wollten, mit gedrechselten Interpretationen aber nichts anfangen konnten, schlug er niemals die Tür vor der Nase zu.

Onslow-Fords Blick auf die Zukunft der Malerei hob besonders das Geschehen auf Mattas Leinwänden hervor, das aus dem engen Rahmen der figurativen Darstellung hinauswiese in eine Welt bisher ungesehener Wirklichkeiten. Sein Werk, bar der Eleganz der Alten Welt, lasse biomorphe Elemente in und durch Schichten einer unirdischen Landschaft ziehen. Es sei ein Schritt über Bretons Surrealismus, ja, über den freudschen Traumkatalog hinaus. Einigen von uns schien er zum ersten Mal zu sagen: »Warum nicht?« anstatt: »Es muß sein.« Als er und Howard Putzel (ein früher Enthusiast der Avantgarde-Kunst) in der New School Ausstellungen organisierten, waren wir, uns selbst zum Trotz, so etwas wie eine Gruppe geworden.

Bei diesen Ausstellungen auf beschränktem Raum hingen Künstler wie Boris Margo, André Racz, Jerome Kamrowski, Robert Motherwell, Leon Kelly, Baziotes und ich an denselben Wänden mit Miró, Masson, Tanguy, Matta, Gorky, Ford und Hayter, ganz so, als gehörten wir wirklich dahin. Ich habe mich oft gefragt, warum ich, ein Kind des Dada, das den Surrealismus mit der Muttermilch einsog und in den Ateliers und Straßencafés von Paris und Köln an der Hand durch den Irrgarten der Erklärungen geführt wurde, so verständnislos gegenüber all den Worten und Theorien geblieben bin. Ich war unter jenen Denkern und Machern aufgewachsen, hatte ihre verbalen und visuellen Ideen erlebt und aufgenommen. Aber vielleicht habe ich es schon in jungen Jahren beunruhigend gefunden, so viel Willfährigkeit gegenüber fremden Lehren bei angeblich freien Geistern mitanzusehen. Vielleicht war es die Erinnerung daran, wie ich die Weimarer Republik mit all ihren gutgemeinten Reformen, ihren humanistischen Zielen in den Straßen von Köln scheitern sah, während ihre geistigen Führer in unserem Wohnzimmer bemüht waren, sich gegenseitig mit semantischen Übungen auszustechen. Mir war klar, daß dies nicht bloß die Wahl zwischen Traum und Wirklichkeit war. Der Mann, der nach Suppe anstand, war genau so wütend darüber, daß er nicht arbeiten konnte, wie Max Ernst wütend war, wenn er sah, wie geschätzte Freunde durch politische oder ästhetische Willkür gebeugt wurden. Meine eigenen instinktiven Vorbehalte gegen Willfährigkeit und Dogma mögen durchaus von dem Wissen genährt worden sein, daß mein Vater immer Nonkonformist war, als Künstler und als Mensch, auch innerhalb seines eigenen Kreises.

Onslow-Ford redete nicht so sehr zu uns als mit uns. Was wir hörten, betraf weniger das »Wie« als vielmehr das »Warum« der Bilder. Uns wurde nicht die »letzte Weisheit aus Europa« vermittelt, sondern eher die Möglichkeit eines weiteren Horizonts, zu dem Individualismus gehörte. Irgendwann, und das war stillschweigend mitverstanden, würden wir unsere eigenen Wege gehen. So etwas wie eine kollektive Idee gibt es nicht.

Als André Breton in New York eintraf, merkte man sehr schnell, daß er es vorzog, keine Splittergrüppchen zu empfangen, auch nicht entfernt mit dem Surrealismus verbundene. Er bezweifelte, daß die jungen Amerikaner sich als würdige Mitglieder seiner Bewegung qualifiziert hätten. Er machte kein Geheimnis aus seinem Verdacht, daß die Abstract Arts dabei war, in die surrealistischen Gehege einzubrechen. Die etablierten Künstler rief er nachdrücklich auf, ihre Unterstützung zu versagen. *Der Automatismus darf nicht zum Vehikel für konterrevolutionäre Abstraktion werden.* Zwar modifizerte er dieses Diktum später, doch war es jetzt ein nützliches Argument, um die Führung des Surrealismus in seinen weiseren Händen zu behalten. Ich glaube nicht, daß Onslow-Ford je solch grandiose Konzepte gehabt hat. Diese »Korrektur« fand allerdings statt, während er mit dem Maler Wolfgang Paalen zu einem Besuch in Mexiko war. So wurde die »Jugendbewegung« zerschlagen, was in einigen Fällen zur verfrühten Selbständigkeit ihrer »Mitglieder« führte.

Mein Jahresurlaub von sechs bezahlten Tagen ließ »große Ferien« nicht zu. Im Sommer zuvor, 1940, hatte ich mit Hilfe Ted Huffs als Mitunterzeichner bei der Household Finance Company einen Kredit von 25 Dollars aufgenommen, um Julien Levys Sekretärin Lotte Barrit und ihrer Mutter in einem Hotel namens »Châlet Indien« in Boyceville in den Catskills Gesellschaft zu leisten. Es war ein Haus, das von jüdisch-deutschen Emigranten bevorzugt wurde und wirklich eine berühmte Pension war, die vorn an der

Straße mit der großen Catskill-Version eines grellbemalten Totempfahls auf sich aufmerksam machte. Leider verbrachten einige Gäste viel Zeit damit, dieses Kurhaus mit den eleganten Grand-Hotels einer entschwundenen Vergangenheit zu vergleichen. Ich genoß alles – die regelmäßigen Mahlzeiten, das Schwimmbad, die Wanderungen mit den beiden Damen, und ich hinterließ mein Zeichen in Form eines großen Gemäldes an der Wand des kommunalen Spielsaals. Es war eine etwas düstere Wandfarbenkomposition aus planetenhaften Elementen, die ich, Darius Milhaud im Sinn, mit »La Deuxième Creation du Monde« betitelte.

Meine trüben Ferienaussichten im Jahre 1941 klärten sich wie durch ein Wunder, als ein wieder einmal anwesender Exilschriftsteller, der sich der gesellschaftlichen und intellektuellen Szene um John LaTouche angeschlossen hatte, mich fragte, ob ich nicht ihm und seiner Familie Gesellschaft leisten wollte; sie hätten eine Hütte in Amagansett an der Ostspitze von Long Island gemietet. Er wollte mir sogar das Geld für die Fahrkarte geben. Es machte mich sehr glücklich, daß ich meinen Geburtstag am Wasser verbringen durfte. An einem Sonntag um fünf Uhr nachmittags nahmen wir einen *fisherman's special*, verpaßten unsere Haltestelle und mußten uns, meistens zu Fuß, den ganzen Weg von Montauk zurück durchschlagen. Die Hütte war ein umgebauter Hummerkahn, den ein Hurrikan an der Napeague Bay auf das Land der Verheißung geschwemmt hatte.

Mein Wohltäter und seine schöne Frau mit einem kleinen Baby zeigten mir mein Zimmer, es war das mit einer Plane bedeckte Heck des Kahns. »Die Nächte können hier draußen recht kalt werden. Gehen Sie ohne Hemmungen zum Aufwärmen in die Kabine«, sagte er noch am selben Tag, als er in den Zug stieg, der ihn zurück nach New York brachte. »Ich bin dann am nächsten Sonntag wieder da, um Sie wieder nach Hause zu bringen.« Es war eine herrliche Woche für mich, Schwimmen, Sonnen, Abendspaziergänge vorbei an der Elm Tree Inn, wo ich zu meinem Erstaunen in einer Gruppe konservativ gekleideter Herren, ebenfalls spazierengehend, die loyalistische spanische Regierung im Exil erkannte. An dem Tag, an dem meine Ferien enden sollten, flüsterte mir die Frau meines Gastgebers zu: »Es ist vollkommen

in Ordnung. Sie dürfen mich küssen, wissen Sie.« Auf der langen Heimfahrt in der Eisenbahn schien ihr Mann äußerst beschäftigt und beinahe feindselig. Er redete kaum mit mir. Ich fragte mich immer wieder, was für einen faux pas ich denn wohl begangen haben mochte.
Es war John LaTouche, der die Sache nach einigem Bohren aufklären konnte. Offensichtlich hätte ich durch ein »Besitzdenken am falschen Platz« versäumt, meine Ferientage in einem nie erträumten Maße zu bereichern. Als ich Touche sagte, daß keine der Nächte so kalt gewesen sei, daß ich Zuflucht in der Kabine suchen mußte, brach es lachend aus ihm heraus: »Jimmy, du hast überhaupt nichts begriffen. Du meinst, du wärst sehr nett gewesen, aber du warst auf unerwartete Art nett. Es überrascht mich nicht, daß er wütend auf dich ist, und sie ist wahrscheinlich wütend auf ihn, weil sie dich in die Kategorie seiner anders gearteten Zerstreuungen eingeordnet hat.«
Kaum war ich nach meinem kurzen Urlaub wieder an meiner Arbeit in der Poststelle des Museums, als ich zwei Nachrichten an einem Tag erhielt. Als erstes kam am Morgen mein Vorgesetzter und teilte mir mit schlecht verhohlener Befriedigung mit, ich würde zwar nicht gleich entlassen, aber ich hätte keine Erhöhung des Lohns oder irgendwelcher anderer Vergütungen zu erwarten. Falls ich bleiben wolle, müßte ich diese Bedingungen akzeptieren. Es ist möglich, daß ich ein lästiger Stolperstein bei den fortlaufenden Feindseligkeiten zwischen den »Träumern« und den »Realisten« gewesen bin. Die andere Nachricht, die am Nachmittag kam, war ein Telegramm aus Lissabon, daß »Max Ernst und Begleitung« morgen mit dem PanAm-Clipper in New York eintreffen würden. Ich hatte absolut keine Ahnung, was die Worte »und Begleitung« bedeuteten.
Gemäß der Richtlinie »keinen Pfennig für Jimmy«, bedurfte es eines mahnenden Vermerks von Alfred Barr an die »Kaufmännische Seite«, damit ich den Tag frei bekam. Auch er wußte nicht, was »Max Ernst und Begleitung« heißen sollte, aber Lou Straus-Ernst gehörte mit Sicherheit nicht dazu. Die kühne Idee, meine Eltern zusammen herauszuholen, war schlimm danebengegangen. Teilweise hatte Lou selber zu dem Mißerfolg beigetragen. Barr

hatte gerade ein paar Hintergrundinformationen zu den für mich schlechten Nachrichten erhalten. Es erschütterte mich, zu hören, daß mein verzweifelter Plan noch bis zum Frühjahr 1941 anscheinend eine Chance der Realisierung gehabt hatte; dann konsultierte das Internationale Emergency Rescue Committee niemand anderen als Eleanor Roosevelt in der Sache. Varian Fry unterrichtete New York in einem Kabel aus Marseille: »ELEANOR BESTÄTIGT LOU ERNST UNMÖGLICH NOCH ALS EHEFRAU MAX AUSZUGEBEN«. Dieses Telegramm kam, nachdem Hiram Bingham, US-Vizekonsul in Marseille, Max und Lou befragt hatte, um ihnen ein amerikanisches Visum zu erteilen. Meine Anregung und magere Hoffnung, daß man ihr deutsches Scheidungsurteil aus formalen Gründen als ungültig betrachtete, erwies sich als unannehmbar für das Konsulat. Max bot sofort an, sie wieder zu heiraten, aber Lou wies im Angesicht des Konsuls den Gedanken von sich: »Aber Max, du weißt, daß es Unsinn ist. Wir leben jetzt seit langer Zeit getrennt, und keiner von uns hat je zu dem Mittel des Schwindels gegriffen. Ich bin sicher, daß Jimmy mich herausholt. Er hat uns beide schließlich bis hierher gebracht. Scharaden mag ich nicht ... Ein Leben für eine Heiratserlaubnis? ... Und wer weiß, vielleicht ist das alles überhaupt nicht nötig. Ich bin Optimistin.« Später, in Varian Frys Büro, äußerte sie noch einmal die gleichen Empfindungen, zweifellos ohne von der damaligen Politik des Komitees zu wissen, seine Energien zunächst auf die Rettung der prominenteren Persönlichkeiten zu konzentrieren. Sie dürfte wohl auch nicht gewußt haben, wie nahezu unmöglich es zu der Zeit war, in Amerika noch eine Bürgschaft zu finden, um sie der von J. J. Augustin hinzuzufügen. Ich mußte einfach glauben, daß die Zeit nicht ablaufen würde, solange ich noch suchte.

Gordon und Jaqueline Onslow-Ford kamen an diesem vierzehnten Juli mit mir zum La Guardia-Marineflughafen. Das Gerüst für James Brooks Wandgemälde stand zum Teil noch, aber so viel war schon zu sehen, daß ich mir vorstellte, wie ich meinen Vater in Empfang nehmen und stolz auf das Werk »eines meiner Kollegen in Amerika« hinweisen würde. Wir beobachteten, wie der Clipper an die Pier rollte und entladen wurde. Ich meinte Max aus der Entfernung erspäht zu haben, aber wer immer es war, tauchte inmitten einer Schar Kinder auf. Drinnen wartete ich darauf, daß sich die Türen der Zollkontrolle für meinen Vater öffneten. Als es soweit war, öffneten sie sich für einen fremden Mann, zwei Frauen und mindestens sechs Kinder.

Eine der Frauen, ich schätzte sie auf etwa vierzig, kam auf mich zu, nach Körperhaltung und Gang zu urteilen mit beträchtlichem Zögern. Ihre Beine schienen lächerlich dünn selbst für ihre zerbrechliche, eckige Figur. Ihr Gesicht war seltsam kindlich, aber es zeigte einen Ausdruck, den ich mir bei dem häßlichen Entlein vorstellen konnte, als es zum ersten Mal sein Spiegelbild im Wasser sah. Alle Züge dieses Gesichtes schienen eifrig darauf bedacht, die Aufmerksamkeit von einer unnatürlichen knolligen Nase abzulenken. Die angsterfüllten Augen blickten warm, beinahe flehend, und die knochigen Hände, die nicht wußten, wohin, bewegten sich wie die Enden abgebrochener Windmühlenflügel um unfrisiertes dunkles Haar. Sie hatte etwas an sich, das mich drängte, ihr die Hand entgegenzustrecken, noch bevor sie sprach.

»Sie müssen Jimmy sein. Max war sehr ungeduldig im Flugzeug. Er hat den ganzen Flug hindurch über Sie gesprochen. Ich bin Peggy Guggenheim ... Da drüben, das ist Laurence Vail, er war einmal mein Mann. Und das ist seine jetzige Frau Kay Boyle, meine Tochter Pegeen und mein Sohn Sindbad ... die anderen Kinder gehören ihnen ... wir hatten einen schrecklichen Flug ... Und da drinnen gibt es irgendwelche Schwierigkeiten mit Max' Paß. Vielleicht läßt man Sie rein und Sie können helfen.«

Wer war diese Frau? Ich war wie betäubt. War das mit »Max Ernst und Begleitung« gemeint gewesen? Ich versuchte, mich daran zu erinnern, was ich über Peggy Guggenheim wußte. Gerüchte über diese Erbin und Kunstmäzenin hatte ich schon im Museum und auch beim Cocktailgeplauder der LaTouche-Parties gehört, und nun entsann ich mich auch an Alfred Barrs Bericht, daß Peggy Guggenheim Max Ernst und anderen noch in Marseille sitzenden Surrealisten geholfen habe, während sie selbst auf den Transport in die Staaten wartete. Damals war ich allerdings zu sehr mit dem Los meiner Mutter beschäftigt gewesen, um ihm zuzuhören.

Ich hatte halbwegs damit gerechnet, daß Leonora mit Max aus dem Flugzeug steigen würde, nun aber war hier wieder ein anderes

Gesicht, und zwar eins mit legendärem Namen. Ich hätte inzwischen an die plötzlichen Wechsel der Frauen und Pläne in meines Vaters Leben gewöhnt sein müssen. Was war geschehen in der kurzen Zeit in Marseille oder Lissabon? Die Antwort auf meine Fragen sollte ich später erst bekommen. Zunächst mußte ich hingehen und nachsehen, was sich dort im Einwanderungsbüro abspielte.

Die Milchglastür wurde zögernd geöffnet, und nachdem ich mich ausgewiesen hatte, durfte ich eintreten in ein wahres Trauerspiel. Mein Vater, umringt von emsig notierenden Reportern, sah furchtbar verschreckt aus und schien auf die Fragen nur stammelnd zu antworten. Drei Männer standen abseits und studierten den aufgeschlagen auf dem Tisch liegenden Paß, ohne ihn anzurühren. Ich wandte mich zuerst an sie. »Das ist Ihr Vater? ... Tja, sein Visum und alles, das ist in Ordnung ... aber wir können ihn nicht 'reinlassen ... Wieso, wo er doch so viele Jahre in Frankreich war, kommt er hierher mit einem deutschen Paß?« Ich erklärte ihnen, daß er während dieser ganzen Zeit vergeblich versucht hätte, französischer Staatsbürger zu werden. Die Franzosen lehnten es ab, und der deutsche Paß sei wahrscheinlich das einzige Dokument, das er überhaupt bekommen konnte. »Nun, das können wir hier nicht entscheiden. Wir müssen ihn nach Ellis Island bringen. Vielleicht können die das klären. Er wird da drüben eine Anhörung bekommen... Wann? ... Könnte bald sein. Da ist nicht mehr so sehr viel los, man muß bloß den Ausschuß zusammenholen. Kann ich nicht sagen, ob sie ihn hereinlassen werden.«

Nie hatte ich Max so erschüttert gesehen. Ich umarmte ihn, weil ich plötzlich das Gefühl hatte, daß es ganz allein meine Sache war, ihm etwas Zuversicht zu geben. Die Reporter ließen von ihrem widerstrebenden Opfer ab und scharten sich statt dessen um mich. Was war es doch gleich, was Rechtsanwälte den Zeitungen über ihre angeklagten Mandanten mitzuteilen pflegten? »Es ist bloß eine Formalität.« Alles, was ich sagen konnte, war: »Dieser Mann ist ein großer Künstler. Die Deutschen haben seine Gemälde öffentlich verbrannt. Sie würden ihn erschießen, wenn sie ihn in die Finger bekämen. Dieser deutsche Beamte im französischen

Vichy, der ihm den Paß gegeben hat, wird wahrscheinlich auf die Straße gesetzt.« Und dann fiel mir noch etwas ein, was ich einmal gelesen hatte: »Das ist alles, was ich Ihnen zu sagen habe, meine Herren ... Meine Antwort auf alles weitere ist: Kein Kommentar.« Ich hatte keine Gelegenheit, zu erfahren, ob die Art, wie ich mit der Situation fertig wurde, den großen Mann, meinen Vater, beeindruckt hat. Flankiert von den drei Beamten wurde er durch den Hinterausgang zu einem draußen stehenden Wagen geführt. »Es ist schon zu spät, um ihn heute abend noch zur Insel 'rüberzubringen«, hörte ich einen von ihnen sagen. »Wir lassen ihn bis morgen früh oben an der Belmont Plaza.« Mir fiel ein, daß die einzigen Worte, die Max zu mir gesagt hatte, Englisch gewesen waren: »Hello, Jimmy, how are you?«
Die drei Tage des Wartens auf eine Entscheidung von Ellis Island waren beunruhigend still. Ellis Island ... Das Wort allein beschwor schon Phantasien herauf, genährt von vielen Berichten, wahren und erfundenen, über jenen seltsamen Ort, der höchste Freiheit versprach und elende Verbannung androhte. War dies ein Tor, das sich öffnen oder schließen sollte? Ich war nicht allzu beunruhigt darüber, daß Max sich in dieser historisch traurigen Umgebung wiederfand. Er hatte die einzigartige Gabe, aus ziemlich jeder unerwarteten Situation noch grimmigen Humor und neue Einsichten zu ziehen. Meine Angst betraf die Entscheidung über seine Zukunft, die bevorstand und auf die so wenige und bestimmt nicht ich irgendeinen Einfluß hatten. Meine eigenen Kindheitsängste vor allem und jedem mit offizieller Funktion, zum Beispiel vor einem Polizisten und ähnlichen Amtspersonen, hatten sich zu tief eingebrannt, um im Klima meines neuen Lebens einfach zu verschwinden. Aber die Situation war in den Händen von Leuten, denen ich vertraute und die Macht besaßen. Ich hatte die Effizienz des amerikanischen Dampfschiffsagenten in Hamburg nicht vergessen.
Tatsächlich rief Peggy mich während dieser Wartezeit mehrmals im Museum an. Sie hatte sich an einflußreiche Persönlichkeiten gewandt, die für Max bürgen würden, wenn es so weit war. Wiederholt sagte sie, ich sollte mir keine Sorgen machen. Nelson Rockefeller, John Hay Whitney, die American Smelting and Refi-

ning, Edward M. Warburg, der Bezirkspräsident von Manhattan, Leute von der Morgan Bank, die Brüder Lehmann und Eleanor Roosevelt, alle wären dabei. In dem Bewußtsein, daß solche bedeutenden Namen mit meinen Privatangelegenheiten befaßt waren, ging ich mit unbestreitbarer Selbstgefälligkeit an meine Hilfsarbeiten im Museum. Vielleicht bildete ich es mir nur ein, aber die Haltung der »Unfreundlichen« mir gegenüber schien sich über Nacht gewandelt zu haben. Einige sagten sogar danke, als ich ihnen die Post auf den Schreibtisch legte. Die Beziehung zwischen Peggy Guggenheim und Max Ernst hatte sich offenbar herumgesprochen, und daß ich von ihr angerufen wurde, blieb in den Büros nicht verborgen. Ich glaube, daß auch Alfred Barr das stumme Schauspiel genoß. Einmal blickte er von seinem Schreibtisch zu mir auf und brach in ein breites Grinsen aus, wobei er, ganz untypisch für ihn, ein Auge zukniff.

Ich arbeitete in der Poststelle bis zur Mittagszeit des 17. Juli, als Elizabeth Litchfield, Barrs Sekretärin, anrief: »Hier ist ein sehr wichtiger Brief von Mr. Barr, der sofort nach Ellis Island befördert werden muß.« Ich sagte ihr, daß ich allein sei in der Poststelle und nicht weggehen dürfte. Nicht einmal unfreundlich sagte sie: »Mir wäre sowieso lieber, wenn es jemand besorgte, der zuverlässiger ist. Sie gehen ja immer in den Subways verloren, und auf die Südfähre zu kommen ist verzwickt. Ich werde versuchen, einen Botendienst dafür zu kriegen.« Es gelang ihr nicht, und sie rief wieder an. »Ich muß wohl mein Glück mit Ihnen versuchen. Gott steh mir bei. Machen Sie sich keine Sorgen um die Vorschriften. Sausen Sie los . . . und bitte, passen Sie auf, wohin Sie gehen. Mr. Barr reißt mir den Kopf ab, wenn dieser Brief nicht rechtzeitig ankommt.«

Diesen Brief würde ich bestimmt nicht verbummeln, und wie durch ein Wunder schaffte ich die Fähre ohne langes Warten. Zum ersten Mal seit 1938 war ich wieder auf dem Wasser des New Yorker Hafens, und was es bedeutete, daß ich mich diesmal der Freiheitsstatue von der anderen Seite her näherte, ließ mich nicht kalt.

Der uniformierte Wachmann am Dock von Ellis Island prüfte die Adresse auf dem Umschlag. »Bringen Sie es in das Haus da

drüben ... Tragen Sie sich in das Buch ein.« Ich wandte ein, daß ich bloß ein Bote sei, der einen Brief abzugeben hätte. »Sie müssen hier Ihren Namen und den Zweck Ihres Besuches eintragen.« Ich gehorchte. Er schaute auf den Namen, dann auf mich, dann auf eine andere Liste. »Ein Bote, sagen Sie?... Sind Sie irgendwie verwandt mit diesem Antragsteller hier, Maximilian Maria Ernst?... Schon ein komischer Name... He, Bud, lös mich mal kurz ab, ich muß mich um das hier kümmern... Kommen Sie mit, Ernst.«
Ich hielt Barrs Brief in meiner ausgestreckten Hand, als ich dem Wachmann durch die Türen eines alten Gebäudes folgte. »Aber – Officer, ich soll doch bloß diesen Brief abgeben.«
An der einen Wand des Raumes, der offensichtlich ein Wartesaal war, saßen etwa fünfzehn bis zwanzig Leute. Sie sahen alle sehr bedeutend aus mit ihren eleganten Aktentaschen und in Anzügen, wie sie Charakterschauspieler tragen, wenn sie in einem Film hochkarätige Anwälte darstellen. Ich sah Peggy zusammen mit Ernest Lundeen, dem Direktor der American Smelting and Refining, den sie im Flugzeug kennengelernt hatte. Julien Levy war ebenso da wie eine Reihe von Leuten, die ich ein paarmal aus Vorstandssitzungen im Museum herauskommen sah, auch ein paar städtische Beamte und ein Kongreßabgeordneter, den ich von Zeitungsbildern her kannte. Ein paar neugierige Blicke von ihnen trafen mich und ein Blick des Erstaunens von Peggy, als ich auf die Tür des Verhandlungsraums zuging, die der Wachmann mir aufhielt. »Sie halten hier den Betrieb auf, mein Junge. Alles wartet schon auf Sie. Setzen Sie sich da vorn vor dem Ausschuß hin.«
Es war eine strenge, finstere Höhle von Zimmer. Ein Stenograph, den Stift gezückt, saß an der einen Seite der Empore, ein Saaldiener an der anderen. Eine Tür in meinem Rücken ging quietschend auf. Ich drehte mich um und sah eine zerbrechliche, weißhaarige Gestalt in einem zerknitterten Regenmantel, die sich auf eine Holzbank an der Rückwand setzte. Max blinzelte, weil das Licht ihn blendete. »Ach, du bist es, Jimmy, wie geht es dir? Haben sie dich geschickt, um mich hier herauszuholen?« Die Betonung lag auf dem Wort »dich«.

Drei in Roben gehüllte Herren betraten im Gänsemarsch den Raum und nahmen ihre Plätze über mir auf dem Podium ein ... die Komissionäre. Der Saaldiener wandte sich an mich: »Bitte, stehen Sie auf, legen sie die Hand auf das Buch und schwören Sie, daß Sie nach bestem Wissen und Gewissen die Wahrheit und nichts als die Wahrheit sagen werden, so wahr mir Gott helfe.« Ich wiederholte das Verlangte, wobei ich immer noch den Brief trug, den ich in die andere Hand nehmen mußte, um die Bibel zu berühren. Dann verlangte der Beamte: »Nennen Sie Ihren vollen Namen, Geburtsdatum und -Ort, gegenwärtigen Wohnsitz ... Setzen Sie sich.«

Jetzt waren die Kommissionäre an der Reihe. »Kennen Sie den Antragsteller dort im Hintergrund? Nennen Sie seinen Namen und Ihr Verwandtschaftsverhältnis zu ihm.«

»Sir, sein Name ist Max Ernst ... ich meine, Maximilian Maria Ernst, und er ist mein Vater ... aber, Sir, ich sollte doch bloß diesen Brief hier abgeben. Es sind doch andere da, die ...«

»Überlassen Sie uns, zu entscheiden, was diesem Verfahren dienlich ist. Sind Sie einträglich beschäftigt und wie hoch ist Ihr Verdienst? Sind Sie bereit, den Antragsteller zu unterstützen und ihm Unterkunft zu gewähren?«

»Sir, ich arbeite im Museum of Modern Art, und ich bekomme zweimal dreißig Dollar im Monat. Ich wohne Fünfundsechzigste Straße 51 West. Natürlich bin ich bereit, meinen Vater zu unterstützen ... aber mein Vater hat eine Menge Freunde. Sie sollten vielleicht diesen Brief lesen, den ich abgeben soll ...«

»Das ist nicht nötig. Wir sind an Ihnen interessiert, nicht an seinen Freunden. Können Sie den Antragsteller an Ihrem Wohnsitz aufnehmen?«

»Nun ja, Sir, ich wohne in einem möblierten Zimmer. Das Bett ist ein bißchen größer als ein Einzelbett, und ich bin sicher, daß meine Vermieterin, das ist eine Mrs. Jordan, nichts dagegen hätte. Er kann bei mir wohnen, wenn er möchte.«

»Waren Sie je in irgendwelchen Schwierigkeiten? Polizei-Protokolle? Irgend etwas in dieser Art? Sie stehen unter Eid. Sind Sie Bürger der Vereinigten Staaten von Amerika?«

»Sir, ich hatte noch nichts mit der Polizei zu tun und auch sonst

keine Schwierigkeiten. Ich bin erst seit sechsunddreißig Monaten in diesem Land, aber ich habe schon die ersten Papiere für mich besorgt ... Wollen Sie diesen Brief?«
»Junger Mann, noch einmal: Sind Sie bereit, die volle Verantwortung für das Wohlergehen dieses Antragstellers zu übernehmen mit dem Ziel, ihn nie zu einer Belastung für den Staat werden zu lassen, und verbürgen Sie sich für seinen moralisch einwandfreien Charakter?«
»Ja, Sir, das tue ich.«
»So wahr Ihnen Gott helfe?«
»So wahr mir Gott helfe.«
Im Raum war nur das Rascheln der Papiere und ein leises Hüsteln meines Vaters zu hören, während die Kommissionäre sich berieten. Einer der Beamten verkündete das Ergebnis der Beratung: »Ich empfehle, den Antragsteller Maximilian Maria Ernst in die Obhut seines Sohnes James U. Ernst zu entlassen, der vor diesem Ausschuß in seiner Sache erschienen ist, heute, am 17. Juli 1941 ... Der Antrag ist einstimmig angenommen.«
»Vielen Dank, meine Herren. Was soll ich denn nun mit diesem Brief machen?«
Im Warteraum sprang Peggy auf mich zu. »Wann findet denn nun endlich diese Anhörung statt? All die wichtigen Leute hier warten schon so lange.« Ein Wachmann in meinem Rücken antwortete an meiner Stelle, sehr förmlich: »Die Anhörung hat bereits stattgefunden und ist abgeschlossen. Dem Antragsteller ist der Zutritt zu den Vereinigten Staaten in der Obhut seines Sohnes gewährt worden. Man wird ihm jetzt sein Eigentum aushändigen. Die nächste Fähre nach Manhattan geht in etwa zwanzig Minuten.« Es herrschte atemlose Stille, während fragende Augen einen sehr verschreckten jungen Mann musterten, der immer noch einen Briefumschlag in der Hand hielt. »Sieh mal einer an, Max ist in Ihrer Obhut.« Peggy sah glücklich aus. »Wollen Sie mich nicht an der Obhut beteiligen?«
Auf der Fähre kamen ein paar Leute herüber, um mir die Hand zu schütteln und zu gratulieren, einer ging sogar so weit, mir den Kopf zu tätscheln. »Großartig. Das amerikanische System funktioniert wirklich, nicht wahr? Daran kann nicht einmal dieser

Krüppel im Weißen Haus etwas ändern.« Ansonsten bemerkte ich viel verärgertes Juristengehabe, das unverkennbaren Mißmut darüber ausdrückte, daß man fast einen ganzen Tag vergeudet hatte, nur um von so einem Bengel ausmanövriert zu werden. Mir machte es nicht besonders viel aus, daß ich immer noch nicht mit Max reden konnte. Er und Peggy waren umringt von Gratulanten mit aufgesetzten Mienen schmeichlerischen Triumphs, obwohl die Hälfte von ihnen gar nicht wußte, wer zum Teufel Max Ernst war, nur daß er irgendwie mit einer Guggenheim in Verbindung stand. Der Maler William Gropper, der an diesem Tag auch für einen einwandernden Freund ausgesagt hatte, stellte sich mir vor in der Hoffnung, Max kennenzulernen, aber er merkte schnell, daß ich nicht in der Lage war, etwas für ihn zu tun. Immerhin hatte ich Gelegenheit, die Aktionen und die Akteure auf der Fähre mit gewissem Abstand zu beobachten. Die Frauen im Leben meines Vaters waren ohne Ausnahme körperlich attraktiv und sinnlich gewesen. Diese Verbindung paßte überhaupt nicht ins Bild. Ich wußte, daß Leonora Carrington irgendwo draußen auf dem Atlantik nach Amerika unterwegs war. Peggy konnte in Wesen und Erscheinung nicht entfernt mit ihr konkurrieren. Dennoch hatte ich fast sofort gemerkt, an zugegeben spärlichen Indizien, daß sich diese scheue und linkische Frau jetzt als Teil von Maxens Leben fühlte. Unbestimmt hoffte ich, daß mein Vater sich geändert haben könnte und daß es für ihn bei dieser Beziehung um mehr ginge als um mögliche Bedürfnisse des Augenblicks. Peggy und ich nahmen ein gemeinsames Taxi von der Südfähre zur Belmont Plaza, Max und seine »Verehrer« waren in einer Parade dunkler Limousinen davongebraust. Peggy gab sich Mühe, angesichts dieser Taktlosigkeit Haltung zu bewahren, und holte mit ruckartigen Kopfbewegungen tief Luft. Tastend berührte sie meine Hand und sagte, ich müsse wohl sehr froh sein, Max nach so langer Trennung wiederzusehen. »Er erzählt immerzu von Ihnen ... eigentlich müßte er sehr glücklich sein, so wie das alles ausgegangen ist ... Hat er Ihnen etwas von mir erzählt? ... Wissen Sie, er kann so lieb sein ... Hat er überhaupt schon einmal von uns gesprochen? Immerhin ist das etwas Neues in seinem Leben, und er wird Sie ja nicht damit überraschen wollen ... Da stelle ich so viele Fragen, und Sie denken, wer ist sie denn? Ich glaube, er braucht mich... Er ist so schön, finden Sie nicht?... Und warten Sie ab, bis Sie seine neuen Bilder sehen... Er kann ein solcher Kindskopf sein... Im Flugzeug, wissen Sie, was er da gemacht hat? Er hatte einen furchtbaren Krach mit Pegeen, meiner Tochter, weil er Angst hatte, sie bekäme die letzte Koje und er müßte im Sitzen schlafen. Sie kam mit in meine, und Max war so glücklich... Es war ein schrecklicher Flug. Max haßt Kay. Sie haben den ganzen Weg gestritten... Pegeen und Sindbad sind meine Kinder von Laurence. Er und Kay hatten sie eine Zeitlang bei sich, und ich glaube, Kay hat sie gegen mich aufgehetzt. Sie ist sehr stark... destruktiv... Nun, ich habe sie wieder... Ich glaube, Kay verläßt Laurence. Ich vermute, sie hat Pegeen und Sindbad auch gegen Max negativ beeinflußt... Vielleicht können Sie mir helfen. Ich möchte, daß sie Max mögen... Tut mir leid, das muß schwierig sein für Sie. Ich rede zu viel. Irgendwie meine ich, ich kann... ich weiß nicht, warum... Entschuldigen Sie.«

Es war ein bißchen viel auf einmal. Ich war verwirrt und gerührt. Gebildete und reife Menschen sollten eigentlich nicht so unsicher sein. Das hatte ich für meine Spezialität gehalten. Das Selbstmitleid war ein Gegner, der mir nie ganz fern war. Mein Ich hatte angenommen, daß die Folgen der schwierigen Jahre ohne Liebe und voller Bedrohung im Laufe einer vernünftigen Zeitspanne verschwinden würden. War es denn wahr – ich mochte die Küchentischweisheit einfach nicht glauben –, daß auch reiche Leute sehr traurige Menschen sein konnten? Erzählte mir Peggy da etwas über sich selbst? Ein Leben der Ungewißheit hinsichtlich der Motive der Menschen, zu denen sie eine gefühlsmäßige Bindung hatte. Sollte ich mir jetzt eine Antwort ausdenken, die für ein Weilchen als Pflästerchen für die Abschürfung taugte? Nicht einmal so viel Kraft hatte ich und hielt es deshalb für das Beste, notgedrungen, nur über meine eigenen, unmittelbaren Sorgen zu reden.

»Ich wünschte, ich hätte auf der Stelle ein paar Antworten für Sie, aber ich habe nicht einmal Fragen. Max und ich hatten bis jetzt noch keine Minute Zeit, um auch nur ein Wort zu wechseln. Nur

mit allen anderen habe ich geredet, und er auch. Ich weiß nicht, wann die Zeit kommt, aber sie kommt. Aber auch dann werde ich von seinem Privatleben nichts wissen. Es hat noch nie einen Grund für ihn gegeben, mir die Entscheidungen in seinem Leben zu erklären. Meistens waren die Überraschungen erfreulich. Ich weiß nicht, ob ich Ihnen helfen kann, aber wenn ich kann, will ich es gern tun.«
Die Szene an der Belmont Plaza unterschied sich in nichts von der auf der Fähre. Einige Gesichter hatten gewechselt. Tanguy und seine Frau Kay Sage, Howard Putzel, Matta, Bernard Reis und seine Frau Becky (Freundin und Buchhalterin vieler Künstler), Nicolas Callas und andere strahlten sich an, als Breton kam und sich Max beim Hofhalten anschloß. Peggy packte meinen Arm, als Breton, ohne jemanden speziell anzusprechen, nach Leonora Carrington fragte und wann denn ihr Schiff ankommen sollte. Max murmelte etwas von einer Heirat mit einem mexikanischen Diplomaten und lenkte die Unterhaltung auf etwas anderes. Howard Putzel, ein alter Freund von Peggy, der einem abgewetzten Teddybären glich, brachte ihr die Nachricht, daß ihre Sammlung angekommen sei, daß es aber beim Zoll eine Weile dauern würde. Sie war sehr froh, aber gleichzeitig auch besorgt, daß sie für irgendwelche surrealistischen oder kubistischen Bilder, die von den amerikanischen Behörden möglicherweise nicht als Kunstwerke anerkannt würden, Zoll bezahlen müßte. Ich entschied, daß ich für heute genug erlebt hätte, und begann, mich allmählich der Tür zu nähern. In diesem Augenblick beschloß Breton, sich zu dem »merkwürdigen Verhalten Paul Eluards« zu äußern und indirekt anzudeuten, dieser wäre möglicherweise ein Kollaborateur. Das Gesicht von Max wurde zur stählernen Maske. »Davon will ich nichts hören. Eluard ist ein großer Mann. Vielleicht stören sich einige von uns an seiner Stalin-Apologetik. Aber seine Poesie ist das Blut unserer Körper ... er ist mein guter Freund und Bruder. Er hätte herkommen können wie wir. Aber er ist geblieben. Sag ihm diese Dinge ins Gesicht. Ich kann dich nicht daran hindern, sie zu schreiben, aber flüstere nicht hinter seinem Rücken.«
Er stampfte davon und schob mich vor sich her ins Schlafzimmer.

Merde, murmelte er, als er die Tür hinter sich krachend zuschlug. Dann drehte er sich zu mir um und sagte auf Deutsch: »Wie sollen wir reden, deutsch, französisch oder englisch?« Ich antwortete ihm auf Englisch, daß ich vermutlich in dieser Sprache mit ihm reden würde. Dann täte er es auch, sagte er, aber gelegentlich würde er wohl etwas Deutsch oder Französisch brauchen, bis es fließender ginge. »Die Art, wie du lebst, diese furchtbaren Geschichten da draußen auf Ellis Island – ist das wirklich wahr?« Ich erinnerte ihn daran, daß ich einen Eid geleistet und wirklich Todesängste ausgestanden hätte, daß die Wahrheit seine Einreise in das Land erschweren könnte. »Also – ich hätte genau so geurteilt, wenn ich da oben gesessen hätte. Du hast dich benommen wie ein solider Bürger. Ich bin bloß froh, daß ich nicht zu dir in deinen ›Wohnsitz‹ ziehen muß, den du jetzt hast... Komm, nimm dies und laß deinen Job sausen. Du findest etwas Besseres. Und bis dahin werde ich dir helfen. Ich muß jetzt wieder da 'raus. Breton hat genug Zeit gehabt, sich eine gute Entschuldigung auszudenken, die nicht nach Entschuldigung klingt.«
Ich hatte noch nie eine Hundertdollarnote gesehen. Ich steckte sie in die Tasche, wagte kaum, sie zu berühren, denn ich war nicht sicher, ob ich sie hätte nehmen sollen. Ich stand an den Fahrstühlen, als Peggy, auf der Suche nach mir, den Gang herunter kam.
»Max hat es mir erzählt. Machen Sie sich keine Sorgen; es ist sein Geld. Ich habe ihm Bilder abgekauft... Putzel hat mir gerade gesagt, daß meine Sammlung kommt. Ich werde Hilfe brauchen. Es wird eine Menge Lauferei geben, Registratur, Briefe, Katalogisieren... vielleicht möchten Sie mein Sekretär sein. Ich glaube, wir kommen miteinander aus... Fünfundzwanzig Dollar die Woche würden es Ihnen leichter machen, was meinen Sie?« Ich versprach ihr, darüber nachzudenken und ihr morgen Bescheid zu geben. »Ach, und... Jimmy!« Ich mußte die Lifttür offenhalten. »Danke für das, was Sie bei der Verhandlung getan haben. Max hat gesagt, Sie waren fabelhaft. Ich möchte, daß er sehr glücklich ist. Sie haben schon geholfen.« Sie nahm mein Gesicht zwischen ihre Hände und küßte mich.
Als ich die Lexington Avenue hinauf und durch den Park ging,

schützte ich das ungewohnte Stück Währung mit der Hand in der Tasche gegen jede Eventualität. Ich war sehr versucht, es hervorzuholen, um nachsehen zu können, wessen Porträt darauf war. Ich wußte, ich war nahe daran, für morgen eine positive Entscheidung zu treffen, als ich in der Vorstellung schwelgte, mit einem Taxi nach Hause zu fahren und dann das Gesicht des Fahrers zu sehen, wenn ich ihm einen Hundertdollarschein reichte.
Ich ging zu Kiesler und besprach es mit ihm, und dann, spät in der Nacht, noch zu Bill Baziotes, um auch seinen Rat zu hören. Sie drängten mich beide, ja zu sagen. Kiesler war unbesorgt, auch was mein geistiges Fortkommen betraf. »Und im übrigen«, meinte er, »könntest du für deine Freunde eine große Hilfe sein. Es gibt alle möglichen Leute, die liebend gern diese Frau beherrschen würden.« Steffi, seine Frau, meinte, jetzt wäre es an der Zeit, daß ich regelmäßig besser äße. Baziotes war hingerissen von der Idee. »Na klar, bei dem Haufen wird's dir ganz bestimmt nie langweilig. Du bist länger hier als die meisten von denen. Du kannst ihnen was erzählen; das hier ist nicht Paris.«
Wahrscheinlich habe ich nicht allzu viel darüber nachgedacht, welche Rolle ich spielen und welche Konsequenzen es haben würde, wenn ich den Schritt zurück täte in eine Welt, die ich einmal hinter mir gelassen hatte. Nichts von dem, was ich bisher getan hatte, abgesehen von meiner Malerei, war irgendwie auf die Zukunft gerichtet. Fast wie damals bei der Landung an den Docks der West Side vor drei Jahren war ich bereit, die Dinge an mich herankommen zu lassen und sie zu nehmen, wie sie kamen. Und der Job im Museum of Modern Art wurde von Tag zu Tag ungemütlicher. Einige Befürchtungen muß ich aber gehegt haben, was den möglichen Verlauf der künftigen Beziehung zwischen Max Ernst und Peggy Guggenheim betraf. Die Szenen der letzten Tage hatten mich besonders an die schmerzliche Seelenpein erinnert, die ich miterleben mußte, als Marie-Berthe sah, wie Max ihr entglitt.
Sie hatte, wie es schien, die Trennung nicht so gut überstanden wie meine Mutter zuvor. Das letzte, was ich von ihr hörte, war, daß sie nicht mehr in den Straßen von Paris streunende Tiere einsammelte, sondern den kranken Chaim Soutine von einer entlegenen

Gegend Frankreichs zur anderen begleitete. Soutine, litauischer Jude und »dekadenter moderner« Maler, war eigentlich ein sicheres Opfer der deutschen Besatzung. Tatsächlich sollte er in ihren Armen sterben. Bisher hatte ich das Privatleben meines Vaters und seine Unberechenbarkeiten besorgt von fern beobachtet. Diesmal könnte ich dem Schauplatz so nahe sein, daß ich gegen alle Vernunft in das Geschehen verwickelt würde. Es war einfach niemand da, der mir einen Rat geben konnte, auch meine Mutter nicht, von der ich im Moment überhaupt nichts wußte und die aller Wahrscheinlichkeit nach sowieso die Entscheidung mir überlassen hätte.

Die Neunundneunzig-Cent-Hemden aus Schultes Zigarrenladen kosteten jetzt 1,05 Dollar. Ich trug ein neues und auch meine Fliege »für besondere Anlässe«, als ich am nächsten Morgen zur Arbeit ging. Mrs. Jordan hatte mein baumwollenes Botenjungenjackett, das meinen Namen trug, gewaschen und gebügelt. Ich begann mit der Verteilung der eingegangenen Post. Als ich die Post des Direktors auf den Schreibtisch Elizabeth Litchfields legte, deutete ich auf den ersten Umschlag. »Hier ist der Brief, den Sie mir gestern gegeben haben. Ich habe ihn nicht abgegeben. Ich habe es versucht, aber es wollte ihn keiner. Ich habe es wirklich versucht.« Sie hatte ein wundervoll dröhnendes Lachen, und diesmal schrillte es auf wie ein Feueralarm. »Wir haben es schon gehört. Mr. Barr sagt, Sie waren der Mann des Tages, und der übrige Haufen hat eine Vorstellung davon bekommen, was Ellis Island ist.«

Barr steckte den Kopf durch die Tür und grinste. »Mich haben gestern abend ein paar Leute angerufen. Sie haben sich beschwert, ich hätte sie zum Hornberger Schießen geschickt.«

Ich richtete es so ein, daß ich meine Postrunde bei einer Dame beendete, die in der Affäre Briefmarkendiebstahl zu meinen Peinigern gehört hatte, und ich sagte ihr, daß ich kündigen wolle. »Ich glaube, in dieser Briefmarkengeschichte waren wir etwas übereilt«, sagte sie mit unbewegtem Gesicht. »Im übrigen hat sich Ihre Arbeit seitdem gebessert, und wir können über eine Beförderung und etwas mehr Geld reden. Nehmen Sie sich erst einmal frei und sehen Sie zu, daß Ihr Vater sich einrichtet. Vielleicht überlegen Sie es sich noch einmal.« Ohne Zweifel hatten sich die Dinge über Nacht gründlich geändert, und ich genoß es, ihr mitzuteilen, daß ich ein besseres Angebot hätte. Hatte ich gestern Mitgefühl für Peggys Lage gehabt, so wurde mir heute das drohende Dilemma durch die Frage deutlich: »Ist es Miss Guggenheim, die sich um die Angelegenheiten Ihres Vaters kümmert?«

Nach einer letzten Demütigung – ein argwöhnischer Bankkassierer, der mich sorgfältig überprüfte, bevor er mir den Hunderter in kleinere Münzen wechselte – begab ich mich geradenwegs zu meinem Drugstore an der Ecke. Mit gespielter Gleichgültigkeit warf ich fünf Dollar auf die Marmortheke. »Hier, schmeißen Sie den überreifen Camembert weg.« Mein neuer Job an der Belmont Plaza erwartete mich.

Julien Levy hatte beschlossen, die Ankunft von Max mit einem typischen New Yorker Dinner in Lindy's Restaurant zu feiern. Für Ernst und seine Begleitung waren die Tische am Fenster reserviert.

Ich blickte ein paarmal hinaus, um zu sehen, ob sich da einer draußen auf dem Gehweg die Nase an der Scheibe plattdrückte und die fabelhafte Dessertauslage bewunderte. Es war ein verschwenderisches und ausgedehntes Mahl. Irgendwann zwischen Grieskößchensuppe und Käsecrêpes trug Peggy ihrem neuen Sekretär auf, »den beiden Herren an dem Tisch drüben zu danken. Sie waren so nett und hilfreich zu mir, als ich gestern auf Ellis Island warten mußte. Sie haben mir abwechselnd die Hand gehalten und den Kopf getätschelt. Einer von ihnen hat mir sein Taschentuch geborgt.«

Der erste größere Auftrag in meiner neuen Funktion trug mir erschrockene, wenn nicht gar angstvolle Blicke ein. »Wovon redst'n du eing'lich, Junge?... Ellis Island? Biste verrückt oder was? Wir doch nich!!! Ich un Sam, wir war'n gestern beide auf Achse. Bestimmt, n'ganzen Tach.« Noch ehe Julien die Chance hatte, nach der Rechnung zu fragen, bestellte ich mir meine lang erträumte Käsetorte mit schwarzen Kirschen. Sie kam zu mir herangeschwebt wie das Schloß im *Wizard of Oz*. Ein Dunstschleier umgab sie, sie schimmerte und sie bewegte sich, auch als der Kellner sie schon vor mich hingestellt hatte. Irgend etwas stimmte nicht. Ich kann mich nur noch erinnern, daß einer der beiden Männer mir mit dem Daumen die Richtung wies: »Tolette is da drü'm, Junge.«

Verzweifelte Tänze

Der PanAm-Clipper vom 14. Juli hatte eine unerwartete Dimension in mein Leben gebracht. Wenn ich versuchte, meine Eindrücke und Reaktionen zu ordnen, war es, als ließe ich feinen Sand durch meine Finger rinnen. Ein Mensch war in meiner neuen, noch zerbrechlichen Unabhängigkeit erschienen, ein Mensch, mit dem mich etwas verband, das mir noch rätselhaft war. Ich war nicht sicher, wie sich die Ankunft meines Vaters auf mein entstehendes persönliches Universum auswirken würde. Die Frau, die wenigstens im Augenblick zu seinem Leben zu gehören schien, war ebenfalls etwas Einmaliges in meiner Erfahrung. Nie zuvor hatte jemand so offen und unverzüglich um mein Vertrauen und meine Freundschaft geworben. Ich hatte gewiß keinen Grund, das von einem Menschen zu erwarten, der durch seine Stellung im Leben daran gewöhnt war, daß ihm jeder irdische Wunsch von den Augen abgelesen wurde. So jedenfalls stellten es die Traumbilder dar, die die europäische Presse mit ihrer Begeisterung für das Leben amerikanischer Erbinnen schuf. Der Name Peggy Guggenheim gehörte zu fast jedem Gespräch, das neu aus Paris gekommene Emigranten bei John LaTouche führten, und auch in den Büros des Museums hatte ich den Namen gehört. Man klatschte über exzentrisches Benehmen, zügelloses Leben, das Sammeln von Künstlern und ihren Werken und das launische Verteilen von Stipendien zur Unterstützung avantgardistischer Schriftsteller. Diese »Dollarprinzessin«, hieß es, obwohl nicht so reich wie andere ihrer Art, sei die »Barbara Hutton der Bohème«. Dieses Bild deckte sich überhaupt nicht mit meinem ersten Eindruck von dieser Frau, die so unverstellt, so scheu war, daß man eine schmerzliche Vergangenheit vermutete. Gleichzeitig gab es bewegte Momente der Brillanz, des Charmes und einer Wärme, die ständig im Zweifel schien, ob sie erwidert würde. Es muß die Angst vor der Zurückweisung gewesen sein, die ihre abrupt wechselnden Stimmungen, ihre scharfen Erwiderungen und ätzenden Schnellurteile hervorrief, aber nie auf Kosten ihrer Weiblichkeit.

Es war mir nie gelungen, die Frauen im Leben meines Vaters völlig objektiv zu sehen. Sie waren alle schön und niemals langweilig gewesen, und die Schwierigkeiten, die manche von ihnen als Belastung ihrer Liebe zu ihm erlebt hatte, waren mir nicht unbekannt. Peggy Guggenheim paßte gewiß nicht in den ersten Teil dieses Bildes. Als ich sie kennenlernte, standen die Erinnerungen an all die anderen Kapitel im Privatleben meines Vaters wieder auf, deren Zeuge ich aus der periphären Sicht des Kindes geworden war. Diese kleinen Welten hatten in mir immer deutliches Unbehagen hinterlassen, weil es mir nicht gelang, die trügerisch wechselnden Porträts des Vaters, des Liebhabers einer Frau und des fremden Genies Max Ernst mit Gleichmut aufzunehmen.
Diese Vorbehalte waren viel zu vage, als daß ich ihretwegen Peggys Angebot hätte ablehnen müssen. Ich brannte darauf, meinen Lebensunterhalt mit etwas potentiell Sinnvollerem zu verdienen, als Säcke zum Postamt zu schleppen. Die Galerie der Persönlichkeiten, mit denen ich es bei meinem neuen Tagewerk zu tun hatte, war in der Tat etwas ganz anderes. Es war, als beträte ich eine Wiese voll anmutiger Gräser und blühender Büsche, die ständige Überraschungen barg, aber auch trügerisch anmutiges Sumpfland, auf dem man leicht den Halt verlor. Es war ein für Amerika etwas fremdartiges Biotop, und ich brauchte nicht lange, um seine Flora und Fauna als Verpflanzungen aus Lou Straus-Ernsts Wohnzimmer oder Max Ernsts Atelier zu erkennen. Ich hatte geglaubt, diese mit intellektuellem Streit, finsterem politischem Dogmatismus, persönlichen Eitelkeiten und ideologischen Rivalitäten geladene Atmosphäre hinter mir gelassen zu haben, die zur gleichen Zeit Wirbelstürme von Ideen auslöste und erstickte, während draußen Ungeheuer umgingen. Nun war diese Gemeinde dabei, sich in einem reicheren und sichereren Teil der Welt wieder zu versammeln, und mindestens einige ihrer Mitglieder schienen nicht zu wissen, daß es nie wieder so sein würde wie früher. Ich beobachtete so manchen, auf dessen Knien ich als Kind geritten war, wie er die eingebildete Rolle des Boten spielte, der einer kulturlosen Nation das Leben brachte. Wenn sie erwarteten, daß ein in den amerikanischen Teich geworfener Kieselstein mehr hervorrufen könnte als bloß Kräuselwellen, ließen sie weitgehend

die Möglichkeit außer acht, daß in diesem Land so manche Welle spurlos am flachen Strand der Mode auslief. Jetzt sah ich sie wieder als Teil meines neuen Jobs. Sie kamen wie magnetisch angezogen von der geistigen Gastlichkeit Peggy Guggenheims, Max Ernsts, André Bretons und Marcel Duchamps.
Aber jetzt war ich kein Kind mehr, und ich konnte nicht umhin, sie mit den traurigen Emigranten von Paris zu vergleichen, die die Litzen und Epauletten ihrer Portiersuniformen mit dem gleichsetzten, was sie als Günstlinge am Zarenhof getragen hatten. Ich konnte jetzt auch verstehen, wie sich Gesten der Großzügigkeit zu der Art von Klatsch aufblähten, den ich über Peggy gehört hatte. Schriftliche und telefonische Bitten um Unterstützung für dieses oder jenes Projekt waren an der Tagesordnung, und ich war jetzt der Trichter, den sie durchlaufen mußten. Das war besonders unangenehm, wenn es die persönlichen Nöte eines Menschen betraf und mir die Schuld gegeben wurde, wenn keine Hilfe kam. Das gleiche traf auf meine Funktion im Bereich der sozialen Fragen und der Personalpolitik zu. Ich hatte ja keinerlei Erfahrung darin, solche Dinge klug zu handhaben. Zum Glück fand ich einen weisen Berater in Marcel Duchamp, der, von Peggy geliebt, oft dabei war. Er wurde mein väterlicher Freund, der mit ausgewogenem Rat half, so manche drohende Katastrophe zu verhindern, und als Erklärer der Szene ringsum fungierte. Sehr typisch war wohl, was er anmerkte, als einer von André Bretons Wutanfällen wegen eines angeblichen Versehens auf mich niederging: »Das kenne ich von ihm nur bei Leuten, die er beeindrucken will... Mach dir nichts daraus, es sei denn, dein Herz hinge daran, in den nächsten Wochen ein ordnungsgemäß beglaubigter Surrealist zu werden.«
Peggy und ich verbrachten viel Zeit damit, den Zustand ihrer Sammlung von Kunst des zwanzigsten Jahrhunderts zu kontrollieren, die nach ihrer Reise über den Atlantik wohlbehalten in einem Lagerhaus untergebracht wurde. Sie bestand aus annähernd 150 Gemälden, Zeichnungen und Plastiken, Stücke, die vom Kubismus über die Abstraktion bis hin zum Surrealismus reichten. Zum Privatbesitz Peggys gehörten eine kunstvolle Calder-Skulptur, speziell als Kopfstück für ein Doppelbett geschaffen, zahllose

Ohrringe, Armbänder und Halsketten von der Hand ebenso vieler Maler und Bildhauer, dazu so manches seltene Buch über moderne Kunst. Stolz zeigte sie mir ihre neun herrlichen Paul Klees, beklagte aber ihr Versäumnis, keinen guten kubistischen Picasso und etwas aus seiner neueren Periode gekauft zu haben. Auch fehlte in ihrer Sammlung noch ein typischer früher De Chirico. Besonders intensiv hatte Peggy sich um die Pionierarbeiten der russischen Suprematisten Kasimir Malewitsch, Alexander Rodschenko und El. Lissitzky bemüht. Ihre Sammlung enthielt auch Stücke der niederländischen Neo-Plastik-Kunst von Georges Vantongerloo und Theo van Doesburg, große Kohlezeichnungen von Piet Mondrian und bahnbrechende Abstraktionen von Kandinsky und Jean Hélion. Peggy hatte nie behauptet, daß sie die Auswahl allein träfe. Sie hatte die Surrealisten einfach deshalb nicht beachtet, weil niemand dagewesen war, den sie um Rat fragen konnte, bis sie Duchamp, Breton und Ernst kennenlernte. Sie hatte gerade, wenige Tage vor der Besetzung von Paris, versucht, einen späten Picasso zu bekommen, aber der Meister, der seine Verachtung für die »amerikanische Erbin« zeigen wollte, hatte sie beleidigt, indem er seine ganze Aufmerksamkeit anderen Ateliergästen zuwandte, »ein paar erhabenen italienischen Aristokraten«, um sich dann in der servilen Art eines Warenhaussubstituten an sie zu wenden mit der Frage: »Nun, und was kann ich für Sie tun, Madame? Sind Sie sicher, daß Sie in der richtigen Abteilung sind? Damenunterwäsche ist einen Stock höher.« Sie war gegangen.
Jetzt kam es darauf an, einen Platz für die Sammlung zu finden. Unsere Suche nach einem geeigneten Standort wurde durch beinahe täglich entstehende »Krisen« zwischen Peggy und Max wegen wirklicher oder vermeintlicher kleiner Vergehen erschwert. »Den ganzen Tag ist er weg, ich weiß nicht, wohin er geht... Gestern hat er mir eins seiner Bücher geschenkt und hineingeschrieben »Für Peggy Guggenheim von Max Ernst«... Ich glaube, er liebt mich in Wirklichkeit gar nicht...«
Ihre Unsicherheit erreichte einen Höhepunkt, als Leonora Carrington per Schiff in New York eintraf und mit ihr der wesentliche Teil von Max Ernsts Œuvre. Der Kriegsausbruch hatte ihrem idyllischen Leben mit Max in der kleinen südfranzösischen Stadt

ein Ende gesetzt. Ihre Trennung war endgültig geworden, nachdem Leonora eine Serie traumatischer Schicksalsschläge hinnehmen mußte, die darin gipfelte, daß sie durch den langen Arm ihrer mächtigen britischen Familie in ein spanisches Irrenhaus eingeliefert wurde. Während dieser unseligen Internierung kam sie selbst zu der Überzeugung, daß sie tatsächlich vom Wahn besessen sei. Als sie endlich Lissabon erreichte, fand sie dort Max, der mit Peggy gekommen war, um auf das Flugzeug nach New York zu warten. Ein paar grauenhafte Szenen zwischen den beiden waren wohl das Motiv, das hinter Leonoras Eheschließung mit einem mexikanischen Diplomaten stand. Ich entsinne mich nicht, jemals wieder eine solch seltsame Mischung aus Verzweiflung und Euphorie im Gesicht meines Vaters gesehen zu haben wie an dem Tag, als er von seiner ersten Begegnung mit Leonora in New York zurückkehrte. Für einen Augenblick war er der Mann, den ich aus Paris kannte – lebendig, glühend, witzig und friedlich – und dann sah ich in seinem Gesicht den furchtbaren Alptraum, der so oft mit dem Erwachen kommt. Jeder Tag, an dem er sie sah, und das geschah oft, endete auf diese Art. Ich hoffte nur, ich müßte selbst nie solchen Schmerz erleiden, und ich wußte nicht, wie ihm zu helfen war.

Peggy entschied spontan, so als fürchtete sie neues Unheil in ihrem Leben, nach einem Ort in Amerika außerhalb von New York Ausschau zu halten. Es wurde beschlossen, daß unsere Karawane – Max, Peggy, ihre Tochter Pegeen und ich – zunächst in Santa Monica im Haus von Peggys Schwester Hazel McKinley wohnen sollte. Unsere Suche begann mit einem extrem ungemütlichen Flug in einem Propellerflugzeug nach San Francisco und endete etwa vier Wochen später mit einer transkontinentalen Heimreise nach New York in einem eleganten, langen grauen Kabriolett.

Meine Erinnerungen an die Guggenheim-Ernst-Invasion der Westküste sind in ihrer Art dem heftigen Schlingern und Holpern des Fluges von New York nicht unähnlich, bei welchem – vielleicht als ein Omen – Max der einzige Passagier war, der nicht luftkrank wurde. Einzelszenen und Bruchstücke dieser Periode sind durcheinandergeraten und gleichen einem Mosaik, dessen Steinchen nicht an ihrem Platz bleiben wollen. Ich war vollauf

Pegeen Guggenheim, Peggys Tochter, in New Orleans, 1939.

beschäftigt mit all den Verrücktheiten und Rangeleien in den verwickelten Beziehungen zwischen Max und Peggy, Peggy und ihrer Tochter Pegeen, Pegeen und Max und schließlich allen dreien und mir als einer Art Resonanzboden, Sturmbock und absolut überfordertem Schiedsrichter. Die sechzehnjährige Pegeen, sehr hübsch und sehr durcheinander, nachdem sie den größten Teil ihrer Kindheit bei ihrem Vater Laurence Vail und dessen Frau Kay verbracht hatte, stürzte sich in tränenreiche Feindseligkeiten mit Peggy ebenso wie mit Max, anscheinend als Rache für ihr unstetes Leben in Europa und die ungewisse Zukunft mit einer Mutter, deren emotionale Labilität sie nur allzugut spürte. Diese immer wiederkehrenden Szenen waren für mich die einzige Interpunktion in einer ununterbrochenen Kette von Eindrücken und Bildern, die in einem Hotel von San Francisco begann und sich fortsetzte, als unsere glückliche kleine Familie in Santa Monica von dem Haus der Schwester Peggys so gut wie restlos Besitz ergriff. Hazel McKinley teilte mir ihr Malatelier als Lebensraum zu, während Max die große geschlossene Veranda als Arbeitsplatz für sich in Anspruch nahm. Das Zimmer von Max und Peggy wurde von der gerahmten McKinley-Familie über dem Bett gekrönt. Die Inschrift, »Not Too Much«, wurde wiederholt bei Mahlzeiten und Cocktails diskutiert, und das war auch nicht immer amüsant. Max tadelte mich heftig, weil ich Hazels Pinsel nicht ordentlich gesäubert und ihre sämtlichen fertig gespannten Leinwände aufgebraucht hätte. Fast täglich zogen wir zu Expeditionen entlang der Küste aus, auf der Suche nach einem Ernst-Guggenheim-Domizil und -Museum. Charles Laughtons Residenz in Pacific Palisades wäre dafür ideal gewesen, aber es bestand die Gefahr, daß sie etwa hundert Meter tief auf den Highway abrutschte. Die Forderung von 40 000 Dollar für einen ganzen Canyon mit Blick auf die Malibu-Beach einschließlich des Rohbaus für ein Sechzig-Zimmer-Schloß, den eine inzwischen verstorbene Stummfilm-Königin begonnen hatte, blieb mit einem Gegenangebot von etwa der Hälfte dieser Summe erfolglos. Wir zogen auch eine Kegelbahn, zwei Kirchengebäude und das originelle Heim von Ramón Navarro, dessen riesige Garage wie eine Möglichkeit für die Sammlung aussah, in Betracht. Peggy schickte mich als Kundschafter nach Los Angeles hinunter, um die kalifornischen Heiratsprozeduren zu erfragen. Man Ray und seine zukünftige Frau Juliette, die zum Cocktail gekommen waren, sekundierten Max und Peggy, die einen anderen Gast erst beleidigten und dann demonstrativ ignorierten. Der Grund war, daß dieser prominente amerikanische Maler, George Biddle, Kritisches über die moderne Malerei veröffentlicht hatte. Auf derselben Party wollte Hazel zunächst anderen geladenen Gästen den Zutritt zum Haus verweigern, weil sie »ihren Besuch mitgebracht haben, und das ist ein Japaner.« Es war der große Bildhauer Isamu Noguchi ... Hazels Ehemann Charles beschwerte sich, daß er möglicherweise seinen Pilotenschein nicht bekäme, wenn wir nicht aufhörten, seinen Wagen zur Häuserjagd zu benutzen; denn ohne Auto konnte er sein Flugzeug nicht erreichen. Peggy kaufte daraufhin ein silbergraues Buick-Kabrio mit der Schaltautomatik, die ich von der Leuchtreklame damals in den Nächten am Columbus Circle kannte. Stundenlang paukte ich mit Max aus einem Leitfaden für Fahrschüler für die Prüfung. Er lernte so gut und fühlte sich so stark, daß er sich über eine hinterhältige Frage des Prüfers lustig machte mit der Antwort: »Die parallelen weißen Linien an Straßenkreuzungen dienen dem Schutz der Puffgänger.« Charles Everett (Chick) Austin, der elegante und pompöse Direktor des Wadsworth Athenaeums, der neben anderen glänzenden Leistungen die Welturaufführung von Virgil Thomsons »*Four Saints in Three Acts*« in Hartford herausgebracht hatte, erschien zu einer Stippvisite und ging wieder mit einer Neuerwerbung für sein Museum. Es war, zu jedermanns Entrüstung, ein Jimmy Ernst, nicht eins der prachtvollen Werke aus Max Ernsts derzeitigem Atelier auf der Veranda. Es ist ein bestürzend schlechtes Bild, und meine jahrelangen Bemühungen, es gegen ein neueres und besseres Werk einzutauschen, mündeten in das Versprechen des Museums, es gegen Übereignung eines Ersatzes auf Lager zu nehmen. Es dauerte auch drei Jahre, bis ich die vereinbarten fünfzig Dollar dafür bekam.

Wir luden Pegeen zum Essen bei Ciro's ein in der Hoffnung, daß sie dort berühmte Filmstars zu sehen bekäme, aber die einzige Größe an diesem Abend war ein kleiner, korpulenter, kahlköpfiger Filmmogul, der gerade im Bioff und Brown-Skandal um korrupte Gewerkschaftsvertreter der Studioarbeiter verurteilt worden war; er tanzte mit einem glitzernden, mageren Starlet, das mindestens dreimal so groß war wie er. Peggy kaufte Pegeen eine Karte für einen angeblich von Stars wimmelnden Wohltätigkeitsball im Ambassador. Pegeen wünschte sich für das Ereignis ein Pelzcape, und wir fuhren mit ihr zu einem hocheleganten Geschäft in Beverly Hills, wo Pegeen bei der Verkäuferin laut protestierte, sie wolle »Kaninchen, keinen Nerz«.

Peggy entschied, Kalifornien sei offensichtlich nicht der richtige Platz für ihr Museum, und Max rollte erleichtert die Augen gen Himmel. In jedem Staat, durch den uns die Autofahrt zurück nach New York führte, wurde ich ausgeschickt, um die Möglichkeiten für eine Heiratslizenz zu erfragen. Und nach jeder Erkundung herrschte mindestens zwei Tage lang eisiges Schweigen zwischen Max und Peggy.

Eines Spätnachmittags stiegen wir aus dem Wagen, um eine riesige Klapperschlange zu beobachten, die kurz vor Flagstaff, Arizona, die US-Bundesstraße 66 überquerte. Als Max hinaufsah zum nahen San Francisco-Peak, wurde er sichtbar bleich, seine Gesichtsmuskeln spannten sich. Die grüne Gipfellinie des Berges wurde unvermittelt unterbrochen durch ein Band hellroten Gesteins unter einer von der Sonne geschaffenen Gipfelhaube aus purem Magentarot. Er starrte auf genau dieselbe phantastische Landschaft, die er in Ardèche, Frankreich, vor gar nicht langer Zeit wiederholt gemalt hatte, ohne zu ahnen, daß es sie wirklich gab ... Dieser eine Blick sollte die Zukunft seines Lebens in Amerika verändern. In einem Handelsposten für Touristen in Grand Canyon sahen wir beide uns in dem normalerweise geschlossenen Dachgeschoß des Gebäudes plötzlich von einer Flut alter Kachinapuppen der Hopi und Zuni umgeben. Der frisch eingestellte Manager, ein Vertriebs-Experte aus Chicagos Marshal Fields-Warenhaus, folgte uns die Treppe hinauf, wobei er über die Schulter jemandem zuschrie: »Wir müssen den ganzen alten Krempel loswerden, wir brauchen den Platz für neue Ware.« Max kaufte die Kachinas fast bis zur letzten für fünf Dollar das Stück und sieben Dollar für die größeren Zuni-Puppen.

In jeder Stadt, in der wir uns überhaupt aufhielten, ob es New Orleans war oder Houston, nahmen wir alle vier mühselige Umzüge von Zimmer zu Zimmer auf uns für die Journalisten, die Max und Peggy für die Lokalpresse interviewten. Peggy sagte, sie hätte es nicht gern, wenn die Leute erführen, daß sie »mit Max in Sünde lebt. Max meint, er hätte das Problem gelöst, wenn er ins Gästebuch ›Max Ernst und Begleitung‹ einträgt.« Und schließlich

ist da als letztes Mosaiksteinchen der Einnerung an diese Reise eine Tankstelle irgendwo in der Gegend von Savannah. Wir liefen über ein von der Sommerhitze braunes Feld, als Peggy sich mir zuwandte. »Max sagt, daß du Schwierigkeiten hast, noch eine Bürgschaft für deine Mutter zu bekommen. Meine Anwälte in New York sagen, daß ich keine mehr geben kann. Aber ich denke, wir finden einen Weg. Würdest du meine Hilfe annehmen?« Ich bin ziemlich sicher, daß ich geweint habe, als ich sie küßte.
Das zeitweilige Zuhause von Peggy und Max in New York war das Hotel Great Northern auf der Siebenundfünfzigsten Straße. Dort hatte ich auch mein »Büro«, einen Winkel der Ernst-Guggenheim-Zweizimmersuite, die täglich zum Mittelpunkt für vorsprechende Museumsleute und fortgesetzte Séancen der Surrealisten unter Leitung Bretons wurde. Auch Verkaufsgespräche von Immobilienmaklern mit Häuser- und Wohnungsangeboten, die Beilegung häuslicher Katastrophen um Pegeen, ihren Bruder Sindbad, beider Vater Laurence Vail und dessen scheidende Ehefrau Kay Boyle spielten sich hier ab. Und immer war die Atmosphäre gespannt, wie ein ständig überdehntes Gummiband. Die Ursache für diesen Zustand lag in der Beziehung zwischen den Hauptpersonen dieses aufregenden Haushalts, Max Ernst und Peggy Guggenheim. Beide achteten darauf, gleichgültig, welche Spannungen herrschten, mich bei ihren Auseinandersetzungen nicht in die eine oder andere Richtung zu ziehen. Infolgedessen lernte ich, die beneidenswerte Rolle des unparteiischen Kuriers zu spielen, wenn Kommunikation aus irgendwelchen irdischen Gründen wichtig war. Von dieser Position aus war es sogar möglich, den gefahrvollen Grat des Schlichters zu begehen. Ich lernte, daß es für die richtige Wahl der Worte einige sehr einfache Dinge zu beachten gab; nie wieder würde ich Peggy daran erinnern, daß sie einen Termin bei ihrem Friseur zum Nachfärben der Haarwurzeln hätte, nie wieder ihre Neugier befriedigen und ihr erzählen, was ich von meines Vaters häuslichem Umgang mit früheren Frauen in seinem Leben wußte. Und Max wußte, er konnte sich darauf verlassen, daß ich nie verraten würde, wo er sein könnte, wenn er nicht im Hotel war. Ich hatte auch gelernt, daß es klug war, vom Empfang aus in der Suite anzurufen, bevor ich zur Arbeit in mein »Büro« ging, weil

die Couch im Salon als Zuflucht bei nächtlichen Meinungsverschiedenheiten stark beansprucht wurde.
Tagsüber, wenn ich mit Korrespondenz, dem Katalogisieren, dem Führen des Terminkalenders beschäftigt war, wurde ich häufig unterbrochen und nach meiner Meinung zu irgendeinem Thema gefragt, das im Zimmer aufgeworfen wurde. Und oft wünschte ich mich dabei sonstwohin. So, als André Breton während einer Sitzung in diesem Raum, die der Übersetzung seines letzten Manifests ins Englische diente, zur Rede gestellt wurde, weil er wieder nicht bloß andeutungsweise, sondern geradeheraus gesagt hatte, Eluard kollaboriere in Paris mit den Deutschen. Matta versuchte, mich da hineinzuziehen, aber Max rettete mich, indem er zu gehen drohte, wenn Breton nicht damit aufhörte. Niemand stritt über Bretons Attacke gegen Salvador Dali, den er Avidar Dollars nannte. Der Groll der Gruppe gegen das einstige junge Genie hatte wahrscheinlich weniger mit seinem materiellen Erfolg zu tun als mit seiner geradezu perversen öffentlichen Unterstützung für Franco und allem, was darin zum Ausdruck kam. Ich wurde Zeuge eines geisterhaften visuellen Echos jener De Chirico-Ernst-Begegnung in Paris vor rund zwölf Jahren. In einer New Yorker Straße fanden sich Max und ich plötzlich Auge in Auge mit einem flehenden Dali, der dem einstigen Freund die Hand hinstreckte. Er stand noch mit ausgestreckter Hand da, als Max, »*ce chien couchant*« zischend, mich mit sich zerrte zur anderen Straßenseite hinüber. Bei anderen Themen gab es weit weniger Gemeinsamkeiten. Man hatte den Eindruck, daß sich hier eine Bewegung durch neue Gebote und Schranken zu einer Schule wandelte. Einige gab es, die den aufsteigenden Star Matta und seine Enthusiasten dämpfen wollten, indem sie »die verderblichen Übergriffe von abstrakter Form und Fläche in ›unsere‹ Revolution« beklagten. Wieder war es Max, der alle daran erinnerte, daß »Orthodoxie Gift ist für jede Revolution«.
Nach alledem war es eine Erholung, den Abend auf den Dachböden der Zehnten Straße mit meinen Freunden zu verbringen, die neugierig auf meine Berichte warteten. Ich war froh, daß ich nicht der einzige Meldegänger mit Neuigkeiten vom Olymp war. David Hare, dem großartigen jungen Bildhauer und Photographen,

einem der wenigen Amerikaner mit uneingeschränktem Zugang zu den »Meistern«, gelang es, meine nicht ganz ausgewogenen aktuellen Berichte geradezurücken. Und wenn ich dann mit Baziotes, Bill Hayter, Jerome Kamrowski, Boris Margo und Arshile Gorky verspeist hatte, was an Eßbarem da war, ging ich nach Hause in meine kleine Wohnung auf der Achtundfünfzigsten Straße Ost, die ich von einer reizenden jungen Dame geerbt hatte, die in eine andere Stadt gezogen war. Und dort spülte ich mir die europäischen Rückstände des Tages ab und malte bis weit in die Morgenstunden. Der Einfluß von Gordon Onslow-Ford, der zu dieser Zeit leider weit weg an der Westküste weilte, und meinen anderen Freunden begann die Bilderwelt auf meinen Leinwänden aufzulockern. Obwohl ich noch in der »Unterwasser-Biomorphologie« schwamm, die Matta und nun auch Gorky so nachdrücklich vertraten, merkte ich, wie meine Augen und Hände zunehmend auf den Reiz der Linie reagierten, wie sie Stanley William Hayter, der große Graphik-Pionier, in seinem Atelier in der Vierzehnten Straße schuf. »Als Graveur oder Radierer ist er unerreicht... aber warum will er auch noch malen?« so hörte ich es ringsum in Max und Peggys Residenz, und ich war zu schüchtern, um anderer Meinung zu sein als Peggy, Breton oder Ernst. Ich bin ganz sicher, daß ich die prophetische Qualität dieser kraftvollen Gemälde damals nicht in vollem Umfang verstanden habe oder zu schätzen wußte, aber ich erinnere mich wohl, daß ich da, wo andere »Grobheit«, »mangelnde Disziplin« oder »Chaos« erblickten, eine starke »Unmittelbarkeit« empfand und »Aktion auf der Leinwand«. Wenn man überhaupt behaupten kann, daß jemand die Kluft zwischen der Orthodoxie eines sterbenden Surrealismus und der im Entstehen begriffenen Kunst der New Yorker Schule überbrückt hat, dann war es dieser Künstler. Hayter trug das surrealistische Werkzeug des Automatismus einen Riesenschritt fort von der freudschen Interpretation, auf der es beruhte, hin zu der von Künstlern lange gehegten Idee, daß ein Kunstwerk in sich selbst ruhen muß, frei von den Ansprüchen allzu beengender Querverweise. Daß er dieses Problem anpackte, kam vielleicht ein bißchen zu früh für die jungen Amerikaner, mich eingeschlossen, die noch im Banne anderer Neuerungen standen. Als die Idee in späteren Jahren zu einem bestimmenden Faktor in der amerikanischen Malerei wurde, war Hayters bedeutender Beitrag zur Entwicklung der New Yorker Schule den Kunsthistorikern unbequem, die diese Bewegung gern als rein amerikanische Schöpfung charakterisierten. Matta sollte ähnliche Behandlung widerfahren. Meine tapferen Kämpfe mit all diesen belebenden und oft widerstreitenden Ideen und Einflüssen, die mich mit in den Strudel zogen, hatten in meiner neuen Zweizimmerwohnung ein geräumigeres Schlachtfeld als in Mrs. Jordans möbliertem Zimmer. Da ich hier natürlich mehr Bilder produzieren konnte, wiegte ich mich auch in der Illusion aller jungen Künstler, daß ich mit Erfolg »eine wichtige Aussage« machte. Ganz abgesehen von solchen Ansprüchen entsinne ich mich jenes seltsamen Wohlgefühls, wenn die Morgendämmerung so kräftig wurde, daß sie die künstliche Beleuchtung zu überstrahlen begann, wenn die Straßengeräusche unten das Ende einer mit intensiver Arbeit ausgefüllten Nacht signalisierten und nun Bilder aller Art für diese Stunden Zeugnis ablegten, Bilder, die, ob gut oder schlecht, Erweiterungen meiner selbst waren. »Der Pinsel des Malers verzehrt seine Träume«, hat Yeats geschrieben, aber hier hatte ich den Beweis dafür, daß mehr im Spiel war als nur »Träume«. Es war der Schimmer einer neuen Dimension in meinem jungen Leben. Vielleicht sollte dies das Innerste meines Zuhauses werden, wo immer das auch sein mochte.

In der Erinnerung an das mißbilligende Stirnrunzeln, mit dem Max und Peggy in Santa Monica Austins Taktlosigkeit quittiert hatten, meine *Vagrant Fugue* zu erwerben, achtete ich darauf, in ihrer Gegenwart meine Malerei nicht zu erwähnen. Aber eines Tages fragte Max mich danach und sagte, er wolle einmal vorbeikommen und sich ansehen, was da vor sich ginge. Er schaute sich alles an, was ich gemacht hatte, mehrere Stunden lang, ohne viel zu sagen. Ich fürchtete, er könnte mit einem ermunternden, aber väterlichen Klaps auf die Schulter und ein paar hingeworfenen Worten über »Talent« wieder gehen. Statt dessen fragte er mich, ob ich einmal daran gedacht hätte, etwas Größeres zu malen. Ein paar Tage später wurden mir mehrere große Malleinwände ins Haus geliefert; auf einem Begleitzettel von Max stand, daß er bei

Leo Robinson's Art Supplies ein Konto für mich eröffnet habe, ich könnte dort bestellen, was ich sonst noch brauchte, einschließlich »besserer Farben und Pinsel. Sie beißen nicht, weißt du.«
Immer noch malte ich an jedem Wochenende in Bill Baziotes' Wohnzimmer auf der Hundertvierten Straße auf der Staffelei, die er dort für mich aufgestellt hatte. Bill, der etwa acht Jahre älter war als ich, hatte die Rolle des großen Bruders übernommen. Ich war fasziniert von der Welt, die ihn zum Malen brachte und die so ganz anders war als meine, und ich empfand es als Privileg, daß er sein Amerika mit mir zu teilen bereit war. Diese langen Sonntage waren immer etwas ganz Besonderes. Während Bill in der Stille des Hinterzimmers arbeitete, liebte ich es, bei der Arbeit Radio zu hören, besonders die Nachmittagskonzerte der New Yorker Philharmonie, während Ethel in der Küche aus anspruchslosen Zutaten ein geschmackvolles Abendessen bereitete, zu dem ich nun gelegentlich eine Flasche Wein beisteuern konnte.
An einem solchen Sonntag war es, als mir plötzlich bewußt wurde, daß die Musik unterbrochen worden war. Man verlas ein Nachrichtenbulletin. Zunächst hörte ich es nur zum Teil, und auch als es zusammenfassend wiederholt wurde, war ich zu betäubt von seiner Bedeutung, um es ganz zu begreifen. Baziotes war bei den letzten Strichen an einem subtil bedrohlichen, aber reizvollen Gemälde, *Accordion of Flesh*, als ich die Tür zu seinem Zimmer aufriß und ihm zurief, daß japanische Bomber die Flotte auf Hawaii angegriffen hätten. Er wollte gerade eine zarte Linie ziehen, zuckte zusammen und sein Pinsel begann einen Strang elektrischer Impulse um einen rosa-braunen Torso in einer rechteckigen gelben Nische zu klatschen. »Da haben wir's, Gott im Himmel, da haben wir's. Jetzt haben wir den Krieg am Hals.« Er trat einen Schritt zurück, um das Gemälde anzusehen, beschloß, an dem Torso etwas zu ändern, und arbeitete weiter.
Ich ging wieder an mein eigenes Gemälde, jetzt ohne Radio, und möglicherweise habe ich es sogar fertiggestellt. Aber es hätte ebensogut ein leerer Schirm sein können für die rinnenden Bilderspritzer und unvergessenen Vorzeichen, die sich jetzt in dem Raum hinter meinen Augen zusammendrängten. Während des größeren Teils meiner einundzwanzig Jahre hatte ich zugesehen,

wie vereinzelt Bösartigkeit heranwuchs und sich zu einem geifernden Monstrum sammelte. Genährt von der Hellseherei des kollektiven Wunschdenkens, forderte es uns nun heraus, es mit Gewalt zu töten. Da war es: Gewalt, töten, Tod. Worte, die ich in meiner Kindheit und Jugend so sehr fürchtete, als schon der Anblick einer Uniform, jeder Uniform, das Bild des Bösen heraufbeschwor. Das pazifistische Credo aus jenen Tagen war innerhalb weniger Minuten von diesem neuen Irrsinn zerschmettert worden. Da gab es kein Davonlaufen, das Schicksal hatte nicht erlaubt, daß diese historischen Knoten durch eigene Willenskraft gelöst wurden. Das gewaltige Ausmaß des Ereignisses zwang mich, mir den Teil der Gefahr herauszusuchen, der mich persönlich unmittelbar betraf. Meine Mutter saß in der Falle. Jenes zynische Stück Papier, der Hitler-Stalin-Pakt, unterzeichnet in einem Palast, über dem die Hakenkreuzfahne neben Hammer und Sichel wehte, glich mehr und mehr einem Todesurteil.

Ich hatte gerade vor einigen Tagen einen Brief von Lou bekommen, mit dem Poststempel des Ortes »Manosque, Alpes Maritimes«. Er hatte lange gebraucht für die Reise von diesem Bergdörfchen bis zu mir, und jetzt hatte ich die neue Angst, daß es der letzte sein könnte für lange Zeit, wenn nicht für immer.
Es war ein typischer »Lou-Brief«. Fröhlich im Angesicht der täglichen Ungewißheit, noch in widrigen Erlebnissen gute Vorzeichen für unsere gemeinsame Zukunft »da drüben, wo du bist,« entdeckend. Sie fühlte sich einigermaßen sicher in dem kleinen Dorf in den Bergen, wo sie unter dem Schutz des großen Dichters und Schriftstellers Jean Giono stand. »Auch wenn die Deutschen nach Vichy kämen, die Bauern hier verehren diesen Poeten ihrer Arbeit und Heimat so sehr, daß sie mich vor ihnen verstecken würden. Der Polizeikommissar hat leise zu mir gesagt: ›Bleiben Sie im Dorf. Lassen Sie sich nirgendwo sonst blicken. Dann sind Sie – soweit ich sehe – sicher vor dem CGQJ (Commissaire-Général aux Questions Juives – Generalkommissar für die Judenfrage)‹. Nur ein paar Freunde wissen, daß ich hier bin, und natürlich der amerikanische Konsul in Marseilles. Ich bin in guten Händen.«

So optimistisch das alles auch klang, mir war nur allzu klar, daß meine Mutter nur einen Atemzug weit von den Vichy-Behörden lebte, die mehr als willig mit ihren deutschen Herren zusammenarbeiteten. Und ich erinnerte mich nur zu gut der Parole »A bas les Juifs« (»Nieder mit den Juden«) an den Mauern und auf dem Pflaster von Paris. Offiziell wußte man in Amerika nichts über das Los von Andersdenkenden und Juden, die den Nazis in die Hände fielen. Sowohl die *New York Times* als auch die *Herald Tribune* zitierten gelegentlich ausländische Quellen und Flüchtlingsexperten, die von Exzessen und Vernichtungslagern sprachen, aber das wurde gewöhnlich als »bloße Spekulation« bezeichnet, wenn sich überhaupt jemand von der Regierung dazu äußerte. Ich konnte nicht glauben, daß Washington still bliebe, wenn es Bescheid wüßte, und die EINE MILLION OPFER auf den Transparenten einer Protestversammlung im Madison Square Garden schien eine unmögliche Zahl. Dennoch, ich war damals auf der Straße von Braunhemden angerempelt worden, ich hatte die Gesichter dieser »respektablen Bürger« während der langen Stunden im Eisenbahnwaggon gesehen. Es hatte Augenblicke gegeben, in denen ich den Haß, den die Landsleute Goethes, Bachs und Rilkes ausdünsteten, buchstäblich roch. Und jetzt war endlich die Zeit gekommen, marschierende Stiefel und kreischende Stukas in den Seiten eines irrsinnigen Kapitels der Geschichte verschwinden zu lassen. Aber mit dieser Erwartung erhob sich in mir eine neue dunkle Angst. Es war eine wortlose Wolke, die vor den folgenschweren Kosten der Erfüllung dieses Wunsches warnte. Der 8. Dezember war ein düsterer Tag für mich im Triplex.
Dieses Triplex war das prachtvolle dreistöckige Penthaus mit Blick auf den East River, das Peggy auf der Einundfünfzigsten Straße gefunden hatte. Max hatte ein wunderbares Studio in der obersten Etage, und Peggys komplette Sammlung füllte das Haus und wartete auf eine passende Museums-Galerie in Manhattan. Mein »Büro« befand sich in dem zwei Stockwerke hohen, ballsaalgroßen Wohnzimmer unter Mirós *Sitzender Frau*, Légers *Menschen in der Stadt* und Kandinskys *Landschaft mit rotem Punkt*. Links neben meinem Schreibtisch stand Brancusis *Vogel im Raum*, den ich jeden Morgen im Rahmen meiner Dienstobliegenheiten putzte,

und auf dem Kaffeetisch hinter mir lag Giacomettis *Frau mit durchschnittener Kehle*.

An diesem Morgen hörten wir die Rede Franklin Roosevelts, und danach wurde ich energisch, als Max ins Atelier hinauf und an seine Arbeit gehen wollte und Peggy verlangte, ich solle ein paar Briefe für sie schreiben. Ich erzählte ihnen von meinen Ängsten wegen Lou und daß es nötig sei, von hier aus etwas für ihr amerikanisches Visum zu tun. Der Papierstrom von der jüdischen Agentur HIAS nach Washington und nach Marseille war beträchtlich gewesen, aber ohne greifbare Resultate geblieben, und niemand konnte wissen, wie lange Vichy-Frankreich noch unbesetzt bleiben würde. Peggy rief ihre Leute an der Wall Street an, um sicherzustellen, daß es wegen des Transports und anderer Kosten keine finanziellen Probleme geben würde, und drängte die American Smelting and Refining, ihren Einfluß beim State Department geltend zu machen. Das Unbehagen meines Vaters war deutlich zu sehen. Er war schließlich in Sicherheit. Er muß zwar gewußt haben, daß ich ihm hinsichtlich seiner Bemühungen, den ursprünglichen Plan in die Tat umzusetzen, nichts vorzuwerfen hatte, aber er rief sich die Ereignisse jener Tage ins Gedächtnis und äußerte sein Bedauern, nicht beharrlicher darauf bestanden zu haben, daß Lou ihn wieder heiratete. Er wußte von Giono und versicherte mir, daß dessen Schutz und Einfluß zu Hoffnungen berechtigte.

Unter diesen Umständen fand ich die gesellschaftlichen und kulturellen Aktivitäten in dem und um das Triplex nicht ganz so unterhaltsam, wie es sonst vielleicht möglich gewesen wäre. Die Ereignisse im Pazifik wie in Europa und Afrika waren ernüchternde Mahnungen, daß die »Freie Welt« den Fanatismus der Achsenmächte nicht abwehren konnte mit dem Wunschdenken einer Gesellschaft, die von den Schrecken des modernen Krieges nur aus ihren Zeitungen wußte.

Ich hatte mich, wie jeder andere meines Alters, für die Einberufung registrieren lassen, und während ich ein wenig stoisch auf diesen Ruf wartete, tat ich mein Bestes, um mich einzufügen in die Lebensweise, die den Menschen um mich herum wichtig war.

Peggy versuchte sich selbst davon zu überzeugen, daß jetzt, da

Max zufrieden im Haus arbeitete, die häuslichen und persönlichen Probleme einer Ruhe weichen könnten, die ihr bisher ein Leben lang versagt geblieben war. Sie schloß einen Waffenstillstand in dem stürmischen Verhältnis zu ihrer Tochter Pegeen, die entzückt war, im Triplex ein Zimmer ganz für sich allein zu haben. Die Gemälde und Skulpturen wirkten großartig in der Umgebung, und Max präsidierte bei allen Geselligkeiten, einschließlich der Mahlzeiten, auf einem hochlehnigen Thronsessel, der aus einem Theaterfundus stammte – vorausgesetzt natürlich, daß er den Tag und den Abend nicht außer Haus auf »Schatzsuche« verbrachte, wie er es diskret nannte. Nicht selten brachte er Besuch mit, dem er seine Gemälde oder die Sammlung zeigen wollte. Scheinbar zufällig war Peggy dann nie zu Hause, und der Besuch war gewöhnlich jung, attraktiv und weiblich. Mir war es immer sehr peinlich, diskret zu sein, und oft wünschte ich mir einen etwas abgeschlosseneren Arbeitsplatz.

Es kam auch ein ständiger Strom offizieller Besucher, gewöhnlich zum Tee oder auf einen Drink. Elsa Schiaparelli suchte Peggy auf und bat sie um Leihgaben und Unterstützung für eine Surrealismus-Wohltätigkeitsausstellung zugunsten der französischen Hilfsorganisationen im Whitelaw-Reid-Gebäude. Höflich bestritt sie, irgend etwas davon zu wissen, daß man in ihrem Geschäft an der Place Vendôme den deutschen Offizieren und ihren Geliebten die Füße küßte. »Schließlich bin ich nicht dort und kann nicht kontrollieren, was meine Verkäuferinnen so Tag für Tag treiben.« Ich war überrascht, daß sich Max und Peggy offenbar mit dieser Erklärung zufriedengaben.

Der erste der später viel umstrittenen *Apso Terrier* der Guggenheim-Ernst war das »Geschenk« eines Literaten der High Society als Gegengabe für ein kleines Ölbild von Max Ernst, das seine Frau während der Cocktails erfolgreich stehlen konnte, obwohl die merkwürdigen Proportionen ihres langen Rockes niemandem entgangen waren, als sie sich verabschiedeten. Als ein andermal Gypsy Rose Lee und William Saroyan zufällig am selben Nachmittag hereinschauten, schufen ihre jeweiligen Egos eine problematische Gesellschaftsspaltung, weil beide getrennt Hof hielten, einer im Obergeschoß, der andere unten. Ein interessanteres und potentiell

Max Ernst im »Triplex« in der New Yorker 51. Straße, wo er zusammen mit Peggy Guggenheim wohnte, 1941 *(Foto: Arnold Newman)*.

explosiveres Ereignis war eine Photositzung, die von Mittag an bis nach dem Abendessen dauerte. Im Zusammenhang mit einer Ausstellung der Pierre-Matisse-Galerie wurden Gruppenaufnahmen von New Yorks »Künstlern im Exil« gemacht. Das Ergebnis war eine oft veröffentlichte Versammlung von Meistern des zwanzigsten Jahrhunderts, abgelichtet wie auf dem landläufigen Erinnerungsphoto einer Abiturklasse. Die Gesichter blickten düster und der eigenen Bedeutung bewußt, ausgenommen das des Klassenclowns vorn in der Mitte, Max Ernsts, der ironisch lächelte, als mache er sich über die ganze Bande lustig. Aufgereiht von links nach rechts: Matta Echaurren, André Breton, Ossip Zadkine, Piet Mondrian, Yves Tanguy, André Masson, Max Ernst, Amédée Ozenfant, Pawel Tschelitschew, Jacques Lipschitz, Marc Chagall, Kurt Seligmann, Fernand Léger und Eugene Berman. Marcel Duchamp war als Beobachter da, »weil ich aufgehört habe, Künstler zu sein, und jetzt nur noch Schach spiele«, und sah dem Ballett des Positurwechsels für jede neue Aufnahme zu. Er erzählte mir, eine ähnliche Versammlung in Paris vor wenigen Jahren wäre fast durch einen Boxkampf vorzeitig beendet worden. Ich kannte diese Geschichten: »Léger, ein Proletarier? Daß ich nicht lache, der ist doch nichts anderes als ein kleinbürgerlicher Pferdemetzger« ... »Berman ist bloß ein kleinkarierter Anstreicher, und er malt auch.« ... »Tschelitschews Pornographie ist nicht einmal interessant« ... »Lipschitz hat drei linke Hände, und mit keiner davon kann er Skulpturen machen« ... »Chagall würde seine Großmutter mit himmelblauer Farbe übergießen, wenn er sie für Dollars verkaufen könnte« ...

Leider war ich nicht so vertraut mit den Objekten des Gespötts, um deren Meinung von den Surrealisten zu kennen. Alle Feindseligkeiten waren in der Schwebe. Kein Gesicht oder Augenpaar gab einen Anhaltspunkt. Fast jedem gelang es, an dem anderen vorbeizublicken, selbst während einer höflichen Unterhaltung. Allerdings war erkennbar, daß zumindest zwei Menschen da waren, die widerwilligen Respekt genossen: Mondrian und Ozenfant. Sie waren Einzelgänger in dieser Schar von Primadonnen, nicht nur durch die Einzigartigkeit ihres jeweiligen Werkes, sondern auch als Persönlichkeiten, die frei von geistigem Vorurteil waren wie

Untere Reihe von links: Matta Echaurren, Ossip Zadkine, Yves Tanguy, Max Ernst, Marc Chagall, Fernand Léger; zweite Reihe: André Breton, Piet Mondrian, André Masson, Amédée Ozenfant, Jacques Lipschitz, Eugene Berman; dritte Reihe: Pavel Tschelitschew, Kurt Seligmann. Gruppenaufnahme in der Matisse-Galerie, Pariser Schule in Newe York, 1942, »Künstler im Exil« von *George Platt Lynes*. *(Mit freundlicher Genehmigung des Museum of Modern Art, New York.)*

niemand sonst. – Was mich betraf, so war ich ein bißchen verstört, weil die Künsler, zu denen aufzublicken ich allen Grund hatte, sich vor einer Kamera wie Hollywood-Sternchen aufführten.

Erheblich weniger gesittet ging es bei einem Zwischenfall auf einer Cocktailparty zu, die das ganze Triplex füllte, weil einfach »jeder« aus Kunst und Literatur in New York gekommen war. Hier nahm eine Freundschaft zwischen dem Dichter Charles Henry Ford und dem Schriftsteller Nicolas Callas ihr gewalttätiges Ende. In der Eingangshalle, an deren Wänden die kleineren Gemälde von Ernst und Kandinsky aus der Sammlung Guggenheim hingen, prügelten sich die beiden Männer. Selten habe ich in so kurzer Zeit so viel Blut triefen und spritzen gesehen. In sämtlichen Türen drängten sich die Zuschauer, die nicht nur die um sich schlagenden Arme, Beine und Fäuste verfolgten, sondern auch meine wilden Sprünge durch die Arena in dem Bemühen, wenigstens einige der Gemälde aus der Gefahrenzone zu bringen. Nachdem man Callas in die Küche gebracht hatte, um sein blutendes Gesicht zu behandeln, und Ford nach Hause geschickt worden war, bat mich Alfred Barr in höchst gelehrter Manier, ihm zu erklären, warum ich nur die Kandinskys weggebracht hätte und nicht die Ernsts. Ich war vollkommen verblüfft von dieser Frage und außerstande, sie zu beantworten, und ich murmelte etwas von Blut, das auf den Kandinskys mehr zu sehen wäre.

Es war eine ganz andere Gesellschaft, die eines Abends auf Einladung von André Breton zu einer Vorführung des Films *Vom Zaren zu Lenin* kam. Sie waren ein trüber Haufen, und die meisten hatten anscheinend diese Dokumentation über die Russische Revolution schon viele Male gesehen. Max Eastman, offenbar ihr Patriarch, verbrachte die Zeit im hinteren Teil des Hauses mit Gesprächen am Küchentisch, wobei er von Zeit zu Zeit durch die Fenstervorhänge nach draußen spähte, wo vor dem Hause ein paar Männer in Trenchcoats gemächlich durch den Dauerregen auf und ab gingen.

Ich entschloß mich bald, nicht allzu viel von meiner Freizeit im Triplex zu verbringen, besonders nicht um die Abendbrotzeit. Wenn ich wissen wollte, was dort passiert war, dann erfuhr ich es früh genug am anderen Morgen von Peggy selbst oder mußte es mir in gegenseitig anklagender Zusammenfassung am Frühstückstisch von ihr, meinem Vater und Pegeen anhören. Es war eine ermüdende Schilderung kleinlicher Streitereien, die oft mit zerschmetterten Tellern, zugeknallten Türen und aus dem Haus rennenden Beleidigten endete. Freunde, alte und neue, fanden sich – oft bereitwillig – einbezogen in kleinere und größere erotische Reizspiele, die oft zu seltsamen Paarungen führten. Mir leuchtete überhaupt nicht ein, warum ich bei diesen Donnerwettern am Morgen danach, die sich durchaus über Tage hinziehen konnten, den Blitzableiter oder den Vermittler spielen sollte. Es war ein bißchen viel verlangt von einem Sohn, adoptiert oder leiblich, und mir reichte es, in meiner täglichen Arbeit die Hagelkörner der Freunde, Künstler, Sammler, Händler und schlichten Karrieristen ertragen zu müssen, die meinten, Peggys Sekretär wäre ein leichteres Ziel als die Dame persönlich. Von Zeit zu Zeit beschwerte ich mich bei Peggy. »Würdest du bitte Julien Levy sagen, er soll aufhören, mir die Schuld dafür zu geben, daß Max von seiner Galerie zu Valentine Dudensing übergewechselt ist?« ... Und weitere Hagelkörner zu Hause. »Nein, ich habe Pegeen nicht erlaubt, ein Spesenkonto bei Bergdorf Goodman zu eröffnen« ... »Meine Liebe, du warst es doch, die diesem kleinen Kriecher von Helena Rubinstein das Herbin-Gemälde gegeben hat, nur um ihn loszuwerden. Ich hätte den ja gar nicht erst hereingelassen« ... »Was dein Sohn Sindbad in diesem Hause mit einem Mädchen macht, geht mich gar nichts an. Frag mich nicht, ob ich ihn für homosexuell halte, um dann auf mich loszugehen, wenn ich dir sage, daß ich den Beweis des Gegenteils habe« ... »Wir können Gypsy Rose Lee keine Rechnung schicken. Max hat ihr dieses Bild geschenkt ... Nein, ich weiß nicht, ob sie dafür in *dieser* Form bezahlt hat« ... »Ich werde nicht noch einmal zu diesem Metzger gehen und ihm sagen, daß du meinst, er hätte dir letzte Woche für die vier Lammkoteletts zuviel berechnet« ... »Das nächste Mal, wenn die Baronesse Rebay anruft, werde ich dich mit ihr verbinden, ob du willst oder nicht. Gestern hat sie in Deutsch auf mich eingeschrien, wenn ›diese gräßliche Guggenheim‹ sie noch einmal hinter ihrem Rücken eine üble Nazihexe nennt, wird sie ihren

Einfluß in Washington nutzen und dafür sorgen, daß Max aus Amerika abgeschoben wird.«

Es muß im Anschluß an eine solche Unterredung gewesen sein, daß ich plötzlich in einen imaginären Spiegel lachte. »Du Dummkopf, hättest du nicht an dem einen Tag in der Untergrundbahn Mist gebaut, hättest du dich beim Elite-Kurierdienst hinaufarbeiten können. Irgendwann hättest du der Expedient mit all den Telefonen auf der Verladerampe werden können und könntest den ganzen Tag lang WNEW hören.«

Die Baronesse Hilla Rebay hatte tatsächlich etwas Bedrohliches und war eine Irritation am Firmament der Guggenheim-Familie. Diese stolze Karikatur einer deutschen Adeligen − »Och, I saw dat Chimmy Ernst wen he was chust a schmall baby in Köln, his mutter was a nice chewisch girl« − schien Peggys Onkel Solomon vollkommen in ihrer Gewalt zu haben, nicht nur als Direktorin seines Museum of Non-Objective-Art, sondern auch als Leiterin des Guggenheim-Haushalts im Hotel Plaza. Ihre Hoheitsrechte erstreckten sich vom Einschenken des Tees in der Wohnung bis hin zu der Aufgabe, das Museum auf der Fünfundfünfzigsten Straße Ost mit den abscheulichen Kandinsky-Imitationen ihrer »Entdeckung« vollzustopfen, des talentlosen Rudolf Bauer, der auf diese Weise in baroneskem Glanz am Strand von Jersey lebte. Die Baroness, selbsternannte Hüterin der Sammlung Onkel Solomons als der »einzig gültigen Kunst«, hatte zu verhindern versucht, daß Peggy für ihre Museumsgalerie in London, die von Herbert Read geleitet wurde, den Namen Guggenheim benutzte, weil damit »Mittelmäßigkeit, wenn nicht Schund propagiert« würde. Durch die Flüstergeschichten einiger meiner Künstlerfreunde, die Aushilfsjobs im »Rebay«-Museum hatten, war uns nicht verborgen geblieben, daß sie sich nun in Peggys New Yorker Pläne einmischte, indem sie in Frage kommenden Immobilienfirmen Konsequenzen androhte für den Fall, daß sie bei der Suche nach einem Galeriegebäude irgendwo im Zentrum Manhattans mit uns zusammenarbeiteten.

Schließlich wurde doch ein Platz gefunden, das Dachgeschoß in der Siebenundfünfzigsten Straße, 130 West. Ich hoffte, daß ein guter und praktischer Innenarchitekt die Umwandlung des Doppelspeichers in einen brauchbaren Ausstellungsraum überwachen würde, hatte aber meine Befürchtungen wegen der Schwärme von »Beratern« um Peggy, die ein materielles und emotionales Durcheinander anrichten könnten. Doch zunächst sollte eine andere Vorstellung realisiert werden. Peggy meinte, *Art of This Century* nicht ohne einen ausführlichen, gut dokumentierten und illustrierten Katalog eröffnen zu können. Eben dieser Name der geplanten Galerie dramatisierte die offensichtlichen Lücken in ihrer Sammlung, also ging sie daran, sie mit ziemlicher Ungeduld und daraus resultierenden Fehlern zu schließen. Es gelang ihr, einen kubistischen Picasso von 1911 und einen De Chirico von 1914 zu kaufen. Der Picasso hatte einen fünf Zentimeter langen Riß irgendwo in der oberen Hälfte, und anstatt viel Geld für die Reparatur auszugeben, brachte Peggy Max dazu, ihn zu flicken. Alfred Barr kam zum Tee, um sich den De Chirico anzusehen, und informierte sie so behutsam es ging, daß das Museum ein identisches Bild mit nachprüfbarer Datierung besaß. Peggy war die Geprellte in einer Situation, die bei diesem einstmals großen Maler nichts Ungewöhnliches mehr war – aus materiellen Gründen war er sich nicht zu schade, seine früheren Werke »wiederzuschaffen«, und hatte durch Falschdatierung tatsächlich eine »Fälschung« begangen.

Eine passendere Bereicherung der Sammlung war ein Malewitsch – Barr tauschte ihn gegen einen Max Ernst –, ein Marcel Duchamp, ein exzellenter Ozenfant, ein schönes Stück von John Ferren, dem Pionier der amerikanischen Abstrakten, und Werke von Charles Howard, Yves Tanguy, André Breton, Henry Moore, Victor Brauner, Wolfgang Paalen, Oscar Dominguez, Leonor Fini, Matta und Leonora Carrington.

Die reichhaltigste Ader jedoch war Max Ernst. Es war, als schenkten sich hier die atemberaubendsten Allegorien selbst das Leben. Persönliche Geschichte und Vorlieben des Malers wurden in einem rasenden Tandemrennen zwischen Träumen und Wünschen, Vergangenheit und Zukunft lebendig. Aus einem verworrenen Gewebe von Schwämmen, Korallen, Felsbrocken, pflanzlichem Zukunftsleben und Ruinen zeitloser Zivilisationen wuchsen gefiederte Bräute mit den Köpfen würdevoller Eulen empor.

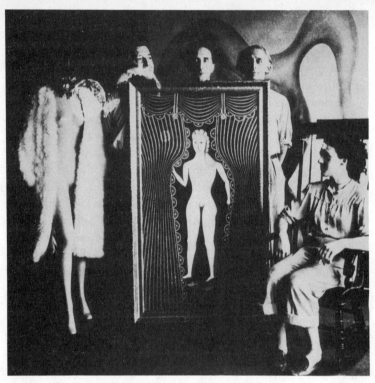

Im Ernst-Guggenheim-Triplex in New York. Peggys Federmantel auf einer Kleiderpuppe; André Breton, Marcel Duchamp, Max Ernst und (sitzend) Leonora Carrington mit einem Bild von Morris Hirshfield, etwa 1942.

Leonora Carringtons Pferd stolzierte in schimmernder Rüstung einher. Leonora selber war immer und immer wieder inmitten fleischfressenden Laubwerks oder allein in der prophetischen Nachkriegslandschaft *Europa nach dem Regen* stehend zu erkennen. Hier und da mochte eine verlorene Gestalt Pegeen ähnlich sehen, und ebenso oft tauchte bedrohlich ein weibliches Ungeheuer auf, daß an dem Versuch, verführerisch zu sein, scheiterte.

Es war schmerzlich für Peggy, sich so wiederzuerkennen, und manchmal, in stillen Augenblicken unserer Zusammenarbeit, wenn sie kläglich um die Bestätigung bat, daß sie sich irrte, mußte ich einfach der Frage ausweichen.

Eine Reihe dieser außergewöhnlichen Bilder erhielt Peggy auf Grund eines direkten Tauscharrangements, nach welchem der Anteil von Max an den Haushaltskosten und seine persönlichen Ausgaben, die er zu einem beachtlichen Teil dem Laden Julius Carlebachs auf der Third Avenue mit seinen Schätzen an primitiver Kunst schuldete, aufgerechnet wurden gegen einen fairen Marktpreis für seine neuen Gemälde. Max war es seinem Stolz schuldig, immer darauf zu bestehen, daß der Beitrag, den er leistete, seine Verpflichtungen weit überstieg. Was Peggy an Geld erhielt, deckte meistens gerade die laufenden Kosten der gemeinsamen Wohnung. Leider gehörte es zu meinen Aufgaben, die Bücher zu führen und an den unangenehmen, seltsam formellen zweimonatlichen Abrechnungsverhandlungen zwischen meinem Vater und der Frau, mit der er zusammenlebte, teilzunehmen. Er muß gemerkt haben, wie ich mich wand während des langen Schweigens, wenn Peggy emsig die Einzelheiten langer Zahlenkolonnen studierte und manchmal eine kleine Differenz fand oder eine vergessene Ausgabe. Nach jeder dieser Sitzungen überschlug sich Max, um meinen sichtbaren Kummer zu lindern. »Ich bin eigentlich nie ein richtiger Vater für dich gewesen, aber es scheint, als brächte ich' dir trotzdem einiges bei. An dieser Situation ist nichts so merkwürdig, wie es dir jetzt vorkommen mag. Ich möchte niemandem etwas schuldig bleiben, und Peggy muß es eben so machen ... das hat sie mit der Muttermilch eingesogen ... denk daran, wenn du je reich wirst.«

Hier und da ging er in seiner Fürsorge für mich noch weiter. Wertdifferenzen zugunsten von Max führten dazu, daß er Werke aus der Sammlung erhielt, die Peggy für entbehrlich hielt. »Hier, das ist für dich«, sagte er zu mir, »sie bezahlt dir nicht genug für einiges was du tun mußt. Es ist mein Beitrag zu deinem Gehalt.«

Aus persönlichen Gründen wollten weder Max noch Peggy, daß ich die Fakten dieses Arrangements benutzte, wenn ich mit dem Klatsch und Tratsch der Cocktailparties konfrontiert wurde oder mit der Presse, die meinen Vater mit den blonden Glücksjägerinnen Tommy Manvilles oder mit Barbara Huttons endloser Parade verarmter aristokratischer Ehemänner gleichsetzte. Es gelang mir zwar, ein paar gehässige Leute aus dem Triplex zu verbannen, aber für den Versuch, dem Gerede ein Ende zu setzen, waren mir die Hände gebunden.

Ein wichtiger Teil meines Tagewerks bestand jetzt darin, den Katalog für die »Art of This Century« herzustellen. Zum ersten Mal konnte ich zeigen, was ich in Augustins Druckhaus in Glückstadt gelernt hatte. Die eigentliche Herstellung des Buches übernahm zwar John Ferrens Frau Inez, aber ich fühlte mich doch ganz zu Hause in den Typographie-, Reproduktions- und Buchbindeverfahren. Neu war für mich die Suche nach biographischem Material, Essays und Photographien. Peggy hatte keine sehr gute Registratur geführt, aber zu meiner eigenen Freude stellte ich mich rasch auf das Forschen nach Quellen und Materialien ein. Auch war mir sehr bald klar, daß die »Art of This Century« ein sehr klägliches Zeugnis der Malerei und Bildhauerei in Amerika sein würde. Wirksamen Zugang zu Peggys Ohr in Fragen der Ästhetik hatten vor allem die Surrealisten. Deren Interesse an einigen meiner amerikanischen Künstler-Freunde wurde fast ausschließlich davon bestimmt, wieviel kreative Folgsamkeit ein Werk erkennen ließ. Die Aufnahme von Onslow-Ford, Gorky, Esteban Frances, Jerome Kamrowski und Baziotes in den Zirkel schien möglich, wurde aber noch offengelassen. Maler wie Stuart Davis, Carl Holty, Balcomb Greene und viele andere wurden als »Feinde« betrachtet, während Namen wie Jackson Pollock, Mark Rothko, Willem de Kooning und Bradley Walker Tomlin auf Verständnislosigkeit stießen, wenn sie von Matta, Howard Putzel oder mir erwähnt wurden. Putzel, Peggys alter Freund, der von dem Posten geträumt hatte, den ich jetzt innehatte, legte sich besonders für die noch unentdeckte New Yorker Künstlergruppe ins Zeug. Wir erreichten immerhin, daß Peggy ihre Ausstellungspläne zugunsten einer jährlich stattfindenden Schau »neue Malerei« erweiterte. Sie meinte, es wäre ganz hübsch, »so etwas wie einen *salon du printemps* zu haben, wo ich nicht kaufen muß, wenn es nicht das Richtige ist.«

Die erbitterten europäischen Kämpfe der »Ismen« hatten die Überquerung des Atlantiks tatsächlich überlebt. Ich begriff nicht, wie sie in dem Klima dieses Refugiums fortdauern konnten, und ich erlebte den ersten Waffenstillstand im Frühjahr 1942 an dem imposanten Eßtisch des Triplex.

»Mondrian ist ein sehr netter Mensch. Mais, mon dieu, was soll man zu diesen kalten abstrakten Arrangements sagen, die doch la peinture geradezu verneinen?« Max, in seinem Thronsessel präsidierend, Breton, Marcel Duchamp und Yves Tanguy warteten darauf, daß der höfliche Gentleman Mondrian sich nach einem Rundgang durch die Sammlung mit Peggy zum Mittagessen zu ihnen gesellte. Sie konnten ein gönnerhaftes Kichern nicht unterdrücken, als sie sahen, wie er auf den großen Miró wies und fragte, wer das gemalt hätte. Als sich das bei einem Kandinsky und bei Juan Gris wiederholte, schienen sie sicher, daß dieser Mann leichte Beute für sie wäre. Ich war ganz und gar nicht glücklich bei dem Gedanken, was diesem freundlichen, stillen Menschen nun bevorstehen könnte, der mich vor einem Jahr, als ich für das Museum of Modern Art einen einfachen Botengang zu ihm machte, so zuvorkommend in seine Wohnung gebeten hatte. Er war entzückt gewesen, als ich die Schallplatte, die er gerade hörte, als die von Pete Johnson und Albert Ammons erkannte. Ich nahm damals seine Einladung an, ihn wieder zu besuchen, und wir hörten stundenlang gemeinsam Jazz, insbesondere Boogie-Woogie, und diskutierten über unsere jeweiligen Schwärmereien. Von Max selbst hatte ich Vorbehalte gegen den fortdauernden ästhetischen Separatismus gehört, den die Surrealisten praktizierten, und ich konnte mir auch nicht vorstellen, daß Yves Tanguy, dieser unbeirrbar charmante Maler seltsam unbewohnter, horizontloser innerer Landschaften, sich an einer »Hasenhatz« beteiligen würde. Und doch, da saßen sie auf dem Sprung, um sich auf ihn zu stürzen, als Mondrian sich ihnen gegenüber ans äußerste Ende des Tisches setzte und sich mit einer charakteristischen Geste übers Kinn strich.

Wie ich erwartet hatte, ging alles sehr höflich ab bei Suppe, Salat und Entrée, aber mit dem Kaffee kam Bretons lange einleitende Frage: »Natürlich, mein lieber Mondrian, respektieren wir alle Ihr

Von links nach rechts, untere Reihe: Stanley William Hayter, Leonora Carrington, Frederick Kiesler, Kurt Seligmann. Mittlere Reihe: Max Ernst, Amédée Ozenfant, André Breton, Fernand Léger, Berenice Abbot. Obere Reihe: Jimmy Ernst, Peggy Guggenheim, John Ferren, Marcel Duchamp, Piet Mondrian.
Gruppenaufnahme aus dem Ernst-Guggenheim-Triplex in New York, 1942, »Künstler im Exil« *(mit freundlicher Genehmigung des Philadelphia Museum of Art, Sammlung von Madame Duchamp).*

Streben nach einer Form des Malens, die die Vision vollkommen vom Irrationalen reinigt, und das heißt natürlich von Traum wie von Wirklichkeit. Wir wären sehr daran interessiert, Ihre Meinung zu anderer Malerei zu hören, sagen wir zum Surrealismus, der diese Elemente herauszuarbeiten versucht, statt sie zu eliminieren.«

Die Antwort kam nicht sofort, und Duchamp fügte noch hinzu: »Was halten Sie zum Beispiel von der Arbeit unseres Freundes Yves Tanguy hier?«

Nach weiterem nachdenklichem Kinnstreichen sagte Mondrian fest, aber ruhig: »Mir machen Unterhaltungsspiele genau so viel Spaß wie Ihnen, aber ich werde ihnen nicht frönen. Ich habe Tanguys Ausstellung bei Pierre Matisse mehrmals gesehen und fand sie sehr schön, aber auch sehr verwirrend. Yves' Werk ist viel zu abstrakt für mich.«

Breton sprudelte hervor: »Zu abstrakt? Für Sie?«

»Mein lieber Breton, Sie scheinen eine sehr feste Vorstellung von Abstraktion zu haben. Da passe ich ganz bestimmt nicht hinein, und ich will nicht mit Worten spielen, wenn ich sage, daß ich meine Art zu malen als tiefes Befassen mit der Wirklichkeit betrachte. Es kann durchaus sein, daß ich mich irre in meiner Empfindung, daß Tanguys Bilder zu kalt werden für mich und zu abstrakt, und ich zweifle auch nicht daran, daß, wenn er sein Ziel erreicht, so wie ich meins zu erreichen gedenke, wir beide entdecken werden, daß wir doch auf demselben Planeten leben ... zusammen. In der Kunst geht derselbe Fahrstuhl entweder in den Keller oder zum Penthaus hinauf.«

Tanguy sprang auf und umarmte Mondrian. »Ça, on faut accepter, cher maître, tout à fait.« (Das müssen wir ohne Einschränkung akzeptieren, lieber Meister.) Sein Kichern steckte Ernst und Duchamp an, und sogar Breton schien die gutmütige Einigung wohlwollend aufzunehmen.

Bei allem gebührenden Respekt für die fünf Männer, deren Namen in der Kulturgeschichte unserer Zeit verzeichnet sind, konnte ich mich des Gefühls nicht erwehren, daß ich soeben zugeschaut hatte, wie sie Murmeln spielten oder das Himmel-und-Hölle-Spiel hüpften. Hatten sie wirklich Grundsätze diskutiert ... ein

Credo? Oder war es einfach wie irgendein Spiel, das man mit aufgesetzter Lustigkeit auf einem Kindergeburtstag spielt? Diese Theorie-Luftballons hatte ich während einer ganzen Jugendzeit im Qualm europäischer Cafés und Wohnzimmer tanzen gesehen, und ich konnte zwar ihre Bedeutung für ein bestimmtes Werk erkennen, aber nie die Vorstellung akzeptieren, daß einer von ihnen die Oberhand über die anderen gewinnen würde. Diese Überfülle aus der Luft gegriffener Doktrinen war mir in ihrer ganzen Fragwürdigkeit bewußt geworden, nicht nur, weil es in einer so kurzen Lebensspanne so viele waren, sondern auch, weil die angeblichen Lehrsätze einer Mahnung aus *Viel Lärm um Nichts* zuwiderliefen, die sich mir früh eingeprägt hatte: »Laß jedes Auge für sich selbst verhandeln und traue keinem Mittler.« Auf der anderen Seite war es nicht fair, von jedem der immens kreativen Menschen, mit denen umzugehen für mich ganz alltäglich war, nun ständig Tiefgründigkeit zu verlangen. Außerdem hätte ich, der so viele von ihnen von Kindesbeinen an kannte, nicht überrascht sein dürfen, daß sie Schwächen hatten und die besondere Gabe, sich selbst und allen in ihrer Umgebung Schwierigkeiten zu machen.

Die ständig gärenden Szenen und Spannungen, die die mühselige Arbeit für die »Art of This Century« begleiteten, haben einen bedeutenden Platz im Käfig meiner Alpträume. André Breton und Howard Putzel hatten Peggy davon überzeugt, daß Frederick Kiesler der ideale Mann für die räumliche Einrichtung ihres Galerie-Museums wäre. Das machte mich sehr glücklich, denn es gab diesem außergewöhnlichen Mann die Chance, nur ein paar der Träume zu verwirklichen, die ihm Leute von weit geringeren Fähigkeiten schon vorweggenommen hatten. Seine Pläne für das Projekt waren wirklich atemberaubend in ihrem Ideenreichtum und ihrer schlichten Eleganz. Die veranschlagten Kosten fand jedermann ausgesprochen gering, nur Peggy nicht, die sie für astronomisch hielt. »Ich gehöre zu den armen Guggenheims. Hätte mein Vater seinen Brüdern vertraut und nicht vor vierzig Jahren die Firma verlassen, dann müßte ich mir über so etwas wie Geld nicht den Kopf zerbrechen.« Aber sie beschloß, die Arbeit dieses Mannes ebenso zu behandeln, wie sie die vielen Dichter und Maler behandelte, die sie regelmäßig und großzügig unterstützte.

Und das hieß: Keine Einmischung. Ich sah voraus, daß aus dieser Haltung einmal schreckliche Schwierigkeiten entstehen würden, weil ich überzeugt war, daß Kiesler seine Kostenkalkulation unrealistisch niedrig gehalten hatte aus Angst, das ganze Projekt könne daran scheitern. Bewußt vergrub ich mich in meine übrige Arbeit, damit ich dem Schauplatz fern bleiben konnte, wo eine Mannschaft von Anstreichern und Tapezierern begann, zwei verstaubte Dachböden so zu verwandeln, daß daraus tatsächlich ein aufsehenerregendes und neuartiges Ausstellungslokal wurde. Ich liebte Kiesler und wollte nicht Zeuge sein bei den Alpträumen, die dicht unter der Oberfläche von Peggys »Gut, diesmal noch, aber keinen Pfennig mehr!« lauerten.

Aber so oder so, es ging los, so wie ein großes Feuerwerk, das in bestimmten Zeitabständen gezündet wird. Es war idiotisch von mir, zu glauben, ich könnte durch Kopfeinziehen den niederfallenden Trümmern entkommen, und meine kostbare Freundschaft mit Kiesler sollte nie mehr dieselbe sein. Als die Arbeiten fortschritten und die ersten Rechnungen eingingen, für ein magisches Auge, das das Klee-Karussell in Bewegung setzte, für die modernsten, teuersten Beleuchtungskörper, für Eichenfußböden anstelle von Kiefer, für Leinen statt Baumwolle an den gewellten Wänden der abstrakten Galerie, da sah Kiesler seine Träume in Peggys steigender Wut entschwinden. Er kam zu mir und verlangte, ich solle einen Teil der Rechnungen für ein Weilchen vor ihr verstecken und dann später tröpfchenweise herausgeben. Als ihm klar wurde, daß ich dabei unmöglich mitmachen könnte, begann Peggy die unglaublichsten Äußerungen Kieslers über meine Perfidie ins Triplex mitzubringen. Er beschuldigte mich, insgeheim das ganze Projekt sabotieren zu wollen. Seiner Meinung nach müßte ich auf der Stelle von meinem Posten entlassen werden. Ich habe Peggy nie die wahren Gründe für diese Attacken verraten, weil ich wußte, das würde das Ende von Kieslers Arbeit und noch mehr Chaos bedeuten.

Die »Art of This Century« war zwar wichtig, aber irgendwann wurde mir auch klar, daß ich einmal andere Luft atmen mußte. Ich würde nicht im »Familienbetrieb« aufgehen. Ich war sicher, auch das amerikanische Leben kannte Intrigen, aber es war doch sehr weit davon entfernt, es mit dem Kontinent aufnehmen zu können, der, so meinte ich, das Patent dafür besaß. Ich konnte leben mit den Gestalten aus einer ungeliebten Vergangenheit um mich herum, aber ich war, anders als sie, nicht auf der Suche nach bloßem Unterschlupf in dieses Land gekommen. Zugegeben, ich hatte dieses neue Leben erst vier Jahre lang geführt, und ich war stolz auf einige der Dinge, die ich mitgebracht hatte, aber ich war bereit gewesen, unmittelbar nach der Ankunft mein Gepäck zu öffnen und zu prüfen, wieviel von seinem Inhalt in einem neuen Klima lebensfähig wäre. Jetzt, da ich Gewißheit hatte, mußte ich, angespornt von meiner Umgebung, Distanz zwischen mich und die Komplikationen jener anderen Welt bringen. Daß ich im alltäglichen Dunstkreis meines Vaters lebte, hatte mich bereits zu Urteilen über seinen Lebensstil gebracht, die katastrophal werden könnten für unser Bedürfnis, uns näher zu kommen. Das alles bewog mich, Peggy mit sanfter Überredungskunst von ihrem Vorhaben abzubringen, mich als ihren Sohn zu adoptieren und die Verhandlungen mit ihren Anwälten, die sie ohne mein Wissen geführt hatte, fortzusetzen. Dies sei nicht etwa ein Versuch, so versicherte sie mir, Max enger an sich zu binden, und auch meine Beziehung zu meiner Mutter würde davon in keiner Weise berührt.

Peggys wiederholte, leicht scherzhafte Beschwerde seit Pearl Harbour — »Mir gefällt der Gedanke nicht, daß ich mit einem feindlichen Ausländer in Sünde lebe« — hatte für Max einen ernsten Beigeschmack bekommen. Was dieser Status eigentlich bedeutete, wurde ihm stärker bewußt, als ich mit ihm zum Hauptpostamt ging, wo man ihn registrierte, photographierte und ihm die Fingerabdrücke abnahm. Als weitere Beschränkungen verhängt wurden — für jede Reise war jetzt eine besondere Reisegenehmigung erforderlich und eine andere Verordnung untersagte den Besitz eines Radios mit Kurzwellenband im Triplex —, wurde Peggy schließlich während eines angeblichen Besuchs in Washington, D.C., und bei ihrem Cousin Harold Loeb (dem Modell für die Gestalt des Robert Cohn in Hemingways *Fiesta*) irgendwo in Maryland Mrs. Max Ernst Nummer drei. Das befreite Max noch nicht von allen Restriktionen, aber Peggy argumentierte, es mil-

dere ein wenig den Begriff »Feind« ... »und das ist mehr, als man von dieser schrecklichen Nazi-Baroness meines Onkels Solomon sagen kann.«
Der Zeitpunkt schien günstig für sie, aus der Hochzeit mehr als nur eine Formalität zu machen, und sie beschlossen, zwei Sommermonate am Cape Cod zu verbringen. Der Katalog stand kurz vor der Drucklegung, nachdem er noch mit Essays von André Breton und Piet Mondrian angereichert worden war. Die Arbeit an der Galerie schritt unter einem allgemeinen Waffenstillstand zwischen Kiesler und Peggy voran, während ich Liegengebliebenes aufarbeitete. Ich freute mich darauf, mehr Zeit zum Malen zu haben und weniger täglichen Zank. Ehe sie abreisten, schien es mir, als wäre Peggy bereit, Maxens häufige »Schatzsuche« als bleibende, unvermeidliche Nebenerscheinung der neuen Ehe zu tolerieren.
»Ich glaube, Max wird schon wieder gaga wegen irgendeiner Verrückten. Ich sehe das an seinem Blick ... natürlich, das geht vorüber, wenn er sie mal gehabt hat ... Weißt du eigentlich, daß er die alberne Idee hatte, ein Atelier bei Wellfleet zu mieten für so ein Weib, das ihn porträtieren will, wie er behauptet? ... Ich habe sie hier ein paarmal gesehen. Sie ist sehr hübsch und flott ... wahrscheinlich auf Dauer zu flott für ihn ... Ich finde ... der Ärmste ... er war sehr überrascht und verletzt, als ich diese Situation zur Sprache gebracht habe ... Erzählte mir, sie sei die beste Porträtmalerin in ganz Amerika ...«
Es war nicht das Interesse am Porträtieren, das jemanden in mein Leben treten ließ, der »hübsch und flott« war, sondern es war weit mehr als das. Dennoch, binnen kurzem war ich es, der für dieses Porträt saß. Es zeigte mich vor dem Hintergrund einer Straße, deren hervorstechendes Merkmal eine aufsteigende Reihe dominierender Straßenlaternen ist.
Elenor war eine kurz vor der Scheidung stehende junge Frau, die als Kunststudentin bei Morris Kantor ihren riesigen Briard-Rüden immatrikulierte, nachdem man dem Tier in ihrer Begleitung den Zutritt zur Klasse verweigert hatte. Das und andere farbige Einzelheiten hatte ich von meinen Freunden auf der Zehnten Straße erfahren, und die nächste Party in einem der Dachböden tat das

übrige. Der Gedanke, daß ich Territorium beträte, das mein Vater für sich beanspruchen wollte, kam mir überhaupt nicht. Oder vielleicht doch . . .?

Es sollte mehr sein als die flüchtige Verliebtheit eines einsamen jungen Mannes in eine verständnisvolle Frau, die reifer war als er. In diesem Frühsommer kochte ich zum erstenmal in meinem Leben für jemand anderen als nur für mich. Ich war gerade zwanzig geworden, und was ich geschenkt bekam, entsprach ganz meiner Vorstellung von dem, was Marlene Dietrich dem »Johnny« am Abend seines Geburtstags versprach. Und genau wie auf dieser ausgeleierten Schellackplatte sollte es noch eine Menge nicht im Kalender verzeichneter Geburtstage geben. Aber die Beziehung zwischen Elenor und mir wuchs über das Feiern hinaus zu einer gegenseitigen Abhängigkeit, die wir nie bereuen sollten, auch nicht Jahre später, als sie endete. Zu der Zeit, als Max und Peggy von Cape Cod zurückkehrten, hatte ich begonnen, ein sehnliches Verlangen in meinem Leben zu stillen, das Verlangen, dieses Leben mit jemandem zu teilen.

Sie kamen unerwartet früh mit Hilfe des FBI zurück, das Max recht barsch darauf hinwies, seine Reisegenehmigung gestatte ihm nicht, sich mit Peggy von Wellfleet zu Mattas Haus in Provincetown zu begeben. Der Staatsanwalt in Boston, der in seiner Jugend einmal Angestellter der Guggenheims gewesen war, ebnete ihnen den Weg, so daß sie ohne Bestrafung sofort nach New York zurückkehren konnten. Natürlich war es für Max mehr als unangenehm, tagelang von Beamten über das Vorhandensein eines Kurzwellenradios in Mattas Haus und ihren Verdacht, er könnte an der Treibstoffversorgung deutscher Unterseeboote vor der Küste beteiligt gewesen sein, verhört zu werden. »Ich habe ihnen immer wieder gesagt«, wiederholte er, »daß ich nicht mit Dieselöl male.« Von nun an schielte er bei allen Leuten erst einmal auf das Radio, ob es etwa ein Kurzwellenband hätte.

Peggy war, als ich ihr von den Entwicklungen in meinem Privatleben erzählte, begeistert. »Das ist deine Unabhängigkeitserklärung von Max. Ich bin sicher, das hat noch keiner, aber auch nicht einer ihm je angetan. Ich kann es kaum erwarten, sein Gesicht zu sehen, wenn er es erfährt.« Die Stunde der Wahrheit kam ein paar Tage

später bei einer Cocktailparty in Kieslers Penthaus. Max sah mich mit Elenor. Sein anfängliches Starren wurde zu ungläubigem Staunen, dann aber lachte er und drohte mir mit dem Zeigefinger, wie ein Vater dem ungehorsamen Kinde droht, das es gerade über die tiefste Stelle des Schwimmbeckens geschafft hat. Und das war es; über die Angelegenheit wurde nie wieder gesprochen.
Ein Geburtstagsbrief meiner Mutter war vier Wochen unterwegs gewesen. Die Verstümmelung des Umschlags durch diverse Zensoren sprach unheilvoll für eine Atmosphäre wachsender Gefahr, die allerdings in seinem Inhalt vollkommen fehlte.
»... Als ich zweiundzwanzig wurde, war mein größtes Geschenk, daß ich die Tage — oder Nächte — nicht immer allein verbringen mußte, und ich wünsche Dir, daß du dasselbe Glück hast. Wenn ja, dann hoffe ich, daß es eine ist, die dir gibt, was nur liebende Frauen zu geben vermögen.
... Mehrmals hat sich das Konsulat in Marseille gemeldet, und jedesmal hieß es, das Visum »werde bearbeitet« oder »wir müßten es in wenigen Tagen haben«, aber bisher kam nichts Konkretes. Doch meine Bündel sind geschnürt und ich weiß, was für ein Glück ich habe, verglichen mit denen, die nirgends hingehen können und niemanden haben, der auf sie wartet... Die Leute hier haben schreckliche Angst, aber du kennst mich ja. Ich habe ein Schiff namens »Optimist«, auf dem ich manchmal vielleicht ein bißchen naß geworden bin, aber ich weiß, es kann nicht sinken...
Vielleicht geht nicht alles so glatt, wie wir uns das wünschen, das Schlimmste, was passieren kann, ist, daß wir für eine Weile nicht voneinander hören werden. Inzwischen sollten wir beide an Ungewißheit gewöhnt sein... Jean Giono ist ein großmütiger, stets hilfsbereiter, welterfahrener Mensch. Kein Wunder, daß die Bauern hier ihn so lieben. Mir kann gar nichts passieren, so lange ich ihn zum Freund habe... Neulich bin ich zu einer langen Wanderung in die Berge gestiegen. Es sei eine verrückte Idee, sagte man mir, und der Mistral war wirklich eisig. Aber ich wollte sehen, was auf der anderen Seite dieser Berge ist. Dieselben Höhen, vor denen ich auf meinen unsicheren Lebenswegen schon so oft gestanden habe und die mich viele Male zurückzuwerfen drohten. Ich glaube, ich kann sagen, daß ich nie die Hoffnung verlor, doch

noch einen Pfad zu finden, der mich über den Gipfel führte. Tatsache ist, daß ich in meinem Gepäck etwas habe, das mir Flügel gibt – immer einen Drang, zu sehen in Erwartung des noch nie Gesehenen. Es ist ein Appetit auf Abenteuer und eine ewige Neugier, das unerschöpfliche, edle Los des Nomaden ... wenn wir wieder zusammen sind, wird es Spaß machen, die Notizen über unsere jeweiligen Bergbesteigungen zu vergleichen ...«
Auch die Briefe, die ich meiner Mutter schrieb, waren voller Optimismus. Sie handelten meistens von den relativ kleinen Kunstkreisen meines amerikanischen Lebens. Natürlich war ich nicht uninteressiert oder unempfindlich gegenüber Taten und Ereignissen, von denen eine Presse berichtete, die frech und lebendig und ohne Ehrerbietung vor der Obrigkeit war. Bei all meinem Wohlgefallen an dieser Gesellschaft gab es doch einige beunruhigende, oft schmerzliche Widersprüche in ihrem ewig wechselnden Gesicht, die ich nach nur vier Jahren der Beobachtung einfach nicht begreifen konnte. Wie hätte ich Lou Straus-Ernst erklären sollen, was ich in den Slums von Harlem und in den Indianer-Reservaten des Südwestens selbst gesehen hatte? Wie konnte ein Volk gleichgültig den Blick abwenden von Rassenhaß und Lynchjustiz und dann zur Musik der Opfer tanzen? Ich hatte die mexikanischen Landarbeiter auf den kalifornischen Feldern in Sichtweite schloßartiger Villen gesehen. Wie stand es mit den Pfründen korrupter Lokalpolitiker, kleiner und großer, überall in der Nation? Wer waren die großen Massen, die Frank Hague, Tom Pendergast und Ed Crump gehorchten oder begeistert Father Coughlin und Martin Dies lauschten? Weniger makaber, aber doch unerklärlich war die landesweite Panik, die Orson Welles' Rundfunkversion des *Kriegs der Welten* auslöste. Und was das Menschliche betraf, wie konnte ich ihr denn schreiben, daß Fiorello La Guardia in New York denselben Posten innehatte, wie Konrad Adenauer ihn in Köln gehabt hat? Wie sollte man denn La Guardia beschreiben oder einen Harold Ickes in den Zusammenhang dieser Gesellschaft mit vielen Gesichtern setzen? Und das alles in einem riesigen Lande, in dem es Adler, Geier, Pelikane und rote Kardinale, aber nicht eine einzige Nachtigall gab; wo auch Bären und Pumas lebten, Kojoten, Klapperschlangen, Skorpione,

Haie, Barrakudas und eine Languste mit gewaltigen Scheren, Lobster genannt. Eines Tages würde ich mir ein besseres Bild davon machen können, aber ich erkannte ein wenig aufgeregt, daß ich für den Rest meines Lebens zu lernen und trotzdem noch mit Überraschungen zu rechnen hätte.

Indem ich mich beim Briefeschreiben auf meinen unmittelbaren Lebensumkreis beschränkte, hoffte ich, die Ängste und Vorbehalte gegenüber diesem außerordentlichen Land, die ich von Lou Straus-Ernst und Gleichgesinnten gehört hatte, abzubauen. Die beste Methode dafür war, über das zu berichten, was ich in so kurzer Zeit in einer Umgebung der Hoffnung, wie ich es nennen möchte, hatte erreichen können. Ich hatte ein leinengebundenes 156-Seiten-Buch produziert, den Katalog für »Art of This Century«, für das ich den größten Teil des Materials beschafft, das Layout ausgearbeitet, ironischerweise aber nicht an der Auswahl der Schrifttypen mitgewirkt hatte. Mein Exemplar trug die Widmung: »Für Jimmy in Dankbarkeit für alles, was er getan hat, von Peggy.« Eins meiner Gemälde, *The Flying Dutchman*, hing in der Marian-Willard-Galerie auf der Siebenundfünfzigsten Straße. Der Bildhauer David Smith hatte es Marian Willard empfohlen, nachdem er es bei Bill Baziotes gesehen hatte. Max hatte es sich auch betrachtet. »Nun«, sagte er, »keiner kann behaupten, du maltest wie dein Vater... Siehst du, was gute Farben ausmachen können?« Ich entschied, das müsse ein Kompliment sein.

Natürlich erzählte ich Lou alles über Elenor und wie wichtig sie in meinem Leben war, aber ich schrieb ihr auch voll Stolz, wie viele Leute sich über mein fließendes Englisch und das Fehlen jeden Akzents geäußert hatten. Einen Akzent zu haben sei hier drüben nichts, dessen man sich zu schämen hätte, berichtete ich ihr, aber ich wollte es eben so. Für mich sei die Sprache ein Symbol meines neuen Lebens. Ich wollte sie nicht nur sprechen, sondern auch denken, sehen, träumen und sogar in ihr schweigen.

Eigentlich wollte ich ihr über die von Schiaparelli geförderte Ausstellung »First papers of Surrealism« im Whitelaw-Reid-Museum berichten. Der Titel deutete zwar symbolisch den Antrag auf die amerikanische Staatsbürgerschaft an, vermittelte aber den unglücklichen Eindruck, daß hier elitäres Europa auf seinen derzeitigen Ernährer und Gastgeber herabsah. Alfred H. Barrs Schau »Fantastic Art, Dada and Surrealism« im Museum of Modern Art hatte 1936 viele der Künstler eingeführt, die jetzt einem breiten Publikum vorgestellt wurden, und sie waren mit wirklich exzellenten Beispielen vertreten. Dennoch, diese neue Ausstellung strahlte nicht die unverkennbare Aura einer lebendigen Bewegung aus, sondern eher die eines geschlossenen Kreises lizensierter Fachleute. Die Geste in Richtung der in Amerika arbeitenden surrealistischen Protagonisten war dürftig und hinsichtlich der Qualität nur gerechtfertigt, weil Werke von David Hare und William Baziotes dabei waren. Gute Maler wie Kamrowski, Gorky, Tanning, Margo, Stamos, Kelly oder einer der bekannten Künstler der California-Gruppe fehlten. Vielleicht hätten sich ihre Arbeiten nicht mit der Eleganz und dem Ideenreichtum der vertretenen Künstler messen können, aber sie hätten doch ein fehlendes Element hinzugefügt und hätten mit Sicherheit einige der erwähnten Schmarotzer in den Schatten gestellt, die kaum über ihr zehntes Gemälde hinausgekommen oder, wie ich, Nutznießer der Vetternwirtschaft waren. Das Schlimmste an der ganzen Sache war, daß es die meisten Teilnehmer der festlichen Eröffnung überhaupt nicht aufzuregen schien, daß sie beim Betreten der Ausstellung an einer lebensgroßen Büste des Marschalls Pétain vorbeigehen mußten. Einige von uns, die Jüngeren unter Führung von Matta, protestierten und riefen nach dem Einfluß unserer älteren Freunde, um die Büste entfernen zu lassen. Man sagte uns, wir sollten keinen Wirbel machen; im übrigen: »Ihr seid nicht wichtig genug.«

Hier war es wieder, dieses Wort — »nicht wichtig genug« —, das meine Mutter in dem überfüllten Wartesaal auf der anderen Seite des Atlantik festhielt. Aber es tat sich etwas. Die letzte Neuigkeit war, daß dem amerikanischen Konsulat in Marseille die Bewilligung des Visums gekabelt worden sei. Jetzt lag es bei einem kleinen Beamten unter eben diesem Marschall Pétain, ihr das französische Ausreisevisum zu erteilen, und an Spanien, Durchreise nach Lissabon zu gewähren. Voller Hoffnung sah ich keine Notwendigkeit, ihr noch einen Brief zu schreiben.

Eine Woche später, am 20. Oktober, öffnete die »Art of This Century« zugunsten des amerikanischen Roten Kreuzes ihre Tore. Ich spürte keine Unbescheidenheit in meiner Befriedigung darüber, daß die Ausstellung sofort ein Erfolg wurde. Der Besucherandrang am Eröffnungsabend war gewaltig, die folgenden Presseberichte überregional und positiv, der Katalogverkauf war lebhaft und die täglichen Besucherzahlen durchweg hoch — all dieses hatte in meinem Verantwortungsbereich gelegen, und ich hatte nun zusätzliche Gründe, mir meiner Fähigkeiten zur Übernahme völlig neuer Aufgaben sicher zu sein.

Ich gebe zu, der eigentliche Erfolg der »Art of This Century« lag in der Auswahl der Bilder und Plastiken und in Kieslers genialer Verwandlung zweier baufälliger Dachböden zu einem magischen Ort der ständigen Überraschungen. Leider hatte sein Krieg mit Peggy einen neuen Höhepunkt erreicht, als die abschließenden Baukosten eintrudelten. Ich glaube nicht, daß sie wirklich so fürchterlich waren, wenn man sich vor Augen hielt, was er erreicht hatte mit einer mäßigen Summe zu einer Zeit, da die benötigten Materialien meist sehr knapp waren und infolgedessen die Preise stiegen. Der letzte Tropfen war wohl, daß Kiesler bei Peggy darauf bestand, bei den Einladungen zur Eröffnung mitzureden. Zu den »Verbannten« sollte auch meine Elenor gehören, denn es sei ihr übler Einfluß auf mich, der an all seinen Mißhelligkeiten schuld sei.

Der beträchtliche Beifall für die Museumsgalerie muß einiges von Peggys früherem Ruf überstrahlt haben. Nicht selten erkannte sie einen Besucher, der sich in dieser Umgebung etwas fremd zu fühlen schien: »Mein Gott, ist das nicht ein Verwandter...?« Periodisch bekam ich diverse Mitglieder der legendären jüdischen Aristokratie New Yorks zu Gesicht, und die Meinung von Peggys Familie über die Cousine oder Nichte war schon immer nicht gerade wohlwollend gewesen. Leise wurden Namen wie Loeb, Straus, Gimbel, Seligman und natürlich Guggenheim genannt, von denen wenigstens eine, Tante Irene, dem möglichen Grimm der Freundin ihres Mannes, der Baroness, die Stirn bot. Wir servierten ihr einen zeremoniellen Tee in dem Durcheinander unseres Arbeitstisches am Eingang der Galerie. Sie war eine freundliche und elegante Dame, die Peggy irrtümlich überschwenglich dafür dankte, daß sie ihr den Katalog geschenkt hätte, woraufhin Peggy den Subskriptionspreis von 2.75 Dollar dafür verlangte. Ich mußte hinauslaufen und eine Zwanzigdollarnote wechseln gehen. Tante Irene nahm das Buch nicht mit. Sie befürchtete, daß ihr Vater sicherlich der Baroness ihren unbotmäßigen Besuch melden würde, und der Katalog würde die Unerfreulichkeiten nur vergrößern.

In direktem Widerspruch zu dieser und anderen Manifestationen der Sparsamkeit händigte mir Peggy an einem kalten schneeigen Morgen einen unterzeichneten Blankoscheck aus: »Hast du keinen anständigen Wintermantel? Geh und kauf dir sofort einen.« Ich ging in ein preiswertes Warenhaus für Herrenbekleidung, Crawford's, und setzte, schon im neuen Mantel, die entsprechende Summe in den Scheck ein. Der Verkäufer sah sich die Unterschrift an. »Und Sie heißen Rockefeller, nehme ich an?« Ich gab ihm die Telefonnummer der »Art of This Century«, damit er sich persönlich überzeugen könnte. »Versuchen Sie solche hinterhältigen Betrügereien nicht mit mir. Woher soll ich wissen, mit wem ich rede? Der Trick funktioniert nicht mehr.« So rief ich selbst Peggy an, und ein paar Minuten später klingelte das Telefon. Es war Ernst Lundeen von der American Smelting and Refining an der Wall Street. Ich konnte zum Teil mithören, wie er auf den erbleichenden Verkäufer einschrie: ». . . Sie werden ja wohl nicht warten, bis der Präsident Ihrer lausigen Kette anruft und Sie rausschmeißt, wie? Geben Sie dem Jungen diesen gottverdammten Mantel!« »Ich hab's gewußt, ich hätt' mich krankmelden sollen heute morgen«, sagte der Mann, als er den Kassenzettel ausfüllte. ». . . Wenn Sie zu dem vornehmen Haufen gehören, warum zum Teufel gehen Sie nicht zu Saks Fifth Avenue?. . . Einundzwanzig Dollar fünfzig Cents . . . Oh jeeeeohjeh! Gott bewahre mich vor den Geldsäcken!«

Die »Art of This Century« lief noch nicht lange, da beschloß Peggy gegen alle Proteste, die laufenden Kosten durch Erhebung eines Eintrittsgeldes von 25 Cents »von jedem . . . Verwandte eingeschlossen . . .« zu senken. Die Münzen waren in ein spanisches Tamburin am Eingang zu legen. Arme Künstler und Studenten brauchten nicht lange, um zu entdecken, daß ich sie in Peggys zweistündiger Mittagspause einfach durchwinken konnte. Für fünfundzwanzig Cents bekam man schließlich ein anständiges Mittagessen am Automaten weiter unten an der Straße. Das hörte ein paar Wochen später auf, als Peggy nach einer knappen Stunde plötzlich wieder kam und die Vierteldollars im Tamburin zählte. »Das sind zwei Dollar fünfundsiebzig zu wenig ... Ich weiß, daß du sie nicht herausgenommen hast. Du hast die Leute ohne Bezahlung hereingelassen. Ich war unten in der Halle und habe die Fahrstuhlanzeige beobachtet ... ich habe gezählt, wie viele in den sechsten Stock gefahren sind ... elf Leute haben nicht bezahlt.« Sie ließ sich von meiner Erklärung nicht bewegen und bestand darauf, daß ich mit dem Tamburin in der Hand in der Galerie das Eintrittsgeld einsammeln ginge. Ich in meiner Verlegenheit glich die Differenz aus meiner eigenen Tasche aus, aber sie ließ sich nicht täuschen, als sie sah, daß da plötzlich zwei Eindollarnoten lagen. Es fiel kein weiteres Wort in dieser Sache, und ich mußte ein Abkommen mit dem Fahrstuhlführer treffen, um zu erfahren, wann unten die Luft rein war.

Die Arbeit in der Galerie schirmte mich ein bißchen vor den fortgesetzten Erschütterungen im Triplex ab, und es war ein Witz, daß ausgerechnet ein Beschluß, an dem ich nicht unbeteiligt war, eine Gewitterwolke bedrohlichen Ausmaßes heraufziehen ließ. Eine Anregung Marcel Duchamps aufgreifend, begannen Peggy und ich mit den Vorbereitungen für eine Malerinnen-Ausstellung im Januar. Einunddreißig malende Frauen wurden schließlich nach Empfehlungen von Breton, Duchamp, James Sweeney, James Soby und Max ausgewählt. Ein Brief an Georgia O'Keeffe hatte zur Folge, daß diese furchteinflößende Dame mit kleinem Gefolge der Galerie einen Besuch abstattete und mit steinerner Miene einer verblüfften Peggy erklärte: »Ich bin keine malende Frau.« Peggy wollte es nicht den einzelnen Damen überlassen, die Werke für die Ausstellung auszuwählen, und ich schloß mich, ohne weiter darüber nachzudenken, ihrer Meinung an, daß Max der ideale Mann dafür sei, die Endauswahl in den einzelnen Ateliers zu treffen. Ohne Zweifel hat Max seinen Auftrag ungeheuer genossen und fand es notwendig, bei einigen Künstlerinnen noch mehrmals vorzusprechen. »Max ist sehr, sehr zufrieden«, bemerkte Peggy verschiedentlich in dieser Zeit. »Es wird eine sehr aufregende Ausstellung werden.« Das war, wie sich herausstellen sollte, eine leichte Untertreibung. Im Leben aller Betroffenen gab es in den kommenden Monaten tiefgreifende Veränderungen. Während ich beobachtete, wie sich die brüchige Ehe im Triplex sozusagen Stich für Stich auflöste, war Peggy vergeblich bemüht, sie mit einer Kette ausgesprochen verheerender Gegenmaßnahmen zu retten; gleichzeitig wußte ich, wie verzweifelt mein Vater seinem teilweise selbst geschaffenen emotionalen Notstand zu entkommen suchte, und ich konnte nicht umhin, Vergleiche anzustellen. War es so auch 1922 gewesen? Natürlich, zwischen meiner Mutter und Peggy lagen Welten in beinahe jeder Hinsicht. Außerdem, im Falle Lous traf der schmerzliche Bruch eine völlig unvorbereitete Frau, während Peggy wohl jede ihrer Beziehungen in der ängstlichen Erwartung eines weiteren Mißerfolges durchlebt hat. Mitten hinein in diese privat so qualvolle Zeit traf ein Schlag von entsetzlichem Ausmaß. Als Reaktion auf die alliierte Invasion Nordafrikas ordnete Hitler die Besetzung Vichy-Frankreichs durch deutsche Truppen an. Wieder war eine Tür der Falle zugeschlagen, diesmal mit Hilfe irgendeines kleinen Beamten, der voll Stolz die Ehrenlegion am schäbigen Revers trug und auf dessen Schreibtisch ein Antrag auf Erteilung eines Ausreisevisums mehr als einen Monat lang begraben lag.

Elend und wie betäubt saß ich da und starrte auf die monströse Wand, die noch wuchs, als ich zu begreifen versuchte, wie hoch sie war. Durch ihren bösartigen Stein und Mörtel drängte sich beharrlich das eine Bild: der ungläubige Blick im Gesicht meiner Mutter, als die Erde sich auftat und den sicheren Pfad vor ihr verschlang. Das Ziel war schon so nahe gewesen. Nur noch wenige Schritte zur anderen Seite des Berges. Warum wurden sie ihr verweigert? Und wer hatte sie im Stich gelassen?

Die Antwort auf diese letzte Frage würde immer auf mich gerichtet bleiben. Es war vergebliche Mühe, aber ich mußte mir ausmalen, daß es durchaus anders hätte kommen können, wenn ich den einen oder anderen von zahllosen Schritten nur ein paar Stunden früher unternommen hätte, einen Anruf vielleicht oder einen

Brief. Wenn ich je gedacht haben sollte, man könnte ein Schachspiel mit der Bürokratie des Bösen gewinnen, so war ich nun belehrt worden, daß meine Mutter und ich zu den Millionen von Bauern gehörten, die auf einem Schachbrett unmenschlicher Größe geopfert werden konnten. Wir waren Opfer ohne Bedeutung, Spinnweben, die man mit einem Fingerschnippen entfernt. Ich mußte nach Strohhalmen greifen, um zu hoffen, daß das Gefühl des Verrats das Selbstvertrauen und den Optimismus meiner Mutter nicht völlig zerstört hatte. Ich mußte einfach glauben, daß die schützende Hülle der guten Leute im Dorf Manosque und ihres verehrten Dichters Giono weiterhin ausreichende Sicherheit bot. Ich kam sogar zu der Überzeugung, daß von diesem Dorf aus die Entfernung zur Schweizer Grenze nicht unüberwindlich groß sei.

Der Schock der Todesgefahr für meine Mutter warf ein kaltes Licht auf die augenblickliche Lage in meinem eigenen Alltag. Daß ich mich in der Mitte einer Wippe zwischen meinem Vater und Peggy befand, trug nicht zu irgend jemandes Gleichgewicht bei, vor allem nicht zu meinem. Ich war nicht so vermessen, anzunehmen, daß ich noch imstande sein könnte, eine Explosion zwischen diesen beiden Menschen, denen ich mich tief verbunden fühlte, zu verhindern. Ebensowenig konnte ich mich innerlich so weit frei machen, daß ich mich allein auf meine Arbeit konzentrieren, die endlosen Entfremdungsgefechte und die provokanten Spielchen der absichtlich nicht verheimlichten Treulosigkeiten ignorieren konnte. Ich mochte nicht die Rolle des Verkehrspolizisten spielen, der sich abmüht, peinliche Zusammenstöße bei Cocktailparties und Vernissagen zu verhindern. Ich konnte nichts ausrichten gegen die Folgen der verzweifelten Hasardspiele Peggys, etwa wenn sie Max den Schlüssel zum Triplex abgenommen hatte und dann mitten in der Nacht hysterisch bei mir anrief, ich solle ihr helfen, ihn zu finden. Ich hatte auch nicht das mindeste Recht, meines Vaters Suche nach Ruhe in Frage zu stellen, die er bei der Künstlerin Dorothea Tanning zu finden schien – ihr herrliches Selbstporträt *Birthday* hatte er für Peggys Ausstellung »Women-Painters« ausgewählt. Peggy hatte mich in ihrer Aufregung tatsächlich beschimpft, es wäre schließlich mein Vorschlag gewesen,

daß hauptsächlich Max die Auswahl für die Ausstellung treffen sollte.
Es war alles so traurig. Max vertraute mir damals an, daß er in seiner Niedergeschlagenheit über den Verlust Leonoras während des Zwischenspiels in Marseilles-Lissabon einen schrecklichen Fehler gemacht habe, als er Peggy glauben ließ, daß er sie liebte. Nun wisse er nicht, wie er die Sache beenden solle, ohne sie zu verletzen. Peggy war für den Rest ihres Lebens von dem Zweifel besessen: »Max muß mich einmal geliebt haben. Oder nicht?« Als ich sie 1979 zum letzten Mal sah, bettlägerig krank in ihrem kalten Palast in Venedig, fragte sie mich das an jedem Abend, den ich mit ihr verbrachte, immer wieder. Ich bin froh, daß ich nicht ganz offen zu ihr war, denn sie starb wenige Wochen später.
Als die Spannungen auch bei »Art of This Century« immer offener zutage traten, fand ich meine Anwesenheit dort mehr und mehr unerträglich, obwohl Peggy mich beschwor, es gebe keinen Grund, unsere persönliche Beziehung und unser Arbeitsverhältnis davon beeinträchtigen zu lassen. Die Lösung kam in Gestalt eines Musterungsbescheids, der mich zur ärztlichen Untersuchung im Januar 1943 beorderte. Ich nutzte die vierwöchige Wartezeit, um meinen Nachfolger einzuweisen, und beendete eine Reihe von Gemälden in Elenors Wohnung in einem alten Haus am Central Park South.
Vor Morgengrauen in der Untergrundbahn auf dem Weg von der Musterungsbehörde zum Grand Central Palace versuchte ich in den grauen Gesichtern der anderen schlaftrunkenen jungen Männer zu lesen, die mit mir von einem direkt aus *The Big Parade* entsprungenen Sergeanten durch die Drehkreuze geführt worden waren. Aber eigentlich versuchte ich, mich selbst zu betrachten. Wo war der kleine Pazifist geblieben, der den Militärparaden am Sonntagmorgen auf dem Kaiser-Wilhelm-Ring resolut den Rücken zukehrte? Was war aus seiner angeborenen Angst vor Uniformen geworden, seiner Ablehnung jedes an Krieg erinnernden Spielzeugs? Die bösen Träume der Kindheit waren jetzt wirklich. Es gab einen Krieg, und mein Anteil daran war wirklich. Der kollektive Wahnsinn, der mich über einen Ozean getrieben hatte, war nicht an seiner eigenen Unwahrscheinlichkeit zusammengebro-

Dorothea Tanning und Max Ernst in Sedona, Arizona, etwa 1947 *(Foto: Ellinger, mit freundlicher Genehmigung von Maria Ellinger).*

chen. Er bedrohte nicht nur meine neue Welt hier, sondern hatte vielleicht schon das Leben vernichtet, das mir mein Leben schenkte. Das einzige, was ich meiner Erinnerung nach bedauerte, war die Trennung von Elenor. Nichts an meinen Gefühlen war unbestimmt. Ich liebte sie. Sie stand für mich am Tor zum Leben, der erste Mensch, der willens war, um meinetwillen mit mir zu gehen.

Etwa fünf Stunden später verließ ich den Grand Central Palace mit sehr gemischten Gefühlen. Der größte Teil der Untersuchungen war Routine gewesen, bis ein Psychiater begann, mich wegen einer Eintragung auf dem langen Fragebogen zu verhören. Ich hatte es für völlig normal gehalten, Elenor als Empfängerin meiner weltlichen Habe, was immer davon da war, anzugeben. Der Doktor wollte mehr über meine familiären Verhältnisse wissen und rief abwechselnd eine Reihe seiner Kollegen herbei, die mich endlos befragten, gemeinsam oder im Wechsel, stundenlang; sie fragten mich aus über meine Ängste, meine Abneigungen, meine Träume und jede klinische Einzelheit meines Geschlechtslebens. Schließlich wurde ich störrisch. Ich wollte in den Krieg, wie alle anderen auch, und mein Privatleben ging ganz allein mich etwas an. Ich muß den Experten wohl im Verlauf des Verfahrens ein psychologisches Profil geboten haben, das den Vergleich mit Dr. Freuds düstersten Fallstudien verdiente. Ich sehe noch deutlich den angewiderten, starren Blick eines ordensgeschmückten Obersten, der einen großen Stempel auf den Stapel meiner Papiere knallte: ABGELEHNT.

An diesem Abend betrank ich mich in Carney's Bar im Kunststudentenviertel in Gesellschaft von Elenors Freunden aus der Klasse von Morris Kantor. Ich fühlte mich abscheulich und noch schlimmer am nächsten Morgen. Ich wußte nicht, daß auch das Trinken zu den Dingen gehört, die man erst richtig lernen muß.

Plötzlich war da wieder die fast schon vergessene Frage: »Was willst du denn werden, wenn du groß bist?« Diesmal aber war es nicht das müßige Geschwätz eines Fremden mit dem Kind, das ihm beim Tee die Kekse reicht. Damals hätte meine Antwort lauten können, daß ich der romantische Held in einem Film mit Dolly Haas oder der Erzbischof von Köln oder der Linksaußen der Fußballnationalmannschaft werden wollte. Solche Phantasien hatten ihr Ende gefunden, als gute Bürger und sogar meine Verwandten angefangen hatten, einander zu Hause und auf der Straße mit dem erhobenen rechten Arm zu grüßen, bis ich mich schließlich in einem Teil der Welt wiederfand, wo man sich ohne Unterschied mit dem Vornamen anredete, auch unter Leuten, die sich kaum kannten.

Jetzt lebte ich seit dreiundzwanzig Jahren und war alle Wege des Überlebens und des Anpassens gegangen, die sich mir eröffnet hatten. Keiner davon hatte mir wirklich geschadet, auch dann nicht, wenn die Szenerie bedrückend war. Jetzt war ich sicher, daß ich mich mit meinen Händen oder meinem Kopf oder mit beidem

selbst erhalten konnte, ohne jemanden um Hilfe zu bitten. Allerdings — nach einem Berufsziel zu suchen, das lag meinen Gedanken seltsam fern, denn ich hatte genug gesehen, um zu wissen, daß malen und ein Berufsmaler werden zwei weit auseinanderliegende Pole waren. Es bestand kein Zweifel, daß ich malen würde, aber ein Künstler wurde man nicht unbedingt durch sorgfältig vorausgeplante Karriereschritte. Natürlich, so mancher gute Künstler war Schüler eines Meisters gewesen oder hatte an einer Akademie studiert. Ich hatte andererseits mein ganzes Leben lang in dieser Atmosphäre gelebt und geatmet. Meine Abneigung gegen sie war die künstlich aufgebaute Wut eines rebellischen Jugendlichen gewesen, und ich wußte, daß ich in Wirklichkeit zu keiner Zeit meine Augen oder meinen Geist davor verschlossen hatte. Meine unerwartete Reaktion auf Picassos *Guernica* war für mich Beweis genug. Ich hatte nicht die geringste Angst, der Tatsache, daß dieses große Gemälde mir nach Amerika gefolgt war, eine leicht mystische Bedeutung zuzumessen, und sollte sich der Wunsch seines Schöpfers, es möge sein Zuhause in einem freien Spanien finden, einmal erfüllen, dann wäre das ein Symbol für das Ende eines Alptraums. Das aber hätte ein Gemälde geschafft, nicht unbedingt der Mensch. Auf mich würde das auch zutreffen; was ich auch machte, es würde über mich hinaus ein eigenes Dasein haben müssen. Es mochte noch sehr lange dauern, bis ich mich selbst einen Künstler nennen konnte, und ich würde es schaffen müssen unter den Bedingungen, die sich mir jetzt boten.
Ich besaß ein paar Ersparnisse und hatte meine kleine Wohnung aufgegeben, um zu Elenor zu ziehen. Bevor ich mir wieder eine Stellung suchte, wollte ich Elenor helfen, einen Traum zu verwirklichen — eine Kunstgalerie aufzumachen. Statt am Morgen eines jeden Werktages mit dem Fahrstuhl zu den eleganten Environments der »Art of This Century« hinaufzufahren, lernte ich nun den Gebrauch ungewohnter Werkzeuge beim Herausputzen eines heruntergekommenen Speichers im ersten Stock in der Sechsundfünfzigsten Straße West. Während Elenor in Reno auf ihre Scheidung wartete, baute ich Regale, flickte und malte Wände, schliff Fußböden ab und brachte mich beinahe durch einen Stromschlag um, als ich versuchte, die Beleuchtung zu verbessern.

Es mag eine verrückte Idee gewesen sein, in einem kriegführenden Amerika eine Kunstgalerie zu eröffnen, und die Nachrichten von den Fronten rund um den Globus klangen nicht gut. Doch wenn die New Yorker Nächte jetzt auch dunkler waren wegen einer nicht ganz ernst genommenen Verdunkelung, so war ihr Leben doch nicht in den Untergrund gegangen, wie es London zu tun gezwungen war. Die Krisenzeichen beschränkten sich auf gedämpfte Autoscheinwerfer, Benzinrationierung, Knappheit einiger Nahrungsmittel und Textilien, aber es gab keine Schlangen vor den Geschäften, und bei den periodischen Probealarmen der Luftschutzsirenen herrschte sachliche Gelassenheit. Die Feindseligkeiten rückten erst in greifbare Nähe mit der Meldung, deutsche Saboteure seien am Strand von Amagansett gelandet, mit dem schrecklichen Brand auf dem Dampfer »Normandy« in New York und mit den vielen jungen Männern in Uniform auf den Straßen. Ihr Vorhandensein gemahnte mich ständig an die eigene unverdiente Sicherheit: so viele Vernunftgründe es auch gab, sie konnten mein Gefühl der Schuld und des Unbehagens nicht beschwichtigen. Ich war schließlich nicht einmal dafür tauglich, einen Krankenwagen zu fahren, wie ich feststellte, als ich mich freiwillig für alle möglichen Dienste melden wollte.

Es gab kaum materielle Anreize für die Förderung und den Verkauf von Kunst. New Yorker mit viel Geld machten es den Reichen in London nicht nach, die mit der Kriegserklärung jede verfügbare gute Kunst aufgekauft hatten, um sich vor der Inflation zu schützen. Es gab jetzt mehr Galerien, die zeitgenössische Malerei und Skulptur zeigten, aber die Szene wurde von den bekannteren Europäern beherrscht, die nun sicher in Amerika lebten. Dennoch fand Elenor, es sei den Einsatz ihrer sehr begrenzten Mittel wert, ihre »Norlyst-Galerie« zu einer sich mindestens selbst tragenden Einrichtung zu machen. Da ihr die meisten der etablierten Amerikaner Werke als Leihgaben zugesagt hatten, gab es eine Chance, auch etwas mit und für die Künstler zu tun, deren Anstrengungen bisher von der Öffentlichkeit überhaupt noch nicht zur Kenntnis genommen wurden. Die Gruppenausstellung zur Eröffnung der Galerie im März 1943 lief stilistisch, ein wenig undiszipliniert, einfach in jede interessante Richtung, die wir finden konnten. Und wie andere unerfahrene Gastgeber dachten wir dabei im Stillen auch an die unbeabsichtigt Ausgelassenen. Keiner der fünfzig Künstler war über einen ganz kleinen Kreis hinaus bekannt, kaum einer hatte damals einen mehr als unbedeutenden Namen. Die vielen versteckten Nester von Künstlergenerationen, von denen ich nichts geahnt hatte, waren kaum eine Überraschung für mich, aber ich hatte die vielen Einzelnen ignoriert, die still auf ihre ganz persönliche Art weiterarbeiteten, in Mansarden, Küchen und Kellerwinkeln einer geräuschvollen, aber unaufmerksamen Stadt. Bei alledem fragte man sich nur: Wie schafften sie das? Wenn die Bilder erst einmal hingen, war es eine Offenbarung, wie gut sie miteinander auskamen trotz ihrer oft gegensätzlichen Stile. Milton Averys anspruchsvolle Redlichkeit schien sich keineswegs mit dem tiefen slawischen Romantizismus von Nicholas Wasilieff zu beißen. Joseph Cornells *Soap Bubble Set* und George Constants *Tiger* hätten in demselben zeitlosen Traum Platz gefunden. Der holzgemaserte *Napoleon* aus den erstaunlichen Händen von Louise Nevelson hätte durchaus an dem Tisch sitzen können, auf dem Sarah Bermans beinahe primitiv gemalter *White Coffeepot* stand. Der unheimliche *Leonardo's Butterfly* von Baziotes und Mark Rothkos *Oedipus* waren Zwillingssänger vergessener Lieder. Diese Wände schienen überzuquellen von den Unvereinbarkeiten aus den Lebensläufen von Adolph Gottlieb, John Ferren, Boris Margo, Robert Motherwell, Gabor Peterdi, Virginia Admiral und Charles Seliger, den stummen Stimmen ebensovieler Visionen, und sie alle erzeugten ihr eigenes Licht. Die Ausstellung wurde keineswegs ignoriert; das öffentliche Interesse und das Presseecho bestätigten Elenors Behauptung, daß ein Bedarf für ein solches Unternehmen bestünde und daß es gar nicht falsch wäre, das ungeschriebene Gesetz zu brechen, das ein Nebeneinander höchst unterschiedlicher Stile und Ausdrucksformen an denselben Wänden ablehnte. Ein Künstler, dessen Werk nicht mit bei »Norlyst« hing, war Jackson Pollock. Ich hatte ihn in seinem Atelier in der Achten Straße aufgesucht, konnte aber seine Vorbehalte gegen die Beteiligung an einer neuen Galerie wohl nicht sehr überzeugend ausräumen. Als er kam, um sich die Sache selber anzusehen, mochte er

nicht ganz nüchtern gewesen sein, und eine erschrockene Elenor bat ihn, zu gehen. Zweien der Gemälde, die ich bei meinem Besuch in der Achten Straße gesehen hatte, begegnete ich wieder, als Peggy mich einen Monat später bat, ihr für ein paar Tage bei ihrem ersten »Spring Salon« auszuhelfen. Als erster der Juroren, die die Ausstellungsstücke auswählen sollten, traf Piet Mondrian ein. Wir warteten auf die anderen – Barr, Duchamp, Ernst, Soby und Sweeney –, während wir alle eingereichten Werke rings an den Wänden plazierten. Peggy gesellte sich zu Mondrian, der wie angewurzelt vor den Pollocks stand. »Ziemlich scheußlich, nicht wahr? Malerei ist das nicht, oder?« Als Mondrian nicht antwortete, ging sie wieder. Zwanzig Minuten später studierte er immer noch dieselben Bilder, während seine rechte Hand nachdenklich übers Kinn strich. Peggy sprach ihn wieder an: »Da ist absolut keine Disziplin. Dieser junge Mann hat ernsthafte Probleme ... und das Malen ist eins davon. Ich glaube, wir werden ihn nicht aufnehmen ... und das ist peinlich, weil Putzel und Matta sehr viel von ihm halten.«
Mondrian starrte weiterhin auf die Pollocks, doch dann wandte er sich ihr zu. »Ich weiß nicht recht, Peggy. Mir ist, als könnte dies die aufregendste Malerei sein, die ich seit langer, langer Zeit gesehen habe, hier und in Europa.«
Peggy staunte. »Aber – Mondrian, ich hätte nie erwartet, daß Sie eine Arbeit dieser Art bewundern.«
»Das Wort ›bewundern‹ habe ich nicht gebraucht, Peggy ... jedenfalls noch nicht, und ich weiß nicht, ob ich das jemals kann ... Einfach weil es in die entgegengesetzte Richtung weist wie meine Bilder ... meine Schriften ... das ist kein Grund, es für ungültig zu erklären. Jeder nimmt an, ich wäre nur interessiert an dem, was ich in meiner eigenen Arbeit mache ... Es gibt so viele Dinge im Leben und in der Kunst, die respektiert werden können und müssen ... Ja, bewundern ... Ich weiß nicht genug von diesem Maler, um ihn für ›groß‹ zu halten. Aber eins weiß ich – ich war gezwungen, stehenzubleiben und hinzuschauen. Wo Sie ›keine Disziplin‹ sehen, habe ich den Eindruck einer gewaltigen Kraft. Sie wird sich irgendwo Luft machen, ganz sicher ... Im Augenblick bin ich sehr aufgeregt.«

Ich kannte Peggys Bereitschaft, zuzuhören. Mir war sie nie als »herrisch allwissend« vorgekommen, und ich war überhaupt nicht erstaunt, als sie jeden der nun anwesenden Juroren vor diese Bilder führte. »Ich möchte, daß Sie sich etwas sehr Aufregendes ansehen. Es ist von einem Mann namens Pollock.«
Für die gediegeneren Händler östlich der Fifth Avenue war »Norlyst« entschieden »abseits der Siebenundfünfzigsten Straße«. Julien Levy nannte es einen »Krämerkeller mit ein paar hübschen heimischen Souvenirs für die Grand Concourse-Kundschaft«. Gabor Peterdi, den großartigen Radierer und Maler, verbannte er aus seiner Galerie, als Peterdi sich dem Ultimatum, nie wieder bei »Norlyst« auszustellen, nicht beugen mochte. Andere Urteile lauteten: »Wo haben die bloß all die Sonntagsmaler ausgegraben? Das müssen die sein, die bei Major Bowes *Amateur Hour* durchgefallen sind.« Oder: »Wer steigt schon eine Treppe hoch zu einem solchen Schuttabladeplatz?«
Karl Nierendorf zeigte sich wohlwollender. »Mir ist es egal, ob ihr diese Nevelson-Plastiken zeigt. Da ist doch nichts dran . . . einem Holzlager Entflohenes. Ich interessiere mich nur für ihre Zeichnungen . . . und auch für die spricht nicht allzu viel.« Daran erinnerten wir ihn ein paar Monate später, als die Nevelson mit vierundzwanzig ihrer außergewöhnlichen Objekte Star des »C*I*R*C*U*S« bei »Norlyst« war. Ehemalige Bettgestelle, Türfüllungen, Büroschubladen, geschnitzte Pfosten, Stuhllehnen und, ja, Holzreste waren zu einem *Wilden Bullen*, einem *Trapezkünstler*, einem *Gaukler*, zu *Balancierenden Robben*, einer ganzen Menagerie von Tieren und *Der Masse draußen* geworden – und jedes Stück war ein Meisterwerk, in dem sich die Würde der Kreatur oder die Einsamkeit des kleinen Clowns in ihrer ganzen Ausdrucksskala sammelten. Diese einzigartige Versammlung umgaben Zirkusplakate des neunzehnten Jahrhunderts von Steinlen, Toulouse-Lautrec, Chéret und Bonnard und anonyme Blätter mit farbenfrohen Tigern, Elefanten, Pferden und menschlichen Kanonenkugeln, die Elenor im Studio eines ihrer Künstler entdeckt hatte. Den Fußboden bedeckte eine fast zehn Zentimeter dicke Schicht Murmeln. Damals nannte man es noch nicht »Happening«, aber genau das war es. Es wurde mit der positiven Ausnahme von Emily Genauer im *World Telegram*

wieder sehr gemischt aufgenommen. Edward Alden Jewell bezeichnete Nevelsons Zeichnungen, die zur gleichen Zeit in der Nierendorf-Galerie gezeigt wurden, als »ihr seriöses Werk« und qualifizierte die Skulptur bei »Norlyst« ab: »Und der Fußboden, der mit einem seltsamen Konglomerat ›skulptureller‹ Gebilde übersät ist ... Könnte auch der Startschuß in die ›Närrische Jahreszeit‹ sein.« Irgend etwas muß aber doch in ihm gebohrt haben, denn fünf Tage später schrieb er, was noch nie dagewesen war, eine zweite Kritik, die weit weniger spöttisch ausfiel, auch wenn sie immer noch mit einem negativen Ton schloß: »Diese sehr sonderbaren Objekte sind überwiegend aus roh zusammengehauenem Holz und oft mit einem Sortiment von Krimskrams aufgeputzt, das helfen soll, einen Hauch grotesker Wahrscheinlichkeit zu schaffen.«
Herrschte allgemeine Übereinstimmung darin, daß »Norlyst« den Etablierten nicht gefährlich werden konnte, so hatten meine Fähigkeiten als Tapezierer, Anstreicher und Fußbodenschmirgler auch nicht ausgereicht, die übliche geschmackvolle Weihestätte zu schaffen, was dazu führte, daß sie, wenn der Tag sich neigte, zum Stammlokal einer wachsenden Zahl von Künstlern wurde, deren Arbeitsplanung hier eine Atempause vorzusehen schien. Irgend jemand brachte Wein mit, und die rituelle Stunde der Bauchschmerzen, des Klatsches und der Gruppenästhetik begann. Da waren die »Alten« und die »Jungen«, »Meister« natürlich, Meister waren sie alle, schon aus purer Höflichkeit, wenn auch einige selbstverständlich »gleicher« waren als die anderen, so wie man sie behandelte oder ihnen aufmerksam lauschte. Joseph Stella, nun in seinen letzten Lebensjahren, hielt nach Art eines Sippenältesten zwanglos Hof und erzählte, im Stuhl lehnend und sein steifes Bein von sich gestreckt, von den Ereignissen damals bis zur Armory-Show 1913 und wie es zur Zulassung von »Außenseitern« wie ihm, Edward Hopper, Charles Sheerer, Stuart Davis und William Zorach zu diesem epochemachenden New Yorker Ereignis gekommen war. Und die Geschichte wurde jedesmal besser. Milton Avery kam hie und da vorbei, wortkarg, aber immer freundlich und andere achtend. »Bin bloß neugierig, was ihr hier so macht.« Boris Margo, der in Rußland geborene amerikanische

Von links nach rechts, obere Reihe: Willem de Kooning, Adolph Gottlieb, Ad Reinhardt, Hedda Sterne; mittlere Reihe: Richard Pousette-Dart, William Baziotes, Jackson Pollock, Clifford Still, Robert Motherwell, Bradley Walker Tomlin; sitzend: Theodoros Stamos, Jimmy Ernst, Barnett Newman, James Brooks, Mark Rothko.
Jimmys Künstlerfreunde der New Yorker Schule, 1951. *»Life«-Photo.*

Surrealist, nutzte das Forum, um sich wiederholt über Max Ernst zu beklagen, der ihm unrecht täte, denn es sei kein Trick mit vordatierten Werken, er, Margo, habe wirklich das Verfahren der »Décalcomanie« schon vor Ernst angewendet. Max wiederum war sehr böse mit mir, als ich Margo in dieser Frage unterstützte. Mark Rothko und Adolph Gottlieb waren regelmäßige Gäste. Sie standen sich damals sehr nahe, menschlich und in der Zusammenarbeit an einem programmatischen post-surrealistischen Malstil, der tief in die Bilderwelt alter Mythologie zurückgriff. Von den beiden war Mark der bei weitem umgänglichere. Ein großer, würdevoller Mensch mit dem verhärmten Gesicht des Zweiflers im Tempel, verströmte er manchmal ein sehr menschliches Mitgefühl, das dann plötzlich schwand, als schöbe sich eine Wolke vor die Sonne. Aber selbst in solchen Momenten der Verschlossenheit verlor er nie seine Freundlichkeit. Sein Humor, der oft selbstkritisch war, sprach zugleich für eine geradezu biblische Selbstsicherheit. Er war mir ein Freund, dessen unaufdringliche Führung zu einem ebenso tragenden Ast am immer noch unreifen Baum meines Lebens als Maler heranwuchs wie die von Baziotes.

Die Welt dieser Künstler stand in scharfem Kontrast zu dem, was ich rund um St. Germain-des-Pres und in all den legendären kleinen Seitenstraßen an der Seine erlebt hatte. Jeder dieser Menschen schien allein zu arbeiten und zu denken, ohne die soziale Geborgenheit des linken Seineufers, die für ein paar Stunden des Tages so tröstlich ist. Statt der Wortgeplänkel und »Ismus«-Schlachten im »Deux Magots« und der gelegentlichen bösen Blicke ehrbarer Bürger umgab diese Maler und Bildhauer ein Reich der Gleichgültigkeit und der zynischen Haltung derer, die »von allem den Preis und von nichts den Wert kennen.« Trotz dieses zwielichtigen Daseins der subtilen Nichtbeachtung hatten sie ihre internen Differenzen und Rivalitäten, es machte also nichts, daß die literarischen Hohepriester fehlten, die die Glut zu Buschbränden anfachten. Politische Bindung war selbstverständlich, und es gab Gruppen und Einzelne, deren Werk sich eng an ideologische Linien hielt, aber inoffizielle Botschafter wie Ilja Ehrenburg, geschult im Gebrauch des dialektischen Materialismus, wurden nicht hierher ausgesandt, um das amerikanische Äquivalent der Rue du Bac nach

geistigem Fahnenschmuck für Stalin zu durchstöbern. Mag sein, daß man das Territorium der Beachtung nicht wert befand. Nicht zu übersehen war ein gewisses Maß an Fähnchenschwenkerei für Lokalmatadoren wie Thomas Hart Benton. Auf dieser Seite schien man darauf zu bestehen, daß Künstler des Landes sich ausschließlich vom heimischen Korn zu nähren hätten, wobei man »Kunst in Amerika« mit »amerikanischer Kunst« verwechselte. Von den Leuten, die ich kannte, hatte ich nicht den Eindruck, daß sie sich als Bannerträger einer eingeborenen nationalen Kunst betrachteten. Diese Gemeinschaft war bestimmt nicht bereit, die Mannigfaltigkeit gegen chauvinistische Selbstbeschränkung einzutauschen. Mit diesem wachsenden Kreis unterschiedlichster Freunde teilte ich meine Tage, lief ich durch New York, und auch mein Zugehörigkeitsgefühl wuchs. Nach und nach verließ ich meinen Platz als bloß staunender Zuschauer. Ihre Sprache war geradeheraus; ich aber war noch mehr an weitschweifiges Argumentieren gewöhnt. Ich konnte nicht über Nacht Teil dieser Landschaft werden, obwohl ihre Bewohner sehr deutlich bereit waren, mich zu akzeptieren. Das zeigte sich an der offenen Art, in der sie sich für meine Arbeit interessierten. Nur wenigen lag die platte Schmeichelei; ich war in ihren Ateliers ebenso willkommen, wie sie zu mir kommen und sehen konnten, was ich machte in dem Raum von Elenors Wohnung, der mir als Atelier diente. Ich mußte also annehmen, daß die Beachtung und die Kritik, die sie meiner Arbeit entgegenbrachten, nicht bloße Höflichkeit waren. Ohne Zögern bestätigten sie mir, daß ihnen mein spezielles Problem, einen großen Maler zum Vater zu haben, wohl bewußt wäre. Ich weiß noch, wie Mark Rothko mir sagte: »Weißt du, dein Vater ist eben kein Politiker oder sowas, kein Prominenter, der dich ›ins Geschäft bringt‹. Du mußt es ganz alleine schaffen ... wenn du wirklich meinst, du müßtest dies machen ... und dann wird man dich danach beurteilen, was du gemacht hast ... Ich hoffe es wenigstens.«
Bill Baziotes, der auch da war, ergänzte: »Zum Teufel, denk mal darüber nach, jeder, der malt oder schreibt, hat ›Väter‹. Ich habe sie haufenweise, genau wie du. Schwierig wird es nur, wenn man ihnen nicht entwachsen kann. Klar, dich trifft es unmittelbarer und härter ... Ich beneide dich nicht.«

Beide halfen mir, eine Gruppe von Gemälden zusammenzustellen, die in der Galerie gezeigt werden sollten. Sie und andere Freunde waren mit mir der Meinung gewesen, daß die Annahme von Peggys Angebot, eine solche Ausstellung in der »Art of This Century« zu veranstalten, bestimmt den wohlverdienten Eindruck der Vetternwirtschaft gemacht hätte. Peggy füllte die Lücken mit dem Werk des jungen Malers Charles Seliger, der zuerst bei »Norlyst« ausgestellt hatte. Mit der typischen Selbstsicherheit und Ungeduld des Dreiundzwanzigjährigen, gestärkt durch die Stimmen der Ermutigung, kam ich gar nicht auf den Gedanken, daß es ein bißchen übereilt sein könnte, der Öffentlichkeit ein ganzes Zimmer voll Bilder von mir anzubieten, und es geschah eigentlich auch nichts, was meine jugendlichen Erwartungen gedämpft hätte. Eine Menge Leute sahen sich die Ausstellung an, und einige Stücke wurden an gute Sammler verkauft, darunter *The Flying Dutchman*, der ins Museum of Modern Art kam. Allerdings war das Museum nicht bereit, den geforderten Kaufpreis von 85 Dollar zu bezahlen und verlangte einen Preisnachlaß von zehn Dollar. Jeder Kritiker in New York rezensierte diese Ausstellung, und da ich zu ignorieren beschloß, daß sie zum größten Teil ziemlich höflich schrieben, konnte ich in der herrlichen Illusion leben, daß ich einen entscheidenden Erfolg errungen hätte. Nur zu gern nahm ich die hübschen Dinge auf, die sie über meine »geschickte Technik« und die »traumhaften Phantasien« sagten, oder daß meine Arbeiten »tief empfunden« seien und »viel Imagination« hätten ... Ich beschloß auch, Edward Alden Jewells Zeile über den *Flying Dutchman* in der *New York Times* als Kompliment aufzufassen: »Jimmy Ernst hat vielleicht wirklich den sagenhaften alten Seemann zur Ruhe gebettet.« Mein väterliches Erbe wurde dankenswerterweise selten und nur flüchtig erwähnt, und der einzig ärgerliche Ton war Emily Genauers Meinung im *World Telegram*: »Aber er geht mit der Farbe um, wie Max Ernst es nie getan hätte.« Wie vorauszusehen, reagierte mein Vater darauf belustigt mit einem Anflug von Sarkasmus, und seine Glückwünsche zu meinem »Debüt« waren wahrscheinlich eine ähnliche Mischung mit der Betonung auf dem letzteren: »Für solche Kritiken hätte ich alles gegeben, als ich anfing auszustellen.« Um diese Zeit war es auch, daß ich den bereits legendären amerikanischen Maler Stuart Davis kennenlernte. »Mein Junge«, sagte er, »du bist vom Stapel gelaufen. Jetzt mußt du sehen, ob du auch schwimmen kannst. Laß dich nicht von den Schurken ersäufen.« Gerade diese Bemerkung machte mir etwas bewußt, was ich mir insgeheim schon selbst eingestanden, aber nur ganz schwach registriert hatte, als ich zum ersten Mal so viele meiner Bilder aneinandergereiht an einem öffentlichen Ort sah. Diese Bilder, dachte ich, glichen ihren Mangel an menschlicher Tiefe durch eine trügerische Oberfläche aus. Während ich an ihnen arbeitete, muß ich gewußt haben, daß in ihnen viel geistige Kurzschrift steckte. Jetzt, da ich sie mir in neuer Umgebung betrachtete, erkannte ich genau wie jeder Außenstehende die Taschenspielerei. Um bei der Analogie von Davis zu bleiben: Ich hatte zu meiner Bequemlichkeit den Ozean für einen Teich gehalten. Es war nicht das entmutigende Eingeständnis des Versagens, sondern mehr die Erkenntnis, daß ich eine Landschaft ohne Horizont betreten hatte.

Um diese Zeit war es, daß die unergründliche Beziehung zwischen Auge und Hand mich mit einem entstehenden Bild zu konfrontieren begann, das zuerst wie ein Fehler aussah, das sich aber irgendwie der Korrektur entzog, indem es immer wieder kam, Leinwand nach Leinwand, bis es herangewachsen war oder einen Raum um sich geschaffen hatte, der menschlicher Logik trotzte und deutlich sagte: »Ich denke anders als du.« Ich lernte, diese Botschaft nicht zu ignorieren. Was sich daraus ergab, als es klappte, war eigentlich ein seltsamer Dialog zwischen mir und dem Gemälde, ein Ein- und Ausgehen des einen im anderen.

Das Schlimmste, was mir jener lange Winter, der mit der deutschen Besetzung Südfrankreichs über mich hereingebrochen war, brachte, war völliges Schweigen. Was ich auch seitdem gehört oder gelesen hatte, nichts trug dazu bei, diesen mächtigen Vorhang zu lichten. In seinen Falten brüteten endlos Vermutungen, für die es keine Trennungslinie zwischen Hoffnung und Verzweiflung gab. War es möglich, daß eben in diesem Moment, während ich an einer Straßenecke darauf wartete, daß die Ampel umsprang, an der Tür Lou Straus-Ernsts, Tausende von Kilometern weit weg, das langgefürchtete Klopfen ertönte? Oder lief sie draußen über einen

Bergpfad? Während ich meine zweite Tasse Kaffee trank und die Kunstseite der *Sunday Herald Tribune* las, hörte sie vielleicht das metallische Klacken der Räder in einem Zug mit ungewissem Ziel; oder hatte sie gerade ihr Sonntagsmenü in einem ländlichen Bistro beendet? Wieviele Augenblicke, Sekunden, Minuten der ängstlichen Grübeleien würden die unendliche Leere des Nichtwissens ausfüllen? Es war ein selbstsüchtiger Alptraum; ich mußte mit der Möglichkeit rechnen, daß er für immer bliebe.

Verglichen mit meinen düsteren Gedanken über das jetzige Leben meiner Mutter kam mir der Kummer meines Vaters und Peggys, die sich aus ihrer gegenseitigen Verstrickung lösen mußten, als ein trauriges, aber weniger wichtiges Drama vor, zu dem ich aus gutem Grund Distanz gehalten hatte. Narben würden bleiben, aber sie waren schließlich beide fähig, ihr Leben neu zu ordnen.

Max Ernst hatte sich vor dem drohenden persönlichen Zusammenbruch gerettet, der mit der Fortsetzung dieser ganz unvereinbaren Partnerschaft unvermeidlich geworden wäre. Er hatte ein neues Glück gefunden, vielleicht sogar eine Leidenschaft, wie ich sie bei ihm nur während seiner Zeit mit Leonora Carrington gesehen hatte. Immer, wenn ich ihn und Dorothea Tanning zusammen traf, in ihrer Wohnung in der Achtundfünfzigsten Straße oder anderswo, hatte ich das starke Gefühl, daß sie zusammengehörten. Ich verstand es wegen meiner eigenen Liebe zu Elenor.

Für Peggy war es eine freudlose Zeit. Sie hatte in angstvoller Erwartung dieses Fehlschlags gelebt, wieder einmal eines Fehlschlages. Sie machte sich Vorwürfe wegen so mancher irrationalen Handlung und besonders wegen des kindischen Impulses, der zum endgültigen Bruch geführt hatte. Sie hatte ihr Heil in der Installierung eines starken Kurzwellenradios gesucht, und da das für feindliche Deutsche verboten war, hatte Max den willkommenen Vorwand, zu Recht ganz wegzubleiben. Zu der Zeit wußte ich nicht, daß sie auch dabei war, eine sehr boshafte Autobiographie zu schreiben. Sie wollte es sich von mir nicht ausreden lassen, den Anwalt Morris Ernst in Anspruch zu nehmen. Der große Advokat, der erfolgreich auf Veröffentlichung von Joyce' »Ulysses« in Amerika geklagt hatte, mochte sich an Namensspielchen nicht beteiligen und teilte ihr mit, daß er sich nicht mit Scheidungsfällen befasse. Ich war dem unmittelbaren Geschehen zwar entrückt, wurde aber immer noch in Wortgeplänkel über Schoßhunde, Bücher, Schmuckstücke und Gemälde, die der eine oder der andere unberechtigterweise besaß, verwickelt, und ich kann mir vorstellen, welches Leben ich geführt hätte, wäre ich dort hängengeblieben.

Die »Art of This Century« blieb von der Veränderung in Peggys Leben nicht unberührt. Sie fühlte sich nicht nur persönlich hintergangen, sondern änderte auch ihre Einstellung den Surrealisten gegenüber. Der Trend ihrer Ausstellungen ging entschieden in Richtung von Malern wie Pollock, Rothko, Still, Baziotes und Motherwell. Besonders intensiv begann sie Jackson Pollock zu fördern und zu verkaufen, wenn auch zunächst mit unterschiedlichem Erfolg. Sie stand nicht allein mit ihrer Wahrnehmung, daß sich in der amerikanischen Kunst und besonders in New York etwas ganz Neues und Vitales regte. Ihr neues Interesse hatte Parallelen in den offenen Geistern und Augen von Gelehrten wie Alfred Barr, Dorothy Miller, Lloyd Goodrich und James Johnson Sweeney, um nur einige wenige zu nennen. Kunsthändler beschritten in wachsender Zahl den Weg, den als erster Alfred Stieglitz erschlossen hatte, und riskierten für die Möglichkeit einer neuen Sichtweise ihre Unternehmen. Es wurde noch viel geschlafen, aber New York begann aufzuwachen.

Da die »Norlyst«-Galerie nun gut lief, nahm ich eine gutbezahlte Stellung in einer kleinen Werbeagentur an – mit Hilfe von Gabor Peterdi, der als Künstler ihr wichtigstes Kapital war. Der Posten war sogar mit einem Titel verbunden: Produktions-Manager. Schnell entdeckte ich, daß meine Typographielehre bei Augustin im deutschen Glückstadt mir jetzt theoretisch zustatten kam, aber doch eine Menge zu wünschen übrig ließ, wenn es praktisch um die Herstellung von Anzeigen und Werbeprospekten ging. Da gab es wenig Bedarf für typographische Perfektion und wenig Zeit zu verlieren auf die meiner Meinung nach ordentliche Qualität des Drucks und der Klischees. Die Drucker»kunst« war hier mehr ein Hilfsmittel als ein Ziel. Statt dessen zog ich per Telefon, Bus und Untergrundbahn durch Manhattan und Brooklyn, feilschte mit

Druckern, Typographen, Buchbindern, Vertriebshäusern und Klischeeanstalten, drängte auf rasche Lieferung, zählte und verglich mühselig Druckbögen und fürchtete tätliche Angriffe von Lastwagenfahrern, die darauf bestanden, »nur bis vor die Haustür« liefern zu müssen. Ich lernte schnell, aber nicht gut. Ich zweifelte, ob ich je zäh genug sein würde, um es im Geschäftsleben »zu schaffen«. Immer, wenn ich in Schwierigkeiten geriet, war es Peterdi, der eingriff und mir die Stellung rettete. Er rettete mich schließlich auch davor, gefeuert zu werden, indem er mich der Werbeabteilung von Warner Brothers in der Vierundvierzigsten Straße West als Assistenten des Art Directors empfahl.

Dieser Art Director, Tony Gablik, war ein unberechenbares Energiebündel, dessen ungarischer Akzent mit der Lautstärke seiner nicht seltenen Wutanfälle zunahm. Und dazu hatte er reichlich Anlaß. Er regierte einen »Stall« von etwa fünfundzwanzig hochbezahlten Retuscheuren, Textern, Illustratoren und Layoutern, die diesen ungeduldigen und außerordentlich fähigen Mann bewunderten, aber im ständigen Kriegszustand mit ihm lebten. Da es meine Aufgabe war, diesem ziemlich unabhängigen Stab Gabliks Anweisungen zu übermitteln und darüber zu wachen, daß sie anständig ausgeführt wurden, musterten die Leute mich mit einigem Mißtrauen, bis ich eines Tages selbst Zielscheibe von Gabliks Grimm wurde. Ich stand in der Mitte des »Stalls«, als der Ausbruch mich traf, und wartete das Ende des Anfalls ab, um zu erfahren, was er eigentlich von mir wollte. Die Instruktion kam nicht. Statt dessen schlug er sich klatschend gegen die Stirn und schrie: »Gibt's denn keinen, der kann lesen in meinem Kopf?« Dieser Spruch wurde in der Geschäftswelt für eine Weile ein klassisches Stückchen der Gablik-Legende, und mein Verhältnis zu den Leuten war gefestigt. Natürlich hatte er auch ruhigere Tage, an denen er mich geduldig in seiner Art, die Dinge zu tun, unterwies. Er war sogar ziemlich nachsichtig angesichts meiner ersten Arbeitsprobe, der Pressemappe für *Shine on, Harvest Moon* mit Ann Sheridan und Dennis Morgan. Ich wußte so gut wie nichts darüber, wie man die unzähligen Einzelteile auszeichnen mußte, damit sie richtig klischiert und plaziert werden konnten, und die ersten Korrekturfahnen waren eine absolute Katastrophe.

Als wir aber zu meinem ersten Humphrey-Bogart-Film kamen, *Passage to Marseille*, hatte ich die Dinge inzwischen gut im Griff. Gablik war selbst ein hervorragender abstrakter Maler, und er liebte es, über Kunst zu reden, beklagte sich allerdings, daß er mehr Zeit dafür brauchte. Ich hatte diese Sorge kaum. Ich war jung, zufrieden mit einem Job, der mich angemessen ernährte, und der Achtstundentag war eine erträgliche Last, solange ich meine Arbeit gern tat. An langsamen Tagen schien niemand etwas dagegen zu haben, daß ich mich an meinem Schreibtisch mit Zeichnungen, Collagen oder Gouachen beschäftigte. Die Nächte und die Wochenenden gehörten meinem anderen Leben als Maler.

Ohne daß ich mich absichtlich darum bemüht hätte, sah ich, daß der Inhalt meiner Bilder sich zu deutlicher Abstraktion hin verschob. Ich weiß nicht, ob das ein Ausdruck meiner wachsenden Rebellion gegen die übermäßig gelehrten Sprüche war, die in der Künstlerwelt, in der ich aufgewachsen war, eine so wesentliche Rolle gespielt hatten. Ich zögerte nicht mehr, ein Gemälde einfach zu einem Akt an sich werden zu lassen, ohne Rückgriff auf irgendeine persönliche Biomorphik. Das bedeutete nicht, daß ich so frei gewesen wäre, den Vorgang ganz für sich allein sprechen zu lassen oder daß ich jeden Gedanken an biographische Querverweise verbannt hätte. So erinnerten zum Beispiel bestimmte, ganz und gar ungegenständliche Abschnitte auf einer Leinwand sehr stark an die gotische Kirchenarchitektur und die bunten Glasfenster meiner Jugend. Es gab keinen regelmäßigen Fortschritt von einer Entdeckung zur nächsten, aber hie und da tauchte doch immer wieder einmal etwas auf, was ich instinktiv als aufhebenswert erkannte. Ich arbeitete auch nicht im luftleeren Raum. Der bekannte Maler Franklin Watkins aus Philadelphia hatte immerhin so viel von einem meiner neueren Bilder gehalten, daß er es für die nächste Jahresschau der Pennsylvania Academy anforderte. Ein anderes wurde für eine Jahresausstellung des Pasadena Art Institute ausgewählt, wo es eine Medaille gewann. Kunstzeitschriften brachten Gemäldereproduktionen, und das *Time*-Magazin und die Kritiker behandelten meine zweite Ausstellung in New York mit erheblich weniger Herablassung als die vorausgegangene. Ich allerdings hatte, als alles da hing, wieder bedrückende Vorbehalte

gegen die Wirkung des gesamten Werkes. Ich konnte damals nicht wissen, daß solche Zweifel einen durch das ganze Leben begleiten. »So zu reagieren ist nicht das Schlechteste«, sagte Max in einem der seltenen Gespräche über meine Arbeit, die wir führten, »so lange du zu wissen glaubst, wie du es nächstesmal besser machen kannst. Hinterher denken ist nicht so gut wie vorher. Aber sei unbesorgt, die Kritiker werden frecher, je besser du wirst. Sieh mich an.«
Er hatte den Sommer mit Dorothea in Great River auf Long Island verbracht, und dort in der Garage am Wasser wuchs, hemmungslos wie Pilze aus dem Boden schießend, eine Serie von Gipsskulpturen heran. Es waren wundersame Gebilde, die zurückreichten zu seinen frühen Sonnen und Monden; aus seinen versteinerten Wäldern waren die Geschöpfe hervorgetreten, die er schon immer darin vermutet hatte. Ihr dunkel-drohendes Wesen machte sie zu Blutsverwandten seiner geliebten Hopi-Kachinas, der potlatch-Objekte von der Nordwestküste und der Ahnen-Ikonen von New Ireland im Pazifik. Er wertete sie nicht ab, als er mir sagte, daß Bildhauern eine gute Entspannung zwischen dem Malen sei. In Great River war es auch, daß ich mit ihm die Rundfunknachrichten über die alliierte Landung im Süden Frankreichs nicht allzu lange nach der Invasion in der Normandie hörte. Der lange, weltweite Alptraum schien sich seinem Ende zu nähern. »Du wirst sehen«, sagte er, »wir finden Lou. Die Nazis haben sich wahrscheinlich um einen kleinen Ort wie Manosque nie gekümmert ... Es war vollkommen idiotisch ... es wäre doch bloß eine Formsache gewesen, wieder zu heiraten ... Ich muß an ihren Optimismus glauben ... Wir werden es erfahren, ziemlich bald jetzt.« Irgendwie war ich gar nicht mehr sicher, ob ich es wirklich noch wissen wollte. Der Mantel des Schweigens hatte sich, so empfand ich, mit einer solchen Endgültigkeit ausgebreitet, daß ich fürchtete, was sich unter ihm verbarg.
Am 12. April 1945 starb Franklin D. Roosevelt in Warm Springs, Georgia, und zwei Tage später führten amerikanische und britische Soldaten die braven Bürger von Belsen und Buchenwald zu einer Stelle in Sichtweite ihrer unbedeutenden Ortschaften. Entrüstet bestritten sie, das Geringste gewußt zu haben von dem, was

man ihnen zeigte. Sie hätten sich nur immer über den Geruch beschwert, hörte man sie sagen.

Nur wenige Wochen später wurde die Arbeit an der Werbekampagne für den Joan-Crawford-Film *Mildred Pierce* durch einen Telefonanruf unterbrochen. Im Wechsel, Etage nach Etage, strömte das gesamte Personal der Warner Brothers nach oben in den Vorführraum, wo das gesammelte Filmmaterial über etwas Unsägliches gezeigt wurde, das die verschiedenen Wochenschaugesellschaften für das große Publikum in die Kinos bringen wollten.

Keiner, auch nicht Hieronymus Bosch oder Goya, hätte es je gewagt, sich ein solches Panorama von Ekel und Entsetzen auszudenken: Die Berge von Leichen; die gigantischen offenen Kalkgruben, flüchtig mit Erde bedeckt, aus der hier ein Arm, dort ein Bein oder Kopf ragte und die die Masse verfaulenden Fleisches darunter ahnen ließen; der Anblick der Gaskammern und der offenen Schlünde der Verbrennungsöfen, in denen Asche und Überreste noch heiß schienen vom Feuer. Als die Kameras sich durch die Baracken bewegten, zwischen den zahlreichen übereinandergeschichteten Pritschen hindurch, die zuckende Skelette bargen, griff hier und da plötzlich ein Arm blindlings nach ihnen. Und dann waren da die Schornsteine, diese widerwärtigen Röhren für Menschenrauch. Ich hörte das Blut in meinem Kopf brausen vor Angst, das Gesicht zu erkennen, das ich nicht zu sehen hoffte, nicht einmal unter dem, was von den Lebenden geblieben war.

Ich werde nie wissen, warum ich den anderen mehrere Treppen abwärts zurück in unsere Etage folgte. Niemand sprach über das, was wir gesehen hatten. Ich auch nicht.

Ich fragte mich an diesem Tag kein einziges Mal, warum ich an meinem Schreibtisch saß und die Größe von Typen ausmaß, um sicherzustellen, daß der vertraglich vereinbarte Prozentsatz Miß Crawfords am Titel eingehalten wurde. Ich entsinne mich, nachgeprüft zu haben, ob der Fotoretuscheur auch wirklich das angedeutete Lächeln auf Jack Carsons Gesicht entfernt hatte. *Mildred Pierce* war schließlich nicht als Komödie angekündigt.

Vielleicht war es ein anderer gewesen, oben im Vorführraum, nicht ich. Natürlich, ich hatte es gesehen. Ich hatte die Haufen von

Kleidern und Schuhen gesehen, alles säuberlich aufgestapelt, fertig zum Sortieren. Schuhe aller Größen – für Männer, für Frauen, für Kinder ... Was noch? Berge von Zähnen, herausgebrochene, glitzernde Goldfüllungen ... hatte ich das wirklich gesehen? ... Meine Mutter war so stolz gewesen auf die gute zahnärztliche Arbeit ihres engen Freundes Dr. Jacobs und seine diskrete Art, mit Goldfüllungen zu arbeiten.

An diesem Abend ging ich heim zu Elenor, wie gewöhnlich. Wir aßen mit ein paar Freunden in einer Bar um die Ecke. Natürlich erzählte ich ihnen, was ich gesehen hatte. Ich konnte kaum glauben, daß es meine Stimme war, die da über Wochenschaufilme sprach. Warum schrie ich nicht? Wie war es möglich, daß ich diese ganze Nacht hindurch malte und die nächste auch? ... Und am Wochenende? Jeden Morgen ging ich mit Elenors Hund in den Park, wie gewöhnlich, und vielleicht blieb ich ein bißchen länger, ohne zu merken, daß ich einen Baum nicht wahrnahm, sondern mehr durch ihn hindurchsah. Vielleicht hatte sich eigentlich gar nichts verändert. Das Schweigen, das neben mir herlief, war noch da. Die Leichen auf diesem Standard-36-mm-Film, das waren »die anderen«.

Am 8. Mai zeigten die Fotos auf der ersten Seite die Massen, die am Vorabend auf dem Times Square den endgültigen Sieg in Europa gefeiert hatten. Elenor und ich waren dort gewesen, aber ich konnte keinen von uns auf dem Bild finden. So ist das eben mit Massenfotos. Hatte ich wirklich, ich Dummkopf, versucht, Distanz zwischen mich und diese Wochenschau zu legen, hatte ich nach dem Strohhalm gegriffen, daß »diese Leichen andere Leute« wären?

Ein Stoß Nachforschungsbriefe wartete in meinem Schreibtisch darauf, daß die Postdienste wieder aufgenommen würden. Jetzt war die Zeit gekommen, sie aufzugeben in der Hoffnung, daß einige der Häuser noch standen und daß die Namen auf den Briefkästen nicht neu und fremd waren. Ich war überhaupt nicht sicher, daß ich die Wahrheit wissen wollte.

Mehr Dokumente, mehr Photos und neue Namen kamen nun täglich über den Atlantik herüber und stellten in Ausmaß und Schrecklichkeit alles in den Schatten, was man sich unter den

Plagen des Mittelalters vorstellen konnte. Dachau, Mauthausen, Treblinka und Auschwitz. Metzelfabriken alle, mit bestürzender organisatorischer Perfektion betrieben.

Zu Anfang dieses Sommers hatte ich das Bedürfnis, meinen Vater für ein paar Tage in Amagansett zu besuchen. Seit ein paar Jahren war dieses reizende Dorf im Kreis East Hampton die Sommerfrische vieler europäischer Künstler. Die Malerin Lucia Wilcox hatte ihr Haus zum Sammelplatz für Freunde wie Breton, Ernst, Duchamp, Léger, Matta, David Hare und Motherwell gemacht, und sie genossen dort gemeinsam die Kochkünste der syrischen Köchin, spielten Schach und vertieften sich in streng geregelte intellektuelle Gesellschaftsspiele am Strand, sehr zum Mißvergnügen der örtlichen Bonackers. Ich war diesmal nicht an Spielen interessiert. Max und ich wanderten alleine über den Strand, und ich erzählte ihm, warum ich gekommen war. Ein Freund von J. J. Augustin war bei den amerikanischen Invasionstruppen am Mittelmeer gewesen. Er hatte sich nach Manosque durchgeschlagen und dort erfahren, Lou Straus-Ernst sei »abgeholt worden ... im September 1943 vielleicht«. Keiner wollte sagen, welche Polizei den Befehl ausgeführt hätte, »... aber es waren keine von hier«. Das heißt, es war wahrscheinlich Vichy, auf Befehl der Deutschen. Man nahm an, daß sie nach Paris gebracht worden sei, und von da aus deutete alles auf »... Züge in Richtung Osten«. Max legte mir den Arm um die Schultern, und wir liefen schweigend dahin. Ich sah Tränen in seinen Augen und mir wurde bewußt, daß ich dies nicht gekonnt hatte: Weinen. Wir standen auf einer Düne und blickten auf eine Gruppe von Menschen hinunter, die feierlich, beinahe rituell im Kreis saß. »Es ist nicht zu glauben«, – er flüsterte beinahe –, »sie spielen immer noch Bretons albernes Spiel der Wahrheit ... ein Kader, eine Palastgarde, die ›surrealistische Revolution‹ spielt ... Es tut mir leid, daß du dies heute gesehen hast.«

Ich fuhr mit dem Zug zurück nach New York, und ich bezweifle, daß ich allzu viel oder auch allzu streng über jene kleine Welt am Strand nachgedacht habe, ich wußte nur, ich gehörte nicht dazu. Zu sehr beschäftigte mich mein eigener Konflikt zwischen Verstand und Nichtglaubenwollen. War es denn möglich, daß die

Deutschen, die an drei Fronten kämpften, willens und auch in der Lage waren, den nötigen Transportraum zu erübrigen, um Gaskammern und Verbrennungsöfen an einem Ort tausend Kilometer östlich von Paris zu füttern? Es sei denn, natürlich, das Gesetz der funktionalen Effizienz hätte es erfordert, daß die langen Züge nicht ohne Fracht ins Vaterland zurückkehrten. In meinen Gedankengängen war ein Wandel eingetreten. Ich schien mich nicht mehr mit Argumenten der Hoffnung, sondern mehr mit dürftiger Logistik hinhalten zu wollen. Die Antworten auf diese Fragen waren nur allzu klar. Dennoch blieb ich, wie alle Sterblichen der Erde, Gläubige, Zweifler oder Ketzer, standhaft bei der Suche nach der Möglichkeit des Wunders.

Die Tür dieser Zeit war nur leicht angelehnt. Ein unspürbarer Windhauch mochte sie manchmal klappen lassen, aber er schlug sie nicht zu. Es war eine Zeit des Wartens auf irgend etwas, das mir die Entscheidung abnähme: die Tür weit zu öffnen oder sie für immer zu verschließen. Derselbe Wind hat wohl auch die Bilder, an die ich mich aus jenen Tagen, Nächten und Monaten erinnern kann, durcheinandergefegt. Was mir von ihnen blieb, das ist wie ein Haufen verstreuter und ohne Rücksicht auf den sachlichen Zusammenhang wieder aufgesammelter Notizzettel.

Ich sehe noch das saubere kleine Einschußloch in der Fensterscheibe meiner Erdgeschoßwohnung in der Einundzwanzigsten Straße West, wo ich wohnte, seit irgend etwas in meinem Leben mit Elenor in Unordnung geraten war. Es schien besser so, obwohl wir uns weiterhin treffen würden. Die hohe Küchenwanne war mit Kohlen gefüllt für den Herd, um die Wohnung abends etwas warm zu halten. Baden und Duschen mußte ich bei Freunden, aber das war eine geringe Unbequemlichkeit im Vergleich zum Malen mit eiskalten Händen.

»Nun, es ist mir gleich, ob du es schrecklich findest. Ich werde nicht ein Komma daran ändern. Dein Vater kann sich glücklich schätzen, daß ich nicht deutlicher werde.« Peggy hatte mich während einer Vernissage der »Art of This Century« nach hinten in ihr kleines Büro mitgenommen und mich gebeten, das Max-Ernst-Kapitel ihres Manuskripts zu lesen, das im kommenden Jahr von der Daily Press herausgebracht werden sollte. Ich war entsetzt über dieses kleinliche Gekeife und mochte gar nicht glauben, daß sie ihre Rachsucht in dieser Form unter die Leute bringen wollte. Das Manuskript, das nur knapp an der Trivialität vorbeischlingerte, erschien mir fast wie ein Akt der Selbstgeißelung, bei dem rationales Denken häufig ausgeschaltet war. Es war maßgeschneidert für die Skandalpresse und würde ihr selbst beinahe ebenso schaden wie dem Objekt, das es vernichten sollte, meinem Vater. »Wie kannst du es wagen, mir zu sagen, ›das kannst du nicht machen, Peggy‹? Wie kannst du ihn nur verteidigen? Oh, ich sehe jetzt, du bist auch gegen mich ... warst es wahrscheinlich immer. Und wieso? Was für ein Vater war er dir denn? ...« Danach haben Peggy und ich uns für lange Zeit nicht wiedergesehen.

Max schenkte mir ein kleines neues Gemälde, *Mond über Sedona*. Es war sehr schön. »Weil du mir geholfen hast und eine gute Krankenschwester für Dorothea warst.« Sie war sehr krank gewesen, und ich hatte meinen Vater abgelöst bei ihrer Pflege, damit er die Möglichkeit bekam, manchmal abends für ein paar Stunden aus dem Haus zu gehen. Sehr oft unterhielten wir uns noch eine Weile, wenn er nach Hause gekommen war in ihre Wohnung in der Achtundfünfzigsten Straße Ost, und daß wir uns einander öffneten mit unseren Problemen, schuf eine Atmosphäre wie an dem Abend vor sieben Jahren in der leergeräumten Wohnung in der Rue Jacob. Er war sehr besorgt über Dorotheas Krankheit und deprimiert wegen der wachsenden Feindseligkeit und der demonstrativen Gleichgültigkeit, die ihm in New York entgegenschlugen. Quelle dieser Klimaveränderung war zweifellos Peggys Manuskript, dessen Inhalt inzwischen jedem bekannt war, obwohl der Erscheinungstermin noch in weiter Ferne lag. Ein paar angebliche Freunde, die eine »Machtverschiebung« zu spüren meinten, entlarvten sich als das, was sie von Anfang an gewesen waren: Kriecher. Den Schmeichlertalenten war bei der Ausübung ihrer negativen Macht der Klatsch ein lebenspendender Futtersack. Der fast greifbare Hauch von Isolation um Max Ernst war nicht zu mißdeuten. »Das Klima in Arizona wird Dorotheas Gesundheit guttun, und vielleicht lassen sie uns dort in Ruhe.«

Die Aussicht vor meinen Fenstern hatte sich verändert. Statt Chelsea waren es jetzt auf der einen Seite die Achtundfünfzigste Straße und auf der anderen Teile der Queensboro-Brücke. Dorothea und Max hatten dafür gesorgt, daß ich als Untermieter ihre Wohnung bekam, als sie im Frühjahr 1946 in Arizonas Oak Creek Canyon umzogen. Aber auch dort wurden sie von den Sensationsblättern und Nachrichtenmagazinen mit Berichten verfolgt, die aus Peggys nun erschienenem Buch schöpften. Die New Yorker Kunstwelt, Museen, Galerien und alle behandelten das Paar als »Unpersonen«. Ihre Antwort auf diese Demütigungen war ihre Heirat, eine Doppelhochzeit zusammen mit Man Ray und Juliette 1947 in Kalifornien. Sie lebten so karg von der Hand in den Mund, daß Max zum ersten Mal in seinem Leben von mir ein bißchen Hilfe in Form einer gelegentlichen Geldüberweisung von meinem eigenen bescheidenen Gehalt annahm, mit dem Versprechen allerdings, daß ich es in meinen Briefen nicht erwähnte, damit Dorothea nichts davon erfuhr.

An dem Tag, als ich die Wohnung bezog, kam Max aus dem startbereiten Wagen noch einmal nach oben gelaufen: »Ich habe ganz vergessen, was ich dir noch sagen wollte. Der Haufen Figürchen da drüben in der Ecke, das Schachspiel, du weißt ja ... wirf sie bitte weg ... bin damit nicht fertig geworden. Wirf sie in den Müllschacht neben der Küche.« Es war ein prachtvoller Satz Schachfiguren, die er sich selbst gemacht hatte, als er keinen kaufen konnte, der ihm gefallen hätte. Ich gehorchte, bevor ich etwas anderes tat. Erst als ich den letzten Turm fünf Etagen tiefer in der Mülltonne aufschlagen hörte, fragte ich mich, ob ich denn wirklich ein derart pflichtbewußter Sohn sein müßte.

Viele der Briefe, die ich nach Europa geschickt hatte, begannen nun langsam zurückzukommen: »Unzustellbar«, »Empfänger unbekannt verzogen«; von den übrigen wurde keiner beantwortet. Andere Briefe erreichten mich, Briefe von entfernten Verwandten der Ernst-Seite, mir völlig fremd. Einer erschreckte mich, denn er bat um Bücher, »besonders etwas über Atomenergie«, andere baten um Hilfe – alles, Lebensmittel, Kleidung, Geld –, es lagen Fotos aus besseren Zeiten bei, die dem Kennenlernen dienen sollten, und sofort erhob sich die Frage: Waren sie Nazis gewesen?

Ich betrachtete diese Gesichter, sauber, ordentlich, lächelnd, nicht um Familienähnlichkeit zu entdecken, sondern um die Möglichkeit zu ergründen, daß einige davon durchaus Mörder hätten sein können. Was eigentlich beunruhigte mich so an dem Begriff »Kollektivschuld«? Würde ich je imstande sein, zu diesen Leuten zu gehen und einen anklagenden Finger aufs Geratewohl auf dieses oder jenes Gesicht zu richten: »Du, du, du ... und du?«

Der Alptraum war vorüber. Seit mehr als einem Jahr nun wurde jeder einzelne Tag, eine um die andere furchtbare Seite der neuen Geschichte zu einer Anthologie des Bösen zusammengestellt und niedergeschrieben mit dem Blut, das Traum und Ruhm des Dritten Reiches war. So vergiftet war der Boden, daß das Land keinerlei Recht auf gute Erinnerungen mehr hatte. Die Toten waren in ihrer Anonymität und in all ihrem Gestank aufgestanden, um ihre Mörder schwarz auf weiß ins Lexikon der Erniedrigungen und der Schande zu zwingen. Es war, als hätten Geister jede einzelne Verwünschung der noch ungezählten Opfer sorgfältig verzeichnet, so daß keine in Vergessenheit geriete.

Es hätte eine Zeit der Befriedigung, wenn nicht das Triumphes sein müssen. Doch wer immer so empfunden haben mag, ich selber war dazu nicht imstande. Und wie sehr hatte ich auf diese Zeit gewartet und von ihr geträumt! Aus denselben Straßen, auf denen ich zur Schule gegangen war, hatte sich dieser unglaubliche Haß erhoben. Eine Krankheit, von leeren Mägen und leeren Hirnen ausgebrütet, in wagnerianischen Pomp gehüllt, hatte sich zu einer weltweiten Pestilenz entwickelt, die allerorten unter der Sonne zwangsläufig ihre heimlichen Erreger hinterließ. Das Wort »Konzentrationslager« zum Beispiel wurde bei einer Zwangsinternierung der Japaner an Amerikas Westküste nicht benutzt, aber was war sie schließlich sonst?

Es war kein erhebendes Gefühl, zu wissen, daß meine eigenen Verwünschungen damals, vor acht Jahren im Zug nach Le Havre, in Erfüllung gegangen waren.

Ich weiß, wie nahe ich daran war, jeden nur vorstellbaren Vergeltungsexzeß für berechtigt zu halten, als allen hoffnungsvollen Illusionen über das Schicksal meiner Mutter ein Ende bereitet würde. Fritz Neugass, ab 1933 in der Rue Touiller Lou Straus-

Ernsts engster Gefährte, bis er 1941 nach New York entkam, hatte vom neu geschaffenen Centre de documentation juive contemporaine in Paris Nachricht erhalten: Nach ihrer Festnahme in Manosque hatte meine Mutter in einem Pariser Internierungslager gelebt, bis sie mit einem der letzten Züge nach Osten gebracht wurde, nach Auschwitz.
Die wenigen Blätter Papier, grausige Dokumente, sind jetzt in meinem Besitz.
Insgesamt fuhren siebenundsiebzig Güterzüge von Drancy und Compiègne aus nach Auschwitz. Sie transportierten insgesamt 73 853 Menschen, beginnend am 27. März 1942. Der letzte Zug ging am 31. Juli 1944.
Unter dem Buchstaben »E« auf der Liste der 1100 »beglaubigten« Juden im vorletzten Zug, dem Konvoi 76, erscheint der Name Ernst, Louise, geboren 12. Februar 1893 in Köln. Abfahrt 30. Juni 1944. Wie lange würde es noch dauern, bis die Richter ebenso barbarisch handelten wie die Rechtsbrecher, die vor ihnen stehen? Ich kann die von der Zeit verwischten Gedanken, die dieser endgültigen Wahrheit folgten, nicht mehr richtig ordnen. Ich weiß nur, daß eine ähnliche Kälte mich rund neunundzwanzig Jahre später und nur für einen Augenblick ergriff. Das war, als ich in den blinden, von innen vermauerten Fenstern eines Hauses, das Teil der widersinnigen Berliner Mauer geworden war, die in der Eile vergessenen Gardinen erblickte.
Immer wieder erstarrte ich bei dem quälenden Gedanken an die Perversion, daß Konvoi 76 aus einem Bahnhof rollte, der jeden Augenblick in die Hände der vorrückenden Alliierten fallen sollte. Ich konnte mir nie vorstellen, wie das Dasein in Drancy gewesen sein muß. Pünktlich die Züge abfahren zu hören, deren letzter Bestimmungsort kaum mehr ein Geheimnis sein konnte. War es denn wirklich wahr, daß die Neuankömmlinge ihre letzte Ermunterung, sie sollten sich für eine reinigende Dusche entkleiden, von Mitjuden hörten, die dieselben Häftlingsstreifen trugen wie die Musikanten, die an der Seite saßen? Wie kommt es, daß wir beim Gedenken an den Tod eines Menschen nicht an die aufblitzenden Bilder denken, die er in den letzten furchtbaren Sekunden vor dem endgültigen Nichts erblickt haben mag?

Meine Alpträume, im Schlaf oder wach, handeln von düsenbesetzten Zimmerdecken und einem sanft herniedersinkenden Sprühdunst.

Der einzige seelische Schutz, den ich vor dem Bild eines Streichquartetts von Haydn am Eingang zur Gaskammer habe, ist die verzweifelte Hoffnung, daß der Tod schon vorher gekommen ist, in einem dreckigen Güterwaggon. Die vorherrschende Erinnerung ist eigentlich nackte Eiseskälte.

Die frostige Endgültigkeit wischte mit grausamer Gleichgültigkeit alles weg, was von meiner Vergangenheit noch geblieben war. Den Kontinent, auf dem ich nahezu achtzehn Jahre lang gelebt hatte, bevölkerten nun Schatten, bloße Silhouetten, die mit dem aufgehenden Mond verblassen müßten.

Weit mehr als der Verlust aller Bindungen an die Vergangenheit beunruhigte mich die verblüffende Entdeckung, daß ich viele Jahre lang eine unbekannte Narbe in mir herumgetragen hatte. Die vielen trauernden Gesichter waren für mich als Kind ganz unbegreiflich gewesen, aber trockenäugige Unbewegtheit im Angesicht der Tragödie ist mir immer ein Rätsel geblieben, auch jetzt, da ich sie an mir selbst erlebte. Hatte das Gegengift, das mich gegen die Bösartigkeit einer Multimillion marschierender Stiefel abhärtete, mir zugleich die Fähigkeit genommen, den Tod meiner Mutter zu beweinen?

Was ich jetzt fühlte, erweckte in mir aufs neue die empörte Verwirrung, an die ich mich nach Lou Straus-Ernsts Antwort auf eine kindlich unschuldige Frage erinnere: »Ja, die Juden glauben nicht, daß ihr Gott sie zur grimmigen Bestrafung ausersehen hat. Im Gegenteil, sie sind überzeugt, daß er sie zu harter Prüfung auserwählt hat, damit sie ihren Glauben an seine unendliche Weisheit, Gerechtigkeit und Liebe beweisen können . . . Ich kann dir nicht übelnehmen, daß du deine Zweifel hast. Ja, ich finde auch, daß fünftausend Jahre eine schrecklich lange Zeit des Wartens auf seine Güte sind. Ich weiß nicht, wann die Prüfungen enden werden. Ich kenne die Antwort nicht.«

Kein menschliches Ohr hat bis jetzt die Stimmen der »Versammlung der Toten« gehört, um ihr Urteil zu erfahren. Keine Reue der Mörder, die dafür sorgten, daß die Schornsteine ihren Rauch ausspien, könnte jetzt meiner Schuld gleichkommen, noch am Leben zu sein. War dies der Fortbestand der allerhöchsten Ordnung? Eine neue Prüfung?

Ein Funken Tröstung allerdings suchte sich inmitten meiner ohnmächtigen Wut einen Platz. Diese außergewöhnliche Frau hatte mir ein letztes Geschenk hinterlassen. Sie hatte mir menschliches Rüstzeug mitgegeben, das mich befähigte, eine Welt meines eigenen Zuschnitts zu finden, und sie hatte geahnt, daß diese Welt auf der anderen Seite ihres Berges existierte.

Dieses Geschenk hatte ich mitgebracht, als mein Schiff am 9. Juni 1938 an der New Yorker Pier andockte. Es hatte mir jenen melancholischen Kampf mit der Vergangenheit erspart, der den Emigranten im Exil so viel Kraft kostete. Ihre Ermordung schließlich war der letzte Beweis, daß ich nie zu dem gehört hatte, was ich hinter mir ließ. Ich spürte keinen Schmerz in der Erkenntnis, daß ich auf die Zukunft vorbereitet wurde, indem ich meine Jugend im Exil verbrachte.

Gestern ist eine ferne Küste

Anfang Mai 1975 berichtete die *New York Times* in einer kleinen Meldung, daß Max Ernst sich in Paris von einem Schlaganfall erholte. »Nach Aussage von Freunden« bessere sich sein Zustand. Ich war bestürzt, daß ich davon erst aus der Zeitung erfuhr. Ich hatte schon seit einiger Zeit bemerkt, daß der Kreis um meinen alternden Vater mir gegenüber nicht gerade mitteilsam war, aber ich fragte mich, welchen Nutzen sich jemand davon versprechen konnte, daß er mich in Unkenntnis hielt. Es möge genügen, wenn ich hier sage, daß dies die Einleitung zu einer langwährenden Episode sein sollte, die zu den Grimmschen Märchen über die Habgier gehört.

Es war erniedrigend für mich, daß ich den Besuch am Krankenbett meines Vaters damit erklären mußte, daß ich sowieso in Paris sei, um kommende Ausstellungen meiner Arbeiten in Europa vorzubereiten und vor allem um seine große Ausstellung im Grand Palais zu sehen.

Der Gang durch diese Ausstellung einige Tage vor ihrer offiziellen Eröffnung war wie eine Reise in dieses »ganz prachtvolle Spukhirn«, wie André Breton es genannt hat. Einige der Erscheinungen aus dem Tagebuch eines besessenen Lebens standen noch an nackte Wände gelehnt da. Andere, schon an ihrem Platz befestigt, waren aufschreckende Fenster in eine verbotene Welt. Der *Steinbock*, Max Ernsts Meisterstück der Bildhauerei, war da. Der riesige Magier-König mit der versteinerten Schlange als Zepter war bereit, stille Audienz zu halten. Er und seine fischschwänzige Gemahlin waren in der schwierigen Zeit von 1948 aus dem roten Gestein von Arizonas Oak Creek Canyon gewachsen, wo ihr Schöpfer lebte, von scheinheiligen Ästheten, Gelehrten und Händlern in New York ignoriert, wenn nicht gemieden, zusammen mit der Frau, die er liebte. Ich habe mehrmals eine Zeitlang in jener kleinen Atelierhütte gearbeitet, neben dem *Steinbock*, als Max nach Paris zurückgekehrt war. Einige seiner wunderbarsten Gemälde sind in diesem windigen Verschlag entstanden. In Zeitschriften, die er liegengelassen hatte, las ich herablassende »Kriti-

Dorothea Tanning und Max Ernst mit dem Original der berühmten *»Steinbock«*-Skulptur in Sedona, Arizona, etwa 1948 *(Foto: Kasnetis)*.

ken« wie »... der Ex-Surrealist, der jetzt eine Sprache spricht, die zum Ethos des zwanzigsten Jahrhunderts nicht mehr paßt.« Ziemlich oben auf einem Stapel Fotos lag ein Bild von mir im Alter von sieben oder acht Jahren in einem gestrickten Kniehosenanzug, an den ich mich gut erinnerte, in der einen Hand hatte ich eine Mütze, die andere hielt sich an einer Bank fest. Gegen die Rückwand gestützt stand als Windschutz das beinahe lebensgroße Collage-Gemälde *Loplop Présente une Jeune Fille* aus dem Jahre 1930. Eine zeremonielle Hopi-Maske hing an einem Nagel im Rahmen des Fensters, das den Blick auf Sedona freigab, und draußen lagen alte Zementbrocken, übriggeblieben bei der Modellierung des *Steinbocks* und der zahllosen Wasserspeier am Hause, die er mit eigener Hand konstruiert hatte auf dem Stück Land, das mit Dorotheas Ersparnissen gekauft worden war. Ich weiß heute noch nicht, auf wen diese Hinterlassenschaften einer in Armut, Einsamkeit und Zähigkeit gelebten, entrückten Existenz eines rätselhaften Menschen und Meisters den stärksten Eindruck machten: auf den Sohn oder den jungen Künstler.

Ich besuchte ihn, den teilweise Gelähmten, etwas mehr als eine Woche lang nachmittags in jenem stillen, silbrigen Zimmer in der Rue de Lille. Aber ich war nie mit ihm allein, bis zu einem Sonntag, den ich zum größten Teil mit einem Streifzug durch das schönste Paris verbracht hatte, um die Zeit zu nutzen, bis ich zu ihm gehen konnte. Die jugendlichen Straßenunterhalter waren unterwegs am Notre Dame, im Jardin du Luxembourg und auf dem Boulevard St. Germain, genau wie früher, vor etwa vierzig Jahren, als ich mit meiner Mutter an sonnigen Wochenenden im Quartier am linken Ufer spazierenging. Ich setzte mich in die Kathedrale Notre Dame, während das Nachmittagslicht durch die Rosenfenster hereinströmte, und hörte herrlichen Mozart von einer Streichergruppe, bis es Zeit war, in die Rue de Lille zu gehen. Während ich durch die Straßen von Paris lief, wo mir überall riesige Ausstellungsplakate und Transparente mit dem Namen meines Vaters begegneten, dachte ich daran, wie sehr sich mein Leben doch von seinem unterschied, sogar in der Wahl dessen, was man Heimat nennt. Max Ernst war nach Amerika gekommen und war fasziniert gewesen, weil es ihm wie ein noch nicht fertig geschliffener Kristall vorgekommen war. Mit einigen neuen Facetten, die damals entstanden, traten dann allerdings penetrante Züge hervor, die seiner Art zu leben und zu denken unweigerlich zuwiderlaufen mußten. Es hatte ihn genug gedemütigt, daß er seine amerikanische Staatsbürgerschaft über die Straßensperren einer scheinheiligen Bürokratie hinweg erlangen mußte, nur um zu erleben, daß sie dann Mitte der Fünfziger Jahre von den engstirnigen Vorschriften eines fremdenfeindlichen Bundesstaates wieder in Frage gestellt wurde. Die Angelegenheit hätte sich regeln lassen, aber er beschloß, wie er mir sagte, nicht mehr »herumzurennen und zu betteln«. Das Angebot Frankreichs, das den eigenen restriktiven Chauvinismus vergaß und ihm die Staatsbürgerschaft zusagte, wurde Amerikas Verlust. Es eröffnete Max die Möglichkeit, für den Rest seiner Tage dort zu leben, wo er sich zuhause fühlte. Für mich ging es andererseits bei der Wahl meiner Heimat weniger um die Ungereimtheiten und Fehler dieser alles andere als perfekten Gesellschaft. Wie sie beispielsweise später auf Schandflecke wie My Lai oder die Kriminalität gewählter Politiker oder die Ebbe und Flut des Chauvinismus reagierte, war für mich ein Zeichen dafür, daß solche Exzesse nicht als selbstverständlich hingenommen wurden. Mein Vater brauchte eine zivilisierte Umgebung; ich sah mich als Teil einer Zivilisation, die noch viele Möglichkeiten hatte, zu wachsen.

Als ich die Treppe zu seinem Zimmer emporstieg, empfand ich kein Bedauern, nicht zur unmittelbaren Welt meines Vaters gehört zu haben, aber eine gewisse Trauer, daß unser Leben, obwohl in mancher Hinsicht parallel verlaufen, sich nicht öfter berühren konnte. Und nun wurde die Zeit knapp. Vielleicht wollte er mir keinen guten Rat geben, sondern mich mehr vor sich selbst warnen, als er einmal zu mir sagte: »Gib dir nicht allzu viel Mühe, dich selbst zu entdecken, möglicherweise gefällt dir nicht, was du findest.«

Als ich auf einem Stuhl an seinem Bett saß, sah ich mit Verwunderung, daß er sich gegen die Fesselung seines Körpers durch den Schlaganfall gar nicht zu empören schien. Er konnte nicht lesen oder fernsehen. Er lag nur so da, und ich mußte annehmen, daß das Gebiet hinter seinen Augen mit der Biomorphie seiner erfun-

denen Geschöpfe bevölkert war. Wenn er sprach, mischten sie sich gerne ein und vermengten in seiner Erinnerung das Wirkliche und das Vorgestellte. Seine Schnitzer bei den Zeitformen hatten ihre ganz eigene Logik, und ich unterließ es nicht aus Nachsicht, sie zu korrigieren. Es war das erste Mal, daß ich im Zimmer mit ihm allein war, und er schien es vorzuziehen, Deutsch zu sprechen – wogegen einige aus dem engen Kreis um ihn, die bei meinen früheren Besuchen dabei waren, Einwände erhoben hatten, so als könnten wir Dinge besprechen, die sie betrafen.
Ich las ihm Harold Rosenbergs hervorragenden Artikel in *The New Yorker* über die Max Ernst-Retrospektive vor ein paar Monaten im Guggenheim-Museum vor. Er freute sich. »Ja, ja, diese junge Frau, Diane Waldmann, hat den Katalog gemacht ... wundervoll ... aber sie sagen, die Ausstellung hier im Grand Palais ist noch besser ...«
Er fuhr fort, von einem Thema zum anderen wechselnd: »Hast du deinen *Steinbock* dort gesehen? Ich habe bloß dagesessen in Sedona und gewartet, und als sie endlich kamen und etwas damit machen wollten, habe ich gesagt, sie sollten zu dir gehen. Irgendwo habe ich es aufgeschrieben. Alle Stücke von dort gehören dir. Ich hoffe, du hast dafür etwas Geld bekommen ...«
»Rosenberg ist ein Freund von dir, nicht? Wie komme ich nur darauf, daß er mich nicht leiden kann? ... Dieser nette weißhaarige Maler ... De Kooning ... wohnt er nicht in deiner Nähe? Wie heißt doch gleich der Ort da am Meer, wohin wir im Sommer immer gefahren sind? ... und Rothko ... magst du ihn? ... Triffst du ihn manchmal? Er ist immer so ernst ... sogar wenn er lächelt. Traurig ... ist er immer so traurig? Triffst du viele Freunde von der New Yorker Schule, wie sie es nennen? Gehörst du noch dazu? Sind sie so berühmt wie du, da drüben? In Amerika ist jeder berühmt.« Ich erzählte ihm nicht, daß Rothko vor fünf Jahren Selbstmord verübt hatte, und ich hielt es einfach nicht für angemessen, ihn zu fragen, wo das Schriftstück über die Sedona-Skulptur sei. Es war nicht das erste Mal, daß er es erwähnt hatte. Ich brachte es nicht über mich, jetzt zu erfragen, ob es vielleicht ein Fehler gewesen wäre, als ich vor vielen Jahren eine Vollmacht unbesehen akzeptierte, die mir ein junger Bildhauer präsentierte,

Jimmy mit seiner Frau Dallas und den Kindern Eric und Amy am *Steinbock* in Sedona, Arizona, 1961.

als er daranging, auf dem Grundstück vom *Steinbock* Abgüsse zu machen. Statt dessen wechselte ich das Thema. Ich deutete auf eins seiner frühen Gemälde an der Wand und erzählte ihm zum ersten Mal von meiner Kindheitserinnerung an Anton Räderscheidt und die zwei Künstler-Väter, die das Bild des anderen übermalt hatten. War das vielleicht das Gemälde, unter dem sich das Bild der nackten Frau Räderscheidt befand? Er amüsierte sich nur einen Augenblick. »Räderscheidt übermalt ein Bild von mir – eine Unverschämtheit! Weißt du, daß dieses Schwein es fertiggebracht hat, ein Göring-Porträt zu malen? ... Siehst du, du warst kein

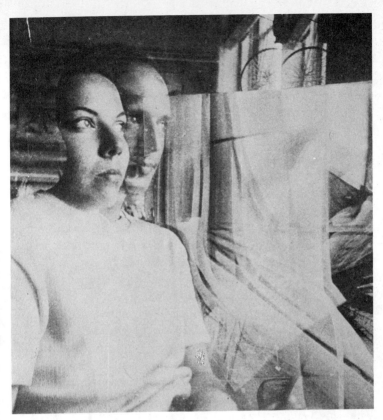

Das doppelt belichtete Foto zeigt Jimmy mit seiner künftigen Frau Dallas Brophy vor seinem Gemälde »Dallas Blues«, New York, 1947.

sehr interessantes Baby, aber du hast viel gelacht... außer wenn du geschrien hast wegen deiner Alpträume... auch wenn du wach warst. Da war irgend etwas mit diesem Stück Tapete, das ich abgerissen hatte, und du hast geschrien, es wäre ein Drachen mit

Krallen und Flügeln und er würde dich fressen, wenn du einschliefest ... du hast auch Kinder, nicht? ... Ist Dallas mitgekommen oder ist alles nur geschäftlich?«
Er fragte mich immer nach »deiner kleinen Familie«, nach meiner Tochter Amy Louise und dem Jungen Eric Max. »Möchte er auch malen? Warum mußtest du ihm diesen Namen geben? Macht es ein bißchen schwierig, oder? Oh ja, Amy. Das war eine gute Idee, Amy Louise; sie sieht aus wie Lou, weißt du. Sie hat uns viel Spaß gemacht, wenn sie im Sommer bei uns war ... hat uns ein bißchen von Lous Selbständigkeit gezeigt, aber nie ungezogen. Genau wie ihre Großmutter. Lou ist eine wirklich bemerkenswerte Frau ... Wie geht es ihr? Lebt sie bei dir drüben in Amerika? Mit wem ist sie denn jetzt verheiratet? Dein Großvater Jakob glaubte, die Welt stürzte ein, als wir geheiratet haben. Weißt du, eigentlich wollte ich zurückkommen nach Köln. Ich hab nie gedacht, daß diese Geschichte mit Gala sehr lange dauern würde ... diese russische Theatralik war zuviel für Eluard und für mich. Sieh dir nur an, was sie mit Dali gemacht hat ... ist er noch da? ... Kein Wunder, daß er sich in Franco verliebt hat ... Lou ist die einzige Frau außer Leonora, bei der ich ans Wiederkommen gedacht habe. Sie hatte wahrscheinlich recht. Es war besser, daß ich weggeblieben bin. Ein wandernder Vater ist einem kleinen Sohn schwer zu erklären ... Möchtest du ein kleines Familiengeheimnis wissen? Wie das, was der Brauer mit dem Betrieb an seinen Sohn weitergibt? Jeder will immer wissen, wer und was Loplop eigentlich ist, und sie schreiben herrliche Geschichten über ihn. Nun, als du noch viel zu klein warst, um ohne Hilfe darauf zu sitzen, hat dir irgendein Idiot ein hölzernes Schaukelpferd geschenkt, anstatt mir ein Bild abzukaufen. Es war furchtbar lästig, dich stundenlang darauf festzuhalten und dir vorzusingen: »Gallopp ... gallopp ... gallopp ... gallopp.« Du liebtest dein Loplop. Ich haßte es. Mitten in der Nacht bist du aufgewacht und hast gebrüllt, du wolltest dein Loplop. Als ich den Einfall zu diesem Geschöpf als Darbieter kleinerer Dinge in einer größeren Komposition hatte, sagte Paul Eluard, daß es einen Namen brauchte, und da fiel mir dein verdammtes Loplop ein. Macht ja nichts, daß meins mehr ein Vogel war als ein Pferd.

Immer, wenn ich gefragt wurde, habe ich alle möglichen Geschichten erzählt – aber nie, daß es dein Schaukelpferd wäre. Ich glaube, es hat mir viel zu viel Spaß gemacht, zu sehen, was sie sich selbst an Legenden ausdenken konnten. Ja, Loplop, das ist dein Schaukelpferd.«
Die Krankenschwester, eine junge Engländerin, kam herein, um ihm Temperatur und Puls zu messen. »Oh – ist das Dorothea ... es ist Lou ... nein, nein, es ist meine schöne Nichte Heike.« Und dann beobachtete ich etwas, um das ich ihn seit meiner frühen Jugend immer beneidet hatte. In sein Gesicht trat ein Glühen, seine Augen funkelten, und er flirtete mit der jungen Blonden, plauderte und scherzte und brachte sie zum Erröten. Das hatte ich nie gekonnt, aber bei meinem Sohn Eric hatte ich es wiedergesehen, wenn er sich für ein Mädchen interessierte.
Ich war diesmal lange geblieben und küßte ihn zum Abschied. Er rief mich noch einmal zurück, als ich die Tür öffnete. »Weißt du, jetzt sind eine Menge Leute um mich herum, die wissen, was für mich gut ist. Ich freue mich, daß wir einmal allein sein konnten. Viele Konferenzen ... Papiere zum Unterschreiben. Sie sagen mir, was drinsteht. Ich kann unterschreiben, wenn sie mir die Hand führen. Ich bin sicher, mit dir hat das nichts zu tun. Mach dir keine Sorgen.« Als ich zur Tür ging, hörte ich ihn sagen: »Kommst du morgen wieder? ... und denk daran: Ich liebe dich, Jimmy.«
Er muß sich gewundert haben, warum ich ihn nie wieder besucht habe. Telefonisch wurde mir mitgeteilt, weitere Besuche würden ihn vermuten lassen, daß er dem Tode nahe sei. Ich ging ein paarmal unten am Haus vorbei, blickte zu den Fenstern der Wohnung hinauf und hörte immer wieder diese letzten, fast geflüsterten Worte. Ich fragte mich, warum er fünfundfünfzig Jahre gebraucht hatte, um sie zu sagen.

Statt sofort in die Vereinigten Staaten zurückzukehren, beschloß ich, nach Osten zu fahren und ein paar Tage lang durch die Straßen Kölns zu laufen. Ein paar Mal war ich schon wieder dort gewesen – zu einer Ausstellung, einigen Vorträgen und zur Feier des Fünfundsiebzigsten Geburtstages von Max. Diesmal wollte ich mir Köln noch einmal ganz allein ansehen. Die Stadt war ziemlich genauso wieder aufgebaut worden, wie sie ausgesehen hatte, als ich ein Junge war. Es gab ältere Häuser, die immer noch die Spuren von Geschossen und Bombensplittern zeigten. Hier und da hatte man eine Straße sanft begradigt, einiges an der von Arno Breker verzierten Naziarchitektur hatte man verblendet, aber die Straßenbahnschienen waren noch da, ebenso der Kaiser-Wilhelm-Ring, und das Gefängnis, auf das ich von meinem ersten Klassenzimmer in der Grundschule aus geblickt hatte, sah geputzt, aber sonst noch genauso aus. Stollwerck-Schokolade wurde am selben Ort in einem ebenso eleganten Laden verkauft wie dem früheren, den die Engländer zusammen mit allem anderen rund um den Dom eingeebnet hatten. Während des vergangenen Alptraums soll eine stattliche Anzahl Juden durch die mächtigen Domportale ins ehrfurchtgebietende Innere eingetreten sein, um von dort aus mit Hilfe des Kölner Kardinals Frings eine lange und geheimnisvolle Reise zu einem sicheren, Ozeane entfernten Hafen anzutreten. Einige Namensschildchen an den Wohnungsklingeln waren noch die alten, ebenso der Rhein und das Pressehaus drüben in Deutz. Was sich verändert hatte, wäre im Laufe der Jahre sowieso gekommen, und ich konnte mich fast sehen, wie ich mich 1926 zu dem Milchladen schleppte, um die wässrig-blaue Magermilch zu holen. Einst hatte ich zu dieser Stadt gehört und zur Karnevalszeit im Indianerkostüm die Straßen unsicher gemacht. Einst hatte ich hier gelebt, aber jetzt, in diesem Mai 1975, sah ich die Stadt mit den Augen eines Fremden, der nicht verstehen kann, wieso ihm alles so vertraut ist, und der den vielen Fragmenten seiner jungen Jahre zuerst nicht glauben will, wenn er ihnen in unwahrscheinlichen Winkeln eines Ortes, den er einmal geliebt haben mußte, begegnet. Nicht die geringsten dieser Geister waren die Kindheitsängste, die lange Reisen und Jahre zu überdauern drohten. Irgendwo hier mußte das Bild, das so oft in meinem Leben vor mir stehen sollte, entstanden sein: eine große, offene Handfläche stößt in mein Gesicht, drängt mich rückwärts und befiehlt mir, ja nicht näher zu kommen. Plötzlich verwandelt sich die Polyphonie der Kölner Kirchenglocken in der Erinnerung zu Tristan Tzaras *Glokkenspiel der Hölle*.

Ich fuhr wieder mit dem Zug nach Brühl, wie ich es als Junge gemacht hatte, wenn ich zum Wochenende Großvater Philipp besuchte. In meinem Abteil saßen drei Männer etwa in meinem Alter, und als sie meine *International Herald Tribune* sahen, fingen sie eine Unterhaltung in stockendem Englisch mit mir an. Ich antwortete ihnen in meinem Deutsch, das inzwischen einen amerikanischen Akzent angenommen hatte, und ich mußte sie überzeugen, daß ich in Köln geboren war. Sehr bald schon begannen sie sich zu beklagen, daß sie mit der Schande von Hitlers Verbrechen gegen Menschen wie mich leben müßten. Darauf folgte die unvermeidliche Wendung des Gesprächs, die damit begann: »Wissen Sie, hätte Eisenhower die Amerikaner nicht in Aachen aufgehalten, dann hätten die Nazis keine Zeit gehabt, noch mehr Juden in Köln zu verhaften. Und Sie, mir Ihren Kriegen in Vietnam und Korea, Sie haben auch abscheuliche Dinge gemacht. Also, wir sind es nicht alleine.«

Dies nun hatte ich einfach einmal zu oft gehört. Ich vergaß meine sorgfältig durchdachte Überzeugung, daß es ungerecht sei, einem Volk oder einer Nation das Mal der Kollektivschuld aufzudrücken. »Sieh mal an, Ihre Gesellschaft hat nicht als einzige im Blutrausch Minderheiten umgebracht, die gegen irgendein zusammengelogenes Wertgefühl verstießen. Die Entschuldigungen reichen nie aus zur Wiedergutmachung oder Versöhnung, und dann meinen Sie, Sie fühlten sich nur besser, wenn Sie mit dem Finger auf andere zeigen. Es geschieht überall auf der Welt, immerzu. Aber Sie, Ihre Väter und Ihre Kinder, werden sich an den Gedanken gewöhnen müssen, daß Sie diese Dinge besser und effizienter gemacht haben als jeder andere. In diesem Sinne sind Sie tatsächlich Experten, Meister.« Ich beschloß, nicht durch Brühl, Stadt freundlicher Erinnerungen und Geburtsort Max Ernsts, zu gehen. Ich wartete auf den nächsten Zug, der zurückfuhr.

Auf dem Weg zum Pariser Flughafen versuchte ich es noch einmal in der Rue de Lille, wurde aber nicht eingelassen. Die Krankenschwester hatte ihre Anweisungen.

Durch das Fenster des Flugzeugs sah ich unten die französische Küste entschwinden. Es war mir im Moment nicht bewußt, aber diese selbe Route hatte ich auf den Tag genau vor siebenunddreißig

Jahren zum ersten Mal zurückgelegt, damals per Schiff. Im Jahre 1938 hatte ich das Tor zur fernen Küste geöffnet. Jetzt wußte ich, daß es das Tor zur Heimat gewesen war.

Postskriptum: Zelle Nummer 12
— Mai 1944 — Lou Ernst

 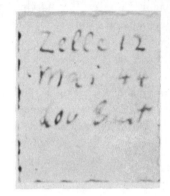

Dieses Paßfoto wurde im Konzentrationslager Drancy bei Paris aufgenommen, wenige Wochen, wenn nicht Tage, bevor Lou Straus-Ernst mit mehr als tausend anderen auf Transport 76 nach Auschwitz geschickt wurde. Sie trägt die KZ-Streifen, und ein drastischer Gewichtsverlust nach einem Jahr Haft ist unverkennbar. Auf der Rückseite des Fotos steht in ihrer Handschrift die Nummer ihrer Zelle, das Datum und ihr Name. Als weiteren Hinweis darauf, daß dieses Foto zu einer gräßlichen Art von Ausweis gehörte, den die Lager- und Transportverwalter verlangten, zeigt das Original unten links noch den schwachen Abdruck eines amtlichen Stempels — wahrscheinlich eines deutschen.

Dieses Dokument erwartete mich, als ich eine große Max Ernst-Ausstellung in der »Fondation Maeght« in St. Paul de Vence Ende September 1983 besuchte, als dieses Buch schon gedruckt war. Charles K. Fiedler, einer aus der Gruppe der politischen und jüdischen Emigranten, die während des Krieges unter dem Schutz des großen Dichters Jean Giono in Manosque (Alpes Maritimes) lebten, hatte es zur Weiterleitung dort hingeschickt. Fiedler, ein junger deutscher Architekt, war auf dem Bauernhof Gionos Schafhirte, und er lernte Lou als Übersetzerin der Schriften Gionos ins Deutsche kennen. Bei einem darauffolgenden Treffen in Paris sagte mir der achtzigjährige Fiedler: »Ihre Mutter war eine der liebevollsten, intelligentesten Frauen, die ich je gekannt habe. Obwohl ich zehn Jahre jünger war als sie, bewahre ich die wenigen Jahre unserer Freundschaft als eine unvergeßliche Zeit meines Lebens. Ich bin stolz, Ihnen, ihrem Sohn, zu sagen, daß wir einander im biblischen Sinne kannten. Eine Mitgefangene Lous, die Auschwitz überlebt hat, schickte mir nicht nur die Fotografie von Drancy, sondern gab mir auch das allerletzte Bild, das ich von ihr habe. Es hat mich fünfunddreißig Jahre lang verfolgt, und oft wünsche ich mir, ich hätte nie davon gehört. Sie sah Lou als eine vollkommen erschöpfte Frau, die sich, halb liegend, halb an eine Mauer gelehnt, an den letzten Strahlen einer sterbenden Sonne wärmte.«

Namenregister
Kursive Seitenzahlen: Abbildungen

A

Abbot, Berenice   254, *378*
Abbott, John E. (Dick)   263 f., 275 f., 304, 321
Adamowski (Jimmys Mitschüler)   63 ff.
Adenauer, Konrad   31, 52 f., 63, 91, 107, 111, 386
Adler, Jankel   34, 114, 170, 252
Adler, Stella   322
Admiral, Virginia   399
Al Jolson   94
Albers, Josef   317
Alberto, Diego   131
Alberto, Luis   131
Albertus Magnus   32
Allen, Fred   273, 291
Allen, Gracie   258
Altdorfer, Albrecht   160
Ameche, Don   245
Ammons, Albert   377
Ammons, Pete   248
Anderson   197
Andreas-Salomé, Lou   152
Apollinaire, Guillaume   9, 76
Aragon, Louis   12, 68, 77, 163
Archipenko, Alexander   83
Aretz, Maja   19, 35, 46 f., *47*, 49 f., *51*, 56, 58, 65 f., 69 ff., 90 ff., 97, 100, 108, 110, 112 ff., 117, 128, 191 f., 233, 238, 259, 281
Armanda Geduldgedalzen (d. i. Lou Straus-Ernst)   35
Arp, Hans   19, 21, *22*, 26, 34 f., 56, *68*, 74, 77, 80, 86, 114, 192, 200
Askew, Constance   320
Askew, Kirk   320
Augustin, Hedwig   152, 174
Augustin, Heinrich   152, *153*, 153 f., 169, 174 ff., 181, 183
Augustin, J. J. (Hans)   128, 148, 150, 153, 179, 211 f., *212*, 215 ff., 223, 229, 232 ff., 235, 242, 265 f., 285, 332, 415
Aurenche, Marie-Berthe (verh. Ernst)   67 ff., 73 f., *75*, 78 f., 81, 84, 99, 124, 131, 133, 135, 139 f., 161, 165 f., 201 f., 288, 344
Austin, Charles Everett (Chick)   356, 361
Avery, Milton   399, 402

B

Baargeld, Johannes Theodor   31, 35, *42*, *68*
Bach, Johann Sebastian   364
Bacon, Francis   144
Baker, Josephine   99
Balzac, Honoré de   9
Bancroft, George   95
Bankhead, Tallulah   303
Bara, Thea   272
Barlach, Ernst   34, 169
Barr, Alfred H.   197, 273, 286, 288 f., 302, 304, 325, 327, 331, 333, 336, 345, 370, 373, 388, 400, 409
Barr, Marguerite   273, 327
Barr jr., Alfred H.   258, 270
Barrit, Lotte   261, 329
Barry, Iris   263, 270 ff., 273, 275, 277, 305
Barrymore, Diana   302
Barrymores   95
Barthelmess, Richard   95, 273
Bartholomew, Freddie   232
Bartons, James   303

Basie, William (Count) 248, 327
Bauer, Rudolf 372
Baxter, Warner 95
Baziotes, Ethel 309 ff., 312, 325, 362
Baziotes, William (Bill) 309 ff., 312, 319 f., 325, 327 f., 344, 360, 362, 376, 387 f., 399, *403*, 404 f., 409
Beach, Sylvia 83
Bechet, Sidney 248, 274
Becker, Andreas 34
Beckmann, Max 170, 252
Beery, Wallace 139, 232
Beethoven, Ludwig van 115, 149, 176, 184, 282
Beiderbecke, Bix 99
Bellmer, Hans 286
Benchley, Robert 200
Benny, Jack 273
Benton, Thomas Hart 405
Bergen, Edgar 273
Berman, Eugene 254 f., 258, 322, 368
Berman, Sarah 399
Bernstein, Leonard 322
Biddle, George 355
Bingham, Hiram 332
Bitzer, Billy 271 f.
Bizet, Georges 9
Blackmer, Sidney 96
Blake, William 300
Block, Martin 265
Blondell, Joan 199
Blum, Léon 181

Boas, Franz 151, 179
Bodoni, Giambattista 152
Bogart, Humphrey 199, 312
Boltowsky, Ilja 317
Bonnard, Pierre 401
Borah, William Edgar 266
Bosch, Hieronymus 143, 160, 294, 413
Bouguereaus 197
Bowles, Jane 295 f., 299, 324
Bowles, Paul 295, 299
Boyer, Lucienne 99

Boyle, Kay 327, 333, 341, 354, 358
Bracelli, Giovanni 294
Brahms, Johannes 176
Brancusi, Constantin 253, 364
Braque, Georges 195, 253
Braud, Wellman 247
Brauner, Victor 77, 373
Brecht, Bertolt 55, 63, 296 f., 301, 322
Breker, Arno 57, 317
Breton, André 31, 41, 75, 100, 189, 194, 256, 286, *287*, 311, 326 ff., 329, 342 f., 351 f., 359 f., 368, *369*, 370, 373, *374*, *378*, 379, 383, 391, 415, 423
Breton, Jacqueline *287*
Breuer, Marcel 298, 326
Briand, Aristide 73, 95
Brooks, James 319, 332, *403*
Browder, Earl 245
Browne, Byron 317
Brueghel, Pieter 142 f., 146, 160
Brummer, Joseph 254
Bucher, Jeanne 82
Budge, Donald 197
Buñuel, Luis 77, 305
Bunzel 151
Burbank, Luther 245
Burchfield, Charles 325
Burns, Bob 273, 291
Busa, Peter 309 ff.

C

Cagney, James 200, 231
Calder, Alexander 83, 131, 157, 254, 325, 351
Calder, Sandy 258
Callas, Nicolas 342, 370
Campigli, Massimo 194
Capote, Truman 322
Capra, Frank 271
Carey, Harry 200
Carlebach, Julius 375
Carol II., König von Rumänien 134

Carrington, Leonora 159, *160*, 162, 165 f., 189, 193 f., 200 f., 267, 288, 333, 340, 342, 352 f., 374, *374*, *378*, 408, 430
Carson, Jack 413
Caslon, William I. 152
Catlin, Stanton 292
Cavalon, Giorgio 318
Chagall, Marc 170, 252, 286, 326, 368, *369*
Chaney, Lon 94
Chaplin, Charlie 95, 271
Chéret, Jules 401
Cherne, Leo 327
Chirico, Giorgio de 9, *68*, 76, 254, 320, 352, 373
Chopin, Fryderyk 9
Clair, René 73
Clarence (Musiker) 246 ff., 250
Clark, Stephen C. 276
Clemenceau, Georges 95
Cocteau, Jean 254
Cobb, Ty 209
Colette, Sidonie-Gabrielle 9
Collins, Mike 265, 269 ff., 274, 278, 291
Colonnas, Jerry 273
Constant, George 399
Cooper, Gary 244, 290
Cooper, James Fenimore 97, 225
Copland, Aaron 297, 299, 320
Cornell, Joseph 254, 258, 399
Corot, Camille 9
Corwin, Norman 273
Coughlin (Father) 291, 386
Coward, Noël 320
Crawford, Joan 413
Crevel, René *68*
Crosby, Bob 273
Crosby, Caresse 82
Crump, Ed 386
Cukor, George 96
Cumming, e. e. 322
Cunard, Nancy 320
Curtiz, Michael 96

D

Dali, Gala → s. a. Eluard, Gala 259 ff., 263, 430
Dali, Salvador 19, 77, 195, 254, 258 ff., 261 ff., 305, 359, 430
D'Amico, Victor 292
Daumier, Honoré 9, 160
David, Jacques-Louis 160
Davis, Stuart 198, 319, 376, 402, 407
Davringhausen, Heinrich 31, 170
Delacroix, Eugène 9, 160
Delaunay, Robert 237
De Mille, Cecil B. 96
Demuth, Charles 253, 325
Desnos, Robert *68*
Diaghilew, Sergei 76, 162
Dickinson, Emily 271
Diego, Julio de 255, 257
Dies, Martin 386
Dieterle, Wilhelm 96
Dietrich, Marlene 384
Dietrich, Otto 155
Disney, Walt 200
Dix, Otto 31, 34, 163, 170 f., 198
Doerner, Max 292
Doesburg, Theo van 352
Dominguez, Oscar 373
Dorsey, Tommy 291
Dos Passos, John Roderigo 197
Dostojewski, Fjodor Michailowitsch 41, 68
Douglas, Melvyn 200
Dove, Arthur G. 253
Dowling, Eddie 303
Duchamp, Marcel 254, 351 f., 368, 373, *374,* 377, *378,* 379, 391, 400, 415
Dudensing, Valentine 254, 371
Dürer, Albrecht 160
Duke, Vernon 320
Dvorak, Ann 95

E

Eakins, Thomas Cowperthwait 198
Eastman, Max 370

Edison, Thomas Alva 271
Ehrenburg, Ilja 194, 404
Eisenhower, Dwight D. 96, 433
Eisenstein, Sergej 271
Eisler, Hanns 55
Ekstrom 276
Elenor (Jimmys Freundin) 383, 385, 387, 389, 394, 397 ff., 400 f., 408, 414
Ellington, Edward Kennedy (Duke) 297
Eluard, Gala 19, *20*, 21, *33*, 34, *35*, 41, *42*, 43 f., *45*, *68*, 77, 136, 192
Eluard, Nuche 80, 159, 160
Eluard, Paul 9, 19, *20*, 21, 30, *33*, 34, *35*, 41, *42*, *68*, 74, 76, 78, 80, 100, 114, 159, *160*, 160, 189, 192, 200, 259, 261, 342, 359, 430
Engels, Friedrich 245
Ernst, Amy *428*, 430
Ernst, Dallas 11 f., 263, 428, *428*, *429*
Ernst, Emmi 23, *118*, 120, 122, 124, 126, *127*
Ernst, Eric *428*, 430 f.
Ernst, Karl 23, *118*, 120, *127*
Ernst, Loni 32, *118*, 119 f., 122, 125, *127*
Ernst, Luise 120, *127*
Ernst, Max passim
Ernst, Morris 408
Ernst, Philipp 37, 119 f., 122, 124 ff., 127, *127*, 128, 131, 191, 433
Erwin, Stu 139
Evans, Walker 254
Ey → Mutter Ey

F

Fairbanks, Douglas 273
Farrell, James T. 277 ff.
Faulkner, Bob 320
Faulkner, William 197
Feiniger, Lyonel 34
Ferren, Inez 376

Ferren, John 254, 318, 373, 376, *378*, 399
Fick, Peter 197
Fiedler, Charles K. 435
Fini, Leonor 373
Fischer, Charlie 276
Fitzgerald, F. Scott 83
Flanagan, John 325
Flechtheim, Alfred 34, 114
Flournoy 76
Ford, Charles Henry 322, 370
Ford, John 271
Ford, Madox Ford 83
Foster, Pops 247
Fra Angelico 160
Fraenkel, Théodore *68*, 140
Frances, Esteban 311, 376
Francis, Kay 96
Franco, Francisco 154 ff., 162 f., 195, 266, 307, 359, 430
Freud, Sigmund 76
Freundlich, Otto 31
Fry, Varian *287*, 327, 332
Fuller, Richard Buckminster 276

G

Gable, Clark 232
Gablik, Tony 410
Gandhi, gen. Mahatma 245
Garamond, Claude 152
Garbo, Greta 96
Garland, Judy 200, 231
Genauer, Emily 401, 406
George (Jimmys Freund in New York) 211 f., 214 ff., 217, 223, 225, 242 ff.
Giacometti, Alberto 77, 114, 200, 237, 254
Gibson, Hoot 95
Gilbert, John 95
Giono, Jean 363, 365, 385, 393, 435
Gish, Lillian 272
Glarner, Fritz 317 f.

Goebbels, Joseph 104, *171*, 173, 181, 209
Göring, Hermann 109, 181, 188
Goethe, Johann Wolfgang von 63, 176, 364
Gogh, Vincent van 92
Goodman, Benny 265, 273
Goodrich, Lloyd 409
Gorcey, Leo 199, 243
Gorky, Arshile 198, 311, 314 f., 321, 328, 360, 376, 388
Gottlieb, Adolph 399, *403*, 404
Goya, Francisco 160, 413
Graham, John 311
Greene, Balcomb 317 f., 376
Greene, Gertrude 318
Griffis, Teddy 320
Griffith, D. W. 96, 271
Gris, Juan 253, 377
Gropius, Walter 298, 326
Gropper, William 340
Grosser, Maurice 322
Grosz, George 31, 163, 171, 198
Grünewald, Matthias 60 f., 143, 158, 160, 163, 218, 292
Guardi, Francesco 160
Guggenheim, Irene 390
Guggenheim, Peggy 333, 335 ff., 339 ff., 342 ff., 349 ff., 352 ff., 355 ff., 358, 360 f., 364 ff., 372 f., 375 ff., *378,* 380 ff., 387, 389 ff., 392 ff., 400 f., 406, 408 f., 416 ff.
Guggenheim, Solomon R. 372, 383
Guston, Philip 319 f.

H

Haas, Dolly 396
Hague, Frank 386
Hallop, Billy 199, 243
Halpert, Edith 254
Hammond, John 249, 252
Hare, David 311, 327, 359, 388, 415
Harlow, Jean 231
Harrimann, Marie 255

Hartley, Marsden 253
Hauptmann, Bruno 95
Hausmann, Raoul 31
Haydon, Julie 303
Hayter, Stanley William 311, 314, 328, 360 f., *378*
Hayworth, Rita 310
Hegel, Georg Wilhelm Friedrich 76
Heine, Heinrich 149, 176
Hélion, Jean 318 f., 352
Hemingway, Ernest 83, 197, 383
Herbin, Auguste 256
Herzl, Theodor 245
Himmler, Heinrich 135, 155, 188
Hindenburg, Paul von 55, 73, 90, 105, 110
Hirsch, Stephan 255
Hirshfield, Morris 374
Hitler, Adolf 55, 73, 99 f., 104 f., 107, 109 f., 134, 139, 146, 153, 155, 158, 167, 170, *171*, 172 f., 175, 181, 188, 196, 208 f., 265 f., 268, 279, 282, 285, 317, 392
Hoerle, Heinrich 31
Hofer, Karl 170
Hoffmann, E. T. A. 114, 149
Hogue, Alexandre 198
Holliday, Billy 299
Holliday, Judy 322
Holmes, Eleanor 197
Holty, Carl 255 f., 317, 376
Hoover, Herbert 89, 95, 196
Hopper, Edward 198, 325, 402
Horthy, Miklós 134, 188
Howard, Charles 373
Howard, Leslie 199
Hubbel, Lorenzo 223
Huff, Ted 271, 302 f., 329
Hugenberg, Alfred 73
Humes, Helen 248
Humperdinck, Engelbert 91
Huston, Elsie 297, 324
Huston, Walter 303
Hutton, Barbara 376

441

I

Ickes, Harold 386
Ingres, Jean Auguste Dominique 160

J

James, Harry 273
Jawlensky, Alexej von 34
Jean, Marcel 77
Jewell, Edward Alden 402, 406
Jimmy, Dadafax minimus, le plus grand Anti-Philosophe du Monde (d. i. Jimmy Ernst) *38*, 40
Johnson 303
Johnson, Pete 377
Johnson, Walter 209
Johnsons, James P. 248
Joliot-Curie, Frédéric 268
Jones, Joe 248
Jooz 241
Jordan (Mrs.) 273, 293, 300, 338, 345, 361
Jordan, Bobby 243
Josephson, Matthew 19, 41
Julliard 298

K

Kaese (kath. Priester) 98
Kafka, Franz 149
Kaltenborn, H. V. 265
Kamrowski, Jerome 309 f., 328, 360, 376, 388
Kandinsky, Wassily 34, 170, 237, 252, 256, 352, 364, 370, 377
Kantor, Morris 384, 396
Karloff, Boris 290
Karpell, Bernard 294
Kasznar, Kurt 322
Keaton, Buster 95, 271 f.
Keller, Otto 27, *27*, 28
Kelly, Ellsworth 388
Kelly, Leon 328
Kerenskij, Alexander 134
Kiesler, Frederick 297 ff., 300, 308 f., 311, 317 f., 320, 344, *378*, 381, 383, 385, 389
Kiesler, Steffi 300, 344
Kingdon, Frank 327
Kirchner, Ernst 170
Klee, Paul 34, 40, 56, 71, 92, 170, 237 f., 252 f., 352
Kleiner, Arthur 271 ff.
Knight, Arthur 271
Kollwitz, Käthe 163
Kooning, Willem de 311, 376, *403*, 427
Kopp-Ernst, Luise 119, 125, *127*
Kraushaar, Antoinette 254
Kroll, Leon 312
Kuhn, Walt 255, 325

L

La Fontaine, Jean de 9
La Guardia, Fiorello 241, 267, 275, 386
La Touche, John 296 f., 299, 320 ff., *323*, 330 f., 333, 349
Ladnier, Tommy 248
Lanchester, Elsa 270
Landowska, Wanda 135
Langlois, Henri 327
Lassaw, Ibram 317
Laughton, Charles 270, 306, 355
Laurencin, Marie 65
Lautréamont, Comte de (d. i. Isidore Lucien Ducasse) 76
Laval, Pierre 73
Le Corbusier (d. i. Charles-Edouard Jeanneret-Gris) 10, 308
Lee, Francis 309 ff., 324
Lee, Gypsy Rose 322, 366, 371
Léger, Fernand 319, 326, 364, 368, *369*, *378*, 415
Legs Diamond 95
Lehmann, Herbert 96, 188, 241
Lehr, Lew 200
Lehrmann, Leo 324

Lenin, Wladimir Iljitsch 73, 245
Lenya, Lotte 139
Leonardo da Vinci 31, 160
Lester, Jeeter 303
Levy, Julien 197, 254, 257 ff., 261 ff., 275, 295, 308, 320, 322, 337, 371, 401
Lewis, Mead Lux 248, 299
Leyda, Jay 271, 292 f., 324
Liebknecht, Karl 104, 282
Lincoln, Abraham 245
Lindbergh, Charles 95, 279
Lipschitz, Jacques 368, *369*
Lissitzky, El. 352
Litchfield, Elizabeth 336, 345
Loeb, Harold 382, 389
Lombard, Carole 200
London, Jack 114
Lore (Freundin von Lou Straus-Ernst) 147
Louis, Joe 197
Loy, Myrna 96
Lundeen, Ernest 337, 390
Lupino, Ida 244
Luther, Martin 195
Luxemburg, Rosa 104, 282

M

Maar, Dora 162
MacArthur, Douglas 96
Magriel, Paul 294
Magritte, René 77, 254
Majakowski, Vladimir 282
Malewitsch, Kasimir 352, 373
Mallory, Miriam 231
Mallory, Walter 231 ff.
Malraux, André 144, 163
Manning, Reg 215, 228
Manvilles, Tommy 376
Marc, Franz 170
March, Frederic 200
Margo, Boris 328, 360, 388, 399, 402
Marin, John 253, 325

Marlowe, Leonid 322
Marlowe, Sylvia 322
Marsh, Mae 273
Marx, Harpo 258
Marx, Karl 76, 104
Masson, André 77, 286, *287*, 305, 308, 328, 368, *369*
Matisse, Henri 162, 237, 305
Matisse, Pierre 254, 379
Matta, Roberto, Sebastian, Antonio, Echaurren 308 f., 311, 313 ff., 321, 327 f., 342, 359 ff., 368, *369*, 373, 376, 384, 388, 400, 415
Maurer, Louis 253
Maximian Herculius 32
May, Karl 97 f., 114, 151, 225, 228
McAndrew, John 258
McIver, Loren 254, 326
McKinley, Charles 356
McKinley, Hazel 353, 355
McNeil, George 317
Mead, Margaret 151
Melville, Herman 271
Menil, Dominique de 79
Mercer, Mabel 299
Meredith, Burgess 302
Mies van der Rohe, Ludwig 298, 326
Milhaud, Darius 330
Miller, Dorothy 325, 409
Miller, Glenn 273
Miró, Joan 76 f., 162, 237, 305, 314, 319, 328, 364, 377
Modigliani, Amedeo 9
Molière 9
Mondrian, Piet 326, 352, 368, *369*, 377, *378*, 379, 383, 400
Monroe, Harriet 83
Moore, Coleen 231
Moore, Henry 373
Morgan, Dennis 410
Morise, Max *68*
Morris, George L. K. 255
Moscicki 134
Mostel, Zero 299, 306 f.

Motherwell, Robert 328, 399, *403*, 409, 415
Mozart, Wolfgang Amadeus 184
Murphy, George 200
Murrow, Edward R. 291
Mussolini, Benito 134, 154, 181, 188, 194
Mutt, R. 31
Mutter Ey 34, 56, 65

N

Napoleon I. 149, 283
Navarro, Ramón 355
Neugass, Fritz 134, 286, 419
Neumann, J. B. 252, 257, 290
Nevelson, Louise 255, 257, 310 f., 319, 399, 401 f.
Newcomb, Franc J. 151
Newhall, Beaumont 294
Newman, Barnett *403*
Niemöller, Martin 174
Nierendorf, Joseph 34
Nierendorf, Karl 34, 71, 252, 255 ff., 290, 401
Nietzsche, Friedrich Wilhelm 179
Noguchi, Isamu 255, 356
Nolde, Emil 34, 253
Normand, Mabel 272
Nurmi, Paavo 72
Nye, James Warren 266

O

Oboler, Arch 273, 291
O'Keeffe, Georgia 253, 391
Oliver, Mary 296, 324
Olsen 303
Onslow-Ford, Gordon-Max 327 ff., 332, 360, 376
Onslow-Ford, Jacqueline 332
Oppenheim, Meret 139
Orozco, Clemente 307
Oswald, Marianne 297

Otto (Jimmys Kölner Lehrerin) 63 ff., 111
Ozenfant, Amédée 83, 368, *369*, *378*

P

Paalen, Wolfgang 329, 373
Page, Walter 247 f.
Papen, Franz von 105
Paul, Elliot 83
Paulhan, Jean *68*
Peabody, Polli 83
Pechstein, Max 170
Pendergast, Tom 386
Penner, Joe 273
Penrose, Roland 77, 193
Pereira, I. Rice 255
Peret, Benjamin *68*, 74
Perkins, Frances 286, 326 f.
Pétain, Philippe 388
Peter II. Karađorđević, König von Jugoslawien 134
Peterdi, Gabor 399, 401, 409 f.
Picabia, Francis 253
Picard, Ella 19
Picasso, Pablo 79 f., 157, 161 f., 164, 191, 237, 253 f., 302 f., 306 f., 314, 325, 352, 373, 397
Picasso, Paolo 164
Pizarro, Francisco 144
Pollock, Jackson 311, 376, 399 ff., *403*, 409
Porter, Allen 294, 258, 275 f.
Portinari, Candido 305, 326
Pousette-Dart, Richard *403*
Powell, Dick 244
Powell, Eleanor 169, 231
Prendergast, Maurice 325
Prévert, Jacques 77
Proust, Marcel 9
Putzel, Howard 328, 342 f., 376, 380, 400

R

Racz, André 328
Räderscheidt, Anton 31, 66 f., 428 f.
Raft, George 200
Raphael 120, 160
Ray, Juliette 355, 418
Ray, Man 77 f., 80, 114, 124, 166, 200 f., 254, 355, 418
Read, Herbert 372
Rebay, Hilla Baronin 371 f., 390
Redon, Odilon 160
Rehn, Frank 254
Reichard, Glady A. 151, 179, 215, 224, 242
Reinhardt, Ad 255 f., 317, 326, *403*
Reis, Becky 342
Reis, Bernard 342
Remarque, Erich Maria 97
Rembrandt 92, 160
Renoir, Auguste 107
Ribbentrop, Joachim von 181
Riesen, Günter 111
Rilke, Rainer Maria 133, 149, 152, 364
Rimbaud, Jean Nicolas Arthur 281
Ringelnatz, Joachim 46, 114, 149, 300
Ritz Brothers 245
Rivera, Diego 237
Robeson, Paul 168
Rockefeller, Abby 276
Rockefeller, Nelson 275 f., 304, 326, 335
Rodschenko, Alexander 352
Rohlfs, Christian 34
Rooney, Mickey 200, 231 f.
Roosevelt, Eleanor 327, 332, 336
Roosevelt, Franklin Delano 95, 196, 245, 266, 275, 290, 304, 318 f., 365, 412
Rosa Bonheur von Dada (d. i. Lou Straus-Ernst) 35, *36*
Rose, Billy 258
Rosenberg, Harold 311, 427
Rosenberg, Paul 254
Rosenfeld, Franklin A. 241
Roskolenko, Harry 310
Rossini, Gioacchino 9
Rothko, Mark 376, 399, *403*, 404 f., 409, 427
Roy, Pierre 254
Rubinstein, Helena 371
Ruth, Babe 95, 209
Ruth, Roy del 96

S

Sage, Kay 342
Saint-Gaudens, Homer 193
Sander, August 59, 283 f.
Sanzio, Rafaele *68*
Saroyan, William 303, 366
Schiaparelli, Elsa 79, 366, 387
Schmeling, Max 80
Schrebinger, Otto 241
Schwitters, Kurt 31
Seiwert, Franz 31
Seliger, Charles 399, 406
Seligmann, Kurt 326, 368, *378*
Sennett, Mack 96, 272
Sert, José Maria 157
Seurat, Georges 9
Shahn, Ben 198
Shakespeare, William 144, 282
Shaw, Artie 273
Shaw, Charles G. 254
Sheeler, Charles 254, 325, 402
Sheridan, Ann 410
Shirer, William 291
Shore, Dinah 274
Smith, Daviol 255, 311, 317, 387
Smith, Kate 268
Smith, Kent 303
Smith, Oliver 299, 320, 322
Soby, James Thrall 258, 391, 400
Soupault, Philippe *68*, 77
Soutine, Chaim 344
Speer, Albert 317
Spies, Werner 11, 15

Stalin, Iossif Wissarionowitsch 73, 188 f., 194, 245, 268, 405
Stamos, Theodoros 388, *403*
Stein, Gertrude 9
Steinbeck, John Ernst 197
Steinlen, Théophile Alexandre 401
Stella, Joseph 198, 402
Sterne, Hedda *403*
Stieglitz, Alfred 201, 253 f., 409
Still, Clifford *403*, 409
Strand, Paul 254
Strasser, Gregor 103
Straus, Jacob 37, 44, 46, 50, 60, 114, 117, 125, 127 ff., 131, 154, 175, 191, 430
Straus, Leah 44, 115, 117, 126, 175
Straus, Lou passim
Straus, Richard *47*, 115
Streicher, Julius
Stresemann, Gustav 73
Stroheim, Erich von 273
Swatosch, Ferdl 72
Sweeney, James 391, 400, 409

T

Tanguy, Yves 77, 254, 305, 308, 314, 328, 342, 368, *369*, 373, 377, 379
Tanning 388
Tanning-Ernst, Dorothea 10 f., 85, 393, *395*, 408, 412, 417 f., *424*, 431
Tauber, Sophie 34
Taylor, Robert 200
Terry, Sunny 248
Thälmann, Ernst 104
Thomas, Norman 245
Thomson, Virgil 299, 320 ff., 356
Thorez, Maurice 245
Thorpe, Jim 94
Three Stooges 245
Tilden, Bill 80, 94
Tomlin, Bradley Walker 376, *403*
Toscanini, Arturo 273
Toulouse-Lautrec, Henri de 401
Tracy, Spencer 200, 232

Trotzki, Leo 76, 103, 189, 245, 281
Tschelitschew, Pavel 254, 322, 368
Tuchmann, Barbara 126
Turner, Joe 248
Tzara, Tristan 19, *22*, 31, 34, 41, 56, 74, 114, 192, 432

U

Uccello, Paolo Dono 144, 160
Ulrich 72

V

Vail, Laurence 333, 341, 354, 358
Vail, Pegeen 333, 341, 353 f., *354*, 356 ff., 366, 375
Vail, Sindbad 333, 341, 358, 371
Valentin, Curt 252, 290
Vantongerloo, Georges 352
Varda, Gene 310
Varèse, Edgar 83, 297
Velázques, Diego Rodriquez de Silvay 160
Venuti, Joe 99
Vidor, King 100
Vytlacil, Vaclav 317

W

Wagner, Honus 209
Wagner, Richard 184
Waldberg, Patrick 85 f.
Waldmann, Diane 427
Walkowitz 253
Waller, Fats 99
Warburg, Edward M. 336
Wasilieff, Nicholas 399
Watkins, Franklin 411
Weill, Kurt 55, 63, 296, 303
Weill, Lucy 85
Weill, Pierre-André 85
Weißmüller, Johnny 80, 94
Welles, Orson 386
Weltfish 151
Werfel, Franz 326 f.

Wessel, Horst 104, 282
Wheeler, Burton 266, 279
Whiteman, Paul 99
Whitney, John Hay 269f., 335
Wilcox, Lucia 415
Wilde, Oscar 9
Wilhelm II., Deutscher Kaiser und
 König von Preußen 102
Willard, Marian 254, 387
Williams, Tennessee 322
Wilson, Sol 313
Wilson, Teddy 299
Wong, Anna May 231
Wood, Grant 198

Y

Yeats, William Butler 251, 278, 361
Young, Lester 248
Young, Loretta 200

Z

Zadkine, Ossip 326, 368, *369*
Zamora 73
Ziegler, Adolf *171*
Zorach, William 402
Zurbarán, Francisco 160

DOROTHEA TANNING
BIRTHDAY
Lebenserinnerungen

Titel der Originalausgabe: *Birthday*
Aus dem Amerikanischen von Barbara Bortfeldt

KiWi 260

In ihren Erinnerungen schildert die Malerin Dorothea Tanning ihr Leben als Künstlerin und als Ehefrau von Max Ernst. Sie war 34 Jahre lang bis zu seinem Tod 1976 mit ihm zusammen.
Birthday wurde zu einem ungewöhnlichen Lebensbericht – dicht, farbenreich, von poetischer Kraft, ein surrealistisches Gemälde in literarischer Form.

KiWi Paperbackreihe bei Kiepenheuer & Witsch